Die Affäre Schiwago

Peter Finn | Petra Couvée

DIE AFFÄRE
SCHIWAGO

Der Kreml, die CIA und der Kampf
um ein verbotenes Buch

Aus dem Englischen
von Jutta Orth und Jörn Pinnow

Für Nora FitzGerald und unsere Kinder
Rachel, Liam, David und Ria
sowie
für Koos Couvée und Paula van Rossen

Die englische Originalausgabe erschien 2014 unter dem Titel
The Zhivago Affair – The Kremlin, the CIA and the Battle Over a Forbidden Book
bei Pantheon Books, New York
Random House LLC
Copyright © 2014 Peter Finn and Petra Couvée
Copyright der Übersetzung © 2016 WBG

Die Deutsche Nationalbibliothek verzeichnet diese Publikation
in der Deutschen Nationalbibliografie; detaillierte bibliografische Daten sind im
Internet über http://dnb.d-nb.de abrufbar.

Der Theiss Verlag ist ein Imprint der WBG.

© 2016 by WBG (Wissenschaftliche Buchgesellschaft), Darmstadt
Die Herausgabe des Werkes wurde durch die Vereinsmitglieder
der WBG ermöglicht.
Satz: Vollnhals Fotosatz, Neustadt a. d. Donau
Gedruckt auf säurefreiem und alterungsbeständigem Papier
Printed in Germany

Besuchen Sie uns im Internet: www.wbg-wissenverbindet.de

ISBN 978-3-8062-3263-9

Elektronisch sind folgende Ausgaben erhältlich:
eBook (PDF): ISBN 978-3-8062-3281-3
eBook (epub): ISBN 978-3-8062-3282-0

Inhalt

Prolog

„Das ist *Doktor Schiwago*. Möge der Text
um die Welt gehen."

Am 20. Mai 1956 bestiegen zwei Männer in der Kiewskaja die
Moskauer Metro Richtung Peredelkino, eines 30 Minuten süd-
westlich von Moskau gelegenen Dorfes. Es war ein sonniger Sonn-
tagmorgen. Der Frühling hatte den letzten Schnee erst einen Monat
zuvor vertrieben, und die Luft war von süßem Fliederduft erfüllt.
Wladlen Wladimirski, der etwas größere der beiden Männer, hatte
hellblondes Haar und trug, wie die meisten sowjetischen Funktionäre, eine Reiterhose und einen Zweireiher. Sein schlanker Begleiter
war offensichtlich ein Ausländer – Russen bezeichneten ihn wegen
seiner westlichen Kleidung scherzhaft als *stiljaga* oder „Stilexper-
ten". Auch ließ Sergio D'Angelo sich leicht ein Lächeln entlocken –
keine Selbstverständlichkeit in einem Land, dem die Vorsicht in
Fleisch und Blut übergegangen war. Der Italiener war in Peredelkino, um einen Dichter zu bezirzen.

Einen Monat zuvor hatte D'Angelo, ein italienischer Kommunist,
der bei Radio Moskau arbeitete, eine kurze Pressemeldung gelesen,
in der angekündigt wurde, dass die Publikation des ersten Romans
des russischen Dichters Boris Pasternak direkt bevorstehe. Die beiden Sätze, aus denen die Meldung bestand, ließen nicht darauf
schließen, dass es sich bei Pasternaks Buch um ein weiteres russisches Epos handeln könnte. Der Roman hieß *Doktor Schiwago*.

Vor seiner Abreise aus Italien hatte D'Angelo sich bereiterklärt,
für einen jungen Mailänder Verlag, den der Parteifreund Giangiacomo Feltrinelli gegründet hatte, nach neuer sowjetische Literatur
Ausschau zu halten. Mit dem Erwerb der Rechte an dem Erstlings-

roman eines der populärsten russischen Dichter konnte D'Angelo womöglich für sich selbst und den neuen Verlag einen fulminanten Coup landen. Ende April schrieb er an einen Mailänder Lektor und bat, ohne eine Antwort abzuwarten, Wladimirski, einen Kollegen bei Radio Moskau, ein Treffen mit Pasternak zu vereinbaren.

Peredelkino war eine auf dem früheren Anwesen eines russischen Adligen errichtete Schriftstellerkolonie. Zwischen Sibirischen Zirbelkiefern, Linden, Zedern und Lärchen wurden 1934 die ersten Häuser erbaut, die den prominentesten Autoren der Sowjetunion eine Zuflucht boten, wenn sie ihren Stadtwohnungen entfliehen wollten. Auf rund 100 Hektar großen Grundstücken errichtete man etwa 50 Landhäuser oder Datschen. Schriftsteller lebten Seite an Seite mit Bauern, die in Holzhütten wohnten – die Frauen trugen Kopftücher, und die Männer fuhren auf Pferdeschlitten.

Einige der größten Vertreter der sowjetischen Literatur residierten in Peredelkino – die Romanciers Konstantin Fedin und Wsewolod Iwanow waren direkte Nachbarn Pasternaks. Kornei Tschukowski, der beliebteste Kinderbuchautor der Sowjetunion, und der Literaturkritiker Wiktor Schklowski wohnten nur ein paar Straßen weiter. Das idyllisch wirkende Dorf wurde jedoch von seinen Toten verfolgt – denjenigen, die während der Großen Säuberung Ende der 1930er-Jahre hingerichtet worden waren. Die Schriftsteller Isaak Babel und Boris Pilnjak waren beide in ihren Datschen in Peredelkino verhaftet worden. Ihre Häuser wurden anderen Schriftstellern zugeteilt.

Im Dorf ging die Kunde, dass der „Führer" Josef Stalin Maxim Gorki, den „Vater" der sowjetischen Literatur und Mitbegründer des sozialistischen Realismus in der Literatur, gefragt habe, wie seine Kollegen im Westen lebten. Als Gorki antwortete, sie lebten in Villen, ließ Stalin Peredelkino errichten. Ob diese Geschichte erfunden war oder nicht – Schriftsteller waren eine privilegierte Kaste. Sie waren in dem fast 4 000 Mitglieder starken Allunionsschriftstellerverband organisiert und genossen Vorteile, von denen gewöhnliche Sowjetbürger, die oft sehr beengt lebten und für Alltagsgüter lange Schlange stehen mussten, nur träumen konnten. „Schriftsteller in einem Kokon aus Komfort zu fangen, sie mit einem Netz von Spionen zu umgeben" – so beschrieb Tschukowski das System.

Romane, Theaterstücke und Gedichte waren entscheidende Instrumente der Massenpropaganda, die dazu beitragen sollten, den Massen den Sozialismus nahezubringen. Stalin erwartete von „seinen" Autoren die fiktionale oder poetische Feier des kommunistischen Staats mit Geschichten, in denen Muskelkraft den Fortschritt in die Fabriken und auf die Felder trug. 1932 brachte Stalin bei einem Schriftstellertreffen bei Gorki zu Hause einen Toast auf die neue Literatur aus: „Die Produktion von Seelen ist wichtiger als die Produktion von Panzern ... Hier sagte jemand ganz richtig, dass ein Schriftsteller nicht still sitzen darf, dass ein Schriftsteller das Leben eines Landes kennen muss. Und das stimmt. Der Mensch wird durch das Leben selbst erneuert. Doch auch Sie werden dabei helfen, seine Seele zu erneuern. Ich erhebe mein Glas auf Sie, Schriftsteller, auf die Ingenieure der menschlichen Seele."

Nachdem sie den Bahnhof verlassen hatten, passierten D'Angelo und Wladimirski die ummauerte Sommerresidenz des Patriarchen der russisch-orthodoxen Kirche. Sie überquerten einen Bach in der Nähe eines Friedhofs, folgten etwas matschigen Straßen und bogen dann in die Uliza Pawlenko ein, die schmale Gasse am Rande des Dorfes, in der Pasternak wohnte. D'Angelo wusste nicht, was ihn erwarten würde. Aus seinen Recherchen war ihm bekannt, dass Pasternak als hochbegabter Dichter galt und von westlichen Wissenschaftlern als heller Stern am dunklen Firmament der sowjetischen Literatur gepriesen wurde. Doch D'Angelo hatte niemals etwas von Pasternak gelesen. Das sowjetische Establishment zweifelte an seiner politischen Einstellung, was seine Wertschätzung als literarisches Talent schmälerte, und seine Werke wurden lange nicht in seiner Muttersprache publiziert. Er verdiente seinen Lebensunterhalt als Übersetzer fremdsprachiger Literatur und machte sich mit der Übertragung von Shakespeares Dramen und Goethes *Faust* ins Russische einen Namen.

Die zwischen Tannen und Birken auftauchende Datscha Pasternaks war ein schokoladenbraunes, zweistöckiges Gebäude mit Erkerfenstern und einer Veranda. Manche Besucher erinnerte sie an ein amerikanisches Holzrahmenhaus. Als D'Angelo das hölzerne Tor erreichte, arbeitete der 66-jährige Schriftsteller gerade in seinem Vorgarten, wo die Familie zwischen Obstbäumen, Büschen und Blumen ein Gemüsebeet angelegt hatte. Er trug Gummistiefel, eine einfache Hose und eine schlichte Jacke. Pasternak war ein körperlich beeindruckender, bemerkenswert jugendlich wirkender Mann, dessen langes Gesicht mit vollen, sinnlichen Lippen und lebhaften kastanienbraunen Augen wie aus Stein gemeißelt schien. Die Dichterin Marina Zwetajewa schrieb, er sähe aus wie ein Araber *und* sein Pferd. Olga Carlisle, die ihn in Peredelkino besuchte, stellte fest, dass ihm die Wirkung „seines außergewöhnlichen Gesichts" manchmal bewusst wurde. Dann schien er „einen Moment lang innezuhalten, kniff seine schräg stehenden braunen Augen zusammen, drehte den Kopf weg und erinnerte entfernt an ein scheuendes Pferd".

Pasternak begrüßte seine Besucher mit festem Händedruck. Sein Lächeln war überschwänglich, fast kindlich. Er genoss die Gesellschaft von Ausländern – in der Sowjetunion, die sich erst nach Stalins Tod 1953 wieder zu öffnen begann, zu dieser Zeit noch immer ein außergewöhnliches Vergnügen. Isaiah Berlin, der in Oxford lehrte und Pasternak ebenfalls im Sommer 1956 in Peredelkino besuchte, verglich eines seiner Gespräche im Kreise sowjetischer Schriftsteller mit einer Unterhaltung mit Schiffbrüchigen: „Es war, als spräche ich zu den Opfern einer Schiffskatastrophe, die, abgeschnitten von der Zivilisation, seit Jahrzehnten auf einer einsamen Insel lebten – alles war für sie neu, aufregend und faszinierend."

Die drei Männer saßen im Garten auf zwei rechtwinklig zueinander aufgestellten Holzbänken, und Pasternak ergötzte sich an Sergios Nachnamen, den er mit seiner leisen, monotonen Stimme mit leicht nasalem Timbre in die Länge zog. Welchen Ursprungs der Name denn sei, fragte er. Byzantinisch, sagte D'Angelo, aber sehr verbreitet in Italien. Der Dichter plauderte ausführlich über seine eigene Italienreise im Sommer 1912, als er, gerade 22 Jahre alt, Philosophie an der Universität Marburg studiert hatte. In einem Vierte-Klasse-Abteil war er mit dem Zug nach Venedig und Florenz gefahren, doch für einen Rom-Besuch hatte das Geld nicht mehr gereicht. In einer autobiografischen Skizze hatte er einprägsam über Italien geschrieben, unter anderem über Mailand, wo er direkt nach der Ankunft einen halben Tag verschlafen hatte. Er erinnerte sich, auf den Dom zugegangen zu sein und ihn im Näherkommen aus verschiedenen Blickwinkeln gesehen zu haben. „Wie ein schmelzender Gletscher wuchs er wieder und wieder in der tiefblauen Senkrechte der Augusthitze empor und schien die zahllosen Mailänder Cafés mit Eis und Wasser zu versorgen. Als ich schließlich auf einer schmalen Plattform zu seinen Füßen zu stehen kam und den Hals reckte, senkte er sich mit dem ganzen chorischen Raunen seiner Säulen und Türmchen in mich hinein, wie ein Schneeball in die Segmente eines Regenrohrs hinabgleitet."

Vierundvierzig Jahre später war Pasternak wieder nach Mailand unterwegs. Durch die mit Glas überwölbte Galleria Vittorio Emanuele II und an der Scala vorbei gelangte man, unweit des Doms, in die Via Adegari. Das Haus Nummer 6 beherbergte den Verlag Feltrinellis – jenes Mannes, der der Sowjetunion die Stirn bieten und *Doktor Schiwago* als Erster publizieren sollte.

Unterhaltungen mit Pasternak endeten leicht in Selbstgesprächen. Wenn er einmal Feuer gefangen hatte, monologisierte der Dichter auf scheinbar chaotische Weise begeistert vor sich hin. Manchmal sei es kaum möglich gewesen, mit seinen Gedanken Schritt zu halten, und dann wieder sei alles ganz klar gewesen, schrieb Isaiah Berlin. „Er sprach in herrlichen, bedächtigen langen Sätzen, die gelegentlich von einem wahren Wortschwall unterbrochen wurden." D'Angelo war gefesselt und glücklich, zu Pasternaks Publikum gehören zu dürfen, während dieser sich für seine Tirade entschuldigte und seinen Besucher fragte, was ihn zu ihm führe.

D'Angelo erklärte, dass die Italienische Kommunistische Partei, die ihre führenden Aktivisten ermunterte, das Leben in der Sowjetunion kennenzulernen, seine Versetzung nach Moskau mitfinanziert habe. Er arbeitete als Sendeleiter und Reporter für Radio Moskau, den staatlichen Auslandssender der Sowjetunion, der in zwei Gebäuden hinter dem Puschkin-Platz in der Innenstadt residierte. Vorher hatte er die Libreria Rinascita, die Buchhandlung der Italienischen Kommunistischen Partei, in Rom geleitet. D'Angelo entstammte einer Familie von Antifaschisten und war der Partei 1944 beigetreten, doch manche seiner italienischen Genossen hielten ihn für ein bisschen zu büchernärrisch und meinten, ihm fehle der nötige Biss. Ein Moskauaufenthalt, so hofften sie, würde seine schwelende Begeisterung zu einem Feuer entfachen. Die Parteiführung verschaffte ihm eine Stelle und schickte ihn für zwei Jahre in die sowjetische Hauptstadt. Er war seit März in der Sowjetunion.

D'Angelo, der gut Russisch sprach und Wladimirski nur gelegentlich nach einem Wort fragen musste, erzählte Pasternak, dass er nebenbei als Teilzeitliteraturagent für den Verleger Feltrinelli arbeite. Feltrinellei, so D'Angelo, sei nicht nur ein engagiertes Parteimitglied, sondern auch ein sehr reicher Mann, ein junger Multimillionär, der einer italienischen Unternehmerdynastie entstamme und während des Krieges radikalisiert worden sei. Vor Kurzem habe er ein Verlagshaus gegründet und interessiere sich vor allem für zeitgenössische Literatur aus der Sowjetunion. Neulich erst habe er von *Doktor Schiwago* gehört – ein ideales Buch für den neuen Verlag.

Pasternak unterbrach den Sermon des Italieners mit einer Handbewegung. „In der UdSSR", sagte er, „wird der Roman nicht erscheinen. Er geht nicht mit den offiziellen Kulturrichtlinien konform."

D'Angelo wandte ein, dass die Publikation des Buches schon angekündigt sei und sich die Lage in der Sowjetunion seit Stalins Tod deutlich entspannt habe – eine Entwicklung, die ihre Bezeichnung „Tauwetter" dem Titel eines Romans von Ilja Ehrenburg verdankte. Der literarische Horizont schien sich zu erweitern, als die alten Dogmen infrage gestellt wurden. Es wurde wieder Prosa publiziert, die das System verhalten kritisierte, über die jüngste Vergangenheit der Sowjetunion reflektierte und komplexe, brüchige Charaktere enthielt.

Der Italiener sagte, er habe einen Vorschlag. Pasternak solle ihm eine Kopie von *Doktor Schiwago* geben, sodass Feltrinelli den Text übersetzen lassen könne. Natürlich würde er das Buch in Italien erst dann publizieren, wenn es in der Sowjetunion erschienen sei. Pasternak könne Feltrinelli vertrauen, denn dieser sei Mitglied der kommunistischen Partei. Für den eifrigen D'Angelo, der sehr darauf erpicht war, das Manuskript sicherzustellen und das Gehalt, das er von Feltrinelli bezog, zu rechtfertigen, klang das alles vernünftig.

D'Angelo konnte sich nicht vorstellen, welches Risiko Pasternak einging, wenn er sein Manuskript in fremde Hände gab. Pasternak war allzu bewusst, dass die ungenehmigte Publikation eines in der

Sowjetunion noch nicht erschienen Werks im Westen ihm den Vorwurf der Illoyalität einbringen und ihn und seine Familie in Gefahr bringen konnte. Im Dezember 1948 beschwor er seine in England lebenden Schwestern in einem Brief, die ersten Kapitel, die er ihnen geschickt hatte, auf keinen Fall drucken zu lassen: „[M]it seiner Veröffentlichung im Ausland würden mir die schlimmsten, ich sage nicht: Tödliche Folgen drohen".

Pilnjak, ehemals Pasternaks direkter Nachbar in Peredelkino (das Seitentor zwischen ihren Gärten war nie geschlossen), wurde im April 1938 mit einem Schuss in den Hinterkopf exekutiert. Er stand dem sowjetischen Projekt skeptisch gegenüber, behandelte in seinen Romanen Themen wie Inzest und geißelte Stalins und Gorkis Anweisungen zum Verfassen von Literatur als Kastration der Kunst. Möglicherweise war Pilnjaks Schicksal schon 1929 besiegelt, als er zu Unrecht beschuldigt wurde, mittels antisowjetischer Elemente die Publikation seiner Erzählung *Mahagoni* im Ausland eingefädelt zu haben. Die Handlung ist in einer postrevolutionären Provinzstadt angesiedelt, und es gibt einen Sympathieträger, der Leo Trotzki unterstützt – Stalins erbitterten Rivalen. Pilnjak wurde von der Presse öffentlich in den Dreck gezogen. „Für mich ist ein vollendetes literarisches Werk wie eine Waffe", schrieb der unverfrorene, militante bolschewistische Dichter Wladimir Majakowski in einer Besprechung, in der er, ohne dass ihm die Schamesröte ins Gesicht gestiegen wäre, zugab, dass er *Mahagoni* gar nicht gelesen hatte. „Selbst wenn diese Waffe über den Klassenkampf erhaben wäre – was gar nicht möglich ist (obwohl Pilnjak es vielleicht denkt) –, verstärkt sie das Arsenal unserer Feinde, wenn sie der Weißen Presse übergeben wird. In dieser Zeit, in der Gewitterwolken den Himmel verdüstern, ist das dasselbe wie Verrat an der Front."

Pilnjak versuchte, sich mit katzbuckelnden Sentenzen über Stalins Größe wieder lieb Kind bei der Partei zu machen, doch er konnte sich nicht retten. Sein illoyales Verhalten wurde aktenkundig. Als der Große Terror seinen Höhepunkt erreichte, lebte Pilnjak in stetiger Furcht vor sofortiger Verhaftung. Das Land befand sich im Würgegriff einer verrückten, mörderischen Säuberungsaktion, der einfache Parteimitglieder, Beamte. Angehörige des Militärs wie der Intelligenzija und ganze ethnische Gruppen zum Opfer fielen.

Zwischen 1936 und 1939 wurden Hunderttausende ermordet oder starben in Haft. Unter den Opfern waren Hunderte von Schriftstellern. Pasternak erinnerte sich, dass Pilnjak ständig aus dem Fenster schaute. Traf er auf der Straße Bekannte, wunderten diese sich, dass er noch nicht verhaftet worden war. „Bist du das wirklich?", fragten sie. Am 28. Oktober 1938 kam die Geheimpolizei. Pasternak war mit seiner Frau zu Besuch im Nachbarhaus; Pilnjaks dreijähriger Sohn, der ebenfalls Boris hieß, hatte Geburtstag. An diesem Abend hielt ein Auto vor der Datscha, und ein paar uniformierte Männer stiegen aus. Es ging sehr höflich zu. Pilnjak werde in dringenden Angelegenheiten gebraucht, sagte ein Beamter.

Man beschuldigte ihn, einer „antisowjetischen, trotzkistischen, subversiven und terroristischen Organisation" anzugehören, die die Ermordung Stalins plane, und für Japan als Spion tätig zu sein. 1927 war er nach Japan und China gereist und hatte seine Eindrücke in seinem Tagebuch festgehalten. Auch hatte er 1931 – mit Stalins Genehmigung – sechs Monate in den Vereinigten Staaten verbracht, war in einem Ford kreuz und quer durchs Land gefahren und hatte in Hollywood für kurze Zeit als Drehbuchautor für MGM gearbeitet. In seinem Reiseroman *Okay* warf er einen sehr kritischen Blick auf die amerikanische Lebensweise.

Pilnjak gab alles zu, bat das Militärgericht in einem Schlusswort aber um „Papier", auf das er „etwas schreiben" könne, „was dem sowjetischen Volk von Nutzen" sei. Am 20. April 1938 wurde er nach einer 15-minütigen Verhandlung, die von 5.45 Uhr bis 6.00 Uhr dauerte, schuldig gesprochen und zum Tode verurteilt. Die Strafe sollte am nächsten Tag durch den „Leiter der 12. Abteilung der ersten Spezialeinheit", wie es in makabrem Bürokratenrussisch hieß, vollstreckt werden. Pilnjaks Frau verbrachte 19 Jahre im Gulag; ihr Sohn wuchs bei der Großmutter in der Georgischen Sozialistischen Sowjetrepublik auf. Sämtliche Werke Pilnjaks wurden aus Bibliotheken und Buchläden verbannt und vernichtet. 1938–1939 wurden laut einem Bericht der staatlichen Zensurbehörde 24 138 799 Exemplare „politisch schädlicher" Werke oder Titel, die „für den sowjetischen Leser absolut wertlos" waren, eingestampft.

Nach der Verhaftung Pilnjaks und anderer Autoren lebten die Pasternaks wie viele Dorfbewohner in Angst. „Es war schrecklich", sagte Pasternaks Frau Sinaida, die zu dieser Zeit mit ihrem ersten Sohn schwanger war. „Jede Minute rechneten wir mit Borjas Verhaftung."

Selbst nach Stalins Tod konnte kein sowjetischer Schriftsteller mit dem Gedanken an eine Publikation im Ausland spielen, ohne sich Pilnjaks Schicksal vor Augen zu führen. Und seit 1929 hatte niemand mehr das ungeschriebene, aber eiserne Gesetz gebrochen, dass eine ungenehmigte Buchveröffentlichung im Ausland verboten war.

Während seines Gequassels wurde D'Angelo plötzlich klar, dass Pasternak in Gedanken versunken war. Seinem Nachbarn Tschukowski kam er zuweilen wie ein „Nachtwandler" vor – „er hört[e], ohne zu hören", während er seinen eigenen Gedanken und Berechnungen nachhing. Pasternak war sich seiner Literatur und ihrer Genialität sehr sicher und wollte, dass sie ein möglichst großes Publikum fand. Er war davon überzeugt, dass *Doktor Schiwago* die Krönung seines Lebenswerks sei, ein zutiefst authentischer Ausdruck seiner Weltsicht und all den hochgelobten Gedichten, die er viele Jahrzehnte lang geschrieben hatte, überlegen. Er bezeichnete das Buch als „letzte[s] Glück" und letzten „Wahn".

Der autobiografisch inspirierte Roman handelt von dem Arzt und Dichter Juri Schiwago, seiner Kunst, seinen Liebesbeziehungen und Verlusten in den Jahrzehnten vor und nach der Oktoberrevolution von 1917. Nach dem Tod seiner Eltern wächst Schiwago bei einer Pflegefamilie auf, die zur bürgerlichen Moskauer Intelligenzija gehört. In diesem vornehmen und aufgeklärten Umfeld entdeckt er seine Begabung für Dichtung und Heilkunst. Nach dem Medizinstudium heiratet er Tonja, die Tochter seiner Pflegeeltern. Im Ersten Weltkrieg lernt er in einem Feldlazarett in Südrussland die Krankenschwester Lara Antipowa kennen und verliebt sich in sie.

Als Schiwago 1917 zu seiner Familie zurückkehrt, hat sich in Moskau alles verändert. In der von den Bolschewiken kontrollierten Stadt herrschen nach der Revolution chaotische Zustände, und die Bürger hungern. Die alte Welt der Kunst, der Muße und intellektuellen Kontemplation ist ausgelöscht. Schiwagos anfängliche Begeisterung für die Bolschewiken schwindet schnell. Um dem Hunger zu entfliehen, fährt er Frau und Schwiegervater in den Ural nach Warykino, wo die Familie ein Gut besitzt. In der nahe gelegenen

Stadt Jurjatin begegnen Schiwago und Lara sich wieder. Laras Ehemann hat sich der Roten Armee angeschlossen. Schiwago fühlt sich noch immer zu ihr hingezogen, doch wegen seiner Untreue plagen ihn Gewissensbisse.

Eines Tages wird Schiwago von bewaffneten Partisanen entführt, die ihn dazu zwingen, als Feldarzt zu arbeiten. Er wird Zeuge von Gräueltaten der Roten Armee wie der antibolschewistischen „Weißen". Schließlich „desertiert" er und kehrt nach Hause zurück. Seine Familie, die ihn für tot hielt, ist zwischenzeitlich geflohen. Schiwago zieht mit Lara zusammen. Als der Krieg näher rückt, sucht das Paar Zuflucht in Warykino. Einen kurzen Moment lang bleibt die Welt außen vor, und Schiwago beginnt, von einem kreativen Rausch erfasst, wieder Gedichte zu schreiben. Vor der Tür heulen die Wölfe – ein Omen drohenden Unheils. Das Ende des Krieges und die Festigung der bolschewikischen Macht besiegeln Laras und Schiwagos Schicksal: Lara bricht auf in den fernen Osten Russlands; Schiwago kehrt nach Moskau zurück und stirbt dort 1929. Er hinterlässt ein lyrisches Werk, dem das letzte Kapitel des Romans gewidmet ist – sein künstlerisches Vermächtnis, Spiegel seiner Lebensphilosophie.

Schiwago ist in gewisser Weise Pasternaks Alter Ego. Wie der Schriftsteller wurzelt die literarische Figur in einer verlorenen Vergangenheit, dem kulturellen Milieu der Moskauer Intelligenzija. In der sowjetischen Literatur war diese Welt, wenn überhaupt, mit Geringschätzung zu behandeln. Pasternak wusste, dass die sowjetische Verlagslandschaft vor dem fremdem Ton, der offenen Religiosität und Gleichgültigkeit, die *Doktor Schiwago* gegenüber den Erfordernissen des sozialistischen Realismus und dem obligatorischen Kotau vor der Oktoberrevolution zum Ausdruck brachte, zurückschrecken würde. Der Roman war in vielerlei Hinsicht unverhüllt ketzerisch, und manche Sätze und Gedanken waren für „gläubige" Sowjets wie ein Schlag ins Gesicht. Eine frühe offizielle Rezension konstatierte einen „zoologischen Glaubensabfall". Er zeige die Revolution nicht als „Kuchen mit Sahnehäubchen", räumte Pasternak ein, kurz bevor er seinen Roman vollendete. „Jeder, der möchte, soll ihn lesen", sagte er, „denn er wird ganz bestimmt nie gedruckt werden."

Pasternak hatte eine Veröffentlichung im Westen nicht in Betracht gezogen, doch als D'Angelo an sein Gartentor klopfte, wartete er bereits fünf Monate lang vergeblich auf eine Antwort des Staatsverlags Goslitisdat, dem er den Roman zugesandt hatte. *Snamja* (Die Fahne) und *Nowy Mir* (Neue Welt), zwei führende Zeitschriften, von denen er sich einen auszugsweisen Abdruck *Doktor Schiwagos* erhoffte, hatten ebenfalls nicht geantwortet. D'Angelo hatte genau den richtigen Moment erwischt; als Pasternak sein unerwartetes Angebot erhielt, hielt ihn nichts mehr zurück. In der totalitären sowjetischen Gesellschaft hatte er sich lange ungewöhnlich furchtlos gezeigt – indem er, anders als viele andere, die ihren Ruf nicht beflecken wollten, Angehörige von Gulag-Verbannten besucht und finanziell unterstützt hatte, bei den Behörden intervenierte, um für jene um Gnade zu bitten, die politischer Verbrechen angeklagt waren, und sich weigerte, Petitionen zu unterzeichnen, in denen die Hinrichtung namentlich genannter Staatsfeinde gefordert wurde. Das Herdengebaren vieler seiner Schriftstellerkollegen schreckte ihn ab. „Schreien Sie mich nicht an", maßregelte er seine Kollegen, die ihn bei einer öffentlichen Veranstaltung in die Zange nahmen, weil er darauf bestand, dass man Schriftstellern keine Befehle erteilen dürfe. „Aber wenn Sie schon schreien müssen, dann wenigstens nicht alle gleichzeitig." Pasternak sah keinen Anlass, seine Kunst auf die politischen Anforderungen des Staats zuzuschneiden. Mit der Opferung seines Romans hätte er sich, wie er fand, an seinem eigenen Genie versündigt.

„Lassen wir die Frage, ob die sowjetische Ausgabe letztlich erscheinen wird oder nicht, einmal beiseite", sagte er zu D'Angelo. „Ich bin bereit, Ihnen den Roman zu geben, wenn Feltrinelli verspricht, anderen Verlagen in bedeutenden Ländern, sagen wir innerhalb der nächsten paar Monate, eine Manuskriptkopie zuzuschicken, zuallererst Frankreich und England. Was meinen Sie? Können Sie in Mailand nachfragen?" D'Angelo antwortete, dass dies nicht nur möglich, sondern unumgänglich sei, da Feltrinelli mit Sicherheit die Rechte an dem Buch ins Ausland verkaufen wolle.

Pasternak hielt erneut einen Moment inne, ehe er sich entschuldigte und ins Haus ging, wo er im zweiten Stock ein spartanisch eingerichtetes Arbeitszimmer hatte. Im Winter schaute man von dort aus auf „eine weite weiße Fläche, die von einem kleinen Fried-hof auf einem Hügel beherrscht wird, ein bisschen so wie der Hin-tergrund eines Chagall-Gemäldes." Kurze Zeit später tauchte Paster-nak mit einem großen, in Zeitungspapier gewickelten Päckchen wieder auf. Das Manuskript bestand aus 433 eng mit der Maschine beschriebenen Seiten und hatte fünf Teile. Jeder dieser Teile war in weiches Papier oder Karton gebunden und wurde von einer Schnur zusammengehalten, die durch grob gestanzte Löcher in den Seiten gefädelt und dann verknotet worden war. Der erste Abschnitt war mit 1948 datiert, und der Text war übersät mit Pasternaks hand-schriftlichen Korrekturen.

„Das ist *Doktor Schiwago*", sagte Pasternak. „Möge der Text um die Welt gehen."

Trotz allem, was noch kommen sollte, ließ Pasternak nie von die-sem Wunsch ab.

D'Angelo erkärte, dass er das Manuskript Feltrinelli schon in we-nigen Tagen geben könne, denn er plane eine Reise in den Westen. Es war kurz vor Mittag, und die Männer unterhielten sich noch ein Weilchen.

Als sie am Gartentor standen – D'Angelo mit dem Roman unter dem Arm – und einander auf Wiedersehen sagten, lag ein seltsamer Ausdruck auf Pasternaks Gesicht – bitter, ironisch. Er sagte zu dem Italiener: „Hiermit sind Sie zu meiner Hinrichtung eingeladen."

Die Publikation von *Doktor Schiwago* im Jahr 1957 im Westen und die Verleihung des Nobelpreises für Literatur an Boris Pas-ternak im Jahr darauf lösten einen der größten kulturellen Gewitter-stürme des Kalten Krieges aus. Aufgrund seiner anhaltenden Be-liebtheit und der Verfilmung von David Lean im Jahr 1965 ist und bleibt *Doktor Schiwago* ein Meilenstein der Romanliteratur. Doch nur wenige Leserinnen und Leser kennen die schwierigen Um-stände seiner „Geburt" und wissen um die elektrisierende Wirkung des Buchs auf die damalige Welt, in der zwei konkurrierende Super-mächte um die ideologische Vorherrschaft kämpften.

Doktor Schiwago durfte in der Sowjetunion nicht erscheinen, und der Kreml versuchte über die Italienische Kommunistische Partei, die Erstpublikation in italienischer Sprache zu verhindern. Moskauer Funktionäre und führende italienische Kommunisten bedrohten sowohl Pasternak als auch Giangiacomo Feltrinelli, seinen Mailänder Verleger. Die beiden Männer, die einander nie persönlich kennenlernten, widerstanden dem Druck und schmiedeten einen der größten Bünde in der Geschichte des Verlagswesens. Ihre heimliche Korrespondenz, die zuverlässige Kuriere in die Sowjetunion hinein- beziehungsweise aus ihr herausschmuggelten, ist ein eigenständiges Manifest der künstlerischen Freiheit.

Die überall kursierende Nachricht, dass die Sowjetunion *Doktor Schiwago* ablehnte, sorgte dafür, dass der Roman, der sonst vielleicht nur ein kleines, elitäres Publikum gefunden hätte, zum internationalen Bestseller wurde. Als Pasternak 1958 von der Schwedischen Akademie mit dem Nobelpreis für Literatur geehrt wurde, stiegen die ohnehin schon erstaunlichen Verkaufszahlen noch weiter. Der Schriftsteller war für sein lyrisches Werk schon mehrmals nominiert worden, doch das Erscheinen des Romans machte seine Wahl praktisch unumgänglich. Der Kreml verurteilte Pasternaks Nobelpreis als antisowjetische Provokation und zettelte eine gnadenlose internationale Hetzkampagne an, um ihn als Verräter zu verunglimpfen. Pasternak wurde bis an den Rand des Selbstmords getrieben. Das Ausmaß und die Brutalität der Angriffe auf den betagten Autor schockierte Menschen rund um die Welt, darunter auch viele Schriftsteller, die mit der Sowjetunion sympathisierten. Persönlichkeiten, die unterschiedlicher kaum hätten sein können, so zum Beispiel Ernest Hemingway und der indische Premierminister Jawaharlal Nehru, ergriffen das Wort zu Pasternaks Verteidigung.

Pasternak lebte in einer Gesellschaft, in der Romanen, Gedichten und Schauspielen als Form des Ausdrucks und der Unterhaltung ungemeine Bedeutung zukam. Über Themen, ästhetische Konzepte und die politische Rolle der Literatur wurden erbitterte ideologische Auseinandersetzungen geführt, und manchmal bezahlten die Verlierer dieser Kontroversen ihre Niederlage mit dem Leben. Nach 1917 wurden fast 1 500 Schriftsteller in der Sowjetunion wegen angeblicher Gesetzesverstöße exekutiert oder starben in Arbeitslagern. Autoren hatten entweder ihren Beitrag zur Schaffung des neuen „Sowjetmenschen" zu leisten oder waren zu isolieren, in manchen

Fällen auch zu vernichten, und die Literatur konnte entweder der Revolution oder den Staatsfeinden dienen.

Die sowjetischen Führer schrieben lange Traktate über die revolutionäre Kunst, hielten stundenlange Reden über das Ziel der Erzählliteratur und die Dichtung und zitierten Autoren in den Kreml, um sie über ihre Pflichten aufzuklären. Die Schriftstellerei lag ihnen nicht zuletzt deshalb so am Herzen, weil sie am eigenen Leib erfahren hatten, welche Kraft zur Veränderung ihr innewohnte. Der Revolutionär Wladimir Lenin wurde von Nikolai Tschernyschewskis Roman *Was tun?* radikalisiert. „Die Kunst gehört dem Volk", sagte Lenin. „Sie muss von den Massen verstanden und geliebt werden. Sie muss in ihrem Fühlen, Denken und Wollen verbinden und emporheben. Sie muss Künstler in ihnen erwecken und entwickeln. Sollten wir erlesenen süßen Kuchen einer kleinen Minderheit servieren, während es den Massen der Arbeiter und Bauern an Schwarzbrot fehlt?"

Als Stalin Anfang der 1930er-Jahre seine Macht festigte, unterwarf er das literarische Leben einer strikten Kontrolle. Die Literatur war nicht länger die Verbündete der Partei, sondern ihre Dienerin. Das künstlerische Leben, das in den 1920er-Jahren noch pulsiert hatte, erstarb. Stalin, der als Jugendlicher gedichtet hatte, war ein unersättlicher Romanleser, der manchmal Hunderte von Seiten an einem Tag verschlang. Passagen, die ihm missfielen, strich er rot an. Er bestimmte mit, welche Theaterstücke aufgeführt werden sollten. Eines Tages rief er Pasternak an, um zu erörtern, ob der Dichter Ossip Mandelstam seine Kunst beherrsche – ein Gespräch, in dem Mandelstams Schicksal auf dem Spiel stand. Stalin entschied, welche Schriftsteller den höchsten Literaturpreis des Landes erhalten sollten, der, wie sollte es anders sein, „Stalinpreis" genannt wurde.

Die sowjetische Öffentlichkeit verzehrte sich nach großer Literatur mit einem Hunger, der kaum je gestillt wurde. Die Regale des Landes ächzten unter dem langweiligen, nach Schema F zusammengeschusterten Mist, der auf Bestellung produziert wurde. Isaiah Berlin fand das alles „rettungslos zweitklassig". Jene Schriftsteller, die unverdrossen an ihrer individuellen Stimme festhielten – Pasternak und die Dichterin Anna Achmatowa sowie ein paar andere – wurden geradezu vergöttert. Ihre Lesungen füllten Konzertsäle, und das Publikum fühlte ihre Worte auf den Lippen, selbst wenn sie verboten waren. Im Zwangsarbeitslager Oboserka am Weißen Meer vertrieben sich manche Insassen die Zeit und machten einander Mut, indem sie herauszufinden versuchten, wer am meisten Pasternak rezitieren konnte. Der emigrierte russische Kritiker Victor Frank erklärte Pasternaks Anziehungskraft damit, dass in seinen Gedichten „der Himmel größer, die Sterne strahlender, der Regen lauter und die Sonne grausamer" sei. „Kein anderer Dichter in der russischen Literatur – und vielleicht in der ganzen Welt – ist fähig, die langweiligen Gegenstände unseres langweiligen Lebens mit so viel Magie aufzuladen wie er. Für seinen durchdringenden Blick, den Blick eines Kindes, den Blick eines Menschen, der als Erster einen neuen Planeten betritt, ist nichts zu klein und zu unbedeutend: Regenpfützen, Fensterbänke, Spiegelstützen, Schürzen, Türen von Eisenbahnwaggons, die kleinen Härchen, die von einem nassen Mantel abstehen – all dieser Krimskrams, das Strandgut des Alltags, verwandelt er in eine immerwährende Freude."

Pasternaks Beziehung zur kommunistischen Partei, ihren Führern und dem literarischen Establishment der Sowjetunion war zutiefst ambivalent. Vor dem Großen Terror Ende der 1930er-Jahre hatte er Lobgedichte auf Lenin und Stalin geschrieben, und eine Zeitlang war er fasziniert von Stalins Arglist und Macht. Doch als das Land im Zuge der Säuberungen in einem Strom von Blut ertrank, war er bitter enttäuscht vom sowjetischen Staat. Warum er den Terror überlebte, während so viele andere in seinen gnadenlosen Schlund gerieten und wahllos verschluckt wurden, lässt sich nicht in einem Satz erklären. Der Terror wütete zuweilen auf bizarre Weise nach dem Zufallsprinzip – metzelte Regimetreue nieder und ließ Verdächtige am Leben. Pasternak hatte einfach Glück. Darüber hinaus schützte ihn sein internationales Renommee und – vielleicht der entscheidende Faktor – Stalin selbst, der interessiert beobachtete, wie sich das einzigartige und bisweilen exzentrische Talent des Dichters entfaltete.

Pasternak suchte die Konfrontation mit den Behörden nicht, lebte aber bewusst in der Isolation seiner Kreativität und von der Welt abgeschnitten auf dem Land. Er begann *Doktor Schiwago* 1945 niederzuschreiben und brauchte zehn Jahre, um das Werk zu vollenden. Krankheitsphasen, die Übersetzung fremdsprachiger Werke zur Sicherung des Lebensunterhalts, wachsender Ehrgeiz und Verwunderung, was da aus seinem Füller floss, waren mit dafür verantwortlich, dass es so langsam voranging.

Doktor Schiwago war faktisch ein Erstlingsroman, und Pasternak war 65, als er ihn vollendete. Viele seiner Erfahrungen und Ansichten flossen darin ein. Weder war das Werk eine Polemik noch ein Angriff auf die Sowjetunion, noch diente es der Verteidigung irgendeines anderen politischen Systems. Seine Kraft lag in seinem individuellen Geist, Pasternaks Wunsch, an der Welt teilzuhaben, ein wenig Wahrheit im Leben zu finden, ein wenig Anerkennung zu erfahren. Wie Dostojewski wollte er mit der Vergangenheit abrechnen und diese Periode der russischen Geschichte durch „Treue zur poetischen Wahrheit" zum Ausdruck bringen.

Beim Fortspinnen der Handlung wurde Pasternak klar, dass *Doktor Schiwago* ein harsches Urteil über die kurze Geschichte des sowjetischen Staates fällte. Handlung, Figuren und Atmosphäre verkörperten vieles, was der sowjetischen Literatur fremd war. Man konnte Verachtung für die „abstumpfende und gnadenlose" Ideologie, die so viele von Pasternaks Zeitgenossen beseelte, aus dem Text herauslesen. *Doktor Schiwago* war Pasternaks letztgültiges Testament, eine Verneigung vor einer ihm teuren Epoche und Sensibilität, die nun zerstört war. Er war wild entschlossen, das Buch zu publizieren – anders als einige seiner Kollegen, die im Geheimen „für die Schublade" schrieben.

Doktor Schiwago erschien nacheinander in Italienisch, Französisch, Deutsch und Englisch und in vielen anderen Sprachen, nicht aber – zumindest vorläufig – in Russisch.

Im September 1958 wurde auf der Weltausstellung in Brüssel im Pavillon des Vatikans eine schöne, in blaues Leinen gebundene russischsprachige Ausgabe von *Doktor Schiwago* an russische Besucher verteilt. Fast augenblicklich kamen Gerüchte über das Zustandekommen dieser mysteriösen Ausgabe auf. Im November 1958 wurde die CIA zum ersten Mal verdächtigt, das Buch in aller Heimlichkeit gedruckt zu haben. Sie streitet das bis heute ab.

Im Laufe der Jahre kamen reihenweise Theorien auf, wie die CIA in den Besitz eines Originalmanuskripts von *Doktor Schiwago* gelangt sein könnte und warum sie den Roman auf Russisch habe drucken lassen. Es hieß, der britische Geheimdienst habe ein Flugzeug aus Moskau mit Feltrinelli an Bord in Malta zur Landung gezwungen, den Roman aus dem im Frachtraum verstauten Koffer des Verlegers entwendet und heimlich fotografiert. Das ist nie geschehen. Einige von Pasternaks französischen Freunden sollen – irrtümlicherweise – der Meinung gewesen sein, dass eine originalsprachige Ausgabe von *Doktor Schiwago* die Voraussetzung zu einer Nominierung für den Nobelpreis war. Auch diese Theorie wurde immer wieder aufgewärmt. Der Nobelpreis interessierte den amerikanischen Geheimdienst nicht, und aus einer internen Abrechnung über den Vertrieb des Buchs durch die CIA geht hervor, dass kein Exemplar nach Stockholm gesandt wurde. Die CIA wollte einfach, dass *Doktor Schiwago* in die Sowjetunion gelangte und sowjetischen Bürgern zugänglich gemacht wurde.

Es wurde ebenfalls gemutmaßt, dass russische Emigranten in Westeuropa den Druck lanciert hätten und die CIA nur eine marginale Rolle gespielt habe, indem sie die beteiligten Organisationen finanzierte. Tatsächlich war die CIA tief in die Angelegenheit verstrickt. Druck und Vertrieb von *Doktor Schiwago* wurden von der Soviet Russia Division in die Wege geleitet, vom Direktor der CIA, Allen Dulles, überwacht und durch Präsident Eisenhowers Operations Coordinating Board, das dem National Security Council (Nationalen Sicherheitsrat) im Weißen Haus berichtete, genehmigt. Die CIA arrangierte 1958 den Druck einer Hardcoverausgabe in den Niederlanden und druckte 1959 in ihrem Hauptquartier in Washington D.C. eine Ausgabe von Miniaturpaperbacks.

Doktor Schiwago als Waffe im ideologischen Machtkampf zwischen Ost und West – auch dies ist Teil seiner außergewöhnlichen Geschichte.

Kapitel 1

„Von Rußland ist das Dach
heruntergerissen worden."

Kugeln krachten gegen die Fassade des Wohnhauses in der Wolkhonka-Straße mitten in Moskau, in dem Pasternaks Familie lebte, durchschlugen die Fenster und schlugen pfeifend in die verputzten Decken ein. Die Schießerei, die mit ein paar vereinzelten Scharmützeln begonnen hatte, wuchs sich zu einem flächendeckenden Straßenkampf aus und trieb die Familie in die Hinterzimmer der geräumigen Wohnung im zweiten Stock. Auch dies schien gefährlich, als die Rückseite des Gebäudes im Sperrfeuer von Granatsplittern getroffen wurde. Die wenigen Zivilisten, die sich auf die Wolkhonka-Straße hinauswagten, hasteten seitwärts von Versteck zu Versteck. Einer von Pasternaks Nachbarn wurde erschossen, als er vor einem seiner Fenster die Straße überquerte.

Am 25. Oktober 1917 ergriffen die Bolschewiken in einem weitgehend unblutigen Staatsstreich die Macht in der russischen Hauptstadt Petrograd, vormals Sankt Petersburg, doch der Ausbruch des Ersten Weltkriegs hatte die Beibehaltung eines deutschen Namens unmöglich gemacht. Andere Großstädte leisteten den Truppen des Revolutionsführers Wladimir Lenin, der die seit März im Amt befindliche Provisorische Regierung bekämpfte, länger Widerstand. In Moskau, dem Handelszentrum und der zweitwichtigsten Stadt des Landes, wurde über eine Woche lang gekämpft, und die Pasternaks fanden sich plötzlich mitten im Geschehen wieder. Das Mehrfamilienhaus, in dem sie wohnten, lag an einer hügelaufwärts führenden Straße. Die neun zur Straße gelegenen Fenster boten einen Ausblick auf die Moskwa und die riesige goldene Kuppel der Christ-Erlöser-Kathedrale. Der Kreml lag nur ein paar hundert Meter weiter nach Nordosten an der Flussbiegung. Pasternak, der einen Raum auf dem Arbat gemietet hatte, war an dem Tag, an dem die Kämpfe begannen, zufällig zu Besuch bei seinen Eltern und kauerte schließlich mit ihnen und seinem jüngeren, 24 Jahre alten Bruder Alexander in der Parterrewohnung eines Nachbarn. Telefon und Licht waren ausgeschaltet, und Wasser tropfte nur gelegentlich für kurze Zeit aus den Hähnen. Boris' Schwestern Josephina und Lydia waren in dem nahe gelegenen Haus ihres Cousins unter ähnlich elenden Umständen gefangen. Sie waren an diesem für die Jahreszeit ungewöhnlich milden Abend zu einem Stadtbummel aufgebrochen, als plötzlich gepanzerte Fahrzeuge durch die sich schnell leerenden Straßen rasten. Kaum hatten sie bei ihrem Vetter Unterschlupf gefunden, wurde ein Mann auf der anderen Straßenseite von einem Schuss niedergestreckt. Tagelang hörte man das ununterbrochene Prasseln von Maschinengewehrfeuer und das dumpfe Krachen explodierender Granaten, immer wieder unterbrochen vom „Geschrei kreisender Mauersegler und Schwalben". Dann war auf einmal alles vorbei, ebenso schnell, wie es begonnen hatte: „Die Luft wurde wieder klar, und eine schreckliche Stille senkte sich herab". Moskau war den Sowjets in die Hände gefallen.

Russlands Revolutionsjahr hatte im vorausgegangenen Februar begonnen, als sich Zehntausende streikender Arbeiter den Frauen anschlossen, die in Petrograd gegen den Brotmangel protestierten, und die nationale Kriegsmüdigkeit sich in einer regelrechten Flut von Demonstrationen gegen die erschöpfte Autokratie Bahn brach. Zwei Millionen Russen sollten in dem Gemetzel an der Ostfront fallen, und weitere 1,5 Millionen Zivilisten starben an Krankheiten und bei Kampfmaßnahmen. Die Wirtschaft des riesigen, rückständigen russischen Reichs war am Zusammenbrechen. Als die zaristischen Truppen in die Menge feuerten und Hunderte töteten, brach in der Hauptstadt eine offene Revolte aus. Am 2. März dankte Nikolaus II., von seiner Armee im Stich gelassen, ab, und die 300 Jahre alte Romanow-Dynastie war am Ende.

Pasternak, der zur Unterstützung der Kriegsanstrengungen einem Chemiewerk im Ural zugewiesen worden war, eilte zurück nach Moskau. Einen Teil der Strecke legte er in einer Kibitka zurück, einem mit Matten abgedeckten und mit Heu ausgelegten

Schlitten, in dem er sich mit Schaffellmänteln gegen die Kälte wappnete. Pasternak und seine Geschwister begrüßten den Fall der Monarchie, die Bildung der neuen Provisorischen Regierung und vor allem die Aussicht auf eine konstitutionelle politische Ordnung. Aus Untertanen wurden Bürger, und sie freuten sich über die Veränderung. „Stell dir vor, ein Meer aus Blut und Schmutz begänne zu leuchten", sagte Pasternak zu einem Freund. Seine Schwester Josephine schrieb, das Charisma von Alexander Kerenski, einem führenden Mitglied der Übergangsregierung, und seine Wirkung auf die Menschenmenge, die sich im Frühling vor dem Bolschoi-Theater versammelt hatte, habe ihren Bruder „überwältigt" und „berauscht". Die Provisorische Regierung schaffte die Zensur ab und führte die Versammlungsfreiheit ein.

Pasternak sollte die Euphorie des Aufbruchs später in seinem Roman thematisieren. Der Held von *Doktor Schiwago* ist fasziniert vom öffentlichen Diskurs, seiner Lebendigkeit, seiner Magie. „Gestern habe ich das nächtliche Treffen beobachtet. Ein erstaunliches Schauspiel", schildert Juri Schiwago die ersten Monate nach dem Fall des Zaren. „Mütterchen Russland hat sich in Bewegung gesetzt, es mag nicht mehr stehenbleiben, es kann nicht genug gehen und reden. Und nicht nur die Menschen sind es, die reden. Sterne und Bäume versammeln und unterhalten sich, nächtliche Blumen philosophieren, und steinerne Gebäude halten Versammlungen ab. Es ist wie im Evangelium, nicht wahr? Wie zur Zeit der Apostel. Erinnern Sie sich, wie es bei Paulus heißt? ‚Redet mit Zungen und weissagt und betet um die Gabe der Deutung.'"

Schiwago hat das Gefühl, „[v]on Rußland [sei] das Dach heruntergerissen worden". Die politischen Unruhen schwächten auch die Provisorische Regierung, die unfähig war, ihre Beschlüsse durchzusetzen. Vor allem ihre weithin verhasste Entscheidung, den Krieg fortzusetzen, trug zu ihrem Untergang bei. Die Bolschewiken, die mit ihrem Versprechen „Brot, Frieden und Land" beim Volk Zuspruch fanden und von Lenins Kalkül getrieben wurden, dass die Macht dazu da war, ergriffen zu werden, zettelten einen Aufstand und im Oktober eine zweite Revolution an. „Eine großartige Chirurgie!", heißt es in *Doktor Schiwago*. „Kurzentschlossen werden die stinkenden alten Beulen kunstvoll herausgeschnitten!"

Die Bolschewiken versprachen in ihrer Deklaration Utopia – „jede Ausbeutung des Menschen durch den Menschen zu beseitigen, jede Teilung der Gesellschaft in Klassen abzuschaffen, allen Widerstand der Ausbeuter schonungslos zu unterdrücken, die sozialistische Organisation der Gesellschaft und den Sieg des Sozialismus in allen Ländern durchzusetzen".

Juri Schiwago hingegen ist schnell desillusioniert von der neuen Ordnung: „Aber erstens, die Ideen der allgemeinen Vervollkommnung, wie sie seit dem Oktober verstanden werden, können mich nicht hinreißen. Zweitens ist das alles von der Verwirklichung weit entfernt, und allein das Gerede darüber wurde mit solchen Strömen von Blut bezahlt, daß der Zweck gewiß nicht die Mittel heiligt. Drittens, und das ist die Hauptsache, wenn ich von der Umgestaltung des Lebens höre, verliere ich meine Beherrschung und falle in Verzweiflung."

Das Wort *Umgestalung* hatte auch Stalin benutzt, als er sein Glas auf ausgewählte Schriftsteller, die er „Ingenieure der Seele" nannte, erhob. Schiwago sagt an einer Stelle des Buchs zu einem Partisanenführer: „Von mir aus, ihr seid Fackeln und Befreier Rußlands, das ohne euch verloren wäre und in Armut und Unwissenheit versänke, und trotzdem habe ich nichts mit euch im Sinn, ich pfeife auf euch, ich kann euch nicht leiden und wünsche euch alle zum Teufel."

Das sind Ansichten eines viel älteren Pasternak, der mehr als drei Jahrzehnte nach der Revolution in Sorge und Abscheu zurückblickt. Mit 27 war Pasternak verliebt, schrieb Gedichte und ließ sich von der „Größe des Augenblicks" mitreißen.

Die Pasternaks waren prominente Mitglieder der westlich orientierten Moskauer Intelligenzija und bereit, die politische Reformierung eines autokratischen, sklerotischen Systems zu unterstützen. Boris' Vater Leonid war ein bekannter impressionistischer Maler und unterrichtete an der Moskauer Hochschule für Malerei, Bildhauerei und Architektur. Sein Vater wiederum hatte in Odessa am Schwarzen Meer, einer dynamischen Vielvölkerstadt innerhalb des Ansiedlungsrayons, in dem die meisten russischen Juden leben mussten, ein Gasthaus geführt. In Odessa pulsierte das kulturelle Leben, und laut Alexander Puschkin, der Anfang des 19. Jahrhunderts dort gelebt hatte, war seine „Luft von ganz Europa erfüllt".

Leonid zog 1881 nach Moskau, um Medizin zu studieren. Im Herbst 1882 brach er das Studium ab, weil ihm von der Arbeit mit Leichen übel wurde, und schrieb sich an der Königlichen Akademie der Bildenden Künste in München ein. Seine Tochter Lydia beschrieb ihn als „einen Mann von verträumtem, sanftem Charakter ... langsam und unsicher in allem außer bei seiner Arbeit".

Nach dem obligatorischen Militärdienst kehrte Leonid 1888 nach Moskau zurück. Mit dem Verkauf seines ersten Werkes – eines Gemäldes mit dem Titel *Brief von zu Hause* – an den Sammler Pawel Tretjakow konnte er als Künstler arrivieren. Darüber hinaus erwarb er sich einen Ruf als geschickter Illustrator und illustrierte 1892 eine Ausgabe von Leo Tolstois *Krieg und Frieden*. Im Jahr darauf lernten sich Leonid und Tolstoi persönlich kennen und wurden Freunde. Im Lauf der Jahre zeichnete Leonid den russischen Schriftsteller viele Male, auch 1910 als Verstorbenen im Astapowo-Bahnhof. Er war mit Boris im Nachtzug dorthin gefahren, um Tolstoi seinen Respekt zu erweisen, und Boris schrieb später, dass der große alte Mann ihm winzig und verhutzelt erschienen sei: „[...] dort in der Ecke lag kein Berg, sondern ein kleiner verrunzelter Greis – eine jener Greisengestalten, die Tolstoj so oft geschildert hat und immer wieder in seinen Werken auftreten läßt."

Tolstoi hatte die Pasternaks in Moskau besucht. Das taten auch die Komponisten Sergei Rachmaninow, Alexander Scriabin und andere Kulturgrößen dieser Zeit, von denen Leonid viele malte. Die Kinder erlebten diese Besuche als Teil ihres Alltags. „Von Kindesbeinen an hatte ich Kunst und bedeutende Menschen vor Augen, und ich habe mich daran gewöhnt, das Sublime und Exklusive als etwas Natürliches, als Lebensnorm zu behandeln", schrieb Pasternak in Erinnerung an die Koryphäen, die den Salon seiner Eltern und das Atelier seines Vaters mit ihrer Anwesenheit beehrten.

Auch die Musik spielte in Pasternaks Kindheit eine wichtige Rolle. Seine Mutter Rosalia, geborene Kaufman, hatte eine außerordentlich frühe Begabung gezeigt. Als sie im Alter von fünf Jahren zum ersten Mal am Piano saß, spielte sie Stücke, die ihr Cousin zum Besten gegeben hatte, aus dem Gedächtnis perfekt nach. Sie hatte ihn einfach nur beobachtet. Rosa, wie sie genannt wurde, war die Tochter eines wohlhabenden Sodawasser-Fabrikanten aus Odessa.

Mit acht trat sie zum ersten Mal auf, mit elf wurde sie von der Lokalpresse in den Himmel gehoben und zwei Jahre später tourte sie durch Südrussland. Sie gab in Sankt Petersburg Konzerte, studierte in Wien und wurde noch vor ihrem 20. Geburtstag zur Musikprofessorin am Konservatorium von Odessa ernannt. „Mutter war Musik", schrieb ihre Tochter Lydia. „Es mag größere Virtuosen, brillantere Interpreten geben, aber niemanden von größerer Eindringlichkeit, etwas Undefinierbarem, das einen beim ersten Akkord in Tränen, bei jeder Bewegung in schiere Freude und Ekstase ausbrechen lässt." Ängstlichkeit, Herzprobleme und ihre Eheschließung verhinderten, dass Rosa ihr Talent voll ausschöpfte und als große Pianistin ihrer Generation in die Geschichte einging. 1886 lernte sie Leonid Pasternak in Odessa kennen; im Februar 1889 heirateten die beiden in Moskau. Boris wurde im Jahr darauf geboren. Sein Bruder Alexander kam 1893 zur Welt, Josephine 1900 und Lydia 1902.

Mit zwölf malte Boris sich eine Karriere als Pianist und Komponist aus. Die „Neigung zu improvisieren und zu komponieren wuchs [...] zur glühenden Leidenschaft". Als ihm klar wurde, dass ihm am Piano die Brillanz und die natürliche Begabung einiger von ihm vergötterter Komponisten wie zum Beispiel Scriabin fehlten, gab er auf. Pasternak konnte es nicht ertragen, dass er womöglich keine große Bedeutung erlangen würde. Als Junge war er daran gewöhnt gewesen, stets der Beste und Erste zu sein, und in Bezug auf seine Fähigkeiten war er selbstgefällig. Er besaß ebenso viel körperliches wie intellektuelles Selbstvertrauen. Nachdem er eines Sommers auf dem Land ein paar einheimische Bauernmädchen beim Reiten beobachtet hatte, redete er sich ein, dass auch er ohne Sattel reiten könne. Solche Selbstprüfungen wurden zu einer Obsession. Als der Zwölfjährige schließlich ein Mädchen dazu brachte, ihm ihr Pferd zu überlassen, wurde er beim Sprung über einen Bach von der in Panik geratenen jungen Stute abgeworfen und brach sich den rechten Oberschenkelknochen. Nach dem Verheilen des Bruchs war sein rechtes Bein leicht verkürzt, und die daraus resultierende Lahmheit, die er den größten Teil seines Lebens verschleierte, ersparte ihm den Militärdienst im Ersten Weltkrieg. Pasternaks Bruder sagte, dass seine natürlichen Begabungen „ihn in seinem starken Glauben an seine eigenen Kräfte, seine Fähigkeiten und seine

Bestimmung bestärkten". Zweitbester zu sein war etwas, das man ärgerlich von sich abschüttelte und vergaß. „Ich verachtete alles Unschöpferische und Handwerkliche in der tollkühnen Meinung, daß ich mich in all diesen Dingen auskenne", schrieb Pasternak viele Jahre später. „Im wirklichen Leben, dachte ich, gäbe es nur Wunder und göttliche Eingebungen, nichts Erdachtes, nichts Vorsätzliches und nichts Eigenmächtiges."

Nachdem er das Klavierspielen aufgegeben hatte, wandte er sich der Dichtung zu.

Als Student an der Moskauer Universität, wo er Jura und dann Philosophie studierte und ein erstklassiges Examen ablegte, verkehrte er in einem Salon junger Autoren, Musiker und Dichter – eine „beschwipste Gesellschaft", die künstlerische Experimente und Einfälle mit Rum-Tee begoss. In Moskau gab es zahllose sich überschneidende und miteinander verfeindete Salons mit konkurrierenden künstlerischen Philosophien, und Pasternak war ein begeisterter, wenn auch kaum bekannter Teilnehmer. „Sie ahnten nicht, dass ein großer Dichter vor ihnen saß, und behandelten ihn unterdessen wie ein faszinierendes Kuriosum, ohne ihm irgendeine ernsthafte Bedeutung beizumessen", meinte sein Freund Konstantin Loks. Marina Zwetajewa schrieb über den Besuch einer Lesung: Er „sprach mit einer tonlosen Stimme und vergaß fast den ganzen Text ... Er vermittelte einen Eindruck gequälter Konzentration, man wollte ihn anschieben wie einen Wagen, der nicht fuhr – ‚Los jetzt!' –, und als kein einziges Wort (nur Gemurmel wie bei einem Bär, der gerade aufwacht) über seine Lippen kam, dachte man ungeduldig: ‚O Gott, warum quält er sich und uns nur so.'" Pasternaks Kusine Olga Freudenberg beschrieb ihren Vetter als geistesabwesend und egozentrisch – er sei „nicht von dieser Welt": „Er redete gewöhnlich stundenlang", schrieb sie nach einem langen Spaziergang in ihr Tagebuch.

Pasternak neigte dazu, sich unglücklich zu verlieben – eine deprimierende Erfahrung, die seine Dichtkunst befeuerte. An der Universität Marburg, wo er im Sommer 1912 Philosophie studierte, bekam er von Ida Wisotskaja, der Tochter eines reichen Moskauer Teehändlers, der er seine Liebe erklärt hatte, einen Korb. „Versuche einfach, normal zu leben", sagte Ida zu ihm. „Deine Lebensweise hat dich irregeleitet. Jeder, der nicht zu Mittag gegessen und zu wenig geschlafen hat, entdeckt in sich selbst jede Menge wilder und unglaublicher Gedanken." Idas Zurückweisung führte dazu, dass er statt eines Referats für seinen Philosophiekurs, das er noch am selben Tag abliefern sollte, Gedichte schrieb Schließlich entschied er sich dagegen, an der deutschen Universität in Philosophie zu promovieren. „Gott, wie erfolgreich meine Reise nach Marburg ist. Doch ich gebe alles auf – die Kunst ist es, sonst nichts." Pasternak redete gerne auf seine Traumfrauen ein, spickte die schwärmerischen Bekenntnisse seiner Zuneigung mit philosophischen Traktaten. Eine andere junge Frau, die keine intimere als eine freundschaftliche Beziehung mit ihm eingehen wollte, beklagte sich, bei ihren Treffen hätte er „monologisiert". Diese Niederlagen in Liebesdingen setzten Pasternak emotional zu und lösten intensive Schreibphasen aus.

Sein erstes eigenständiges Werk erschien im Dezember 1913, nachdem er im vorausgegangenen Sommer zum ersten Mal im Leben Verse „nicht vereinzelt, sondern ohne Unterbrechung in einem Zug" geschrieben hatte, „wie man malt oder komponiert". Der daraus resultierende Lyrikband mit dem Titel *Zwilling in Wolken* wurde kaum beachtet und mit wenig Begeisterung aufgenommen, und Pasternak tat ihn später als furchtbar prätentiös ab. Ein zweiter Gedichtband, *Über die Barrieren*, kam Anfang 1917 heraus. Einige Gedichte hatte ein zaristischer Zensor schwer verstümmelt, das Buch wimmelte von Satzfehlern und wurde von der Kritik ebenfalls kaum wahrgenommen. Doch für *Über die Barrieren* erhielt Pasternak zum ersten Mal ein Honorar – 150 Rubel –, ein denkwürdiger Moment für jeden Autor. Der russische Schriftsteller Andrei Sinjawski bezeichnete die ersten beiden Gedichtbände Pasternaks als „Einstimmung", als Bestandteile seiner „Suche nach einer eigenen Stimme, einer eigenen Sicht auf das Leben, einem eigenen Platz in der Vielfalt literarischer Strömungen."

Im Sommer 1917 war Pasternak in die Studentin Jelena Winograd verliebt, eine junge Kriegswitwe und begeisterte Befürworterin der Revolution. Sie nahm den Dichter mit zu Demonstrationen und politischen Zusammenkünften, genoss seine Gesellschaft, fühlte sich aber sexuell nicht zu ihm hingezogen. „Die Beziehung blieb platonisch, körperlich und emotional unerfüllt, was für Pasternak sehr quälend war", schrieb der Pasternak-Biograf Christopher

Barnes. Angetrieben von Leidenschaft und Frustration, verfasste Pasternak vor dem Hintergrund einer Gesellschaft im Umbruch einen Gedichtzyklus, der ihn in die vorderen Reihen der russischen Literatur katapultieren sollte: *Meine Schwester – das Leben* (im Original mit dem Untertitel *Sommer 1917*). Zunächst zirkulierten nur handschriftliche Kopien, die Pasternaks Werk so populär machten, wie es „keinem Dichter nach Puschkin mit von Hand verfassten Abschriften gelungen war".

Aufgrund der Revolutionswirren und des darauf folgenden entbehrungsreichen Bürgerkriegs, in dem wegen Papiermangels kaum noch Literatur publiziert wurde, erschien das Buch erst 1922 – lange nachdem Winograd Pasternak verlassen hatte und dieser schließlich mit der Malerin Jewgenia Lurié die Liebe gefunden hatte.

Boris und Jewgenia lernten sich bei einer Geburtstagsfeier kennen, wo Jewgenia in einem auffallenden grünen Kleid die Aufmerksamkeit mehrerer junger Männer auf sich zog. Pasternak rezitierte seine Gedichte, doch die junge Frau war abgelenkt und hörte nicht zu. „Recht haben Sie, warum sollten Sie sich solchen Unsinn anhören?", sagte Pasternak.

Sie wollte ihn wiedersehen und war empfänglich für die Bekundungen seiner Leidenschaft. „Ach, besser wäre es, dieses Gefühl niemals zu verlieren", schrieb er ihr vor ihrer Hochzeit, als sie zu Besuch bei ihren Eltern war, und schilderte ihr, wie sehr er sie vermisste. „Es ist wie eine Unterhaltung mit dir, ein tiefes Raunen, ein stummes, heimliches – und wahres – Tröpfeln ... Was soll ich tun, wie soll ich diesen Magnetismus und dieses Von-deiner-Melodie-Erfülltsein anders nennen als die Aufregung, die du erzwingst und die ich vertreiben würde – wie jemand, der sich im Wald verirrt hat."

Sie heirateten 1922. Pasternak ließ die Goldmedaille, die er auf dem Gymnasium als bester Schüler erhalten hatte, einschmelzen, um daraus Eheringe anfertigen zu lassen, in die er grob „Schenja und Borja" eingravierte. Ihr nach seiner Mutter genannter Sohn Jewgeni wurde 1923 geboren. Sie lebten recht beengt in der alten Wohnung der Pasternaks, die sich nun sechs Familien teilten. „Da ich von allen Seiten von Lärm umgeben bin, kann ich mich kraft in höchstem Maße geläuterter, der Selbstvergessenheit ähnelnder Verzweiflung immer nur kurze Zeit konzentrieren", beklagte er sich beim Allunionsschriftstellerverband. Oft konnte er nur nachts arbeiten, wenn Stille sich über das Haus senkte, und hielt sich mit Zigaretten und heißem Tee wach.

Sowohl Boris als auch Jewgenia verfolgten eigene künstlerische Ziele, und ihre Ehe zeichnete sich durch ihren Konkurrenzkampf auf kreativem Gebiet und ihre Unfähigkeit zu Zugeständnissen aus. Dazu kam die zwangsläufige und sich drohend abzeichnende Erkenntnis, dass Pasternak, wie ihr Sohn später schrieb, zweifelsfrei „mehr Talent" besaß.

Pasternaks Beziehungen zu Frauen blieben angespannt. Seine Ehe geriet wegen eines leidenschaftlichen Briefwechsels mit der Dichterin Marina Zwetajewa, über den sich Jewgenia sehr ärgerte, in Turbulenzen. Im Sommer 1930 fühlte er sich stark zu Sinaida Neuhaus, der Frau seines besten Freundes, des Pianisten Heinrich Neuhaus, hingezogen. Beide Familien machten zusammen in der Ukraine Urlaub. Sinaida, die Tochter eines russischen Fabrikbesitzers und einer Halbitalienerin, war 1897 in Sankt Petersburg geboren worden. Mit 15 Jahren hatte sie ein Verhältnis mit einem Cousin, einem verheirateten Mann in den Vierzigern und Vater zweier Kinder gehabt – eine Affäre, die Pasternak zu einigen fiktiven Erfahrungen der jungen Lara in *Doktor Schiwago* inspirierte. 1917 zog Sinaida nach Jelisawetgrad, wo sie Neuhaus kennenlernte – ihren künftigen Klavierlehrer und späteren Ehemann.

Noch ehe er sich Sinaidas Gefühle sicher war, gestand Pasternak seiner Frau, dass er verliebt sei. Anschließend informierte er Heinrich. Beide Männer weinten, doch Sinaida blieb erst einmal bei ihrem Mann. Zu Beginn des folgenden Jahres schliefen Boris und Sinaida miteinander, und Sinaida beichtete ihrem Mann, der auf Konzerttournee in Sibirien war, die Affäre in einem Brief. Unter Tränen verließ er eine Vorstellung und kehrte nach Moskau zurück.

Pasternak ging mit narzisstischer Selbstüberschätzung davon aus, er könne seine Ehe *und* die Freundschaft mit Heinrich aufrechterhalten, seine Affäre fortführen und dabei stets über jeden Tadel erhaben bleiben. „Ich habe mich N[euhaus'] unwürdig erwiesen, den ich weiterhin liebe und immer lieben werde", schrieb er in einem Brief an seine Eltern. „[I]ch habe Schenja anhaltende, schreckliche und bis heute nicht nachlassende Qualen bereitet – und bin reiner und unschuldiger, als ich vor dem Eintritt ins Leben war."

Die komplizierte Menage à trois wurde eine Weile fortgeführt. Jewgenia reiste mit ihrem kleinen Sohn nach Deutschland, sodass Boris und Sinaida frei füreinander waren. In einem Gedicht ermutigte Pasternak Jewgenia zu einem Neuanfang ohne ihn:

> Gräm dich nicht, weine nicht, greif den Verlust
> Der Kräfte nicht an, schenk dir die Herzqual.
> Du lebst, du bist in mir, in meiner Brust,
> Als Stütze, als Freund, und auch als Zufall.
>
> Mein Zukunftsvertrauen ist frei von Furcht
> Daß ich als Schwätzer vor dir erschiene.
> Nicht Leben noch Seelenbund schlagen wir durch
> – sondern die gegenseitige Lüge.

Viele Jahre später schilderte er seine Ehe als unglücklich und leidenschaftslos. „Schönheit", schrieb er, sei „das Charakteristikum wahrer Gefühle, das Symbol ihrer Stärke und Ernsthaftigkeit". Und er fand es unfair, dass die Spur seines Liebesversagens sich in dem rötlichen, von Sommersprossen übersäten „hässlichen Gesicht" seines Sohnes manifestierte.

Mit Jewgenias Rückkehr nach Moskau – einer Stadt, in der Wohnungen sehr kostspielig waren – verloren Boris und Sinaida Anfang 1932 ihre Bleibe. Sinaida, die sich „schrecklich unbehaglich" fühlte, kehrte zu Heinrich zurück, bat ihn, sie als „Kindermädchen" wieder aufzunehmen und bot ihm an, „ihm im Haushalt zu helfen". Pasternak zog wieder bei Jewgenia ein – für drei Tage. „Ich küsste ihr die Hände wie einer Retterin und flehte sie an zu begreifen, dass ich Sina vergöttere, dass es Niedertracht wäre, gegen dieses Gefühl anzukämpfen". Wenn er sich mit Freunden traf, erging er sich in langen, weinerlichen Schilderungen seiner komplizierten Familienangelegenheiten.

Obdachlos und verliebt, begann Pasternak zu verzweifeln. „Es war etwa Mitternacht und Frost. In meinem Innern wuchs rasend schnell der Stachel schmerzlichster Hoffnungslosigkeit. Ich sah plötzlich das Scheitern meines gesamten Lebens". Er lief durch die Straßen zur Wohnung der Neuhausens. „Ein später Gast?", begrüßte ihn Heinrich beim Öffnen der Tür lakonisch und brach kurz darauf zu einem Konzert auf. Pasternak entdeckte eine Flasche Jod auf einem Regalbord und trank es in einem Zug aus. „Was kaust du? Warum riecht es so nach Jod?", fragte Sinaida und begann zu schreien. Ein Arzt, der im Haus wohnte, wurde gerufen. Pasternak wurde wiederholt zum Erbrechen gebracht und dann ins Bett verfrachtet. Er war noch immer sehr schwach. „Und in dieser Seligkeit des beinahe aussetzenden Pulses spielte in meinem Innern eine Welle reiner, unberührter, durch nichts gebrochene Freiheit. Ich wünschte mir lebhaft, doch unangestrengt den Tod, wie eine Torte; hätte ein Revolver neben mir gelegen, ich hätte die Hand danach ausgestreckt wie nach einer Süßigkeit". Heinrich, der in diesem Moment offenbar froh war, Sinaida loswerden zu können, sagte: „Und, bist du jetzt zufrieden? Hat er dir seine Liebe bewiesen?"

Für Pasternak war seine zweite Gattin Sinaida eine Hausfrau, die ihm den physischen und emotionalen Raum gab, den er zum Arbeiten brauchte – etwas, zu dem Jewgenia weniger Lust verspürt hatte.

Jewgenia „ist viel cleverer und reifer [als Sinaida] und vielleicht auch gebildeter", schrieb er in einem Brief an seine Eltern. Jewgenia „ist reiner, schwächer und kindlicher, aber mit den lauten Waffen ihres hitzigen Temperaments, anstrengender Sturheit und substanzloser Theoretisiererei besser gerüstet." Sinaida habe „ein starkes [aber ruhiges und stilles] Temperament mit einem arbeitsamen, fleißigen Kern".

Jewgenia, so ihr Sohn, „liebte meinen Vater noch für den Rest ihres Lebens".

Mit Pasternaks komplizierten Frauenbeziehungen war es damit längst nicht vorbei. Das gilt auch für seine Neigung, sich der Vorsehung zu ergeben. Vielleicht vergalt ihm das Schicksal dieses Vertrauen, indem es dafür sorgte, dass er Stalins Säuberungen in den folgenden Jahren unerwarteterweise überlebte.

Kapitel 2

„Pasternak scheint mir, ohne sich darüber
im Klaren zu sein, Zugang zu Stalins Privatleben
erlangt zu haben."

Auf die Revolution folgte ein verheerender und langwieriger Bürgerkrieg zwischen der Roten Armee und den antibolsche-wistischen Weißen. Die Winter waren ungewöhnlich streng. Lebensmittel waren knapp, und Pasternaks Familie war daran gewöhnt, Hunger zu leiden. Boris verkaufte Bücher für Brot und fuhr aufs Land, um bei Verwandten und Freunden Äpfel, trockene Brötchen, Honig und Fett zu erbetteln. Mit seinem Bruder sägte er Brennholz aus dem Gebälk des Dachbodens, um die zwei Zimmer, die ihnen die Behörden in der Wolkhonka-Straße noch zugestanden, heizen zu können. Nachts stahlen die Brüder manchmal Zaunelemente und anderes brennbares Material. Mit der Gesundheit ging es bei fast allen bergab, und 1920 erhielt Leonid die Erlaubnis, Rosa nach einem Herzinfarkt zur Behandlung nach Deutschland zu bringen. Auch ihre beiden Töchter zogen nach Deutschland, sodass die Familie für immer auseinandergerissen war. Pasternaks Eltern und Schwestern ließen sich schließlich vor dem Ausbruch des Zweiten Weltkriegs in England nieder.

Boris Pasternak sah seine Eltern nur noch einmal, und zwar nach der Hochzeit mit seiner ersten Frau Jewgenia während eines Berlin-Besuchs. Dieser zehnmonatige Aufenthalt in der Hauptstadt der Russlandemigranten überzeugte Pasternak davon, dass seine künstlerische Zukunft in seiner Heimat lag und nicht in der der Nostalgie anheimgefallenen, zerstrittenen Exilgemeinschaft. „Pasternak fühlt sich in Berlin nicht wohl", schrieb der Literaturtheoretiker und -kritiker Wiktor Schklowski, der später ebenfalls nach Moskau zurückkehrte. „Mir scheint, dass er uns als antriebslos empfindet ... Wir sind Flüchtlinge. Nein, keine Flüchtlinge, sondern Flüchtige – und nun illegale Siedler ... Das russische Berlin geht nirgendwohin. Es hat keine Bestimmung." Pasternak fühlte sich Moskau und Russland tief verbunden. „In den Moskauer Straßen, Seitenwegen und Höfen fühlte er sich wie ein Fisch im Wasser; hier war er in seinem Element und sprach reines Moskowitisch ... Ich erinnere mich, wie sehr mich seine umgangssprachliche Redeweise schockierte und wie organisch sie mit seiner ganzen moskowitischen Art verbunden war", beobachtete Kornei Tschukowski.

Isaiah Berlin schrieb, Pasternak habe ein „leidenschaftliche[s], beinahe obsessive[s] Verlangen, als russischer, tief in russischem Boden verwurzelter Dichter gesehen zu werden". Dies habe sich besonders deutlich gezeigt, „wenn er seine negativen Gefühle über seine jüdischen Ursprünge äußerte. ... Er meinte, die Juden sollten sich assimilieren und als Volk verschwinden." In *Doktor Schiwago* artikuliert die Figur Mischa Gordons diesen Standpunkt, indem er von den Juden fordert: „Besinnt euch. Es genügt. Mehr ist nicht nötig. Nennt euch nicht mehr wie früher. Drängt euch nicht mehr zusammen, verstreut euch. Seid mit allen. Ihr seid die ersten und die besten Christen der Welt." Als Kind wurde Pasternak von seinem Kindermädchen in Moskau in orthodoxe Gottesdienste mitgenommen – es duftete nach Weihrauch, und über die Messe wachten Ikonostasen. Laut seinen Schwestern ließ ihn die russisch-orthodoxe Theologie vor 1936 jedoch kalt, und Isaiah Berlin sah noch 1945 keinerlei Anzeichen von Religiosität, woraus er schloss, dass Pasternaks Interesse am Christentum ein „später Zuwachs" sei. Als älterer Mann hing Pasternak seiner persönlichen Version des Christentums an, ein Glaube, der durch die orthodoxe Kirche beeinflusst war, auch wenn er ihr formell nicht angehörte. „Ich bin als Jude geboren", sagte er gegen Ende seines Lebens zu einem Journalisten. „Meine Familie interessierte sich für Musik und Kunst und widmete der religiösen Praxis wenig Aufmerksamkeit. Da ich ein dringendes Bedürfnis verspürte, einen Weg zu finden, mit dem Schöpfer zu kommunizieren, wurde ich zum russisch-orthodoxen Christentum bekehrt. Doch so sehr ich mich auch bemühte, ich konnte keine vollkommene spirituelle Erfahrung erlangen. So bin ich noch immer ein Suchender."

Anfang 1921 siegten die Bolschewiken über die Weißen, und das literarische Leben in dem zerstörten Land kam langsam wieder in Fahrt. Die erste Auflage des Lyrikbandes *Meine Schwester – das Leben*, der auch in Berlin publiziert wurde, belief sich auf etwa 1 000 Exemplare. Die Bücher waren in einen etwas ärmlich wirkenden, khakifarbenen Schutzumschlag gehüllt – „die letzte Wette eines schwarz sehenden Verlegers". *Meine Schwester – das Leben* erhielt euphorische Besprechungen, die den Auftritt eines Giganten auf der literarischen Bühne ankündigten.

„Pasternaks Verse zu lesen heißt, sich zu räuspern, seine Atmung zu kräftigen, die Lungen zu füllen; mit solcher Poesie ließe sich Tuberkulose heilen. Keine Dichtung ist zum gegenwärtigen Zeitpunkt gesünder! Sie ist Kumys [vergorene Stutenmilch], verglichen mit Büchsenmilch", schrieb der Dichter Ossip Mandelstam.

„Sie erfassten mich wie ein Platzregen ... Ein Platzregen aus Licht", schwärmte Zwetajewa 1922 in einer Rezension. „Bei Pasternak ist alles weit offen – Augen, Nasenlöcher, Ohren, Lippen, Arme."

Die Gedichte schienen die Ereignisse von 1917 kaum zu berühren, sah man von „dezentesten Hinweisen" ab, wie Zwetajewa es ausdrückte. Das Wort „Revolution" wurde nur einmal verwendet – zur Beschreibung eines Heuhaufens. Die leichtfertige Gleichgültigkeit gegenüber der politischen Lage in dem Gedicht „Über diese Verse", das am Anfang der Sammlung stand, führte dazu, dass Pasternak ein gewisser unzeitgemäßer Manierismus vorgeworfen wurde:

> Mit vorgehaltener Hand, im Schal
> Ruf ich durchs Klappfenster: He, ihr
> Da draußen, Kinder, sagt doch mal –
> Welches Jahrtausend haben wir?

Ein „Aristokratengewächs aus dem Treibhaus der Privatgemächer unserer Gesellschaft", spottete der marxistische Kritiker Walerian Prawdukhin. Die Kritik wurde schließlich immer lauter, doch 1922 dämpfte die allgemeine Anerkennung der poetischen Vollkommenheit von Pasternaks Lyrik jede Spekulation über ideologische Mängel.

Pasternak hatte es geschafft, und es dauerte nicht lange, bis die sowjetische Führung es bemerkte. Im Juni 1922 wurde er zu einem

Treffen mit Leo Trotzki zum Revolutionären Militärrat zitiert. Der Chef der Roten Armee gehörte zu den führenden Theoretikern des neuen marxistischen Staates und war nach Lenin der bekannteste Vertreter der neuen Führung. Trotzki interessierte sich von allen Mitgliedern des Politbüros am meisten für Kultur und glaubte, dass Künstler und propagandistische Kunst für den Aufstieg der Arbeiterklasse eine entscheidende Rolle spielten. Sein Ziel war die Schaffung einer „klassenlosen Kultur, der ersten, die wahrhaft universal sein wird". 1922 begann Trotzki, sich mit den Werken prominenter und angehender Schriftsteller vertraut zu machen, und im Jahr darauf publizierte er *Literatur und Revolution*. „Es ist lächerlich, unsinnig und äußerst dumm", schrieb er im Vorwort, „so zu tun, als könne die Kunst achtlos an den Erschütterungen unserer heutigen Epoche vorübergehen. [...] Wären Natur, Liebe, Freundschaft nicht mit dem sozialen Geist der Epoche verbunden, so hätte die Lyrik schon längst ihre Existenz aufgegeben. Nur der tiefgehende Umbruch der Geschichte, d. h. die klassenmäßige Umgruppierung der Gesellschaft, rüttelt die Persönlichkeit auf, begründet einen neuen Blickwinkel der lyrischen Einstellung zu den Grundthemen der persönlichen Dichtung und bewahrt gerade dadurch die Kunst vor ewigen Wiederholungen."

„Trotzki war in Kulturangelegenheiten kein Liberaler", schrieb einer seiner Biografen. „Er war der Meinung, dass in Russland niemand, der die sowjetische Ordnung infrage stellte, sei es auch nur in einem Roman oder Gemälde, eine offizielle Duldung verdiente. Doch er wollte innerhalb dieses strengen Rahmens flexible Verfahrensweisen. Er strebte danach, die Sympathie jener Intellektueller zu gewinnen, die der Partei nicht feindlich gesinnt waren und zu Parteifreunden werden konnten."

Trotzki wollte herausfinden, ob Pasternak gewillt war, sein lyrisches Talent und seine Individualität in den Dienst einer größeren Sache zu stellen: der Revolution. Pasternak erholte sich gerade von einer durchzechten Nacht, als die Vorladung kam. Wenig später wollte er mit Jewgenia nach Deutschland aufbrechen, um sie seinen Eltern vorzustellen, und die Abschiedsparty in der Wolkhonka-Straße hatte ihren Tribut von den Anwesenden gefordert. Pasternak lag noch im Bett, als um zwölf Uhr mittags das Telefon läutete. Er solle in einer Stunde zu einer Audienz bei Trotzki beim Revolutionären Militärrat erscheinen. Pasternak rasierte sich schnell, goss Wasser über seinen hämmernden Schädel und spülte sich den Mund mit kaltem Kaffee aus, ehe er sich ein gestärktes weißes Hemd und eine frisch gebügelte blaue Jacke überwarf. Ein Dienstmotorrad mit Seitenwagen holte ihn ab.

Die beiden Männer begrüßten einander formell mit Vornamen und Vatersnamen.

Pasternak entschuldigte sich: „Es tut mir leid, ich komme von einer Abschiedsparty, auf der viel getrunken wurde."

„Sie haben recht", sagte Trotzki, „Sie sehen wirklich mitgenommen aus."

Die beiden Männer unterhielten sich über eine halbe Stunde lang, und Trotzki frage Pasternak, warum er es „unterlassen habe", auf gesellschaftliche Themen zu reagieren. Pasternak sagte, seine „Antworten und Erklärungen kämen einer Verteidigung des wahren Individualismus gleich, als einer neuen gesellschaftlichen Zelle in einem neuen gesellschaftlichen Organismus". Trotzki habe ihn „entzückt und ziemlich gefesselt", meinte er, gestand aber später einem Freund, dass er das Gespräch an sich gerissen und Trotzki daran gehindert habe, seine Meinung in Gänze zum Ausdruck zu bringen. Tatsächlich schien ihm das Kunststück gelungen zu sein, Trotzki sprachlos gemacht zu haben.

„Gestern habe ich damit begonnen, mich durch das Dickicht Ihres Buches zu kämpfen", sagte Trotzki zu *Meine Schwester – das Leben*. „Was versuchten Sie darin zum Ausdruck zu bringen?"

„Diese Frage müssen Sie dem Leser stellen", entgegnete Pasternak. „Sie entscheiden selbst."

„Nun, wenn das so ist, dann kämpfe ich weiter. Es war nett, Sie kennenzulernen, Boris Leonidowitsch."

Pasternak fand keine Erwähnung in *Literatur und Revolution* – angesichts des aufkommenden Machtkampfs zwischen Trotzki und Stalin und Trotzkis späterem Sturz eine Brüskierung, die sich als glückliche Fügung erweisen sollte. Nach Lenins Tod 1924 schaltete Stalin seine Gegner innerhalb der Partei nach und nach aus und vernichtete sie.

Pasternaks Begegnungen mit den Mächtigen, eine Konstante in seinen Beziehungen zum sowjetischen Staat, wurden faszinierenderweise nicht wahrgenommen. Er zeigte eine außergewöhnliche Bereitschaft, in einer Gesellschaft, in der die Menschen alles, was ideologisch oder sonstwie Missfallen erregen konnte, aus ihrer Sprache herauszufiltern versuchten, seine Meinung zu äußern. Pasternak stellte sich niemals offen gegen die Sowjetmacht, und seine Haltung gegenüber den Männern im Kreml pendelte zwischen Faszination und Abscheu. Diese seltsame Ambivalenz bediente keiner besser als Stalin, der ebenso verführerisch wie verabscheuungswürdig auf ihn wirkte und seinerseits von Pasternaks Ruf als Dichterprophet ein wenig fasziniert war. Ossip Mandelstams Frau Nadeschda beobachtete „eine bemerkenswerte Eigenschaft unserer Führer: ihre grenzenlose, ja allzu abergläubische Hochachtung der Dichtung gegenüber". Dies galt in besonderem Maße für die Beziehung zwischen Stalin und Pasternak. Sie trafen sich nie und telefonierten nur einmal miteinander, doch zwischen ihnen gab es ein geheimnisvolles, unerklärliches Band. Pasternak idealisierte eine Zeitlang den Diktator. Stalin ließ den Dichter am Leben.

Am 11. November 1932 stand Boris Pasternak am Fenster seiner Wohnung in der Wolkhonka-Straße und sah auf den schwarzen, mit Zwiebeltürmchen geschmückten Leichenwagen herab, der Stalins verstorbene Frau auf den Nowodewitschi-Friedhof brachte. Jewgeni Pasternak schrieb später, sein Vater sei aufgewühlt gewesen. Dessen öffentliche Stellungnahme, die sechs Tage später publiziert wurde, sorgt bis heute für Spekulation, dass Stalin, ein einstiger Priesterseminarist, Pasternak unglaublicherweise seinen Segen erteilt hatte.

Am frühen Morgen des 9. November 1932 tötete Nadja Allilujewa, Stalins 31-jährige Ehefrau, sich selbst. Niemand hörte den Schuss. Als ein Dienstmädchen in einer Kreml-Wohnung auf dem Boden von Allilujewas Schlafzimmer ihre in einer Blutlache liegende Leiche fand, war sie schon kalt. Am anderen Ende des Flurs schlief ihr Mann nach einer feuchtfröhlichen Nacht seinen Rausch aus. Am Vorabend hatten die Parteibonzen der KPdSU im Haus des Verteidigungsministers Kliment Woroschilow den 15. Jahrestag der Revolution gefeiert. Die gesamte Führungsriege der Partei lebte in

41

klaustrophobischer Enge innerhalb der dicken roten Backsteinmauern des Kremls. Ihre Partys waren für gewöhnlich ausgelassen, der Alkohol floss in Strömen, und Stalin, dessen wölfische Bösartigkeit direkt unter der Oberfläche lauerte, war an diesem Abend besonders unausstehlich. Seine Frau, die sich selbst gegenüber den beiden Kindern, dem elfjährigen Wassili und der sechsjährigen Swetlana, abweisend und reserviert verhielt, war eine unbeugsame Bolschewikin, die das langweilige Aussehen einer pflichtbewussten Bediensteten bevorzugte. Bei ihrer Hochzeit mit dem 41-jährigen Stalin war sie erst 18, also noch ein Mädchen gewesen. Er vernachlässigte sie, und sie neigte zunehmend zu schwerer Migräne, hysterischen Anfällen und Erschöpfungszuständen. Einer von Stalins Biografen schrieb, dass Allilujewa „an einer ernsthaften Geisteskrankheit, vielleicht ererbter manischer Depression oder einer Borderline-Persönlichkeitsstörung" gelitten habe.

Für den Abend bei Woroschilow hatte Allilujewa sich etwas Besonderes überlegt. Sie trug ein stilvolles schwarzes Kleid mit aufgestickten roten Rosen, das sie in Berlin gekauft hatte. Ihr Mann, der alleine zur Party kam, nahm es nicht zur Kenntnis, obwohl er ihr in der Mitte des Esstischs gegenübersaß. Stattdessen flirtete er mit der Frau eines Befehlshabers der Roten Armee, einer Filmschauspielerin, die er scherzhaft mit Brotstückchen bewarf. Das Essen wurde mit georgischem Wein hinuntergespült und häufig unterbrochen, um mit Wodka Toasts auszubringen. Irgendwann hob Stalin sein Glas auf die Vernichtung der Staatsfeinde, was Allilujewa absichtlich ignorierte. „He du!", schrie Stalin, „trink!" Sie schrie zurück: „Wage es nicht, mich mit ‚he du' anzureden!" Laut einigen Berichten schnippte Stalin eine brennende Zigarette nach ihr, die an ihrem Kleid herunterfiel. Allilujewa stürmte nach draußen, gefolgt von Polina Molotowa, der Frau von Wjatscheslaw Molotow, dem Vorsitzenden der Rats der Volkskommissare. Allilujewa beklagte sich bei Molotowa über das Benehmen ihres Mannes und sagte ihr, dass sie ihn verdächtige, mit anderen Frauen zu schlafen, unter anderem mit einer Friseuse aus dem Kreml. Als die beiden Frauen sich trennten, schien Allilujewa sich beruhigt zu haben. Nikita Chruschtschow sagte Jahre danach, als er seine Erinnerungen auf Tonbänder sprach, dass Allilujewa später am Abend versucht habe, ihren Mann zu erreichen, und von einem einfältigen Wachmann erfahren habe, dass Stalin sich mit einer Frau in einer Datscha in der Nähe aufhalte. Najda soll Stalin einen letzten, leider nicht erhaltenen Brief geschrieben haben, in dem sie ihn persönlich und politisch aufs Schärfste verurteilte. Sie schoss sich ins Herz.

Auf dem Totenschein, den gefügige Ärzte unterschrieben, war als Todesursache Appendizitis eingetragen. Selbstmord war tabu. Das sowjetische Ritual verlangte kollektive Trauerbekundungen von den unterschiedlichsten Berufsgruppen. In einem gemeinsam verfassten Brief an die Zeitschrift *Literaturnaja Gaseta* schrieb eine Gruppe von Schriftstellern, dass Allilujewa „all ihre Kraft der Befreiung von Millionen unterdrückter Menschen" gewidmet habe, „der Sache, die Sie selbst anführen und der wir unser eigenes Leben opfern würden, um die unbeugsame Lebendigkeit dieser Sache zu bekräftigen". 33 Autoren hatten unterschrieben, unter anderem Pilnjak, Schkloswski und Iwanow, doch Pasternaks Unterschrift fehlte. Stattdessen hatte er es irgendwie geschafft, einen eigenen Text beizufügen. „Ich teile die Gefühle meiner Genossen", schrieb er. „Am Abend zuvor dachte ich zum ersten Mal tief und intensiv als Künstler über Stalin nach. Am Morgen las ich die Nachricht. Ich war erschüttert, als wäre ich tatsächlich da gewesen, an seiner Seite, und hätte alles gesehen."

Stalins Reaktion auf diese bizarre Mitteilung und ihren Anflug von Hellsichtigkeit ist nicht überliefert. Er war zutiefst bewegt, weinte offen und „sagte, er wolle auch nicht mehr leben". Möglicherweise erschien ihm Pasternaks Text zwischen all den sterilen oder vor Imponiergehabe strotzenden Äußerungen wie die Erklärung eines Jurodiwy oder „heiligen Narren" – eines Menschen mit übernatürlichen Fähigkeiten und der Gabe der Prophetie. In der russischsprachigen New Yorker Zeitschrift *Novij Zhurnal* schrieb der in die USA emigrierte Wissenschaftler Michail Korjakow: „Ab diesem Moment, dem 17. November 1932, scheint Pasternak mir, ohne sich darüber in Klaren zu sein, Zugang zu Stalins Privatleben erlangt zu haben und Teil seiner Innenwelt geworden zu sein." Wenn der Diktator als Reaktion auf diesen Text eine schützende Hand über den Dichter hielt, obwohl andere umgebracht wurden, konnte Pasternak das nicht ahnen. Auch er kannte die kalte Furcht, die Stalin auslöste.

Eines Abends im April 1934 begegnete Pasternak zufällig Ossip Mandelstam auf dem Twerskoi-Boulevard. Der leidenschaftliche, eigensinnige Mandelstam war ein brillanter Gesprächspartner, den Pasternak als ebenbürtig anerkannte, auch er ein Meister seiner Kunst. Doch Mandelstam war auch ein pessimistischer und unvorsichtiger Regimekritiker. Weil „die Wände Ohren haben", rezitierte er mitten auf der Straße ein neues Stalin-Gedicht:

Wir Lebenden spüren den Boden nicht mehr,
Wir reden, dass uns auf zehn Schritt keiner hört,

Doch wo wir noch Sprechen vernehmen, –
Betrifft's den Gebirgler im Kreml.

Seine Finger sind dick und, wie Würmer, so fett,
Und Zentnergewichte wiegt's Wort, das er fällt,

Sein Schnauzbart lacht Fühler von Schaben,
Der Stiefelschaft glänzt so erhaben.

Schmalnackige Führerbrut geht bei ihm um,
Mit dienstbaren Halbmenschen spielt er herum,

Die pfeifen, miaun oder jammern.
Er allein schlägt den Takt mit dem Hammer.

Befehle zertrampeln mit Hufeisenschlag:
In den Leib, in die Stirn, in die Augen, – ins Grab.

Wie Himbeeren schmeckt ihm das Töten –
Und breit schwillt die Brust des Osseten.
(Übersetzung: Kurt Lhotzky)

In der Version, die die Aufmerksamkeit der Geheimpolizei auf sich zog, wurde Stalin darüber hinaus als „Mörder und Bauernschlächter" bezeichnet.

„Ich habe das nicht gehört, und Sie haben nichts rezitiert", sagte Pasternak. „Sie wissen, es gehen jetzt seltsame, schreckliche Dinge vor, Menschen verschwinden". Er bezeichnete das Gedicht als selbstmörderischen Akt und beschwor Mandelstam, es vor niemand anderem aufzusagen. Mandelstam hörte nicht auf ihn, und natürlich wurde er verraten. Am frühen Morgen des 17. Mai stand die Geheimpolizei vor seiner Wohnung. Die Dichterin Anna Achmatowa war am Vorabend gekommen und wohnte bei den Mandelstams. Als die Durchsuchung begann, saßen die drei in stummer Angst beisammen. Es war so still, dass sie einen Nachbarn Ukulele spielen hörten. Auf der Suche nach einer Kopie des Gedichts schnitten die Geheimpolizisten Buchrücken auf, doch sie fanden nichts. Mandelstam hatte es nicht aufgeschrieben. Es war schon hell, als der Dichter in die Lubjanka gebracht wurde, das große Gebäude in der Moskauer Innenstadt, das das Gefängnis und die Vereinigte Staatliche politische Verwaltung (OGPU), die Vorläuferin des KGB, beherbergte. Sein Vernehmer konfrontierte ihn mit einer Kopie des Gedichts, die der Informant aus dem Gedächtnis niedergeschrieben haben musste. Mandelstam dachte, er wäre verloren.

Pasternak setzte sich bei Nikolai Bucharin für ihn ein, der kurz zuvor zum Chefredakteur der Tageszeitung *Istwestija* ernannt worden war – einer der altgedienten Bolschewiken aus der revolutionären Führungsriege von 1917, den Lenin als „Liebling der Partei" bezeichnet hatte. Bucharin kannte und bewunderte die künstlerische Elite des Landes, auch wenn sie sich dem herrschenden Dogma nicht beugte, und war laut seinem Biografen ein „beharrlicher Gegner kultureller Reglementierung". „Wir tischen eine erstaunlich monotone ideologische Kost auf", klagte er. Als Chefredakteur der Istwestija hatte er den Inhalt des Blatts mit neuen Sujets und Schriftstellern aufgelockert. Pasternak hatte gerade einige Übersetzungen von Gedichten der georgischen Dichter Paolo Jaschwili und Tizian Tabidse beigesteuert.

Bucharin war nicht da, als Pasternak ihn besuchen wollte, und der Dichter hinterließ ihm eine Nachricht mit der Bitte, in Sachen Mandelstam zu intervenieren. Einer Mitteilung an Stalin fügte Bucharin im Juni 1934 folgendes Postskriptum an: „Pasternak ist völlig fassungslos wegen Mandelstams Verhaftung."

Die inständigen Bitten halfen, und Mandelstam, der des Terrorismus angeklagt werden und in einem Zwangsarbeitslager am Weißmeer-Ostsee-Kanal hätte landen können, wo er mit hoher Wahrscheinlichkeit gestorben wäre, durfte das relativ milde Vergehen, „konterrevolutionäre Werke verfasst und verbreitet" zu haben, eingestehen. Stalin erteilte dazu einen eiskalten, entscheidenden Befehl, der nach unten weitergereicht wurde: „Isolieren, aber erhalten." Am 26. Mai wurde Mandelstam für drei Jahre in die im nordöstlichen Ural gelegene Stadt Tscherdyn verbannt. Er wurde praktisch sofort abtransportiert, und seine Frau begleitete ihn.

In Tscherdyn stürzte Mandelstam sich im zweiten Stock des Krankenhauses aus dem Fenster. Glücklicherweise landete er in einem Erdhaufen, in dem ein Blumenbeet angelegt werden sollte, und renkte sich nur die Schulter aus. Seine Frau schickte eine Flut von Telegrammen nach Moskau, um unmissverständlich klarzumachen, dass er in eine größere Stadt verlegt werden musste, wo er psychiatrisch betreut werden konnte. Die OGPU war bereit zuzuhören; Stalin hatte ja angeordnet, ihn zu „erhalten". Außerdem sollte bald der erste sowjetische Schriftstellerkongress in Moskau stattfinden, und die Führung wollte nicht, dass er vom Tod eines berühmten Schriftstellers überschattet wurde.

1934 war das Gebäude in der Wolkhonka-Straße der kommunalen Wohnraumbewirtschaftung unterstellt worden. Die Familien hatten nun jeweils einen Schlafraum und mussten sich Bad und Küche teilen. Das Telefon stand im Flur. Ein Anruf von Stalin war durchaus bemerkenswert, um nicht zu sagen, äußerst ungewöhnlich, doch Pasternak hub – wie immer bei Telefonaten – zunächst zu einer seiner üblichen Beschwerden über den allgegenwärtigen Kinderlärm an.

Stalin sprach Pasternak mit dem vertraulichen „Du" an und sagte ihm, dass Mandelstams Fall überprüft worden sei und „alles gut" werde. Er fragte Pasternak, warum er nicht den Schriftstellerverband gebeten habe, sich für Mandelstam zu verwenden.

„Wenn ich ein Dichter wäre und meinen Dichterfreund ein solches Unglück träfe, so würde ich alles tun, um ihm zu helfen", sagte Stalin.

Pasternak erwiderte, dass der Schriftstellerverband schon seit 1927 nicht mehr versucht habe, verhafteten Mitgliedern zu helfen, „und wenn ich mich eingesetzt hätte, so hätten Sie wahrscheinlich nichts davon erfahren."

„Aber schließlich ist er dein Freund", sagte Stalin.

Pasternak faselte etwas über die Art seiner Beziehung zu Mandelstam und dass Dichter, wie Frauen, immer eifersüchtig aufeinander seien.

Stalin unterbrach ihn: „Aber er ist doch ein Genie, nicht wahr, ein Genie?"

„Darum geht es nicht", sagte Pasternak.

„Worum dann?"

Pasternak spürte, dass Stalin eigentlich herausfinden wollte, ob er von Mandelstams Gedicht wusste. „Warum sprechen Sie die ganze Zeit über Mandelstam?", fragte Pasternak. „Schon lange möchte ich Sie gerne treffen, um eine ernsthafte Diskussion mit Ihnen zu führen."

„Worüber?"

„Über das Leben und den Tod."

Stalin hängte ein.

Pasternak versuchte, ihn zurückzurufen, doch Stalins Sekretär erklärte ihm, sein Chef sei beschäftigt. (Vielleicht war er das – aber es könnte genauso gut sein, dass er verärgert war.) Die OGPU erlaubte Mandelstam, in das etwa 300 Kilometer südlich der Hauptstadt gelegene Woronesch umzusiedeln, verfügte jedoch, dass er sich weder in Moskau noch in Leningrad, wie Petrograd nun hieß, noch in einer der zehn weiteren Großstädte niederlassen dürfe. Die Nachricht von Pasternaks Gespräch mit Stalin verbreitete sich in Moskau wie ein Lauffeuer, und manche dachten, Pasternak habe die Nerven verloren und seinen Kollegen nicht eifrig genug verteidigt. Doch als Ossip Mandelstam von dem Telefonat erfuhr, sagte er, er sei zufrieden mit Pasternak: „Er hatte vollkommen recht, als er sagte, daß es hier gar nicht darauf ankommt, ob ich ein Genie bin oder nicht. Warum hat Stalin solche Angst vor einem Genie? Das wächst sich bei ihm ja schon zu einem Aberglauben aus. Er glaubt, wir könnten ihn wie Zauberer verhexen." Pasternak bedauerte immer noch, dass Stalin ihn nicht treffen wollte.

„Wie viele andere Leute bei uns, so interessierte sich auch Pasternak schon nahezu krankhaft für den Einsiedler im Kreml", so Nadeschda Mandelstam. „Ich glaube, für Pasternak verkörperte sein Gesprächspartner damals die Zeit, die Geschichte und die Zukunft, und er wollte ein solch lebendes, atmendes Wunder nur einmal aus der Nähe bestaunen." Er hatte das Gefühl, „den Herrschern Russlands etwas zu sagen zu haben, etwas von enormer Bedeutung, das nur er allein sagen konnte" – ein Gedanke, der seinem Gesprächspartner Isaiah Berlin „dunkel und zusammenhanglos" erschien.

Der erste Allunionskongress der sowjetischen Schriftsteller – mit vielen Reden, Seminaren und jeder Menge Pomp – begann am 17. August 1934 und dauerte bis zum Ende des Monats. Zwei Lager standen einander gegenüber: jene, die eine strikte Kontrolle der Literatur durch die Partei befürworteten, und die Liberalen, die für eine gewisse künstlerische Autonomie eintraten. Das künstlerische Establishment der Sowjetunion debattierte fast ständig über die Form der Literatur, ihre Beziehung zum Publikum und ihre Verpflichtungen gegenüber dem Staat. Diese Dispute nahmen oft den bitteren Charakter religiöser Zerwürfnisse an – Konservative und Andersgläubige kämpften ununterbrochen um die Vorherrschaft. In einer dreistündigen Ansprache referierte Bucharin über „Dichtung, Poetik und die Aufgaben des dichterischen Schaffens in der UdSSR". Pasternak gehörte zu jenen, die er lobend hervorhob. Pasternak sei „ein Dichter, der sich besonders weit vom Tagesgeschehen im allgemeinen Sinn entfernt hat ... vom Lärm der Schlachten, von der Leidenschaft des Kampfes". Doch habe er nicht nur „eine ganze Kette lyrischer Perlen auf dem Faden seines Werkes aufgereiht", sondern auch „eine Reihe revolutionärer Arbeiten von tiefer Aufrichtigkeit" geschaffen. Für die Verfechter einer populistischen, engagierten Dichtung war das Häresie. Alexei Surkow, Dichter, Liedtexter und angehender Funktionär, der Pasternak beneidete und allmählich zu hassen lernte, hielt dagegen, dass dessen Kunst sich nicht als Vorbild für aufstrebende sowjetische Dichter eigne:

„Das riesige Talent B. L. Pasternaks wird sich erst dann gänzlich entfalten, wenn er sich mit dem gigantischen, bedeutenden und strahlenden Gegenstand, den die Revolution [darbietet], vollständig verbunden hat, und er wird nur ein großer Dichter werden, wenn er die Revolution organisch in sich aufgenommen hat".

Schließlich erklärte Stalin im Dezember 1935, dass Wladimir Majakowski, der 1930 Hand an sich gelegt hatte, „der beste und talentierteste Dichter unserer Epoche ist und bleibt". Diese Äußerung veranlasste Pasternak, ein Dankesschreiben an Stalin zu verfassen: „Ihre Zeilen über ihn hatten eine rettende Wirkung auf mich. In letzter Zeit haben [die Leute] unter dem Einfluss des Westens [meine Bedeutung] schrecklich überhöht und übertrieben dargestellt (das hat mich sogar krank gemacht): Sie haben angefangen, in mir einen bedeutenden Künstler zu vermuten. Nun, da Sie Majakowski an die erste Stelle gerückt haben, ist dieser Verdacht von mir genommen, und ich kann leichten Herzens leben und arbeiten wie vorher, in bescheidener Stille, mit den Überraschungen und Geheimnissen, ohne die ich das Leben nicht lieben würde.

Im Namen dieser Unergründlichkeit, in inniger Liebe, Ihr ergebener B. Pasternak."

Der Führer kritzelte „Mein Archiv. I Stalin" auf den Brief.

Wie schrieb noch der Literaturwissenschaftler Grigori Winokur, der Pasternak kannte: „Ich bin nie ganz sicher, wo Bescheidenheit endet und absolutes Selbstwertgefühl beginnt."

Pasternak publizierte in der Neujahrsausgabe 1936 der *Istwestija* zwei Gedichte, die Stalin als „Genie der Tat" rühmten, und brachte einen vagen Wunsch nach „gegenseitiger Wahrnehmung" zum Ausdruck. Später charakterisierte er diese schmeichlerischen Zeilen als „ehrliche[n] Versuch – einer der intensivsten überhaupt – und der letzte in dieser Periode, die Gedanken der Epoche zu denken und im Einklang mit ihr zu leben."

1936 zettelte Stalin eine Reihe von Schauprozessen an, makabre Theaterstücke, in deren Verlauf in den folgenden zwei Jahren die alte Revolutionsgarde niedergemetzelt wurde – unter ihnen Kamenew, Sinowjew, Rykow und, 1938, Bucharin. „Koba, warum ist es für dich erforderlich, dass ich sterbe?", fragte Bucharin Stalin in einer letzten Nachricht. Am 15. März 1938 wurde er in einem Gefängnis in Orjol erschossen. In den Reihen der Partei, des Militärs, der Verwaltung und der Intelligenzija folgte landesweit eine Verhaftungs- und Hinrichtungswelle auf die andere. Fast eine Viertelmillion Menschen wurde getötet, weil sie nationalen Minderheiten angehörten, die eine Bedrohung der Staatssicherheit darzustellen schienen. Das Land befand sich in der Gewalt eines geistesgestörten, mitleidlosen Schlächters. Mit jeder Folterung stieg die

Zahl der Staatsfeinde exponentiell. Laut dem Historiker Robert Conquest, der sich mit dem Großen Terror befasst hat, unterzeichnete Stalin 1937 und 1938 persönlich Hinrichtungslisten, die insgesamt 40 000 Namen enthielten. Am 12. Dezember 1937 habe Stalin die Vollstreckung von 3 167 Todesurteilen genehmigt. Dabei „kümmerte" er sich nur um mittlere und höhere Beamte sowie Prominente. Die unteren Chargen des Systems – die regionalen Führer – ließen wie im Rausch auf eigene Faust Menschen exekutieren, um sich in Moskau einzuschmeicheln. Fieberhaftes Denunzieren wurde auf allen gesellschaftlichen Ebenen zu einem integralen Bestandteil der politischen Kultur. Bürger hatten das Gefühl, andere anschwärzen zu müssen, um nicht selbst angeschwärzt zu werden.

In der *Prawda* vom 21. August 1936 erschien unter dem Titel „Löscht sie vom Angesicht der Erde" ein von 16 Schriftstellern unterschriebener Brief zum ersten großen Schauprozess, in dem für 16 Angeklagten das Todesurteil gefordert wurde. Zu ihnen gehörten Grigori Sinowjew, der frühere Vorsitzende der Kommunistischen Internationalen, und Lew Kamenew, der vor Lenins Tod stellvertretender Vorsitzender des Politbüros gewesen war. Pasternak hatte sich geweigert, zu unterschreiben, doch der Schriftstellerverband fügte seinen Namen hinzu, ohne ihn zu informieren. Er erfuhr davon erst in letzter Minute und beugte sich dem Druck, seine Unterschrift stehen zu lassen. Seine Frau Sinaida unterstützte diese Entscheidung, weil sie alles andere als selbstmörderisch erachtete. Doch Pasternak schämte sich, dass er seinen Namen nicht hatte streichen lassen. Alle 16 Angeklagten wurden für schuldig befunden, an einer trotzkistischen Verschwörung zur Ermordung Stalins beteiligt gewesen zu sein, und in den Katakomben der Lubjanka erschossen. Anatoli Tarasenkow, Herausgeber der Zeitschrift *Snamja*, sprach Pasternak in einem Brief darauf an, auf den dieser nicht antwortete. Bei einer persönlichen Konfrontation versuchte Pasternak sich herauszureden, und ihre Freundschaft ging in die Brüche. In Zukunft, beschloss Pasternak, würde er sich nicht mehr kompromittieren lassen.

Die Angst schnürte den Menschen die Luft ab. Gewöhnliche Dinge erhielten auf einmal einen seltsamen Beigeschmack. Pasternaks Cousine Olga Freudenberg erinnerte sich, dass im Radio jeden

Abend über den blutigen und perfiden Gerichtsprozess berichtet wurde – und danach „wurde jedesmal eine Platte mit der Kamarinskaja oder einem Hopak aufgelegt. Das Glockenspiel des Kreml, das Mitternacht anzeigt, hat seit jener Zeit für mich einen bedrückenden Gefängnisklang", schrieb sie in ihr Tagebuch. „Wir hatten kein Radio, doch von den Nachbarn dröhnte es herüber, hämmerte mir ins Hirn, ins Mark. Besonders unheilvoll schlug die Mitternachtsglocke nach den grauenhaften Worten: ‚Das Urteil wurde vollstreckt.'"

Obwohl Pasternaks Unterschrift letztlich stehenblieb, hatte ihn sein Widerwille, den Brief an die *Prawda* zu unterzeichnen, verdächtig gemacht, und er sah sich zunehmend ideologischen Attacken vonseiten regimetreuer Literaten ausgesetzt. Der Generalsekretär des Schriftstellerverbands und eifrige Denunziant Wladimir Stawski beschuldigte ihn, in einigen seiner Gedichte über Georgien „das sowjetische Volk zu beleidigen". Pasternak schrieb später, dass zu dieser Zeit alles in ihm zerbrach. „Die Übereinstimmung mit der Epoche verkehrte sich in ihr Gegenteil, und ich machte keinen Hehl daraus. Ich beschränkte mich aufs Übersetzen. Meine eigene Arbeit blieb liegen [...]."

Mit einer Reihe von Protestbekundungen brachte Pasternak sich in große Gefahr. Als Bucharin Anfang 1937 unter Hausarrest gestellt wurde, sandte Pasternak ihm folgende Nachricht in den Kreml: „Keine Kraft wird mich von Ihrem Verrat überzeugen." Pasternak war sicher, dass die Nachricht auch von anderen gelesen wurde. Bucharin wiederum, ein lebender Toter, war von dieser Unterstützungsbekundung so gerührt, dass ihm die Tränen kamen, und sagte: „Das hat er gegen sich selbst geschrieben." In der 1937 angelegten Akte über den Dichter Benedikt Liwschitz, der kurzerhand als Volksfeind hingerichtet wurde, steht Pasternaks Name auf einer Liste von Schriftstellern, deren Verhaftung offenbar ins Auge gefasst wurde.

Im Juni 1937 wurde Pasternak gebeten, eine Petition zur Verhängung der Todesstrafe für eine Gruppe von Militärs zu unterschreiben, unter ihnen Marschall Michail Tuchatschewski. Als ein Beamter ihn in seiner Datscha in Peredelkino aufsuchte, verscheuchte er ihn schreiend: „Ich weiß nichts über sie, ich schenke ihnen nicht das Leben, und ich habe nicht das Recht, es ihnen zu nehmen!" Unter Führung des abstoßenden Stawski, der herumbrüllte und Pasternak bedrohte, übte eine Delegation des Schriftstellerverbands weiter Druck auf den Dichter aus. Die schwangere Sinaida bat ihn inständig, zu unterschreiben. „Sie warf sich mir zu Füßen, flehte mich an, sie und das Kind nicht zu vernichten", sagte Pasternak. „Doch ich ließ nicht mit mir reden." Er sagte ihr, er wolle Stalin schreiben, dass er mit „tolstoi'schen Grundsätzen" erzogen worden sei, und fügte hinzu: „Ich halte mich nicht für berechtigt, über das Leben und den Tod anderer zu Gericht zu sitzen." Dann sagte er, er ginge nun zu Bett, und fiel in einen seligen Schlaf: „Das passiert immer, wenn ich etwas Unwiderrufliches getan habe." Stawski beunruhigte sein misslungener Versuch, Pasternak gefügig zu machen, wahrscheinlich mehr, als dessen Haltung es tat. Als die Petition am nächsten Tag veröffentlicht wurde, war Pasternaks Unterschrift angefügt worden. Er war wütend, aber in Sicherheit.

Pasternak konnte sich nicht erklären, wieso er überlebte. „In diesen schrecklichen, grausamen Jahren hätte jeder verhaftet werden können", erinnerte er sich. „Wir wurden wie ein Kartenspiel gemischt." Dass er lebte, schürte zugleich die Angst, dass irgendjemand glauben könnte, er habe konspiriert, um sich selbst zu retten. „[A]nscheinend fürchtete er, dass man allein aus der Tatsache seines Überlebens den Schluss ziehen könnte, er habe die Machthaber durch irgendein verächtliches Manöver beschwichtigt und sei der Verfolgung nur entgangen, weil er seine Integrität geopfert habe. Immer wieder kam er auf diesen Punkt zu sprechen und verwahrte sich grimmig gegen die Unterstellung eines Verhaltens, dessen ihn niemand, der ihn kenne, auch nur ansatzweise für schuldig halten könne", schrieb Isaiah Berlin. Das Töten erfolgte ohne offenkundige Logik. Ilja Ehrenburg fragte: „Warum zum Beispiel verschonte Stalin Pasternak, der seinen eigenen unabhängigen Weg beschritt, vernichtete aber [den Journalisten Michail] Koltsow, der ehrenhaft jede ihm anvertraute Aufgabe ausführte?"

Um Pasternak herum verschwanden Menschen, über deren Schicksale man spekulierte, ohne Genaues zu wissen – Pilnjak, Babel und der Georgier Tizian Tabidse, mit dem Pasternak befreundet war und dessen Gedichte er übersetzt hatte. Paolo Jaschwili, ein weiterer Freund, erschoss sich bei einem Treffen des georgischen Schriftstellerverbandes selbst, ehe die Inquisitoren ihn umzingelten.

Das einzige Glück war die Geburt von Pasternaks Sohn Leonid, die im Moskauer Abendblatt *Wetschernjaja Moskwa* gemeldet wurde: „Das erste Baby, das im Jahr 1938 geboren wurde, ist der Sohn von Frau S. N. Pasternak. Er ist um 0:00 Uhr des 1. Januars zur Welt gekommen."

Ossip Mandelstam wurde im selben Jahr verhaftet, um „in den Flammen verzehrt zu werden", wie Pasternak es ausdrückte. Er verhungerte im Dezember 1938 in einem sibirischen Lager. „Ich bin bei sehr schlechter Gesundheit. Ich bin extrem abgemagert, sehr dünn geworden, fast nicht mehr wiederzuerkennen', schrieb er in einem letzten Brief an seinen Bruder und bat ihn, Nahrungsmittel und Kleidung zu schicken, weil „mir schrecklich kalt ist ohne irgendwelche [warmen] Sachen". Seine Frau erfuhr 1939 von seinem Tod, als eine für ihn bestimmte Postanweisung mit dem Vermerk „Empfänger verstorben" zurückkam.

„Der einzige Mensch, der mich besucht hatte, war Pasternak. Als er von O. M.s Tod gehört hatte, war er zu mir gekommen", schrieb Nadeschda Mandelstam später. „Niemand außer ihm hatte das gewagt."

Kapitel 3

„Lebt wohl, meine Verse, mein Glück,
ich bestimme mir ein Wiedersehn mit euch,
der Hauptfigur meines Lebensromans."

Pasternak begann *Doktor Schiwago* auf Papierbogen mit Wasserzeichen niederzuschreiben, die vom Schreibtisch eines Toten stammten. Die Witwe des georgischen Dichters Tizian Tabidse, der 1937 verhaftet, gefoltert und hingerichtet worden war, hatte Pasternak den Papierblock geschenkt. Dieser spürte das Gewicht der leeren Seiten auf seiner Seele lasten und schrieb Nina Tabidse, er hoffe, seine Prosa werde sich des Papiers ihres Mannes als würdig erweisen. Im Oktober 1945 reiste Pasternak anlässlich des hundertsten Todestags des georgischen Dichters Nikolos Baratschwili, dessen Werk er kurz zuvor übersetzt hatte, nach Georgien. Er verlangte, dass 25 Prozent seines Honorarvorschusses an Nina Tabidse ausbezahlt wurden.

Über weite Strecken seines Lebens unterstützte Pasternak Menschen, die vom Regime inhaftiert oder kaltgestellt wurden, sodass sie verarmten, und in seinen Hinterlassenschaften fanden sich zahlreiche Quittungen für Zahlungsanweisungen an Empfänger in der ganzen Sowjetunion, auch in Straflagern. Nina Tabidse war aus den Künstlerkreisen in der georgischen Hauptstadt Tiflis, in denen ihr Mann einst gefeiert worden war, ausgeschlossen worden und acht Jahre lang nicht mehr in der Öffentlichkeit erschienen. Sie erfuhr nichts über Tizians Schicksal, der wegen angeblichen Hochverrats verhaftet worden war, und erlangte erst nach Stalins Tod 1953 Gewissheit über seine Hinrichtung. Während Nina Tabidse sich an ein kleines Fünkchen Hoffnung klammerte, dass ihr Mann in irgendeinem Lager am Ende der Welt vielleicht doch überlebt hatte, schrieb

Pasternak später, an diese Möglichkeit habe er nicht geglaubt: „Er war ein zu großer, zu außergewöhnlicher Mann, der überall Licht verbreitete, um hinter Gitterstäben zu verschwinden, ohne dass Lebenszeichen nach außen gedrungen wären." Als Pasternak in Tiflis ankam, sagte er, er würde nur dann an den Feierlichkeiten teilnehmen, wenn auch Nina Tabidse dabei sei. Bei öffentlichen Veranstaltungen sorgte er dafür, dass sie neben ihm saß. Als er im Rustaweli-Theater gebeten wurde, einige der von ihm übersetzten Gedichte Barataschwilis vorzutragen, drehte er sich zu Nina Tabidze um und fragte sie, ob sie einverstanden sei. Die Einbeziehung dieser Geächteten war ein kühnes Signal an das Publikum. Nina Tabidse revanchierte sich für Pasternaks politisch riskante Respektbezeugung, indem sie ihm für seinen geplanten Roman das Schreibpapier schenkte.

Obwohl Pasternaks Renommee sich fast ausschließlich seiner Lyrik verdankte, hatte er auch Prosa verfasst, unter anderem einige wohlwollend aufgenommene Kurzgeschichten, einen autobiografischen Essay und Entwürfe für einen Roman. Ideen und Figuren aus diesen Texten sollten in ausgereifterer Form schließlich in *Doktor Schiwago* Eingang finden, als ob Pasternak sein Leben lang auf diesen Roman zugesteuert sei. Viele Jahrzehnte lang fühlte er sich unter Druck, noch etwas Großes und Verwegenes schaffen zu müssen, und gelangte zu dem Schluss, dass dies sich nur durch Prosa erreichen lasse: „Echte künstlerische Prosa grenzt in ihrer Zauberkunst an Alchemie." Auch glaubte Pasternak, dass „bedeutende Werke der Literatur nur im Verein mit einer großen Leserschaft existieren". Schon 1917 hatte er in einem Gedicht geschrieben: „Lebt wohl, meine Verse, mein Glück, ich bestimme mir ein Wiedersehn mit euch, der Hauptfigur meines Lebensromans". Zwetajewa gegenüber ließ er verlauten, dass er einen Roman „mit einer Liebesgeschichte und einem Helden" schreiben wolle – „wie bei Balzac". (Nach der Lektüre eines frühen Entwurfs beurteilte diese seine Bemühungen als „verträumt, langweilig und auf tendenziöse Weise selbstgerecht"). Pasternak brach ab – und projizierte sein Scheitern teilweise auf seinen späteren Helden Juri Schiwago: „Schon in seiner Gymnasiastenzeit hatte er davon geträumt, Prosa zu verfassen, ein Buch der Lebensbeschreibungen, in das er wie verborgene

Sprengkörper das Umwerfendste von dem einbauen konnte, was er gesehen und durchdacht hatte. Aber für solch ein Buch war er noch zu jung, daher gab er sich mit dem Schreiben von Gedichten zufrieden wie ein Maler, der sich lebenslang auf Studien zu einem geplanten großen Gemälde beschränkt."

Der Zweite Weltkrieg verstärkte bei Pasternak das Gefühl, unbedingt ein einzigartiges Werk schaffen zu müssen. Nach Meinung des Dramatikers Alexander Gladkow, der mit Pasternak befreundet war, fand dessen „übliche, ausgeprägte Unzufriedenheit mit sich selbst nun in dem überzogenen Gefühl, dass er, verglichen mit dem Land als Ganzem, zu wenig tat, ein Ventil". Im Oktober 1941, als die deutschen Truppen auf Moskau vorrückten, wurde Pasternak gemeinsam mit anderen Schriftstellern in das fast 1 000 Kilometer weiter östlich gelegene Tschistopol evakuiert – eine Kleinstadt mit rund 25 000 Einwohnern. Dort lebte er fast zwei Jahre lang von dünner Kohlsuppe, Schwarzbrot und Lesungen, die im Esszimmer des Literaturfonds abgehalten wurden. Es war ein trostloses Leben voller Kälte.

1943 besuchte Pasternak die Frontsoldaten in der Nähe von Orjol und las den Verwundeten seine Gedichte vor. General Alexander Gorbatow lud eine Gruppe Schriftsteller zu einem „nüchternen Mahl" aus Kartoffeln, ein wenig Schinken, einem Gläschen Wodka und Tee ein. Während des Essens wurden Reden gehalten. Anders als manche seiner Kollegen, die langweilig und ermüdend daherschwadronierten, hielt Pasternak eine klare, patriotische Ansprache mit humoristischen und poetischen Einsprengseln. Die Offiziere lauschten mucksmäuschenstill, sahen blass und bewegt aus. Der Besuch an der Front inspirierte Pasternak zu einigen Kriegsgedichten und zwei kurzen Prosatexten, und manche Eindrücke von den kriegsbedingten Zerstörungen gingen auch in den Epilog von *Doktor Schiwago* ein.

Pasternak gehörte jedoch nie zu den Schriftstellern, deren Gedichte und Berichte – wie jene Konstantin Simonows – millionenfach zirkulierten und das Durchhaltevermögen des Landes stärkten. „Ich lese Simonow. Ich will verstehen, was seinen Erfolg ausmacht", sagte er. Er dachte darüber nach, einen Versroman zu schreiben, und schloss Verträge für ein Theaterstück, doch es wurde nie etwas daraus. Ständig nage das Gefühl an ihm, „ein Blender zu sein", weil er den Eindruck habe, überschätzt zu werden. Seine Gedichte erschienen in den Zeitungen, 1943 und 1945 kamen zwei kleine Lyrikbände heraus. Auch weiterhin verdiente er seinen Lebensunterhalt mit Übersetzungen. „Shakespeare, der alte Mann von Tschistopol, ernährt mich nach wie vor."

1944 erhielt Pasternak auf schmerzhafte Weise Unterstützung für seine künstlerischen Ambitionen. Anna Achmatowa, die nach Taschkent in der Usbekischen Sozialistischen Sowjetrepublik evakuiert worden war, kam 1944 nach Moskau. Im Gepäck hatte sie einen Brief, den Ossip Mandelstam zwei Jahre vor seinem Tod an Pasternak geschrieben hatte. Mandelstams Witwe hatte ihn gefunden. Mandelstam, der Pasternak gegenüber einst die Befürchtung geäußert hatte, sein eigenes Werk käme wegen seiner Übersetzungen zu kurz, hatte geschrieben: „Ich möchte, dass Ihre Gedichte, mit denen wir alle verwöhnt und unverdient beschenkt wurden, sich weiter in die Welt hinausstürzen, zu dem Volk, zu den Kindern. Lassen Sie mich Ihnen wenigstens einmal im Leben sagen: Danke für alles und für die Tatsache, dass dieses ‚Alles' noch ‚nicht alles' ist."

Für Pasternak war dieser Brief, obwohl er sich auf seine Gedichte bezog, ein bitterer Ansporn, sich mehr ins Zeug zu legen. Ein Jahr später, im Mai 1945, starb Boris' Vater Leonid in Oxford. Pasternak hatte das Gefühl, „vor Scham darüber vergehen" zu müssen, dass man seine Rolle „so ungeheuerlich" aufblase und überschätze, während die „gigantischen Verdienste" seines Vaters „nicht zum hundertsten Teil gewürdigt werden".

Schuld, Kummer, Unzufriedenheit mit sich selbst, die Sehnsucht nach dem „großen Gemälde", der Wunsch, einen Klassiker zu schreiben – sie alle trugen dazu bei, jenen „tiefgreifenden inneren Wandel" herbeizuführen, der Pasternak in Richtung *Doktor Schiwago* vorantreiben würde. Schriftlich erwähnte er den Roman erstmals im November 1945 in einem Brief an Nadeschda Mandelstam: Er säße an einem neuen Projekt, einem Roman, dessen Handlung sich über die ganze Spanne ihres Lebens erstreckte. An Silvester 1945 begegnete Pasternak Gladkow zufällig auf der Mokhowaja-Straße in der Nähe des Kremls. Trotz des Gedränges feiernder Menschen konnten die beiden im leichten Schneegestöber ein paar Worte wechseln. Ein paar Schneeflocken ließen sich auf Pasternaks Kragen und Mütze nieder. Pasternak sagte, er arbeite an einem Roman „über Menschen, die repräsentativ für meine Schule sein könnten – wenn ich eine hätte". Er lächelte verlegen, ehe er davonging.

Ende des Jahres schrieb er seinen Schwestern in England, dass er sich vorgenommen habe, die wichtigsten Ereignisse seines Landes in einfacher, aufrichtiger Prosa zu schildern. „Ich habe mich darangesetzt, doch das liegt so weit abseits von dem, was man bei uns will und zu sehen gewöhnt ist, dass es schwer ist, ausdauernd und regelmäßig daran zu schreiben."

Mit zunehmendem Schreibtempo besserte sich Pasternaks Stimmung. „Aber ich fühle mich wie vor mehr als dreißig Jahren, schäme mich regelrecht." Tage und Wochen vergingen wie im Flug. „Ich habe es mit großer Leichtigkeit geschrieben. Die Umstände waren so klar, so sagenhaft schrecklich. Alles, was ich zu tun hatte, war, mit meiner ganzen Seele ihrem Drängen zu lauschen und ihren Eingebungen gehorsam zu folgen." Darüber hinaus beflügelte Pasternak im Frühling 1946, wie begeistert die Moskowiter auf seine Lesungen bei literarischen Abenden reagierten. Bei einer Veranstaltung an der Moskauer Universität forderte das Publikum ihn im April 1946 zum Weiterlesen auf, als er sich anschickte, die Bühne zu verlassen. Im Monat darauf gab er bei einer Einzellesung im Polytechnischen Museum mehrfach Zugaben. Schon im Dezember 1945 hatte Pasternak seinen Schwestern geschrieben, wie unerwartet märchenhaft die Zuneigung seines Publikums auf ihn wirke. „Das sind die Konzertsäle, die ich nach einer Plakatankündigung fülle und wo man mir, sobald ich zögere, jede Stelle aus jedem Gedicht aus drei oder vier Ecken souffliert". (Als Pasternak sich auf eine Lesung vorbereitete, schlug ein Bekannter ihm vor, gezielt ein paar Fehler einzubauen, um sein Publikum zu testen und es an sich zu binden.)

Am 3. April 1946 kam Pasternak verspätet zu einer Lesung Moskauer und Leningrader Dichter, und als er sich auf die Bühne zu stehlen versuchte, begann das Publikum zu applaudieren. Der Autor, der gerade an der Reihe war, musste seinen Vortrag unterbrechen, bis Pasternak sich hingesetzt hatte. Es war Alexej Surkow, sein vormaliger und zukünftiger Gegenspieler, der Dichter, der gesagt hatte, um Größe zu erlangen, müsse Pasternak sich die Revolution einverleiben. Er war zweifellos verärgert. Zwei Jahre später, als Surkow im Polytechnischen Museum bei einem „Lyrikabend über das Thema: Nieder mit den Kriegshetzern! Für dauernden Frieden und Volksdemokratie" sprach, geschah – sicher nicht rein zufällig – noch einmal das Gleiche. Die Veranstaltung fand in einem der größten Säle Moskaus statt, und es war so voll, dass die Menschen sogar in den Gängen saßen, während sich draußen auf der Straße die Zuspätgekommenen drängten. Surkow war fast am Ende einer in Versform gegossenen Verdammung der NATO, Winston Churchills und verschiedener westlicher Kriegsteilnehmer angelangt, als das Publikum ganz offensichtlich an der falschen Stelle in Beifall ausbrach. Ein Blick über die Schulter genügte: Wieder war es Pasternak, der seinem Rivalen die Show stahl und offensichtlich versuchte, die Bühne zu erklimmen. Pasternak streckte den Arm aus, um die Menge zum Schweigen zu bringen, damit Surkow fortfahren konnte. Als er schließlich ans Mikrophon gerufen wurde, sagte er mit gespielter Unschuld: „Leider habe ich kein Gedicht zum Thema des Abends, doch ich werde Ihnen ein paar Texte vorlesen, die ich vor dem Krieg geschrieben habe." Das Publikum tobte jedes Mal vor Begeisterung. Manche schrien: „Schestdesjat schestoi dawai!" (Gib uns das Sechsundsechzigste!). Damit meinten sie das gleichnamige Sonett Shakespeares, das Pasternak 1940 übersetzt hatte:

> Und Kunst geknebelt durch die Übermacht,
> Und Unsinn herrschend auf der Weisheit Thron,
> Und Einfalt als Einfältigkeit verlacht,
> Und Knecht das Gute in des Bösen Fron,
> Ja lebensmüd entging' ich gern der Pein,
> Ließ den Geliebten nicht mein Tod allein.

Pasternak war klug genug, die politisch heiklen Zeilen auszusparen. Doch der anhaltende Applaus steigerte sich zu einer öffentlichen Demonstration mit lautem Getrampel – was für ihren Adressaten durchaus gefährlich werden konnte. (Als Anna Achmatowa bei einer Lesung während des Kriegs auf die gleiche Weise empfangen

wurde, soll der Veranstalter gesagt haben: „Wer hat dieses Aufstehen organisiert?") Der Vorsitzende der Zusammenkunft versuchte
durch das Schellen seiner Glocke für Ordnung zu sorgen, und Pasternak trug ein zufriedenes, triumphierendes Lächeln zur Schau.
Zahlreiche Zuhörer folgten ihm auf dem Nachhauseweg.

Surkow schäumte. Er hatte sich seinen Ruf während des Krieges
erworben, mit plumpen, patriotischen Versen wie diesen:

> Tod dem Faschismus! Der Sowjet
> Ruft den Tapferen zu den Waffen
> Die Kugel fürchtet den Tapferen,
> Das Bajonett den Mutigen.

Ein westlicher Reporter in Moskau beschrieb Surkow als „betont
maskulin". Er war muskulös, hatte eine rötliche Gesichtsfarbe, eine
laute Stimme – manchmal brüllte er seine Gesprächspartner an, als
richte er sich an ein großes Publikum – und einen übertrieben
schnellen und ausladenden Gang. Er war neun Jahre jünger als Pasternak, als Bauernsohn in einem Bezirk nordöstlich von Moskau
aufgewachsen und wollte in der Hauptstadt um jeden Preis reüssie-
ren. Der ungarische Schriftsteller György Dalos, der in den 1960er-
Jahren in Moskau studierte und Surkow kannte, beschrieb ihn als
sowjetische Ausgabe von Molières *bourgeois gentilhomme*. „Um eine
Gestalt wie Surkow zu verstehen, müssen Gut und Böse nicht als
Gegensätze, sondern als Teile eines untrennbaren Ganzen betrachtet werden." Ein sowjetischer Überläufer bezeugte später vor dem
US-Kongress, dass Surkow ein „KGB-Mann" gewesen sei. Damit
meinte er, dass Surkow zu der Gruppe zuverlässiger Prominenter
gehörte, die auf Geheiß der Geheimpolizei taten, was von ihnen
verlangt wurde.

Nadeschda Mandelstam schrieb in ihren Erinnerungen, dass in
Gesprächen mit Surkow immer wieder ein mysteriöses „sie" auf-
tauchte. Oft wollte er jemandem eine Gefälligkeit erweisen, war
aber außerstande zu handeln, bis er wusste, wie man an höherer
Stelle darüber dachte.

„Ich bemerkte dabei, daß ‚sie‘ denken, befürworten und vorschla-
gen ... Und einmal fragte ich dann: ‚Wer sind denn nun eigentlich

diese ‚sie'? ‚Nun, für mich, da sind ‚sie' eben ‚Sie'. Er war darüber äußerst erstaunt [...] Danach kapierte ich, daß die Welt aus verschiedenen Etagen besteht, diejenigen, die höher wohnen, heißen einfach ‚sie'." Für Mandelstam trug er, „wie alle seines Schlages", zur Verkümmerung der Sprache, zur Unterdrückung des Denkens und Lebens bei. „Dadurch zerstört er auch sich selbst."

Gegenüber Pasternak pflegte Surkow eine besondere Feindschaft, doch Achmatowa war er aufrichtig zugetan, sorgte dafür, dass sie von den allerschlimmsten Verfolgungen verschont blieb, und brachte ihr Blumen. Doch „er setzte sich mit Herz und Seele für ein System ein, das eine pathologische Angst vor jedem freien Wort und folglich speziell vor der Dichtung hegte". Keinem Dichter brachte er mehr Abneigung entgegen als Pasternak. Surkow habe ihn einfach gehasst, schrieb Olga Iwinskaja in ihren Erinnerungen. Pasternak wiederum ließ sich durch Surkows Feindseligkeit oder Kritik nicht aus der Ruhe bringen. Nach dem Krieg pries er Surkows Lyrik als exemplarisch für einen neuen Realismus und sagte, er gehöre wegen seines ungehobelten, ungebärdigen Stils zu seinen Lieblingsdichtern. „Ja, wirklich, seien Sie nicht überrascht. Er schreibt, was er denkt: Er denkt ‚hurra!' und er schreibt ‚hurra!'."

Der Roman, dem Pasternak zunächst den Titel *Knaben und Mädchen* gab, rückte zunehmend in das Zentrum seines Interesses, als er im Winter 1945/1946 intensiv und zielstrebiger als zuvor daran arbeitete. „Dies alles sind sehr ernst zu nehmende Arbeiten. Ich bin schon alt, sterbe vielleicht bald, und ich darf es einfach nicht ins Endlose hinausschieben, meine wahren Gedanken frei auszudrücken." Er bezeichnete den Text als Epos – „eine traurige, düstere Geschichte, idealerweise bis ins letzte Detail ausgearbeitet, wie ein Dickens- oder Dostojewski-Roman." Das Schreiben nahm ihn ganz in Anspruch. „Ich könnte kein Jahr mehr weiterleben, wenn nicht auch dieser Roman, mein Alter Ego, in den auf fast greifbare Weise einige meiner spirituellen Eigenschaften und Teile meiner Nervenstruktur eingeflossen sind, weiterlebt und -wächst." Er versprach darzustellen, wie er über die Kunst, die Evangelien und den Menschen in der Geschichte dachte. Der Roman werde „mit dem Judaismus" und allen Formen des Nationalismus „abrechnen". Er habe den Eindruck, dass die darin vorkommenden Gegenstände mit ihren unterschiedlichen Farben sich „perfekt auf der Leinwand" arrangierten.

Wie viele seiner Zeitgenossen glaubte oder hoffte Pasternak, dass es aufgrund der Opfer, die das Volk im Krieg gebracht hatte, der Millionen Toten und des schrecklichen Kampfs gegen den Nazismus nie wieder zu Repressionen kommen würde. Doch als aufmerksamer Beobachter bekam er mit, dass die scheinbar entspannte Atmosphäre der Nachkriegszeit sich in Wohlgefallen auflöste, als Spannungen mit den Westmächten sich zum Kalten Krieg auswuchsen. Im Juni 1946 schrieb Pasternak seinen Schwestern, dass er sich bewege wie „auf Messers Schneide. ... Alles ist schon zu klar. Interessant, spannend und wahrscheinlich gefährlich."

Die Attacke auf die Intelligenzija begann im August 1946. Sie richtete sich zunächst gegen den satirischen Schriftsteller Michail Soschtschenko und gegen Anna Achmatowa. Stalin startete seinen Feldzug, als die Herausgeber zweier Leningrader Zeitschriften nach Moskau zitiert und wegen der Veröffentlichung „dummen" Zeugs ausgeschimpft wurden. Soschtschenko, lästerte Stalin, „schreibt lauter Lügengeschichten, Unsinn, der weder den Geist noch das Herz anspricht. ... Um dem Volk beizubringen, wie man Blödsinn daherredet, haben wir die sowjetische Ordnung nicht errichtet." Das Zentralkomitee der Partei schickte eine Resolution hinterher, in der es hieß, dass Soschtschenko sich auf das Verfassen „geistloser, inhaltsleerer und vulgärer Dinge" spezialisiert habe und eine „verdorbene Skrupellosigkeit" verfechte, die dazu diene, „unsere jungen Menschen zu verwirren und ihren Geist zu vergiften". „Die Abenteuer eines Affen" – die Geschichte eines aus dem Zoo entflohenen Affen, der sich im Leningrader Alltag nicht zurechtfindet und freiwillig in seinen Käfig zurückkehrt – wurden besonders hervorgehoben und als „rüpelhafte Schilderung unserer Realität" dargestellt. Achmatowa warf man vor, dass sie mit ihrem „bürgerlich-aristokratischen Ästhetizismus und ihrer Dekadenz – ‚Kunst um der Kunst willen'" –, jungen Menschen Schaden zufüge.

Eine schrille, vulgäre Rede Andrei Schdanows, eines kolossalen Säufers, der seit den 1930er-Jahren zu Stalins engsten Vertrauten gehörte und Klavier spielte, wenn der „Führer" an feuchtfröhlichen Abenden sang, machte unmissverständlich klar, dass die Kultur ab sofort wieder gnadenlosen Repressalien ausgesetzt sein würde. Schdanow sprach im großen Saal des Smolny-Instituts in Leningrad vor geladenen Schriftstellern, Journalisten, Verlegern und Bürokraten. Der Veranstaltungsort war gut gewählt; im selben Saal hatte Lenin 1917 die Machergreifung der Sowjets verkündet. György Dalos schrieb später, die Zusammenkunft, die um fünf Uhr nachmittags begann und fast bis Mitternacht dauerte, sei durch „kriecherische Beiträge aus dem Publikum und hysterischer Selbstkritik teilnehmender Schriftsteller" gekennzeichnet gewesen.

„Anna Achmatowas Themen sind durch und durch individualistisch", sagte Schdanow. „Ihr lyrisches Spektrum ist erbärmlich begrenzt – dies ist die Dichtung einer wild gewordenen Salondame, die sich zwischen Boudoir und Betstuhl bewegt. Ihre Lyrik basiert auf erotischen Motiven, die mit Motiven der Trauer, der Melancholie, des Todes, des Mystizismus und der Isolation verbunden sind ... sie ist halb Nonne, halb Hure oder vielmehr beides, Hure und Nonne; in ihrer Welt sind Unzucht und Gebet miteinander vermengt."

Schdanows Konformitätskampagne, die von einer chauvinistischen Ablehnung alles Westlichen durchdrungen war, griff auf das Theater, das Kino, die Musik, die Universität und schließlich die Wissenschaft über. Pasternaks Cousine Olga, die an der Leningrader Universität lehrte, schrieb in ihr Tagebuch, dass der Rektor zur Eröffnung des neuen akademischen Jahres in einem Russenkittel in der Fakultät erschienen sei, um den „ideologischen Umschwung in Richtung auf das große russische Volk" zu demonstrieren. Dass „Europäische Kultur und Katzbuckelei [...] zu Synonymen erklärt" wurden, machte ihr schwer zu schaffen. Ab sofort konnte man wegen „Rühmens der amerikanischen Demokratie" und „Demütigung vor dem Westen" verhaftet werden.

Zwangsläufig wurde auch Pasternak zur Zielscheibe, und der neue Vorsitzende des Schriftstellerverbandes, Alexander Fadejew, beschuldigte ihn, keinen Zugang zum Volk zu haben – „keiner von uns" zu sein. Als Pasternak aufgefordert wurde, Anna Achmatowa öffentlich zu verurteilen, lehnte er mit der Begründung ab, dass er sie zu sehr liebe. Da Achmatowa aus dem Schriftstellerverband ausgeschlossen worden war, hatte sie keine Möglichkeit, sich ihren Lebensunterhalt zu verdienen. Als sie nach Moskau kam und bei gemeinsamen Freunden wohnte, schob Pasternak ihr 1 000 Rubel unter das Kopfkissen, um ihr zu helfen. Pasternak wurde im August 1946 aus dem Vorstand des Schriftstellerverbands geworfen, als er einem Treffen, das einberufen worden war, um Achmatowa und Soschtschenko zu denunzieren, fernblieb. Man warnte ihn, er sei als Ästhet nicht weniger suspekt als Achmatowa, doch er reagierte darauf so unbekümmert wie immer: „Ja, ja, [kein Zugang zum] Volk, moderne Zeiten ... Wissen Sie, Ihr Trotzki hat mir einmal das Gleiche erzählt."

Am 9. September 1946 berichtete die *Prawda*, der Allunionsschriftstellerverband habe eine Resolution verabschiedet, die beinhalte, dass Pasternak „ein Autor ohne Ideologie" sei und „keinen Bezug zur sowjetischen Realität" habe. Für denselben Abend hatte Pasternak bei sich zu Hause in Peredelkino eine seiner ersten Lesungen aus dem ersten Teil seines Romans anberaumt. Er las keine Zeitung, und seine Frau erzählte ihm nichts von der Attacke des Schriftstellerverbands, sodass die Lesung stattfand. Pasternaks Nachbar Tschukowski und dessen Sohn Nikolai, der Literaturwissenschaftler Korneli Selinski, der beizeiten einen heimtückischen Angriff auf Pasternak und *Doktor Schiwago* starten sollte, und etwa zehn oder elf weitere Zuhörer waren zugegen.

Tschukowski fühlte sich vor den Kopf gestoßen: „Trotz allen Zaubers bestimmter Passagen", schrieb er in sein Tagebuch, „erschien [die Geschichte] mir fremd, verwirrend und ohne Bezug zu meinem Leben und schaffte es kaum, mich in Bann zu ziehen". Auch andere, die Pasternak nahestanden und in der lyrischen Schönheit seiner Gedichte versinken konnten, waren verwirrt. Als Achmatowa bei einer Lesung in einer Moskauer Wohnung zum ersten Mal eine Passage des Romans zu hören bekam, war sie „überaus unglücklich". Gegenüber dem Physiker Michail Poliwanow, der mit Pasternak befreundet war, sprach sie von „Genieversagen". Als Poliwanow einwandte, der Roman erfasse den „Geist und die Menschen des Zeitalters", antwortete Achmatowa: „Es ist meine Zeit und meine Gesellschaft, aber ich erkenne sie nicht wieder." Pasternaks Nachbar Wsewolod Iwanow klagte nach einer Lesung, er habe etwas viel Geschliffeneres erwartet und ihm scheine, der Text sei in Eile geschrieben und noch im Rohzustand.

Pasternak ließ sich von jenen, die sich über die Mixtur von Stilen, den Glauben an schicksalhafte Fügungen, das langsame Schreibtempo und die Vielzahl an Figuren – hier wurden sogar Vergleiche mit den russischen Romanklassikern gezogen – beklagten, nicht beirren. Er antwortete ihnen, dass er sich aller Aspekte des Romans, einschließlich seiner „Schwächen" bewusst sei. Viel später erläuterte er in einem Brief an den Dichter Stephen Spender, dass er sich „in dem Roman bemühe, die gesamte Abfolge von Tatsachen und Lebewesen und Ereignissen wie eine sich bewegende Ganzheit, eine sich entwickelnde, vorübergehende, dahinwogende und -eilende Inspiration darzustellen, als ob die Realität selbst frei sei und wählen könne und sich aus zahllosen Varianten und Versionen zusammensetze". Er lösche seine Figuren eher aus, als dass er sie skizziere, und der Zufall zeige „die Freiheit des Seins" auf, „seine berührende Wahrscheinlichkeit, die an Unwahrscheinlichkeit grenzt". Pasternak interessierte sich nicht mehr für Stilexperimente, sondern für „Verständlichkeit". Der Roman solle von allen „verschlungen" werden, „auch von einer Näherin oder einem Tellerwäscher".

Andere Zuhörer waren von den Textpassagen, die Pasternak ihnen vortrug, begeistert und bewegt. Emma Gerstein, die im April 1947 im kleinen Kreis den ersten drei Kapiteln lauschte, verließ die Lesung mit dem Gefühl, „Russland gehört" zu haben, und schrieb: „Mit meinen Augen, meinen Ohren und meiner Nase habe ich diese Ära erfahren." Der Leningrader Dichter Sergei Spasski, der mit Pasternak befreundet war, sagte: „Ein Schwall ursprünglicher kreativer Energie hat sich aus deinem Inneren ergossen."

Pasternak las seine Entwürfe weiterhin in Moskauer Privatwohnungen vor. Der Dialog mit seinem Publikum veranlasste ihn zu einigen Textkorrekturen. Im Mai 1947 saßen auch Heinrich Neuhaus, der erste Ehemann seiner Frau, der sich längst wieder mit ihm versöhnt hatte, und Leo Tolstois Enkelin unter den Zuhörern. Pasternak betrat das Zimmer mit den zusammengerollten Seiten in der Hand. Er küsste seiner Gastgeberin die Hand, drückte und küsste Neuhaus, setzte sich an einen Tisch und sagte ohne Umschweife: „Lassen Sie uns anfangen." Er berichtete, dass er sich noch nicht für einen Titel entschieden habe und als vorläufigen Untertitel „Szenen des täglichen Lebens aus einem halben Jahrhundert" gewählt habe.

Im Jahr darauf, nach Fertigstellung von vier Kapiteln, legte er sich auf den Titel *Doktor Schiwago* fest. Obwohl „Schiwago" wie ein sibirischer Name klingt, ist das Wort einem orthodoxen Gebet entnommen. Dem Priestersohn und Schriftsteller Warlam Schalamow, der den Gulag überlebt hatte, sagte Pasternak einmal, dass er als Kind beim Aufsagen der Zeilen: „Ty est woistinu Christos, Syn Boga schiwago" (Du bist wahrhaft Christus, der lebendige Gott) nach „boga" (Gott) und vor „schiwago" (der lebendige) immer eine Pause gemacht habe.

„Ich dachte nicht an den lebendigen Gott, sondern an einen neuen Gott, der mir nur über den Namen ‚Schiwago' zugänglich war. Ich brauchte ein ganzes Leben, um dieses kindliche Empfinden wahr zu machen, indem ich dem Helden meines Romans diesen Namen gab."

Pasternak-Anhänger schätzten die Einladungen zu seinen Literaturabenden sehr. Am 6. Februar 1947 drängte sich das Publikum in der Wohnung der Pianistin Maria Judina, obwohl gerade ein Schneesturm wütete. Judina sagte zu Pasternak, sie und ihre Freunde freuten sich auf die Lesung „wie auf ein Fest".

„Sie werden sich alle in meinen luxuriösen Einzimmer-Palazzo quetschen", hatte sie dem Dichter geschrieben. Pasternak wäre fast zu spät gekommen, denn er kannte die genaue Adresse nicht, und wegen der Schneeverwehungen ließ sich das Auto, das ihn und seine Begleiter zu Judinas Wohnung brachte, kaum noch steuern. Eine ins Fenster gestellte Kerze wies ihnen schließlich den Weg. Weil so viele Leute da waren, war es stickig und heiß, und da man im Laufe des Tages versucht hatte, den zahllosen Wanzen den Garaus zu machen, hing Kerosingeruch in der Luft. Die Mühe war vergebens gewesen – noch immer krabbelten die Tiere über die Wände. Judina trug ihr bestes schwarzes Samtkleid und servierte den Gästen belegte Brote und Wein. Eine ganze Weile lang spielte sie Chopin. Pasternak schien nervös oder fühlte sich vielleicht wegen der Hitze unwohl und wischte sich den Schweiß vom Gesicht. Er las vor, wie Schiwago als junger Student bei den Swentizkis mit seiner Verlobten Tonja tanzte und die Kerzen den Weihnachtsbaum in helles Licht tauchten. Als er fertig war, wurde er mit Fragen bombardiert: Wie würde die Geschichte weitergehen? Als

Pasternak sich im Morgengrauen verabschiedete, sagte er zur Hausherrin, der Abend, der wegen des Schnees fast ausgefallen wäre, habe ihn zu einem Gedicht inspiriert. Es sollte als Juri Schiwagos „Winternacht" in den Roman eingehen:

> Es wehte, wehte Tag und Nacht,
> In alle Lande.
> Die Kerze brannte auf dem Tisch,
> Die Kerze brannte.

Die Lesungen zogen auch unerwünschte Aufmerksamkeit auf sich. Der stellvertretende Chefredakteur von *Nowy Mir* bezeichnete sie als „Untergrundlesungen aus einem konterrevolutionären Roman". Auch die Geheimpolizei beobachtete die Soireen und notierte sich, was vorgelesen wurde, um im richtigen Moment zuschlagen zu können.

Die Angriffe auf Pasternak setzten sich bis ins Jahr 1947 fort. Zu seinen Kritikern gehörte auch Fadejew, der Vorsitzende des Schriftstellerverbands. Doch Fadejew verkörperte zugleich die ambivalente Haltung des Establishments gegenüber Pasternak. Ilja Ehrenburg schrieb in seiner Autobiografie, dass er Fadejew nach einem Vortrag, in dem dieser sich öffentlich über die „Lebensfremdheit" literarischer Werke von Schriftstellern wie Pasternak mokiert hatte, zufällig getroffen habe. Die beiden gingen in ein Café, bestellten Cognac, und Fadejew fragte Ehrenburg, ob er echte Dichtung hören wolle. „Und er begann aus der Erinnerung Verse von Pasternak zu rezitieren, und fuhr fort und fuhr fort, nur sich selbst unterbrechend von Zeit zu Zeit, um zu sagen: ,Wundervolles Zeug, nicht wahr?'" Pasternak hatte einmal gesagt, dass Fadejew ihm persönlich „wohlgesinnt war, doch wenn er den Befehl erhalten hätte, mich hängen, ausweiden und vierteilen zu lassen, hätte er ihn gewissenhaft ausgeführt und seinen Bericht verfasst, ohne mit der Wimper zu zucken – doch wenn er das nächste Mal betrunken gewesen wäre, hätte er gesagt, wie leid es ihm um mich tue und was für ein Prachtkerl ich gewesen sei." 1956 tötete Alexander Fadejew sich mit einer Pistole. Als Pasternak sich vor seinem offenen Sarg in der Säulenhalle des

Hauses der Gewerkschaften verneigte, sagte er laut und vernehmlich: „Alexander Alexandrowitsch hat sich rehabilitiert!"

Die öffentliche Kritik an Pasternak erreichte 1947 ihren Gipfel, als Surkow einen giftigen, namentlich gekennzeichneten Artikel in der Zeitschrift *Kultura i Schisn* (Kultur und Leben) publizierte, einem wichtigen Sprachrohr zu Verbreitung der von Schdanow vertretenen Linie, das manche Intelligenzler als „Massengrab" titulierten. Surkow beschuldigte Pasternak einer „reaktionären, rückwärtsgewandten Ideologie", dass er „mit offenkundiger Feindseligkeit, ja sogar Hass über die sowjetische Revolution" spreche und dass seine Dichtung eine „direkte Verleumdung" der sowjetischen Wirklichkeit darstelle. Pasternak habe nur „dürftige spirituelle Ressourcen", mit denen keine „bedeutende Dichtung" zustande zu bringen sei.

In der sowjetspezifischen Lesart war dies noch kein Aufruf zur Isolierung und Vernichtung Pasternaks, denn ein namentlich gezeichneter Artikel war nicht wirklich bedrohlich. Gladkow, der den öffentlichen Tadel vorausgesehen hatte und um seinen Freund fürchtete, sagte, er habe nach der Lektüre des Beitrags aufgeatmet. „Trotz aller Verlogenheit und gewollten Borniertheit zielte er doch nicht auf eine endgültige ‚Exkommunizierung'." Ein anonymer Artikel in einer führenden Zeitung hätte Pasternaks Ruin bedeutet. „Zumindest werden sie mich nicht verhungern lassen", scherzte dieser, nachdem er den Auftrag zur Übersetzung des *Faust* erhalten hatte.

Ganz ohne Strafe kam Pasternak nicht davon. Die Zeitschrift *Nowy Mir* lehnte einige seiner Gedichte ab. Die Publikation seiner Shakespeare-Übersetzungen wurde verschoben. Und im Frühjahr 1948 wurden am Abend vor der Auslieferung 25 000 Exemplare einer Ausgabe ausgewählter Gedichte „auf Anweisung von oben" vernichtet. Mit den Lesungen war Schluss, und Pasternak hielt fest, dass „öffentliche Auftritte" von ihm „als unerwünscht galten".

Er konnte sich auf hinterhältige Weise rächen. Bei der Überarbeitung seiner *Hamlet*-Übersetzung fügte er ein paar Zeilen ein, die mit dem Original nur wenig zu tun hatten. Selbst unter Berücksichtigung seines Credos, dass eine Übersetzung niemals wörtlich sein sollte, lasen sich die rückübersetzten Verse aus *Hamlet* wie ein beißender Kommentar zur damaligen Politik. Während Hamlet bei Shakespeare von „der Zeiten Spott und Geißeln" sprach, sagte er bei

Pasternak: „Wer könnte die falsche Größe der Herrscher ertragen, die Ignoranz der Bonzen, die allgemeine Heuchelei, die Unmöglichkeit, sich auszudrücken, die unerwiderte Liebe und die Zwecklosigkeit von Verdiensten in den Augen von Kleingeistern."

Die Sterilität, die nach einer rauschhafter Phase des Aufbruchs nach dem Krieg wieder in das kulturelle Leben zurückgekehrt war, bestürzte Pasternak, bestärkte ihn aber auch darin, sich noch mehr in sein neues Projekt zu vertiefen. „Ich begann wieder an meinem Roman zu arbeiten, als ich sah, dass all die rosigen Aussichten auf Veränderungen, die das Kriegsende für Russland mit sich bringen sollte, nicht erfüllt wurden. Der Krieg war wie ein reinigendes Gewitter gewesen, wie eine Brise, die einen ungelüfteten Raum durchwehte. Das Leid und die Entbehrungen, die er mit sich brachte, waren weniger schlimm als die unmenschliche Lüge – sie erschütterten alles Vordergründige und Unorganische an der Natur des Menschen und der Gesellschaft, das eine solche Kontrolle über uns gewonnen hat, bis ins Mark. Doch die Vergangenheit wog zu schwer. Der Roman eröffnet mir die Möglichkeit, meine Gefühle zum Ausdruck zu bringen, und ist daher absolut lebenswichtig für mich." Pasternaks zwischen Ablehnung und vorsichtiger Sympathie schwankende Haltung gegenüber dem sowjetischen Staat war einer beständigen, wenn lautlosen Feindseligkeit gewichen. Seiner Cousine versicherte er, dass er genauso fröhlich wie immer sei, obwohl sich die Atmosphäre in Moskau verändert hatte. „Ich schreibe absolut niemandem, erwidere nichts. Wozu auch? Ich rechtfertige mich nicht, lasse mich nicht auf Erklärungen ein." Er hatte andere Gründe, den langen Arm der Behörden zu ignorieren.

Pasternak hatte sich verliebt.

Kapitel 4

„Der antisowjetische Inhalt ist Ihnen ja wohl bekannt?"

Als der Zweite Weltkrieg zu Ende ging, war Pasternaks Ehe mit seiner zweiten Frau Sinaida schon lange zur langweiligen Routine geworden. Sinaida war eine tüchtige Hausfrau, und er schätzte sie dafür. „Der leidenschaftliche Fleiß meiner Frau, ihre feurige Geschicklichkeit in allem, im Waschen, im Kochen, im Reinigen, im Kindererziehen, hat das Heim geschaffen, den Garten, die Lebensweise, die Tagesordnung, die der Arbeit notwendige Stille und Ruhe." Einer Freundin sagte er, er liebe sie wegen ihrer „großen Hände". Doch im Haus herrschte eine sehr bedrückte Atmosphäre – natürlich liebe er sie, meinte Pasternak, aber „nicht so leicht und glatt und so ursprünglich, wie das in einer nichtgespaltenen Familie möglich wäre, in einer nicht durch Leiden und den ewigen Seitenblick auf jene andren, ersten, zerschnittene" Als Sinaida 1937 schwanger wurde, schrieb er seinen Eltern, dass ihr Zustand „eine vollkommene Überraschung" sei, „und wäre die Abtreibung nicht verboten, hätte uns unsre zu geringe Freude über dieses Ereignis zurückgehalten und sie wäre zur Operation gegangen." Sinaida schrieb später, dass sie „Borjas Kind" unbedingt gewollt, ihre Schwangerschaft aber nur schwer ertragen habe, weil sie fürchtete, ihr Mann könne jederzeit verhaftet werden – der Terror war auf seinem Höhepunkt angelangt, und Pasternak weigerte sich, irgendwelche Petitionen zu unterzeichnen.

Sinaida hatte wenig Interesse an Pasternaks Schriftstellerei und gab zu, dass sie seine Gedichte nicht verstand. Am liebsten saß sie am Küchentisch, rauchte eine Zigarette nach der anderen und spielte Karten oder Mah Jongg mit ihren Freundinnen. Achmatowa beschrieb die kompromisslose, oft und schlecht gelaunte Sinaida als „Drachen auf acht Beinen". Doch sie hatte sich ihr Unglück redlich verdient. 1937 wurde bei Adrian, dem älteren der beiden Söhne aus ihrer ersten Ehe mit Heinrich Neuhaus Knochentuberkulose diagnostiziert. Von da an ging es mit seiner Gesundheit bergab, und es folgte ein langes und qualvolles Krankenlager. 1942 wurde dem Jungen in einem Versuch, die Ausbreitung der Krankheit zu stoppen, oberhalb des Knies ein Bein amputiert, und der zuvor lebhafte Siebzehnjährige war untröstlich. Adrian starb im April 1945 an tuberkulöser Meningitis – sein Bettnachbar in einem Sanatorium hatte ihn angesteckt. Seine Mutter war bei ihm, als er starb. Sein Leichnam blieb vier Tage lang zu Untersuchungszwecken in der Leichenhalle. Als Sinaida ihn das nächste Mal sah, war er einbalsamiert. Zärtlich drückte sie Adrians Kopf an sich und stellte entsetzt fest, dass er so leicht war „wie eine Streichholzschachtel". Man hatte ihm das Gehirn entfernt. Diese schreckliche Erfahrung ließ Sinaida nicht mehr los. Noch Tage nach Adrians Tod war sie selbstmordgefährdet, und Pasternak blieb in ihrer Nähe, erledigte mit ihr die Hausarbeit, um sie abzulenken und zu trösten. Adrians Asche wurde im Garten der Datscha in Peredelkino beigesetzt. Sinaida schrieb, dass sie ihren Mann vernachlässige und sich alt fühle. Intimität war ihr offenbar zuwider. Nicht immer könne sie „ihre eheliche Pflicht erfüllen".

An einem Oktobertag im Jahr 1946 – ein paar Schneeflocken kündeten vom nahenden Winter – begab sich Pasternak zur Redaktion von *Nowy Mir*. Er durchquerte den höhlenartigen, mit einem langen Teppich ausgelegten Empfangsbereich, einen umgebauten Ballsaal, in dem Puschkin einst getanzt hatte und der nun – in typisch sowjetischer Manier – kitschig dunkelrot gestrichen war. Am Ende des Saals saßen die einfachen Redakteurinnen. Pasternak begegnete zwei Frauen, die im Begriff waren, zum Mittagessen zu gehen. Die ältere der beiden streckte ihm ihre Hand zum Kuss entgegen und sagte: „Boris Leonidowitsch, erlauben Sie mir, Ihnen eine Ihrer glühendsten Verehrerinnen vorzustellen." Diese Verehrerin war Olga Iwinskaja, die als Redakteurin bei *Nowy Mir* arbeitete. Sie war blond, trug einen alten Mantel aus Eichhörnchenfell und war mehr als 20 Jahre jünger als Pasternak. Später inspirierte sie ihn zur

Figur der Lara in *Doktor Schiwago*. Die hübsche, sinnliche und der allgemeinen Prüderie zum Trotz in sexueller Hinsicht selbstbewusste 34-Jährige spürte Pasternaks sehnsüchtiges Starren sofort – „so fordernd, so männlich prüfend, daß es überhaupt keinen Irrtum gab". Als er sich verneigte und ihre Hand nahm, erkundigte sich Pasternak, welches seiner Bücher sie besitze. Nur ein einziges, gab sie zu. Pasternak versprach, ihr ein paar weitere Bände zu bringen. „Wie interessant, daß ich noch Anhängerinnen habe." Am nächsten Tag lagen fünf Bücher auf Iwinskajas Schreibtisch.

Iwinskaja hatte kurz zuvor eine Lesung Pasternaks im Historischen Museum besucht. Es war das erste Mal, dass sie ihn aus nächster Nähe gesehen hatte. „Er war schlank, gut gebaut, wirkte außerordentlich jugendlich, hatte den kräftigen Hals eines jungen Mannes. Zum Publikum sprach er mit tiefer, leiser Stimme, so wie man sich selbst oder einem nahen Freund etwas vorliest", schrieb sie in ihren Erinnerungen. Als sie nach Mitternacht nach Hause kam, beschwerte sich ihre Mutter, dass sie habe aufstehen müssen, um sie hereinzulassen. „Lass mich in Frieden", sagte Iwinskaja. „Ich habe eben mit Gott gesprochen."

Pasternak empfand sich selbst als wenig reizvoll und beschrieb die „wenigen Frauen, die eine Affäre mit mir hatten", als „edelmütige Märtyrerinnen, so unerträglich und uninteressant bin ich ‚als Mann'". Er bewunderte und idealisierte Frauen, deren Schönheit ihn nach eigener Aussage stets fassungslos machte und bestürzte. Unter seinen Schriftstellerkollegen war er bekannt für seine Affären; die Frauen flogen auf ihn. Laut Sinaida bekam er nach dem Krieg ständig Post von jungen Frauen, oder sie standen vor seiner Tür, und Sinaida jagte sie vom Hof. Pasternak nannte sie „die Ballerinas". Eine von ihnen schrieb ihm, dass sie mit ihm einen Christus zeugen wolle.

Iwinskaja war zweimal verheiratet und hatte, wie sie in ihren Erinnerungen schreibt, viele Liebschaften. Ihr erster Mann erhängte sich 1940 mit 32 Jahren nach einer ihrer Affären – ihr Liebhaber wurde dann ihr zweiter Ehemann. „Die arme Mama trauerte", schrieb Olgas Tochter Irina, doch ihr Kummer währte nicht lange. Kaum war die 40-tägige Trauerzeit vorbei, „stand ein Kerl im Ledermantel auf der Türschwelle". Iwinskajas zweiter Mann starb während des Krieges an einer Krankheit – nicht ohne zuvor seine Schwiegermutter denunziert zu haben (womöglich, weil es ihm zu Hause zu eng war), die wegen einer abschätzigen Bemerkung über Stalin drei Jahre im Gulag verbrachte.

1946 lebte Iwinskaja mit ihrer Mutter und ihrem Stiefvater, den beiden Kindern, die sie mit ihrem ersten und zweiten Ehemann gezeugt hatte, der achtjährigen Irina und dem fünfjährigen Dimitri, sowie ein paar Katzen zusammen, die sie sehr liebte. Der 56-jährige Pasternak war für sie eine Chance, der häuslichen Enge zu entfliehen und in die Welt der Moskauer Salons einzutauchen. „Ich sehnte mich nach Anerkennung und wollte, dass die Leute mich beneiden", sagte sie. Sie war verführerisch und hingebungsvoll, anhänglich und berechnend. Mit Pasternak hatte sie einen kapitalen Fang gemacht.

Iwinskaja hatte Pasternaks Gedichte schon als Mädchen gelesen, und nun hatte sie ihr Idol getroffen: „Der Magier, der mich verzaubert hatte, als ich sechzehn war, war leibhaftig in mein Leben getreten, er würde es in Zukunft bestimmen." Iwinskajas Tochter nannte Pasternak später „Classooscha", ein Kosename, der sich aus der Verniedlichung des Wortes „klassisch" ableitete und den ihre Mutter übernahm, wenn sie Pasternak direkt ansprach.

Pasternak begann Iwinskaja auf altmodische Weise zu umwerben. Beide hatten Familie und daher keinen gemeinsamen Rückzugsort. Für gewöhnlich erschien Pasternak kurz vor Arbeitsschluss in der Redaktion von *Nowy Mir* und spazierte dann mit Iwinskaja durch die Straßen. Sie unterhielten sich ausführlich, dann sagte er ihr vor ihrem Wohnhaus Lebewohl.

„Ich bin verliebt", gestand Pasternak einer Bekannten. Wie sich das auf sein Leben auswirken würde, fragte diese. „Aber was ist denn Leben, was ist Leben anderes als Liebe?", antwortete Pasternak. „Sie ist bezaubernd, so hell, so leuchtend. Und diese goldene Sonne ist in mein Leben gekommen. Das ist so herrlich, so herrlich. Ich habe nicht geglaubt, noch einmal solche Freude zu erleben." Alt zu werden war ihm ein Graus, und seine Geburtstage waren ein Anlass zur Trauer. Sie zu feiern erachtete er als unter seiner Würde. Diese unerwartete Liebesgeschichte war ein Elixier, das die Zeit stillstehen ließ.

Bis Anfang April blieb es bei regelmäßigen Spaziergänge und Unterhaltungen, doch dann fuhr Iwinskajas Familie für einen Tag in einen nahe gelegenen Park. „Wie ein jung verheiratetes Paar seine erste Nacht miteinander verbringt, hatten wir unseren ersten gemeinsamen Tag. Ich bügelte seine zerknautschten Hosen. Er war entflammt und beseligt." An diesem Tag schrieb Pasternak in einen seiner Gedichtbände die Widmung: „Mein Leben, mein Engel. Ich liebe dich wahrhaft. 4. April 1947."

Die beginnende Affäre ging – nach mehrfach gebrochenen Versprechen, einander wegen familiärer Schwierigkeiten nicht wiederzusehen – in einige von Schiwagos Gedichte ein:

> Hör auf, sei still, heul nicht herum
> Mit schiefgezogenem Munde.

In Moskau war diese wunderbar skandalöse Liaison bald in aller Munde, und Pasternaks „Freundinnen" – die dem Dichter teilweise selbst starke Gefühle entgegenbrachten – waren von Iwinskaja alles andere als angetan. Manche fassten auch später kein Vertrauen zu ihr. Die Schriftstellerin Lydia Tschukowskaja, die mit Iwinskaja bei *Nowy Mir* arbeitete, sah Iwinskaja und Pasternak eines Abends zusammen, „ihre Gesichter Seite an Seite. Neben seinem natürlichen Gesicht war ihr Make-up ein schrecklicher Anblick." Die Literaturwissenschaftlerin Emma Gerstein bezeichnete Iwinskaja als „hübsche, aber schon leicht dahinwelkende Blondine" und beobachtete, wie sie sich während einer Lesung „hinter einem Schrank versteckt, hastig die Nase puderte". Doch der junge Dichter Jewgeni Jewtuschenko, der sie bei einer von Pasternaks Lesungen sah, erkannte in ihr „eine Schönheit".

Sinaida kam im Winter 1948 hinter die Affäre, als sie beim Saubermachen von Pasternaks Arbeitszimmer eine Nachricht Iwinskajas fand. Zunächst, so schrieb sie, habe sie sich selbst die Schuld daran gegeben. Auch habe sie den Eindruck, dass die Männer im Dorf die alten Frauen verließen und durch jüngere ersetzten. In Moskau sagte Sinaida Iwinskaja ins Gesicht, dass ihre Liebe ihr vollkommen egal sei und sie die Zerstörung ihrer Familie nicht dulden werde. Sie überreichte ihr einen Abschiedsbrief von Pasternak. Iwinskajas Kinder bekamen zufällig mit, wie darüber gesprochen wurde, dass „Mama versucht hat, sich zu vergiften", wie ihre Tochter später festhielt.

Pasternak schwankte zwischen seiner Familie und seiner neuen Flamme und empfand seine Loyalität zu Sinaida und ihrem gemeinsamen Sohn zunehmend als Belastung. Die Aussicht auf eine zweite Scheidung, eine dritte Heirat und das bevorstehende schmerzhafte Chaos waren wohl mehr, als er ertragen wollte. Das Paar verkroch sich in Hauseingänge, um zu streiten. Wenn Iwinskaja nach einer solchen Auseinandersetzung nach Hause kam, war sie so wütend, dass sie Pasternaks Bild von der Wand nahm. „Wo ist dein Stolz geblieben, Mama?", fragte ihre Tochter wenn sie es wieder aufhängte. Iwinskajas Mutter nahm ihre Tochter gemeinsam mit Pasternak ins Gebet, weil er sie nicht heiratete. „Ich liebe Ihre Tochter mehr als mein Leben", sagte Pasternak, „doch Sie dürfen nicht erwarten, dass unser Leben sich nach außen hin von heute auf morgen ändert." Irgendwann schien die Affäre vorbei zu sein. In einem Brief an seine Cousine bekannte Pasternak im August 1949, dass er „erneut eine tiefe Leidenschaft erlebt" habe, doch, „da mein Leben mit Sina echt ist, mußte ich die erste früher oder später zum Opfer bringen. Merkwürdig, solange mich Zwiespälte, Gewissensbisse und sogar Schreckensvisionen peinigten, ertrug ich alles leicht, und mir erschien sogar als Glück, was mich jetzt, da ich wieder ununterbrochen und reinen Gewissens bei den Meinen bin, in trostlose Schwermut stürzt, nämlich meine Einsamkeit und mein Balancieren auf Messers Schneide in der Literatur, die letztliche Zwecklosigkeit meiner Bemühungen als Schriftsteller, die seltsame Gespaltenheit meines Schicksals ‚hier' und ‚dort' usw. usf." Einmal stellte er sich vor, in trauter Eintracht mit Sinaida, Olga und seiner ersten Frau Jewgenia auf der Veranda seiner Datscha zu sitzen. „Er wollte nie jemandem Kummer bereiten, aber er tat es", sagte eine Freundin.

1949 hatte Pasternak bereits eine gewisse internationale Berühmtheit erlangt, auch wenn er in Moskau eine literarische Randexistenz führte. Cecil Maurice Bowra, der Oxford Professor of Poetry, hatte Pasternak 1946 für den Literaturnobelpreis vorgeschlagen, eine Ehre, die ihm 1947 und 1949 erneut zuteil wurde. Bowra hatte darüber hinaus 17 Gedichte Pasternaks in den von ihm herausgegebenen Band *A Second Book of Russian Verse* aufgenommen, der 1948 in London erschienen war. Eine amerikanische Ausgabe mit *Selected Writings* Pasternaks wurde 1949 in New York publiziert. Ein führender westlicher Wissenschaftler bezeichnete Pasternak als „größten russischen Dichter". Im Juli 1959 bat die International Conference of Professors of English den sowjetischen Botschafter in Großbritannien, Pasternak nach Oxford einzuladen. In ihrem Schreiben hieß es: „Es besteht unserer Ansicht überhaupt kein Zweifel daran, dass der angesehenste Literat ... in der Sowjetunion gegenwärtig Boris Pasternak ist."

Die Kreml-Führung, die in einen globalen ideologischen Kampf mit dem Westen verstrickt war, reagierte auf Äußerungen über die sowjetische Kultur, die von außen kamen, höchst empfindlich und setzte alles daran, die intellektuellen Leistungen des Landes hervorzuheben. Gleichzeitig führte die Regierung einen immer unheimlicheren Feldzug gegen „wurzellose Kosmopoliten", eine Politik, die eine hässliche antisemitische Gesinnung verriet. Immer wieder machten Gerüchte, dass Pasternak von der Geheimpolizei aufgegriffen würde, die Runde; einmal rief Achmatowa aus Leningrad bei ihm an, um sich zu versichern, dass ihm nichts passiert war. Ein Mitarbeiter der Staatsanwaltschaft, der 1949 das Amt eines ranghohen Ermittlers bekleidete, sprach davon, dass es Pläne gegeben habe, Pasternak zu verhaften. Als Stalin darüber informiert wurde, begann er „Himmlische Farbe, Farbe blau" zu rezitieren, eines von Barataschwilis Gedichten, die Pasternak übersetzt und 1945 in Tiflis vorgetragen hatte. Dann sagte er: „Lasst ihn, er lebt in den Wolken."

Über Iwinskaja hielt niemand eine schützende Hand; sie war das Bauernopfer, das dazu benutzt werden konnte, Pasternak zu treffen. Nach dem gleichen gnadenlosen Prinzip verfuhr man auch gegenüber Achmatowa, deren Ehemann und Sohn in der zweiten Hälfte des Jahres 1949 nacheinander verhaftet wurden, während sie physisch unangetastet blieb. Am 9. Oktober 1949 stürmte die Geheimpolizei in Iwinskajas Wohnung. Fast ein Dutzend Agenten in Uniform durchsuchten ihre mit Zigarettenqualm geschwängerten Räume, beschlagnahmten jedes Buch, jeden Brief, jedes Dokument und jeden Papierfetzen, auf dem der Name Pasternak stand. Iwinskaja wurde unmittelbar darauf zum Hauptquartier der Geheimpolizei gebracht, in die furchterregende Lubjanka, wo man sie einer Leibesvisitation unterzog, ihr Schmuck und BH abnahm und sie in eine dunkle, fensterlose Einzelzelle sperrte. Drei Tage lang ließ man sie schmoren, dann wurde sie mit 14 anderen weiblichen Gefangenen zusammengelegt. Die überfüllte Zelle war grell beleuchtet, damit die Frauen nicht schlafen konnten und die Orientierung verloren, ehe sie zu nächtlichen Verhören abgeholt wurden. „Die Zeit schien still zu stehen, und die Welt brach über ihnen zusammen. Sie wußten nicht mehr, wessen man sie beschuldigte, hörten auf, sich unschuldig zu fühlen, wußten nicht mehr, was sie zugegeben hatten, wen sie zusammen mit sich selbst vernichteten. Sie unterschrieben die unsinnigsten Protokolle ...“

Unter Iwinskajas Zellengenossinnen befand sich auch Trotzkis 26 Jahre alte Enkelin Alexandra, die gerade ihr Geologiestudium abgeschlossen hatte und beschuldigt wurde, ein verbotenes Gedicht abgeschrieben zu haben. Noch lange nach Alexandras Entlassung erinnerte Iwinskaja sich an ihr verzweifeltes Weinen, als man sie wegbrachte, um sie nach Kasachstan in ein Lager zu schicken. Eine andere Mitgefangene, mit der Iwinskaja sich anfreundete, war Ärztin im Kreml-Krankenhaus gewesen und hatte eine Feier besucht, auf der Stalins Unsterblichkeit angezweifelt worden war.

Zwei Wochen nach ihrer Verhaftung wurde Iwinskaja aus ihrer Zelle geholt und über endlos lange Flure an verschlossenen Türen vorbeigeführt, aus denen dumpfe Schmerzenzschreie drangen. Man setzte sie in eine Art Drehschrank, und als die Tür aufging, befand sie sich in einem Vorzimmer. Die anwesenden Agenten verfielen bei ihrem Anblick in Schweigen und traten zur Seite, als sie in ein großes Büro geführt wurde. Hinter einem mit grünem Tuch bedeckten Schreibtisch saß Stalins Minister für Staatssicherheit, Wiktor Abakumow, ein gefährlicher Scherge des „Führers“. Während des Krieges hatte Abakumow die SMERSCH (Smert Schpionam: „Tod den Spionen“) geleitet. Diese militärische Abwehr, die direkt hinter den Frontlinien Blockaden errichtete, vereitelte Rückzugsversuche sowjetischer Soldaten durch gezielte Tötungen. Auch Deserteure brachte sie zur Strecke, und deutsche Kriegsgefangene wurden von ihr brutal verhört. Abakumow war bekannt dafür, dass er, bevor er seine Opfer quälte, zum Schutz seines glänzenden Bürofußbodens einen blutbefleckten Teppich ausrollte.

„Nun, wie verhält sich das? Ist Boris Ihrer Meinung nach antisowjetisch eingestellt oder nicht?“, begann Abakumow. Er trug einen Uniformrock, der bis zu seinem Stiernacken zugeknöpft war.

Ehe Iwinskaja antworten konnte, fuhr Abakumow fort: „Warum sind Sie denn so erbost? Sie fürchten für ihn? Geben Sie's nur zu. Wir wissen alles. Was fürchten Sie?"

Iwinskaja hatte noch nicht begriffen, wer sie da verhörte, und antwortete unbesonnener, als es die Begegnung mit diesem Monster eigentlich erfordert hätte.

„Um einen geliebten Menschen ist man immer in Sorge. ... Was Ihre Frage betrifft, ob Boris Leonidowitsch antisowjetisch eingestellt ist, muß ich Ihnen sagen, daß Ihre Palette viel zu wenig Farben hat: nur schwarz und weiß. Leider fehlen die Zwischentöne."

Die Bücher und Materialien, die bei der Durchsuchung ihrer Wohnung beschlagnahmt worden waren, stapelten sich auf Abakumows Schreibtisch: laut Aufzeichnungen des KGB Gedichte von Pasternak, Achmatowa und Lydia Tschukowskaja (meiner lieben O. W. Iwinskaja), ein Tagebuch (30 Seiten), verschiedene Gedichte (460 Seiten), ein „pornografisches" Gedicht, Briefe (157 Stück), Fotos von Iwinskaja und Gedichte, die sie selbst geschrieben hatte. Unter den Sachen befand sich auch der kleine rote Gedichtband, in dem Pasternak Iwinskaja seine Liebe erklärt hatte, nachdem sie sich zum ersten Mal geliebt hatten.

„Ich rate Ihnen, gründlich über den Roman von Pasternak, der jetzt die Runde macht, nachzudenken. Ausgerechnet jetzt, in einer Zeit, in der wir von so viel Übelwollenden und Feinden umgeben sind", sagte Abakumow. „Der antisowjetische Inhalt ist Ihnen ja wohl bekannt?"

Iwinskaja protestierte und begann den Inhalt des fertigen Romanteils wiederzugeben, wurde aber unterbrochen.

„Sie werden genug Zeit bekommen, um über diese Fragen nachzudenken und sie zu beantworten. Persönlich rate ich Ihnen, sich klar zu machen, daß wir alles wissen und daß von Ihrer Aufrichtigkeit sowohl Ihr wie auch Pasternaks Schicksal abhängt. Ich hoffe, wenn wir uns das nächste Mal sehen, werden Sie nicht versuchen, Pasternaks Antisowjetismus abzustreiten."

Dann rief Abakumow die Wache: „Abführen."

Das nächste Verhör wurde von Anatoli Semjonow, einem viel jüngeren Beamten, durchgeführt. Auch er verzichtete auf die

Anwendung physischer Gewalt. Er beschuldigte Iwinskaja, gemeinsam mit Pasternak ins Ausland fliehen zu wollen. Pasternak sei ein britischer Spion, von anglophiler Gesinnung und tafele mit Engländern und Amerikanern, ernähre sich aber von „russischem Speck". Die Tatsache, dass ein Teil von Pasternaks Familie in England lebte und er sich 1946 mehrmals mit dem britischen Diplomaten Isaiah Berlin getroffen hatte, schien den Inquisitoren des KGB Beweis genug für seine Illoyalität. Fast jede Nacht wurde Iwinskaja verhört. Mit der Zeit gewöhnte sie sich daran.

„Wie würden Sie Pasternaks politische Haltung beschreiben? Was wissen Sie über sein feindseliges Werk, seine pro-englische Haltung, seine Absicht, Landesverrat zu begehen?"

„Er gehört nicht zu der Sorte Mensch, die eine antisowjetische Einstellung haben. Er hegt keinerlei Absicht, Verrat zu begehen. Er hat sein Land immer geliebt."

„Aber in Ihrer Wohnung wurde eine englische Ausgabe von Pasternaks Werken gefunden. Wie ist es dahin gekommen?"

„Es stimmt, dieses Buch habe ich von Pasternak bekommen. Es ist eine Monografie über seinen Vater, den Maler, und wurde in London veröffentlicht."

„Wie ist es in Pasternaks Hände gelangt?"

„Simonow [der gefeierte Kriegsdichter und Chefredakteur von *Nowy Mir*] hat es ihm von einer Auslandsreise mitgebracht."

„Was wissen Sie noch über Pasternaks Verbindung mit England?"

„Ich glaube, einmal hat er ein Paket von seinen Schwestern bekommen, die dort leben."

„Wie kam Ihre Beziehung zu Pasternak zustande? Er ist immerhin viel älter als Sie."

„Durch Liebe."

„Nein, Sie haben die gleichen politischen Ansichten und verräterischen Absichten. Das hat Sie aneinander gebunden."

„Wir hatten niemals verräterische Absichten. Ich habe ihn als Mann geliebt, und ich liebe ihn immer noch."

Iwinskaja wurde darüber hinaus beschuldigt, schlecht über Surkow gesprochen zu haben, obwohl der Name des regimetreuen Dichters in der Mitschrift des Verhörs – aus der zweifellos einige Drohungen des KGB-Beamten gelöscht wurden – falsch geschrieben ist.

„Zeugenaussagen belegen, dass Sie die Werke Pasternaks im Vergleich zu dem Werk patriotischer Schriftsteller wie Surikow und Simonow systematisch in den Himmel gehoben haben, obwohl Pasternaks künstlerische Methoden zur Schilderung der sowjetischen Realität falsch sind."

„Es ist wahr, dass ich mit Hochachtung von ihm spreche und der Meinung bin, alle sowjetischen Schriftsteller sollten sich ein Beispiel an ihm nehmen. Sein Werk ist ein großer Gewinn für die sowjetische Literatur, und seine künstlerischen Methoden sind nicht falsch, sondern subjektiv."

„Sie haben behauptet, das Surikow keinerlei literarische Kompetenz hat und seine Lyrik nur gedruckt wird, weil sie ein Loblied auf die Partei singt."

„Ja, meiner Ansicht nach kompromittieren diese mittelmäßigen Gedichte die Idee. Doch Simonow habe ich immer als talentiert erachtet."

Iwanskaja wurde angewiesen, eine Zusammenfassung von *Doktor Schiwago* zu schreiben, und sie begann das fiktive Leben des Arztes und Intellektuellen Schiwago in den Jahren zwischen den Revolutionen von 1905 und 1917 zu schildern. Ihr Vernehmungsbeamter spottete: „Sie müssen klipp und klar zugeben, daß Sie dieses Produkt gelesen haben und daß es eine Verleumdung der sowjetischen Wirklichkeit darstellt." Auch das Gedicht „Magdalena" und die Möglichkeit, dass es sich auf Iwinskaja beziehen könnte, irritierte Semjonow: „Auf welche Epoche bezieht sich denn dieses Gedicht? Und außerdem, warum haben Sie Pasternak nie gesagt, daß sie eine sowjetische Frau sind und keine ‚Magdalena', daß es einfach ungehörig ist, so einen Titel über ein Gedicht zu schreiben, das von einer Geliebten handelt?" In einem anderen nächtlichen Verhör zweifelte er an ihrer Liebesbeziehung als solcher: „Was habe Sie denn schon miteinander gemein? ... Ich glaube ganz einfach nicht, daß Sie, eine russische Frau, einen alten Juden wirklich lieben können". Als es während einer Sitzung draußen einmal laut polterte, lächelte Semjonow: „Haben Sie gehört? Das ist Pasternak, der Einlaß verlangt! Machen Sie sich nichts draus, der hat bald lange genug geklopft!"

Als Pasternak von Iwinskajas Verhaftung erfuhr, rief er eine gemeinsame Freundin an und bat sie, zur Metrostation „Palast der Sowjets" zu kommen. Sie fand ihn weinend auf einer Bank sitzen. „Nun ist alles zu Ende. Man hat sie mir genommen. Ich werde sie nie wiedersehen. Das ist wie der Tod. Schlimmer noch."

Nach mehreren Wochen Haft war nicht mehr zu übersehen, dass Iwinskaja schwanger war. Die Haftbedingungen wurden ein wenig erleichtert. Sie durfte länger schlafen, und zu ihrem Haferbrei bekam sie Salat und Brot. Die strapaziösen Verhöre gingen weiter, doch Semjonow hatte nichts davon – weder brach Iwinskaja zusammen, noch unterschrieb sie irgendetwas, das Pasternak hätte schaden können.

Wahrscheinlich war sie im Spätsommer schwanger geworden, als sie sich nach langer „Funkstille" wieder mit Pasternak versöhnt hatte. Dieser schrieb dazu das Gedicht „Herbst":

> Verwirrt wirfst du dein Kleid zu Boden,
> Wie seine Blätter läßt der Hain,
> Wenn du in meine Arme torkelst,
> Im Schlafgewand, so seidenweich.

(Achmatowa lästerte über Liebesgedichte wie diese: „Das über den Schlafrock mit den Bommeln, wie sie in seine Arme fällt, das ist über Olga, ich kann es nicht ausstehen. Mit 60 sollte man über so etwas nicht mehr schreiben.")

Iwinskaja wurde schließlich mitgeteilt, sie solle sich auf ein Treffen mit ihrem Geliebten vorbereiten. Sie war hin und her gerissen zwischen der Angst, dass er in irgendeiner Nachbarzelle misshandelt wurde, und der Freude, dass sie ein paar Worte mit ihm würde wechseln, ihn vielleicht sogar würde umarmen können. Für Iwinskaja wurde ein Passierschein ausgestellt, man setzte sie in einen Wagen mit verdunkelten Fenstern und fuhr sie zu einem anderen Gebäude der Geheimpolizei am Stadtrand. Dort wurde sie in einen Keller geführt und durch eine Metalltür gestoßen, die sich laut knallend hinter ihr schloss. Es war kaum etwas zu sehen. Ein sonderbarer Geruch lag in der Luft. Auf dem gekalkten Boden standen Wasserlachen. Als Iwinskajas Augen sich an das Halbdunkel gewöhnt hatten, sah sie eine Reihe von Tischen, auf denen mit grauen Planen bedeckte Körper lagen. „Der spezifisch süßliche Geruch einer Leichenhalle, Leichen … war einer davon mein Liebster?"

Iwinskaja blieb eine Weile in der Leichenhalle eingeschlossen, doch auch dieser Versuch, sie einzuschüchtern oder zur Verzweiflung zu treiben, fruchtete nichts: „[A]uf einmal fühlte ich mich ganz ruhig. Als habe Gott es mir eingegeben, wußte ich, daß dies alles nichts weiter war als ein diabolisches Theater, inszeniert, um mich ,weich zu machen', daß aber Borja hier nicht war."

Zitternd vor Kälte wurde sie zu ihrem Vernehmungsbeamten geleitet. „Entschuldigen Sie, wir haben Sie versehentlich in den falschen Raum gebracht", sagte Semjonow. „Kleiner Irrtum des Begleitsoldaten. Machen Sie sich zurecht, man erwartet Sie."

Es folgte ein weiteres Ritual der sowjetischen Verhörpraxis: die inszenierte Konfrontation mit einem Zeugen, der – sehr wahrscheinlich unter der Folter – instruiert worden war, Beweise für Iwinskajas Verrat auf den Tisch zu legen. Es wurde ein betagter Mann in den Raum geführt: Sergei Nikiforow, der Englischlehrer von Iwinskajas Tochter. Er war kurz vor ihr verhaftet worden und wirkte teilnahmslos und zerzaust.

„Sie bestätigen Ihre gestrige Aussage, daß Sie Zeuge von antisowjetischen Gesprächen zwischen Pasternak und Iwinskaja gewesen sind?"

„Ja, das bestätige ich, ich war Zeuge", sagte Nikiforow.

Iwinskaja begann zu protestieren, wurde aber zum Schweigen verdonnert.

„Berichten Sie, was Iwinskaja Ihnen über Ihre Pläne, mit Pasternak zu emigrieren, erzählt hat, davon, daß sie einen Piloten überredet hat, sie im Flugzeug mitzunehmen. Stimmt das?"

„Ja, so war es."

„Schämen Sie sich denn nicht, Sergej Nikolajewitsch?", schrie Iwinskaja.

„Aber Sie haben das doch selbst gestanden, Olga Wsewolodowna", antwortete er.

Iwinskaja wurde klar, dass Nikiforow mit der Behauptung, sie habe bereits gestanden, zu der Falschaussage verleitet worden war. Jahre später schrieb er ihr: „Ich habe gezögert, ob ich Ihnen schreiben darf? Schließlich nötigte mich mein Gewissen als anständiger Mensch, über jene Situation Rechenschaft abzulegen, in die ich Sie gegen meinen Willen gebracht habe, gezwungen durch die Umstände, glauben Sie mir. Ich weiß, Sie kennen die damaligen Umstände und haben sie in gewissem Maße an sich selbst erfahren. Aber Männer wurden von ihnen härter und gewaltsamer betroffen als Frauen. Vor meiner Gegenüberstellung mit Ihnen hatte ich mich von zwei Dokumenten, obwohl von mir unterschrieben, distanziert.

Aber wieviele Menschen bringen es fertig, kühn und aufrecht zum Schafott zu gehen. Zu meinem Leidwesen gehöre ich nicht dazu, denn ich bin nicht allein, ich muß an meine Frau denken."

Iwinskaja wurde zurück in die Lubjanka gebracht und brach dort zusammen – ihrer Meinung nach infolge des grausamen Schmierentheaters mit der Leichenhalle und der erschöpfenden Konfrontation mit Nikiforow. Sie sei plötzlich von Schmerzen überfallen und ins Gefängniskrankenhaus gebracht worden, schrieb sie. „Dort nahm man mir mein und Borjas Kind, ohne ihm die Chance zu geben, geboren zu werden." Sie war im fünften Monat gewesen.

Laut Iwinskaja erfuhr ihre Familie durch eine ehemalige Zellengenossin von ihrer Schwangerschaft, und diese erzählte Pasternak davon. Die Nachricht von der Fehlgeburt hingegen drang nicht nach draußen. Im Frühling 1950 sollte Pasternak sich auf Befehl der Geheimpolizei im Gefängnis melden. Er ging davon aus, dass man ihm das Baby übergeben würde.

„Ich habe Sina gesagt, daß wir es versorgen müssen, solange Olja nicht da ist", sagte er zu einer Freundin. Seine Frau habe ihm daraufhin eine schreckliche Szene gemacht.

In der Lubjanka händigte man Pasternak ein Bündel Bücher und Briefe aus. Er weigerte sich zunächst, sie anzunehmen, und beschwerte sich schriftlich bei Abakumow. Es half nichts. Am 5. Juli 1950 wurde Iwinskaja „wegen enger Verbindung zu Personen, die unter Spionageverdacht stehen", zu fünf Jahren Straflager verurteilt.

Kapitel 5

„Bis zu seinem Abschluß bin ich auf aberwitzige, manische Weise nicht Herr meiner Zeit"

Im Oktober 1952 erlitt Pasternak einen schweren Herzinfarkt und wurde ins Moskauer Botkin-Krankenhaus gebracht, wo er die erste Nacht „auf einem mit Schwerkranken überfüllten Krankenhausflur" verbrachte. Er lag auf einer Trage in einem Flur, weil die Klinik überbelegt war, verlor immer wieder das Bewusstsein und dankte „dem Herrn für seine Fügung, daß in nächster Nachbarschaft die Stadt vor dem Fenster, Licht und Schatten und Leben und Tod zu spüren waren und daß er mich Künstler hatte werden lassen, damit ich all seine Formen liebte und über sie weinte vor lauter Jubel und Frohlocken."

Pasternak, der nur knapp dem Tod entronnen war, wurde von einem der besten Kardiologen der Stadt behandelt. Er verbrachte eine Woche in der Notaufnahme und weitere zweieinhalb Monate auf Station. Vor seinem Klinikaufenthalt hatte er ständig an Zahnweh und Mundgeschwüren gelitten. Seine Herzkrankheit wurde entdeckt, als er nach der Rückkehr von einem Zahnarztbesuch in Ohnmacht fiel. Im Krankenhaus wurden ihm die Zähne gezogen und durch schimmernde amerikanische Prothesen ersetzt, die sein Erscheinungsbild veränderten und mit denen er laut Achmatowa „hervorragend" aussah.

Seine Ärzte mahnten ihn zur Vorsicht. Seine Herzprobleme hatten zwei Jahre zuvor begonnen, nach Iwinskajas Verhaftung und seinem Besuch in der Lubjanka. Wie vieles andere projizierte er seine Krankheit auf Juri Schiwago, dem er ähnliche Herzprobleme mitgab: „Es ist eine Krankheit der jüngsten Zeit. Ich glaube, ihre

Ursachen sind sittlicher Natur. Den meisten von uns wird ständig eine zum System erhobene Heuchelei abverlangt. Ohne Folgen für die Gesundheit kann man sich nicht tagtäglich anders geben, als man fühlt, sich für etwas einsetzen, was man nicht liebt, sich über etwas freuen, was einem Unglück bringt. ... Unsere Seele nimmt einen Platz im Raum ein und sitzt in uns, so wie die Zähne im Mund sitzen. Man kann ihr nicht endlos ungestraft Gewalt antun."

Iwinskaja war mit dem Zug etwa 300 Meilen Richtung Südosten nach Mordowien in ein Straflager verfrachtet worden. Sie schlief auf der Gepäckablage, unter sich die restlichen dicht an dicht sitzenden Gefangenen. In einem Gewaltmarsch gelangten sie vom Bahnhof ins Lager. Lange Sommertage auf dem Feld – zwischen Mückenschwärmen musste der Boden aufgehackt und umgegraben werden – folgten auf bitterkalte Wintertage in nackten Baracken. Post durfte nur von den engsten Angehörigen empfangen werden, sodass Pasternak Iwinskaja in seiner flüssigen, unverwechselbaren Handschrift Postkarten im Namen ihrer Mutter schrieb: „31. Mai 1951. Meine liebste Olja, mein Herz! Du bist unzufrieden mit uns, und Du hast recht damit. In unsere Briefe an Dich sollten Ströme von Zärtlichkeit und Kummer einfließen. Doch man kann diesen natürlichen Gefühlen nicht immer Raum geben. Wir müssen in allem vorsichtig, bedachtsam sein. B. träumte kürzlich von Dir. Du trugst ein langes, weißes Gewand. Er geriet in die seltsamsten Situationen, und jedes Mal tauchtest du rechts von ihm auf, fröhlich und ermutigend. ... Gott schütze Dich, mein Liebstes. Alles ist wie ein Traum. Ich küsse dich ohne Ende. Deine Mama."

Während Iwanskajas Abwesenheit unterstützte Pasternak ihre Familie und sorgte dafür, dass ihre Mutter auf direktem Weg Geld von einem seiner Verleger erhielt. „Ohne ihn hätten meine Kinder in ein staatliches Heim gemußt", schrieb Iwanskaja.

Pasternak arbeitete abwechselnd an bezahlten Übersetzungsaufträgen und an *Doktor Schiwago*. „Ich arbeite schrecklich viel", schrieb er seiner Cousine. Er hatte wenig Hoffnung, dass sein Roman je veröffentlicht werden würde. „Wann sie ihn drucken, ob in zehn Monaten oder in 50 Jahren, weiß ich nicht, und es spielt auch keine Rolle."

Freunde machten ihm immer wieder Mut. Lydia Tschukowskaja schrieb ihm im August 1952 nach der Lektüre des dritten Teils: „Schon den ganzen Tag lang, esse, schlafe, existiere ich nicht – ich lese den Roman. Von vorne bis hinten und dann wieder von hinten und in Teilen ... Ich lese Ihren Roman wie einen an mich gerichteten Brief. Ich möchte ihn die ganze Zeit in meiner Tasche herumtragen, sodass ich ihn jeden Moment herausnehmen und mich davon überzeugen kann, dass er noch da ist, und immer wieder meine Lieblingspassagen lesen kann."

Pasternak fuhr vor kleinem Publikum mit seinen Lesungen aus *Doktor Schiwago* fort. Sein Leben spielte sich im Sommer nun überwiegend in Peredelkino und im Winter in seiner Moskauer Wohnung ab; sein Wirkungskreis beschränkte sich auf wenige zuverlässige Freunde und junge Schriftsteller. In der Datscha versammelten sich in seinem Arbeitszimmer im Obergeschoss an Sonntagen bis zu 20 Gäste, denen er mehrere Stunden lang vorlas – eine Alternative zu den Veranstaltungen des Allunionsschriftstellerverbands. Der großartige Schauspieler Boris Liwanow, Mitglied des Moskauer Künstlertheaters, und der junge Dichter Andrei Wosnessenski, der sich in seinen Stuhl zu lümmeln pflegte, waren häufig zu Gast, ebenso wie der Pianist Swjatoslaw Richter, der oft tief in sich versunken mit halb geschlossenen Augen dasaß, und seine Lebensgefährtin, die Sopranistin Nina Dorliak.

An manchen Wochenenden war auch Juri Krotkow dabei, ein Bühnenautor, der im nahe gelegenen Künstlerhaus von Peredelkino ein Zimmer bezogen hatte. Er trieb sich gerne mit einigen Diplomaten und Journalisten in der Stadt herum. Als Kartenspieler hatte er Sinaidas Herz erobert und durfte an ihrem Tisch Platz nehmen. Er arbeitete als Spion für den KGB und hatte bei einigen Undercovereinsätzen seine Finger im Spiel gehabt. Unter anderem hatte er den französischen Botschafter mit einer russischen Schauspielerin in eine Sexfalle gelockt.

Nach dem Ende einer Lesung trug jeder seinen Stuhl oder Hocker wieder nach unten, und man setzte sich gemeinsam zu dem von Sinaida zubereiteten Festmahl: Oft gab es Wein, Wodka und Kwass, hausgemachtes Brotbier, Kaviar, eingelegte Heringe und Essiggurken, danach manchmal einen Wildeintopf. Pasternak saß an einem,

Liwanow am anderen Kopfende des Tischs. Von dort aus spielten sie einander die Bälle zu.

„Ich habe eine Frage an Slawa!", sagte Pasternak und blickte Richter an. „Slawa, sag: Gibt es Kunst?"

„Lasst uns auf die Dichtung trinken!", rief Liwanow.

Doktor Schiwago blieb weiterhin umstritten, doch Pasternak ließ sich nicht aus der Ruhe bringen. „Von denen, die meinen Roman gelesen haben, sind die meisten unzufrieden. Sie sagen, er sei misslungen und dass sie mehr von mir erwartet hätten, bezeichnen ihn als farblos und meiner nicht würdig, doch ich nehme das alles grinsend zur Kenntnis, als ob diese Beschimpfungen und Verurteilungen Komplimente wären."

Der Antisemitismus der großen Kampagne gegen „Kosmopoliten" nahm 1952 und 1953 hysterische und brutale Züge an. Alle führenden jüdischen Schriftsteller der Sowjetunion wurden im August 1952 nach einem Geheimprozess wegen Landesverrats erschossen. Im Januar 1953 berichtete die *Prawda* von einer „Ärzteverschwörung": Jüdische Ärzte wurden beschuldigt, durch Falschbehandlung das Leben prominenter Sowjets, unter ihnen Andrei Alexandrowitsch Schdanow, verkürzt zu haben. Der Verfolger Achmatowas und Soschtschenkos war im August 1948 infolge seines ungeheuren Alkoholkonsums an einem Herzinfarkt gestorben. Sein Tod wurde jedoch den Initiatoren einer amerikanisch-zionistischen Verschwörung in die Schuhe geschoben. Zu den Opfern der Säuberungsaktion, die schwer gefoltert wurden, gehörte auch Dr. Miron Wowsi, der frühere oberste Chirurg der Roten Armee und einer der Kardiologen, die Pasternak kurz zuvor das Leben gerettet hatten. Wowsi gestand, eine Gruppe von Kreml-Ärzten zur Bildung einer terroristischen Vereinigung angeregt zu haben. Prominente jüdische Kulturgrößen, darunter der Journalist Wassili Grossman und der Geiger David Oistrach, wurden zur Unterzeichnung eines Aufrufs an Stalin gezwungen, der aufgefordert wurde, alle Juden in den Osten umzusiedeln, um sie vor dem „Zorn der Menschen" zu schützen.

Pasternak rettete wahrscheinlich sein Herzinfarkt vor den Folgen, die eine Unterschriftsverweigerung hätte haben können. Nach seiner Entlassung aus dem Krankenhaus begab er sich zur weiteren

Genesung und zum Schreiben in ein Sanatorium in Bolschewo nordöstlich von Moskau. „Ich bin jetzt glücklich und frei, bei guter Gesundheit und in heiterer Stimmung, und mit leichtem Herzen setze ich mich nieder, um an *Schiwago* zu arbeiten, der ein wesentlicher Teil von mir ist, obwohl er niemandem etwas nützt." Als am 5. März 1953 Stalins Tod verkündet wurde, war Pasternak in Bolschewo. Sinaida, die einmal gesagt hatte, ihre Söhne liebten Stalin mehr als ihre Mutter, trauerte wie viele Sowjetbürger um den „Führer". Sie schlug Pasternak vor, zu Stalins Gedenken ein Gedicht zu schreiben. Er lehnte ab: Stalin habe die Intelligenzija auf dem Gewissen und ein Blutbad angerichtet.

In Resonanz auf Stalins Tod kündigte die neue Führung am 27. März eine weitgehende Amnestie für Gefangene an. Auch Frauen mit Kindern und Sträflinge, die zu bis zu fünf Jahren Haft verurteilt worden waren, wurden freigelassen. Iwinskaja, die von den langen Arbeitstagen auf dem Feld braun gebrannt war und abgenommen hatte, kehrte nach Moskau zurück. Pasternak scheute sich zunächst, die Affäre wiederaufleben zu lassen. Sinaida hatte ihn gesund gepäppelt, und er hatte das Gefühl, dass er ihr sein Leben verdankte. Er brachte es aber auch nicht fertig, mit Iwanskaja Schluss zu machen, und verhielt sich ziemlich kindisch. Noch vor ihrer Ankunft in der Hauptstadt verabredete er sich mit ihrer Tochter und bat die fünfzehnjährige Irina, ihrer Mutter zu sagen, dass er die Beziehung nicht weiterführen könne, obwohl er sie noch liebe. Irina fand sein Ansinnen absurd und schwieg. Iwinskaja, die erst Jahre später von dem Gespräch erfuhr, erkannte in Pasternaks Äußerungen eine „Mischung aus kindlichem Charme und Herzlosigkeit". Ihr Geliebter konnte linkisch und grausam sein.

Die Datscha in Peredelkino wurde 1953 winterfest gemacht, mit einem Gasanschluss, fließendem Wasser, einem Bad und drei neuen Räumen versehen, kurz: „in einen Palast verwandelt". Pasternak war die Grandezza seines großen Arbeitszimmers mit Parkettboden peinlich. Die rosa getünchten Wände wurden mit den Zeichnungen seines Vaters geschmückt, unter anderem einigen Originalillustrationen für Tolstois Roman *Auferstehung*. Auf Wunsch seiner Ärzte, die Pasternak nahelegten, sich ein friedlicheres Lebensumfeld als Moskau zu suchen, lebte er nun rund ums Jahr in Peredelkino. Nach Iwinskajas Rückkehr nach Moskau hielt er ein paar Monate lang eine gewisse emotionale Distanz. Doch spätestens 1954 flammte die Affäre wieder auf, und im Sommer war Iwinskaja häufig in Peredelkino zu Gast, vor allem, wenn Sinaida mit Leonid in Jalta oder am Schwarzen Meer in Urlaub war. Iwinskaja wurde wieder schwanger, doch nach einer sehr holprigen Fahrt in einem Kleinlaster wurde ihr schlecht. Das Kind kam auf dem Weg ins Krankenhaus im Krankenwagen zur Welt. Es war tot. Im Sommer 1955 mietete Iwinskaja eine halbe Datscha am Ismalkowo-See, die man von Peredelkino aus über eine hölzerne Fußgängerbrücke erreichte. Sie stellte ein großes Bett in die verglaste Veranda und hängte blaurote Chintzvorhänge vor die Fenster, um für etwas Privatsphäre zu sorgen. Als der Sommer endete, mietete sie ein Zimmer in Peredelkino, sodass sie rund ums Jahr in Pasternaks Nähe sein konnte. Dieser pendelte nun zwischen dem von ihm so genannten „großen Haus", in dem seine Frau wohnte, und dem Zimmer seiner Geliebten hin und her. Das Mittagessen und die Nachmittage waren für Iwinskaja reserviert; zum Abendessen kehrte er nach Hause zurück. Die Vormittage widmete er dem Schreiben.

Iwinskaja begann als Pasternaks Agentin zu arbeiten und regelte seine Angelegenheiten in Moskau, sodass er nur noch selten in die Stadt musste. Ihre Rolle ließen neue Zweifel an ihrer Vertrauenswürdigkeit aufkommen. Auch später noch überschatteten Vorwürfe unterschiedlichster Art ihr Leben. Lydia Tschukowskaja beendete ihre Freundschaft mit Olga Iwinskaja 1949 wegen deren „Verkommenheit, Verantwortungslosigkeit, ihrer Unfähigkeit, irgendeiner Arbeit nachzugehen, ihrer Lügen gebärenden Gier". Nichtsdestoweniger habe sie Iwinskaja nach deren Haftentlassung Geld für Lebensmittel, Kleidung und Bücher anvertraut, die für ihre gemeinsamen Freundin Nadeschda A. Joffe, die immer noch in einem Lager saß, bestimmt waren. Laut Tschukowskaja bestand Iwinskaja darauf, wegen ihrer, Lydias, Herzerkrankung die Verantwortung für den Versand der Pakete zu übernehmen; sie mussten in einem Postamt außerhalb Moskaus aufgegeben werden. Keine der Sendungen erreichte ihre Adressatin, und Tschukowskaja beschuldigte Iwinskaja, sie habe sich des unverzeihlichen Verbrechens schuldig gemacht, Geschenke zu stehlen, die die für eine Gefängnisinsassin bestimmt waren und dazu beitragen sollten, sie am Leben zu erhalten. Achmatowa und anderen erzählte Tschukowskaja von dem Verrat, Pasternak gegenüber verschwieg sie ihn, weil sie ihn nicht aufregen wollte. „So etwas ist mir noch nicht einmal unter Verbrechern zu Ohren gekommen", meinte Achmatowa dazu. Als Joffe Tschukowskajas Bericht später las, protestierte sie heftig: Es gebe keinen Beweis dafür, dass Iwinskaja für sie bestimmte Geschenke gestohlen habe, aber durchaus andere plausible Erklärungen für den Verlust der Pakete auf dem Postweg.

Iwinskaja schrieb später: „Es schmerzt mich zu denken, dass sogar Lydia Tschukowskaja eine dieser Verleumdungen für bare Münze nahm", doch habe sie Pasternaks Rat befolgt, „schmutzige Unterstellungen" zu ignorieren.

„Die, die dich kennen, werden niemals glauben, dass du des Diebstahls oder Mordes oder was auch immer fähig bist", schrieb sie. „Wenn Diffamierungen die Runde machen, sag nichts. ... Und so wahrte ich einfach meinen Frieden."

Einige von Pasternaks engsten Freunden ließen sich von dieser Anschuldigung jedoch stark beeinflussen. Manche von ihnen glaubten sogar, dass Iwinskaja, die sie ohnehin als fordernd und manipulativ wahrnahmen, jede Art von Verrat begehen würde – auch an Pasternak höchstpersönlich.

Es gibt Indizien dafür, dass sie ihm nicht immer treu war. Warlam Schalamow, der 16 Jahre in unterschiedlichen Straflagern verbracht hatte und zu Pasternaks glühendsten Bewunderern zählte, schrieb ihr 1956 ein paar leidenschaftliche Liebesbriefe und schien an eine gemeinsame Zukunft mir ihr zu glauben. Nach seiner Entlassung aus dem Gulag 1953 hatte er sich nicht in Moskau niederlassen dürfen und wusste offenbar nichts von Iwinskajas Beziehung zu Pasternak. Später bezeichnete er die Episode als „schmerzhaftes moralisches Trauma".

„Für Frau Iwinskaja war Pasternak nur das Objekt eines überaus zynischen Geschäfts, was Pasternak natürlich wusste", schrieb Schalamow in einem Brief an Nadeschda Mandelstam. „Pasternak war ihr Pfand, das sie einsetzte, wann sie konnte."

Stalins Tod führte zu beißender Kritik an der ideologischen Zwangsjacke, die den Künstlern die Luft abschnürte, und weckte die Hoffnung auf mehr Gedankenfreiheit. Im Sommer 1953 veröffentlichte der Chefredakteur der Literaturzeitschrift *Nowy Mir* ein provokatives Gedicht über das traurige Dasein, das die Literatur fristete:

> Und alles sieht recht wirklich aus, alles gleicht
> Dem, was ist oder sein könnte
> Doch als Ganzes ist es so unverdaulich
> Dass man vor Schmerz aufheulen möchte.

In der Oktoberausgabe von *Snamja* veröffentlichte Ilja Ehrenburg den Artikel „Zur Arbeit des Schriftstellers" und äußerte, dass „ein Schriftsteller kein Apparat zur mechanischen Aufzeichnung von Ereignissen" sei, sondern schreibe, „um den Menschen etwas von dem zu erzählen, was er fühle, weil sein Buch begonnen habe, ihn ‚zu schmerzen'". Es wurde zur „Aufrichtigkeit" in der Literatur aufgerufen. Pasternak rief Tschukowski über den Zaun zu: „Ein neues Zeitalter bricht an: Sie wollen *mich* veröffentlichen!"

Anfang 1954 wurde *Hamlet* in Pasternaks Übersetzung im Puschkin-Theater in Leningrad aufgeführt. Im April veröffentlichte *Snamja* zehn Gedichte aus der Sammlung, die für das Schlusskapitel von *Doktor Schiwago* vorgesehen waren – die erste Publikation von Originaltexten Pasternaks seit dem Krieg. Die religiöseren Gedichte wurden nicht abgedruckt, doch Pasternak durfte eine Einführung zu *Doktor Schiwago* schreiben: „Der Roman wird in diesem Sommer wahrscheinlich fertig werden. Er umfaßt die Zeit von 1903 bis 1929 und enthält einen Epilog, der sich auf den Großen Vaterländischen Krieg bezieht. Der Held Jurij Andrejewitsch Schiwago ist Arzt. Ein nachdenklicher Mann, ein Wahrheitssucher, künstlerisch begabt. Er stirbt 1929. Unter seinen nachgelassenen Papieren und Aufzeichnungen aus jüngeren Jahren befanden sich Gedichte, von denen ein Teil hier veröffentlicht wird. Die vollständige Sammlung der Gedichte wird das letzte Kapitel des Romans bilden." Pasternak war in Hochstimmung: „Die Worte ‚Doktor Schiwago' haben es auf eine Seite mit aktuellen Nachrichten geschafft – wie ein Schandfleck!" Seiner Cousine schrieb er, dass er den Roman beenden müsse und wolle, und „bis zu seinem Abschluß bin ich auf aberwitzige, manische Weise nicht Herr meiner Zeit". Die Gralshüter der Ideologie mochten unter den Veränderungen ins Taumeln geraten sein, doch den Rückzug angetreten hatten sie nicht. Als neue, unbequeme Prosa und Lyrik zu erscheinen begann, wandte Surkow sich an die *Prawda*, um die Schriftsteller vor derlei Experimenten zu warnen und sie über ihre Pflichten aufzuklären. „Die Partei hat sowjetische Schriftsteller immer daran erinnert, dass die Stärke der Literatur in ihrer Vertrautheit mit dem Leben der Menschen liegt, von dem sie nicht entfremdet werden kann. ... Wir haben dagegen angekämpft, literarischen Einflüssen zu erliegen, die nicht oder nicht länger die unsren sind – gegen den bürgerlichen Nationalismus, gegen Großmachtchauvinismus, gegen die antipatriotischen Aktivitäten der Kosmopoliten." Einen Monat später griff ein anderer konservativer Kritiker Pasternaks Gedicht „Hochzeit" als repräsentatives Beispiel für die um sich greifende falsche Aufrichtigkeit heraus. Andere taten weiter so, als sei Pasternak bedeutungslos. Boris Polewoi, der die Auslandsabteilung des sowjetischen Schriftstellerverbands leitete, gab bei einem Besuch in New York zum Besten, dass er noch nie von einem Roman Pasternaks gehört habe. Ein mitreisender sowjetischer Journalist sagte, Pasternak sei durch die Arbeit als Übersetzer so „reich und träge" geworden, dass er gar nicht in der Lage sei, den Roman zu vollenden.

Einen großen Teil des Winters 1954 verbrachte Pasternak in Peredelkino, wo er intensiv an den letzten Kapiteln von *Doktor Schiwago* arbeitete. Von seinem Arbeitszimmer aus konnte er über den Garten und eine breite Wiese bis zu der kleinen Kirche blicken, die er gelegentlich aufsuchte. In dem Zimmer standen eine Pritsche, ein Kleiderschrank, ein Schreibtisch, ein Stehpult und ein schmales, dunkel gebeiztes Bücherregal mit einer kleinen Auswahl an Büchern, zu der auch ein großes russisch-englisches Wörterbuch und eine russische Bibel gehörten. „Ich persönlich hebe weder Familienerbstücke noch Archive, noch irgendwelche Sammlungen, auch keine Bücher und Möbel, auf. Briefe oder Entwurfskopien von meiner Arbeit bewahre ich ebenfalls nicht auf. In meinem Zimmer stapelt sich nichts; es ist leichter sauberzumachen als ein Hotelzimmer. Ich lebe wie ein Student."

Pasternak legte Wert auf einen regelmäßigen Tagesablauf. Er stand früh auf und wusch sich draußen an einer Wasserpumpe, sogar im Winter, wenn sein Gesicht und seine Brust in der Kälte dampften. Als jüngerer Mann hatte er regelmäßig im Fluss gebadet, und noch immer tauchte er den Kopf ins Wasser, wenn im Frühjahr das Eis aufbrach. Er machte gerne täglich einen langen, schnellen Spaziergang, auf dem er immer Süßigkeiten für die Dorfkinder dabei hatte.

Wenn Pasternak in seinem Arbeitszimmer im Obergeschoss schrieb, sorgte Sinaida dafür, dass Besucher ihn nicht störten und seine Privatsphäre gewahrt blieb. Im Winter 1954 war sie besonders wachsam, da sie erfahren hatte, dass ihr Mann seine Beziehung zu Iwinskaja wiederaufgenommen hatte. Achmatowa beschrieb Pasternak als halbkranken Gefangenen und hielt fest, dass Sinaida grob zu ihm war. Ein Besucher beobachtete, dass sie „ihre Lippen gekränkt zum Amorbogen geschürzt" hatte. Pasternak selbst war manchmal gereizt, wenn er die Arbeit an Doktor Schiwago unterbrechen musste. Widerwillig übersetzte er die Rede Bertolt Brechts, der gerade in Moskau war, um den Stalinpreis in Empfang zu nehmen, doch als der sowjetische Schriftstellerverband ihm vorschlug, auch einige von Brechts Gedichten ins Russische zu übertragen, machte er seinem Ärger Luft: „Sicherlich ist Brecht klar, dass Übersetzungsaufträge eine Schande sind. Ich bin mit einem bedeutenden Werk beschäftigt, für das die Zeit noch nicht gekommen ist – im Gegensatz zu Brechts altem Plunder." Er weigerte sich, zum Empfang des deutschen Autors nach Moskau zu fahren.

Im Sommer 1955 fuhr Pasternak mit der Überarbeitung seines fast fertigen Manuskripts fort. Nach der Lektüre einer frisch abgetippten Version kam er zu dem Schluss, dass einige „schwierige und komplizierte Passagen vereinfacht und aufgelockert werden müssen". Selbst während der relativ entspannten Phase des „Tauwetters" war er hinsichtlich einer Veröffentlichung nicht optimistisch. Als er eines schönen Herbstabends mit Iwinskaja die Fußgängerbrücke über den Ismalkowo-See überquerte, sagte er zu ihr: „Glaub mir – um nichts in der Welt werden sie den Roman drucken. Sie können

es gar nicht! Wir müssen ihn deshalb überhallhin zum Lesen aus-
leihen. Jeder, der möchte, soll in lesen, denn er wird ganz bestimmt
nie gedruckt werden."

Im November überarbeitete er den Roman ein letztes Mal, und
am 10. Dezember 1955 erklärte er ihn für vollendet: „Sie können
sich nicht vorstellen, was ich geschafft habe! Ich habe für dieses
ganze Hexenwerk, das jahrzehntelang für Leid, Verwirrung, Verwunderung und Streit gesorgt hat, Benennungen gefunden. Alles
ist mit einfachen, transparenten und traurigen Worten benannt.
Auch habe ich noch einmal die liebsten und wichtigsten Dinge erneuert und neu definiert: Land und Himmel, große Leidenschaft,
Kreativität, Leben und Tod."

Kapitel 6

„Einen solchen Roman nicht zu veröffentlichen wäre ein Verbrechen an der Kultur."

Der Verleger Giangiacomo Feltrinelli war kein Bilderbuchkommunist. Seine Vorfahren hatten Mitte des 19. Jahrhunderts ein Unternehmen gegründet und über Generationen hinweg ein großes Vermögen aufgebaut. Sie waren international in mehreren Branchen tätig und sorgten dafür, dass der Name Feltrinelli – wie Agnelli, Motta und Pirelli – in Norditalien zu einem Synonym für die industrielle Entwicklung wurde. Giangiacomo Feltrinelli wurde am 19. Juni 1926 geboren und wuchs in behüteten Verhältnissen zwischen Kindermädchen und Privatlehrern auf. Je nach Jahreszeit pendelte die Familie zwischen zahllosen Villen und Hotels am Comer See, am Gardasee, in Zürich (Baur au Lac) und Venedig (Excelsior) hin und her. Wie so viele italienische Industrielle arrangierte sie sich, mal mit einem unguten Gefühl, mal zu ihrem finanziellen Vorteil, mit den Faschisten unter Mussolini, die 1922 an die Macht gekommen waren. Feltrinellis Vater Carlo starb 1935 kurz nach einem Streit mit einem Regierungsbeamten, in dem es um das im Ausland deponierte Vermögen seiner Mutter ging, an einem Herzinfarkt. Er war 54 Jahre alt. Die Erziehung Giangiacomos und seiner Schwester Antonella oblag nun ihrer Mutter Giannalisa – sofern sie dafür Zeit fand. Sie verhielt sich „vollkommen widersinnig": „Zuerst nämlich bestraft sie die Kinder, dann tut es ihr leid; zuerst demütigt sie sie, um sie dann mit Küssen und Umarmungen zu überhäufen." Sie meldete ihren Sohn bei der Gioventù Italiana del Littorio an, der faschistischen Jugendorganisation Italiens. Mit einem großzügigen Scheck brachte sie Mussolini dazu, dem Jungen den Titel Marchese di Gargnano zu verleihen.

Feltrinelli beschrieb sich später als Teenager voller innerer Widersprüche, den die Faschisten ebenso anzogen wie abstießen. Er freute sich, wenn die faschistischen Armeen vorrückten, war aber gleichzeitig gegen die Deutschen und hörte Radio Londra, wie der BBC World Service während des Krieges in Italien genannt wurde. Da er zu Hause ignoriert wurde, freundete er sich mit den Arbeitern und Gärtnern an, die das Grundstück seiner Mutter in Schuss hielten. Sie erschlossen ihm eine bislang unbekannte Welt, in der hart gearbeitet wurde und in der es ungerecht zuging. Die Bombenangriffe der Alliierten und der Einmarsch deutscher Truppen in Italien, die Mussolini unterstützen sollten, trugen zur Radikalisierung des jungen Mannes bei, der auf der Suche nach Idealen war, an die er sich klammern konnte.

Feltrinelli war ein Mensch, der sich sehr begeistern konnte, ob für Politik oder Literatur. Er nahm weder seine Überzeugungen noch seine Treueversprechungen auf die leichte Schulter, doch wenn sie einander widersprachen, wie es bei *Doktor Schiwago* geschehen sollte, ließ er sich von seinem Gewissen und nicht von irgendeiner Parteilinie leiten. Einer seiner Freunde beschrieb ihn als impulsiv und prinzipientreu, „[e]benso bereitwillig aber ließ er eine Sache auch abrupt fallen, wenn er sie für überholt oder nach seinem Verständnis für sinnlos erachtete." Nach der Befreiung Roms 1944 las Feltrinelli als Achtzehnjähriger *Das Kommunistische Manifest* und Lenins *Staat und Revolution*. Im November trat er der Kampfgruppe Legnano bei, die der 5. US-Armee zugeordnet war, und rückte mit seiner Kompanie nach Bologna vor, wo sie in Kampfhandlungen verwickelt wurde.

Im März 1945 wurde Feltrinelli Mitglied der kommunistischen Partei. Seine Mutter, eine Royalistin, war entsetzt. Unmittelbar bevor Italien im Juni 1946 per Referendum über seine zukünftige Staatsform – Monarchie oder Republik – abstimmte, verteilte Giannalisa Feltrinelli in Rom Flugblätter zur Unterstützung des Hauses Savoyen – durch die Fenster ihres Rolls-Royce. Zu diesem Zeitpunkt hatte ihr Sohn die Stadt bereits verlassen, hatte er doch in seinem Elternhaus Informationen über proroyalistische Zusammenkünfte gesammelt, die in der kommunistischen Tageszeitung *L'Unità* gelandet waren: „Aus gutunterrichteter Quelle haben wir erfahren, daß im Hause einer Familie der großen Raubfische der Industrie, bei den Feltrinelli, ein wichtiges Treffen stattgefunden hat."

Zwischen dem Sturz Mussolinis (der kurzzeitig die von der SS bewachte Villa Feltrinelli am Gardasee bewohnte) und den ersten Wahlen nach dem Krieg verwandelte sich die Italienische Kommunistische Partei von einer kleinen Untergrundorganisation mit weniger als 10 000 Aktivisten zu einer Massenbewegung mit 1,7 Millionen Mitgliedern. Sie profitierte vor allem von ihrer gewichtigen Rolle innerhalb der Resistenza; zwei Drittel aller Partisanengruppen waren vom Kommunismus beeinflusst. Nach dem Krieg, unter der Führung des pragmatischen Palmiro Togliatti, vertrat die Partei eine „progressive Demokratie" und trat eher antifaschistisch als antikapitalistisch auf. Die Kommunisten schienen offen für neue Entwicklungen in Kunst, Literatur und Sozialwissenschaften. Sie waren mit einigen der progressivsten Organisationen des Landes verbündet oder kontrollierten sie, von der feministischen Unione Donne Italiane über die Bewegung für die Erneuerung des Südens bis zur Union für Volkssport. Ein Hauch von Glamour umgab die Partei. Sie zog Intellektuelle und Idealisten aller Altersgruppen an – die Überlebenden des Faschismus und jüngere Leute wie Feltrinelli, die einen gesellschaftlichen Wandel herbeisehnten und hierfür eine politische Heimat suchten. Die Partei war das natürliche Zuhause für die „kleine große Welt" der Antifaschisten, um mit dem italienischen Schriftsteller Italo Calvino zu sprechen, eine Woge leidenschaftlicher Parteigänger, die sich nach einem neuen Italien sehnten. Feltrinelli war ein disziplinierter und ernsthafter junger Rekrut. „Ich lernte, meine Impulsivität und mein ungestümes Temperament wenigstens teilweise zu zügeln; ich lernte, in Diskussionen, bei der Überzeugungs- und Klärungsarbeit, die ich mit Genossen leisten mußte, methodisch vorzugehen."

Mit 21 Jahren trat Feltrinelli sein Erbe an und begann die Italienische Kommunistische Partei mit bedeutenden Summen zu unterstützen. Sein Vermögen speiste sich vor allem aus Beteiligungen im Bau-, Holz- und Bankgewerbe. Eine frühe Mitstreiterin erinnerte sich: „Es war einfach so, daß wir Träume hatten, die wir für später aufbewahren mußten, während Giangiacomo sie verwirklichen konnte, und für uns war es wunderbar, mit ihm zusammen zu sein." Auf dem Villengrundstück am Gardasee wurde im Sommer ein Zeltlager für junge Parteimitglieder errichtet. Feltrinelli fuhr in seinem rauchblauen Buick-Cabrio durch die Gegend, um Parteiplakate aufzuhängen. Nachdem er geheiratet hatte – seine Frau wurde von ihrer Schwiegermutter „Moskowiter Pasionaria" genannt – hängte er zu Hause in Mailand ein Stalin-Porträt zwischen die Werke befreundeter Künstler.

Ende der 1940er-Jahre wandte Feltrinelli sich offiziell der Welt der Bücher zu. Zusammen mit Giuseppe Del Bo, einem marxistischen Wissenschaftler und Schriftsteller, begann er eine Bibliothek zur Geschichte der Arbeiterklasse und sozialen Bewegungen aufzubauen. Die italienische Polizei bezeichnete sie als „Kaderschmiede", doch dank Feltrinellis Wohlstand und seiner Begeisterung für seltene Ausgaben und Archivmaterialien, denen er quer durch Europa nachjagte, wurde daraus eine Schatzkammer mit Zehntausenden Werken radikaler Literatur – etwa einer Erstausgabe des *Kommunistischen Manifests*, Originalhandschriften von Marx und Engels, einer Erstausgabe von Jean-Jacques Rousseaus *Gesellschaftsvertrag*, Victor Hugos Briefen an Garibaldi und einer seltenen Ausgabe von Thomas Morus' Schrift *Utopia*. Diese Bibliothek machte die Sowjetunion auf Feltrinelli aufmerksam. 1953 erhielt er eine Einladung nach Moskau, wo eine mögliche Zusammenarbeit zwischen der Biblioteca Giangiacomo Feltrinelli in Mailand und dem Institut für Marxismus-Leninismus erörtert werden sollte. Bei dem Gespräch kam wenig heraus, und für Feltrinelli sollte es bei dieser einen Moskaureise bleiben.

In geschäftlichen Dingen erwies er sich als fähiger, zuweilen abgebrühter Manager und Kapitalist. Die Partei profitierte sowohl von seinem Weitblick in finanzieller Hinsicht als auch von seinem Geld. 1950 stieg Feltrinelli bei einem Verlag der kommunistischen Partei ein, sanierte die Finanzen und brachte das ins Trudeln geratene Unternehmen mit einer veränderten Geschäftspolitik wieder auf Kurs. 1955 machte der Verlag dicht, und ein neuer entstand: Feltrinelli Editore.

Der 29-jährige Feltrinelli war nun ein eigenständiger Mailänder Verleger und verkörperte diese Rolle glaubwürdig: Sein Haar war schon ein wenig schütter, er trug einen Schnauzbart und eine dunkle Hornbrille und hatte etwas Katzenartiges im Gesicht. Sein Spitzname war „Jaguar". Im Juni 1955 kamen die ersten beiden Bücher des Verlags aus der Druckerei: eine italienische Ausgabe von Jawaharlal Nehrus Autobiografie *Indiens Weg zur Freiheit* (Erstausgabe auf Englisch: London 1936) und *Il flagello della svastica : breve storia dei delitti di guerra nazisti/Geissel der Menschheit : Kurze Geschichte der Nazikriegsverbrechen* von Edward Frederick Langley Russell (Erstausgabe: London 1954). Feltrinellis Bücher sollten frisch, progressiv, unbequem und einflussreich sein. Er wollte für intellektuelle Aufregung sorgen und Entdeckungen machen.

Am 25. Februar 1956 ging Chruschtschow bei einer geheimen Sitzung des 20. Parteitags der KPdSU in einer Rede mit dem Titel „Über den Personenkult und seine Folgen" auf erstaunliche und vernichtende Weise mit Stalin ins Gericht. Der gefeierte ehemalige „Führer" habe sich des schwerwiegendsten Machtmissbrauchs schuldig gemacht und durch „Massenverhaftungen und Deportationen vieler tausend Menschen, Hinrichtungen ohne Gerichtsurteil und ohne normale Untersuchung ... einen Zustand der Unsicherheit und der Furcht, sogar der Verzweiflung" hervorgebracht. Unschuldige Menschen, ja sogar frühere Mitglieder des Politbüros seien gefoltert worden. Lenin habe Stalin von der Funktion eines Generalsekretärs der Partei entbinden wollen. Stalin habe sich während des Krieges über die wahren Absichten Hitlers täuschen lassen und beim Angriff der deutschen Truppen auf die Sowjetunion nicht die notwendigen Maßnahmen ergriffen. Den Delegierten im Großen Saal des Kreml blieb vor Entsetzen die Luft weg.

Die CIA erhielt eine Kopie der später als „Geheimrede" bekannt gewordenen Ansprache Chruschtschows und spielte sie der *New York Times* zu. Obwohl viele Kommunisten weltweit schockiert waren, sehnten sie sich auch nach Erneuerung, als habe für die Bewegung ein neues Zeitalter begonnen. Die Wechselstimmung war von kurzer Dauer; sie erstarb mit dem Einmarsch der Sowjets in Ungarn. Doch just während dieser kurzen Phase des „Ausmistens" gelangte Feltrinelli in den Besitz von *Doktor Schiwago*. Nun, wo frischer Wind durch den Kreml wehte und Reformen in der Luft lagen, schien die Kooperation mit sowjetischen Schriftstellern und

Verlegern besonders opportun. Feltrinelli hatte allerdings noch keine Ahnung, dass die sowjetische Führung höchst ungehalten auf seinen Coup mit *Doktor Schiwago* reagieren würde.

Im Mai 1956, eine Woche nachdem er Pasternak in seiner Datscha in Peredelkino besucht hatte, flog D'Angelo nach Berlin. Er wurde nicht durchsucht, als er Moskau verließ, wahrscheinlich, weil er ein Genosse war, und es kam ihm auch nicht in den Sinn, dass es in irgendeiner Beziehung unpassend sein könnte, den Roman ins Ausland zu bringen. Er landete auf dem Schönefelder Flughafen, fuhr von dort aus in ein Hotel direkt beim Kurfürstendamm und rief in Mailand an. Feltrinelli beschloss, selbst nach Berlin zu fliegen, um das Manuskript in Empfang zu nehmen. Am folgenden Tag wurde es in einem kleinen Hotel in der Joachimstaler Straße von einem Koffer in einen anderen gepackt. *Doktor Schiwago* hatte einen Verleger gefunden.

Feltrinelli konnte kein Kyrillisch lesen und sandte das Manuskript nach seiner Rückkehr aus Berlin daher an den italienischen Slawisten Pietro Zveteremich zur Prüfung. Dessen Urteil war schnell gefällt: „Einen solchen Roman nicht zu veröffentlichen wäre ein Verbrechen an der Kultur."

Pasternak schien ziemlich zufrieden mit sich, nachdem er D'Angelo seinen Text gegeben hatte, doch er wusste auch, dass seine Familie ihn womöglich für leichtsinnig halten würde. Als er seinen Stiefsohn und seine Schwiegertochter noch am selben Tag über sein Tun informierte, bat er sie, Sinaida nichts davon zu sagen. Kurz darauf sprach er das Thema allerdings bei einem Abendessen mit Freunden an. „Was ist denn das für ein Unsinn?", spottete Sinaida. Die Tischgesellschaft verstummte.

Iwinskaja war in Moskau gewesen, als Pasternak sich mit D'Angelo getroffen hatte, und kehrte erst später am Abend nach Peredelkino zurück. Pasternak traf sie auf der Straße in der Nähe seiner Datscha und erzählte ihr, dass er Besuch von zwei liebenswürdigen jungen Leuten gehabt habe, einem italienischen Kommunisten und einem Mitglied der sowjetischen Botschaft in Rom. D'Angelos Begleiter war kein Diplomat gewesen, und Pasternak versuchte die Tatsache, dass er sein Manuskript zwei Fremden – einer davon ein Ausländer – gegeben hatte, herunterzuspielen. Iwinskaja war wütend; sie wusste, dass kein poststalinistisches Leuchten es vermochte, einen Schriftsteller zu schützen, der das System herausforderte, indem er Beziehungen zu Westlern knüpfte.

In Moskau hatte Iwinskaja mit Nikolai Bannikow, einem wohlwollenden jungen Lektor des Staatsverlags, über die Publikation einer einbändigen Gedichtausgabe Pasternaks verhandelt. „[D]as kann ... den Gedichtband zum Scheitern bringen!", schrie sie. Auch um ihre eigene Sicherheit war sie besorgt: „Ich habe gesessen. Und schon damals versuchte man in der Lubjanka fortwährend, mich über den Inhalt des Romans auszuhorchen. ... Ich verstehe einfach nicht, wie du das tun konntest!"

Pasternak war ein wenig kleinlaut, machte aber keine Anstalten, sich zu entschuldigen. „Ach Oljuscha, warum plusterst du dich auf? Das ist doch alles unwichtig ... Sollen sie es doch erst einmal lesen. Vielleicht gefällt es ihnen ja. Dann können sie damit machen, was sie wollen." Um seine Geliebte zu beruhigen, sagte Pasternak, Iwinskaja könne ja versuchen, das Manuskript von den Italienern zurückzubekommen, wenn sie die Sache so aufrege. Oder sie könne sondieren, mit welcher öffentlichen Reaktion er zu rechnen habe. Iwinskaja drehte sich auf dem Absatz um und fuhr zurück nach Moskau zu Bannikow. Der für Lyrik zuständige Lektor kannte den Roman. Das Manuskript verstaubte seit Monaten in einer Schublade des Staatsverlags, und Pasternak hatte in der Einleitung zu seiner Gedichtsammlung darauf Bezug genommen. „Vor Kurzem habe ich mein wichtigstes Werk vollendet, das einzige, für das ich mich nicht schäme und für das ich ohne Skrupel einstehe – einen Roman in Prosa mit ergänzenden Gedichten, *Doktor Schiwago*. Die in diesem Buch versammelten Gedichte, die im Laufe meines ganzen bisherigen Lebens entstanden, sind Vorstufen zu dem Roman. Ihre Wiederveröffentlichung erachte ich in der Tat als Vorbereitung für den Roman."

Der Staatsverlag hatte sich auffallend schweigsam zu Pasternaks Manuskript verhalten – sehr wahrscheinlich, weil die Cheflektoren den Text für verwerflich hielten. Iwinskajas Neuigkeiten erschreckten Bannikow. Als sie gegangen war, schrieb er ihr eine Mitteilung, die er zu ihr nach Hause in die Potapow-Gasse bringen ließ: „Wie kann jemand sein eigenes Land so wenig lieben! Man kann Differenzen mit ihm haben, aber was *er* getan hat, ist Verrat. Wie ist es nur möglich, daß er nicht begreift, was er sich selbst und uns antut?"

Feltrinelli beeilte sich, sich die Rechte an dem Roman zu sichern. Mitte Juni schrieb er an Pasternak, um ihm dafür zu danken, dass er *Doktor Schiwago* publizieren dürfe, ein Werk, dem er hohen literarischen Wert zuschrieb. Es folgten Vorschläge zur Regelung von Honorarfragen und Auslandslizenzen. Feltrinelli ließ den Brief inklusive eines zweifach ausgefertigten Verlagsvertrags durch einen zuverlässigen Boten persönlich überbringen. Wenn Pasternak ein wirkliches Interesse daran gehabt hätte, den Roman zurückzubekommen, wäre dies der richtige Moment gewesen. Doch er hatte seine Meinung nicht geändert. Ein paar Wochen nach dem Treffen mit D'Angelo bekam Pasternak Besuch von dem italienischen Wissenschaftler Ettore Lo Gatto und sagte ihm, er wäre bereit, sich „jedweden Schwierigkeiten" zu stellen, solange der Roman nur veröffentlicht werde. Nachdem er sich mit seinen Söhnen beraten hatte, beschloss Pasternak, den Vertrag mit Feltrinelli zu unterschreiben. Ende Juni schrieb er ihm, dass er zwar nicht uninteressiert an Geldfragen sei, die geografischen und politischen Verhältnisse jedoch eine Entgegennahme des Honorars verunmöglichten. Pasternak wies Feltrinelli auf die Risiken hin, die für ihn als Autor mit der Erstpublikation im Westen verbunden waren, versuchte aber nicht, ihn von der Veröffentlichung des Romans abzubringen: „Wenn sich die von verschiedenen Zeitschriften in Aussicht gestellte Veröffentlichung verzögern sollte und das Buch bei Ihnen zuerst publiziert wird, werde ich mich in einer auf tragische Weise peinlichen Lage befinden. Das soll Sie aber nicht betreffen. Machen Sie um Gottes willen ohne Zögern mit der Übersetzung und Veröffentlichung des Buches weiter, und ich wünsche Ihnen dazu viel Glück! Ideen werden nicht geboren, um schon im Entstehen versteckt oder unterdrückt, sondern um den anderen mitgeteilt zu werden."

Die Kremlführung bekam schnell Wind von Pasternaks Vertrag mit Feltrinelli. Am 24. August 1956 setzte sich der KGB-General Iwan Serow – der Chef der Geheimpolizei und der lange Arm des Kreml –, dessen Einflussbereich bis nach Osteuropa reichte, mit dem Politbüro, dem politischen Führungsgremium der UdSSR, in Verbindung. Unter der Leitung von Generalsekretär Nikita Chruschtschow überwachte es das Zentralkomitee der Kommunistischen Partei der Sowjetunion (KPdSU) und ihre Abteilungen, auch die Kulturabteilung. In einem langen Schreiben informierte Serow die kommunistische Führung über die Manuskriptübergabe an Feltrinelli und Pasternaks Forderung, auch englischen und französischen Verlagen die Publikationsrechte einzuräumen. Noch sei keine Erlaubnis erteilt worden, *Doktor Schiwago* in der Sowjetunion zu drucken. Pasternak habe in einem vom KGB abgefangenen Brief an einen gewissen Resnikow Danil Georgewitsch, einen in Paris ansässigen Journalisten, geschrieben: „Ich verstehe sehr gut, dass [der Roman] jetzt nicht veröffentlicht werden kann, und wahrscheinlich wird dies lange so bleiben, vielleicht für immer ... Daß sie mich jetzt in der Luft zerreißen werden, sehe ich schon voraus, und Sie werden von ferne und voller Trauer Zeuge dieses Vorgangs werden." Er habe sogar einen autobiografischen Essay, die Einleitung zu den vom Staatsverlag publizierten Gedichten, beigelegt und Resnikow gebeten, damit nach Gutdünken zu verfahren.

Serow schrieb, dass Pasternak Jude und kein Parteimitglied sei. Die „Entfernung von der sowjetischen Realität" sei typisch für seine Werke.

Eine Woche später erstellte die Kulturabteilung des Zentralkomitees für die Führung einen detaillierten Bericht über *Doktor Schiwago*, der eine Reihe von tendenziösen, belastenden Zitaten enthielt. Das Buch wurde als Angriff auf die Oktoberrevolution und als bösartige Verleumdung der bolschewistischen Revolutionäre gewertet, sein Autor als „bürgerlicher Individualist" bezeichnet. Eine Publikation sei unmöglich, hieß es am Ende. In einer Begleitnotiz schrieb der stellvertretende Außenminister der Sowjetunion, dass die Funktionäre ihre Beziehungen zur Italienischen Kommunistischen Partei spielen lassen würden, um eine Veröffentlichung im Ausland zu verhindern. Feltrinelli war schließlich Kommunist.

Es ist unklar, wie genau der KGB an die detaillierten Informationen über Pasternaks Brief an Feltrinelli kam und von Pasternaks Wunsch erfuhr, die Rechte an seinem Roman an englische und französische Verlage zu verkaufen. Letzteres musste er einem direkten

Bericht über Pasternaks Treffen mit D'Angelo entnommen haben. Sowohl der italienische Scout als auch sein Begleiter Wladimirski sprachen an ihrem Arbeitsplatz bei Radio Moskau offen darüber, wie sie das Manuskript erhalten und Feltrinelli übermittelt hatten.

Die Gespräche, die Iwinskaja mit verschiedenen Lektoren über Pasternaks Kontakte zu seinem italienischen Verleger und die Frage, wie die Situation zu retten sei, führte, ließ innerhalb des Systems die Alarmglocken klingen. Eine Lektorin des Staatsverlags teilte ihr mit, dass sie den Roman Wjatscheslaw Molotow zeigen wolle, einem führenden Mitglied des Politbüros, und ihn um Rat fragen werde, wie zu verfahren sei. Der Chefredakteur der Zeitschrift *Snamja*, die einige Gedichte aus *Doktor Schiwago* abgedruckt hatte, sagte, er werde ein Mitglied des Zentralkomitees informieren.

In den nächsten zwei Jahren diente Iwinskaja den Behörden als bevorzugte Kontaktperson in Angelegenheiten, die Pasternak betrafen. Ihre Rolle war schwierig und umstritten. Die Sorge um das Wohlergehen des Autors, die Angst um die eigene Sicherheit und das Wissen um die Interessen des Staates verquickten sich miteinander und resultierten in manchmal verzweifelten Vermittlungsversuchen. „Sie nimmt mir die ärgerlichen Verhandlungen mit den Behörden ab, sie steckt die Schläge ein", schrieb Pasternak seiner Schwester. Pasternak hatte sie zu seiner Botschafterin auserkoren, doch ihre Kontakte mit den Bürokraten erregten in seinem Umfeld auch Misstrauen. Iwinskaja befand sich in einer hoffnungslosen Lage. Sie war keine Informantin, wie manche ihrer Zeitgenossen ihr viele Jahrzehnte später unterstellten. In einer streng geheimen Aktennotiz bezeichnete der Vorsitzende des KGB ihre Einstellung gar als „sehr antisowjetisch". Sie versuchte sich bei den Beamten, mit denen sie verhandelte, in ein günstiges Licht zu rücken, und diese versuchten sie zu instrumentalisieren, doch letztlich war ihr Einfluss auf Pasternak begrenzt. Pasternak agierte in dem sich anbahnenden Drama selbstbewusst und intuitiv und traf, angefangen mit der Übergabe des Manuskripts an D'Angelo, alle Schlüsselentscheidungen zu *Doktor Schiwago* selbst.

Schon bald wurde Iwinskaja zum Leiter der Kulturabteilung des Zentralkomitees, Dimitri Polikarpow, zitiert, einem hageren Mann mit wässrigen Augen. Polikarpow verlangte von ihr, das Manuskript von D'Angelo zurückzufordern. Iwinskaja versuchte ihm klarzumachen, dass der Italiener nicht gewillt sei, das Manuskript herauszugeben, und schlug vor, *Doktor Schiwago* in der Sowjetunion so schnell wie möglich zu veröffentlichen, um dem Erscheinen einer übersetzten Ausgabe zuvorzukommen.

„Nein", erwiderte Polikarpow, „wir müssen unter allen Umständen das Manuskript zurückhaben. Denn sollten wir eventuell das eine oder andere Kapitel nicht veröffentlichen, das die anderen aber bringen, wäre das eine unangenehme Geschichte."

Polikarpow wurde in Literaturkreisen „djadja Mitja" – „Onkel Mitja" – genannt, war hundertprozentig linientreu und konfrontierte Schriftsteller gerne mit ihren Irrtümern. Zu dem stellvertretenden Chefredakteur der *Literaturnaja Gaseta* hatte er einmal gesagt: „Ihre Zeitung lese ich mit einem Stift in der Hand." Laut dem Dichter Jewgeni Jewtuschenko „stand für ihn die Partei über allem, über dem Volk und auch über ihm selbst".

Polikarpow rief in Iwinskajas Gegenwart Anatoli Kotow, den Direktor des Staatsverlags, an: Kotow solle einen Vertrag mit Pasternak aufsetzen und einen Lektor bestimmen. „Der Lektor soll genau und gründlich darüber nachdenken, welche Stellen geändert, welche gestrichen werden müssen, welche unverändert bleiben können." Pasternak ließ sich von Iwinskajas Bemühungen nicht beeindrucken: „Bin nicht daran interessiert, daß der Roman gedruckt wird, solange man ihn nicht vollständig herausbringen kann. Nichtsdestotrotz willigte er ein, sich mit Kotow zu treffen, der *Doktor Schiwago* zwar als „hervorragendes Buch" bezeichnete, aber auch den Rotstift ansetzen wollte: „Gewiß, einiges ist zu kürzen, einiges muss auch ergänzt werden". Pasternak fand Kotows Vorschlag absurd.

Der Schrifstellter Warlam Schalamow schrieb Pasternak, dass er zweifellos „als Sieger aus dieser großen [Publikations]schlacht" hervorgehen werde. Pasternak sei, wie Tolstoi zu seiner Zeit, „das Gewissen" seiner Generation, und „unsere Zeit wird nur dadurch gerechtfertigt, dass Sie in ihr lebten".

Im Sommer händigte Pasternak in Peredelkino weitere Manuskriptkopien an ausländische Besucher aus, so auch an die französische Wissenschaftlerin Hélène Peltier, die *Doktor Schiwago* ins

Französische übersetzen würde. Sie war die Tochter eines französischen Diplomaten und hatte 1947 russische Literatur an der Moskauer Universität studiert – also zu einer Zeit, in der der Kalte Krieg sich verschärfte und das Regime jeden spontanen Kontakt zwischen Ausländern und russischen Bürgern unterbinden wollte. Es war erstaunlich, dass sie diese Chance erhalten hatte. Sie kehrte 1956 nach Moskau zurück und lernte Pasternak kennen, der ihr eine Manuskriptkopie von *Doktor Schiwago* zum Lesen gab. Bei einem ihrer Besuche in Peredelkino, im September oder gegen Ende des Jahres, vertraute Pasternak ihr eine Mitteilung für Feltrinelli an. Sie war undatiert und auf einen schmalen Papierstreifen getippt, der aus irgendeinem Schreibheft gerissen war: „Sollten Sie je einen Brief in irgendeiner anderen Sprache als Französisch erhalten, dürfen Sie auf gar keinen Fall tun, was von Ihnen verlangt wird – nur die auf Französisch verfassten Briefe sind gültig." Diese Sicherheitsmaßnahme sollte sich als weitsichtig und wichtig erweisen, denn sie erlaubte Feltrinelli, zwischen erpressten und frei formulierten Briefen eines Schriftstellers zu unterscheiden, der bald das große Missfallen des Staats zu spüren bekommen sollte.

Isaiah Berlin, der in Oxford lehrte und Pasternak Ende 1945 kennengelernt hatte, kehrte ebenfalls im Sommer 1956 nach Russland zurück – einer von vielen Wissenschaftlern, die die liberalen, poststalinistischen Ein- und Ausreisebestimmungen ausnutzten. Mit Neuhaus, dem ersten Mann Sinaidas, fuhr er nach Peredelkino. Neuhaus erzählte dem Briten, dass er um Pasternaks Sicherheit besorgt sei, weil dieser fest entschlossen sei, seinen Roman zu veröffentlichen. Wenn sich Berlin eine Gelegenheit biete, solle er Pasternak zur Zurückhaltung nötigen oder zumindest dazu bewegen, die Publikation im Ausland zu verschieben. Das sei „wichtig, womöglich eine Sache auf Leben und Tod". Berlin gab Neuhaus insofern recht, als dass „Pasternak [es] offenbar wirklich nötig [hatte], physisch vor sich selbst bewahrt zu werden." Da er fürchtete, dass seine Begegnung mit Anna Achmatowa 1946 mitentscheidend für ihre Verfolgung gewesen war, war Berlin besonders vorsichtig.

Pasternak nahm Berlin mit in sein Arbeitszimmer und drückte ihm einen dicken Umschlag in die Hand. „Mein Buch, da steht alles drin. Es ist mein letztes Wort. Bitte lesen Sie es." Ein paar Tage später erzählte er Berlin, dass er die Weltrechte an Feltrinelli abgetreten habe und nur einen Wunsch hege: „dass sein Buch um die Welt reisen möge, um ‚die Herzen der Menschen' (er zitierte aus Puschkins berühmtem Gedicht *Der Prophet*) ‚mit Feuer zu verwüsten'."

Bei der ersten sich bietenden Gelegenheit zog Sinaida Berlin zur Seite und flehte ihn weinend an, Pasternak davon abzubringen, den Roman ohne offizielle Genehmigung im Ausland zu publizieren. Sie wolle nicht, dass ihre Kinder darunter zu leiden hätten. Sinaida war fest davon überzeugt, dass ihr Sohn Leonid beim Aufnahme-Wettbewerb der Technischen Hochschule nur deshalb durchgefallen war, weil er Pasternaks Sohn war. Schon im Mai 1950, während Stalins antisemitischer Kampagne gegen die „Kosmopoliten", war Pasternaks ältester Sohn Jewgeni noch vor dem Ende seines Postgraduiertenstudiums an der Moskauer Militärakademie zur Ableistung seines Militärdienstes zuerst in die Ukraine und dann an die mongolische Grenze abkommandiert worden. Berlin bat Pasternak zu bedenken, welche Konsequenzen es haben könne, wenn er sich mit den Behörden anlege, und versicherte ihm, dass sein Roman überdauern werde. Er wolle ihn auf Mikrofilme aufnehmen und überall in der Welt deponieren, sodass der Text sogar einen Atomkrieg überleben werde. Pasternak wurde wütend und dankte Berlin mit leicht sarkastischem Unterton für seine rührende Sorge. Er habe mit seinen Söhnen gesprochen, und diese „seien bereit, etwaige Unannehmlichkeiten auf sich zu nehmen". Berlin solle dieses Thema nicht wieder ansprechen. Bestimmt sei ihm klar, dass die Veröffentlichung von *Doktor Schiwago* ihm wichtiger als alles andere sei. Berlin verstummte beschämt. Später schrieb er, dass Pasternak sein Anliegen mit „offenen Augen" verfolgte und sich „der Gefahr für ihn selbst und seine Familie vollkommen bewusst" gewesen sei. Für seine Schwestern in Oxford gab Pasternak Berlin ein Manuskript von *Doktor Schiwago* mit – und den ersten Brief seit 1948. Die Passage über den Roman beginnt mit den üblichen Vorbehalten: „Vielleicht wird er euch gar nicht gefallen – mit seiner ermüdenden und fremden Philosophie – mit seinen reizlosen, lang gezogenen Passagen, dem Unkonzentrierten des ersten Buchs, der grauen effektlosen Blässe der Übergänge. Und dennoch, dennoch ist es ein großes Werk, ein Buch von gewaltiger, von Jahrhundertbedeutung, dessen

Schicksal zwar meinem eignen Schicksal und Wohlergehen nicht unterzuordnen, doch dessen Existenz und Eintritt in die Welt dort, wo das möglich ist, wichtiger und teurer ist als meine eigne Existenz." Er habe Berlin gebeten, das Manuskript mindestens zwölfmal auf Russisch abschreiben zu lassen und namhaften Russen in England zu lesen zu geben. Seine Schwestern bat er, einen sehr guten Übersetzer zu finden – „(einen literarisch begabten Engländer), der perfekt Russisch spricht".

Mitte September bekam Pasternak Besuch von dem Philosophen und Historiker George Katkov, der wie Berlin nach England emigriert war und ebenfalls in Oxford lehrte. Patricia Blake, die mit Pasternak befreundet war, beschrieb Katkov als „großen, schnauzbärtigen, höchst beeindruckenden russischen Intellektuellen alter Schule", kurz: als „Original". Der KGB bezeichnete ihn verächtlich als „Weißen Emigranten". Katkov war ein Freund von Pasternaks Schwestern und ein Kollege Berlins. Er begeisterte sich für Pasternaks Publikationspläne sehr viel mehr als dieser und erhielt von Pasternak ebenfalls ein Manuskript, verbunden mit der Bitte, dafür zu sorgen, dass es ins Englische übersetzt und veröffentlicht werde. Katkov sagte, der in *Doktor Schiwago* enthaltene Gedichtzyklus stelle eine besonders schwierige Übersetzungsaufgabe dar und schlug Wladimir Nabokow als Übersetzer vor. „Das wird nicht gehen; er neidet mir meine Stellung in diesem Land zu sehr, um es ordentlich zu machen", antwortete Pasternak. Schon 1927 hatte sich Nabokow über Pasternaks Stil mokiert. „Seine Lyrik ist konvex, kropfig und glotzäugig, als litte seine Muse an Basedow. Er ist versessen auf unbeholfene Sprachbilder, klangvolle, aber prosaische Reime und scheppernde Metren." Über *Doktor Schiwago* äußerte Nabokow sich nach der Lektüre nicht weniger verächtlich, unter anderem deshalb, weil Pasternaks Roman seine *Lolita* von der Spitze der Bestsellerliste verdrängen sollte: „*Doktor Schiwago* ist ein jämmerliches Ding, unbeholfen, trivial und melodramatisch, mit abgedroschenen Situationen, sinnlichen Anwälten, unglaublichen Mädchen, romantischen Räubern und banalen Zufällen." Pasternaks Geliebte müsse den Roman geschrieben haben.

Katkov versprach Pasternak in die Hand, dass *Doktor Schiwago* gut ins Englische übersetzt werde. Er entschied sich schließlich für einen

Kollegen am St. Antony's College in Oxford, den von ihm geförderten begabten Linguisten Max Hayward, der sich innerhalb von sechs Wochen selbst Ungarisch beigebracht hatte. Russen hielten Hayward für einen Muttersprachler oder zumindest den Sohn russischer Eltern. Er war weder das eine noch das andere. Hayward stammte aus einer Londoner Handwerkerfamilie und bezeichnete sich selbst manchmal als Cockney. Um die Übersetzung zu beschleunigen, wurde ihm als Mitübersetzerin Manya Harari beigesellt, die Mitbegründerin des kleinen Verlages Harvill Press, der zu Collins in London gehörte. Harari entstammte einer wohlhabenden Familie aus Sankt Petersburg und war mit ihren Eltern im Ersten Weltkrieg nach England emigriert. Die beiden Übersetzer wechselten sich kapitelweise ab und tauschten die Texte dann zum Gegenlesen aus. Katkov oblag es, der Übersetzung den letzten Schliff zu geben; er achtete darauf, dass sie so genau und nuanciert wie möglich war.

1958 sollten Katkov und Berlin über *Doktor Schiwago* in erbitterten Streit geraten. Berlin war immer noch besorgt um Pasternaks Sicherheit und sah jedes Bestreben, die Veröffentlichung zu beschleunigen, skeptisch. „Das ist alles Blödsinn", schrieb er. „Es ist ein interessanter Roman, doch ob er jetzt oder in 15 Jahren publiziert wird, spielt keine Rolle." Katkov war ganz anderer Meinung. Er befürwortete eine möglichst flächendeckende Verbreitung des Buchs und äußerte später, dass Pasternak, da er ja „offensichtlich ein Märtyrer sein" wolle, „der ‚Sache' geopfert werden" müsse. Die „Sache" – das war im Kalten Krieg der Kampf gegen die Sowjetunion.

Zunächst jedoch musste Feltrinelli dafür sorgen, dass *Doktor Schiwago* seine Reise um die Welt antrat. Das bedeutete, den eigenen Parteigenossen die Stirn zu bieten – russischen wie italienischen.

Kapitel 7

„Wenn man das im Westen unter Freiheit
versteht, dann, muss ich sagen, vertreten wir
unterschiedliche Ansichten."

Mitte September lehnte die Redaktionsleitung von *Nowy Mir Doktor Schiwago* mit einer langen, detaillierten Begründung offiziell ab. Die Kritik stammte zum größten Teil von Konstantin Simonow, dem gefeierten Kriegspoeten. Vier andere Mitglieder der Redaktionsleitung, darunter Pasternaks direkter Nachbar Konstantin Fedin, schlugen Verbesserungen und Ergänzungen vor. Alle fünf Männer hatten das Dokument unterzeichnet.

Zusammen mit dem Manuskript wurde es Pasternak persönlich übergeben, der den Inhalt des Schreibens kaum akzeptieren konnte: „Was uns an Ihrem Roman gestört hat, kann weder von den Redakteuren noch vom Autor durch Kürzungen oder Textänderungen korrigiert werden. Wir meinen den Geist, in dem dieser Roman geschrieben ist, seinen allgemeinen Tenor, die Sicht des Autors auf das Leben. … Ihr Roman ist im Geiste der Nichtakzeptanz der sozialistischen Revolution geschrieben. Sein allgemeiner Tenor lautet, dass die Oktoberrevolution, der Bürgerkrieg und die damit verbundene gesellschaftliche Wandlung dem Volk nichts als Leiden gebracht und die russische Intelligenzija sowohl physisch wie moralisch zerstört hat." Szene für Szene sezierten die Autoren die ideologischen Schwächen des Romans, die „bösartigen" Schlussfolgerungen seines Helden über die Revolution und Juri Schiwagos „hypertrophischen Individualismus" – eine Chiffre für Pasternaks fundamentale Charakterfehler.

Nach einem zweifelhaften Kompliment verdammten sie die Kunstfertigkeit des Romans: „Ein paar Seiten sind wirklich erstklassig, vor allem jene, auf denen Sie die russische Landschaft mit bemerkenswerter Wahrheitstreue und poetischer Kraft beschreiben. Viele Seiten aber sind eindeutig minderwertig, leblos und didaktisch trocken – vor allem in der zweiten Hälfte des Romans." Vor allem Fedin fühlte sich von Schiwagos Urteil über seine Zeitgenossen getroffen; in seinen Augen war Schiwago Pasternaks Sprachrohr. Seine Worten schienen die ganze Arroganz des talentierteren Autors zum Ausdruck zu bringen: „Liebe Freunde, wie hoffnungslos mittelmäßig seid ihr doch mitsamt dem Kreis, den ihr vertretet, mitsamt dem Glanz und der Kunst eurer geliebten Namen und Autoritäten. Das einzig Lebendige und Profilierte in euch ist die Tatsache, daß ihr in derselben Zeit wie ich gelebt und mich gekannt habt!"

Einer von Pasternaks Biografen stellte fest, dass die Autoren dieses Briefs die „ketzerischste Unterstellung" des Romans entweder nicht bemerkt hatten oder nicht artikulierten: „Indem er die stalinistische Periode kunstfertig mit der frühen Revolutionsgeschichte verschmolz, deutete Pasternak (viele Jahre vor Solschenizyns *Archipel Gulag*) an, dass die Tyrannei der vorausgegangenen 25 Jahre ein direktes Ergebnis des Bolschewismus war." Für Pasternak war der Stalinismus mit seinen Säuberungen keine schreckliche Verwirrung – die offizielle sowjetische Lesart unter Chruschtschow –, sondern ein natürlicher Auswuchs des von Lenin geschaffenen Systems. Dieser Gedanke konnte nicht einmal in einem Ablehnungsschreiben angeschnitten werden.

Fedins Unterschrift war für Pasternak besonders schwer erträglich, denn er betrachtete seinen Nachbarn als Freund. Nur zwei Wochen vorher hatte Fedin, den Raum durchmessend und enthusiastisch mit den Armen wedelnd, *Doktor Schiwago* Tschukowski gegenüber als „brillant, extrem egozentrisch, teuflisch arrogant, von schlichter Eleganz, aber durch und durch literarisch" bezeichnet. Vielleicht hatte er den Roman zu diesem Zeitpunkt noch nicht zu Ende gelesen, und die Bedeutung von Schiwagos Worten hatte ihn verletzt. Womöglich kehrte er aber sein ehrliches Urteil über das Werk auch nur aus Pflichtgefühl unter den Teppich.

Pasternak ließ sich nicht anmerken, dass er Fedin grollte. Vielleicht hatte er sogar Verständnis für die hoffnungslose Lage seines

Kollegen. Eine Woche nach Erhalt des Briefes lud er Fedin sonntags zum Mittagessen ein und sagte zu seinen übrigen Gästen: „Ich habe auch Konstantin Alexandrowitsch eingeladen – genauso herzlich und vorbehaltlos wie in früheren Jahren – seid also nicht überrascht." Er bat Fedin, die Sache nicht zu erwähnen, und bei seiner Ankunft umarmten sich die beiden Männer. Beim Abendessen war Pasternak guter Laune.

Erst eine Woche später konnte er sich dazu durchringen, das lange Schreiben gründlich zu lesen. Einem Nachbarn gegenüber bezeichnete er die Kritik als „sehr höflich und behutsam formuliert" und von einem konservativen, scheinbar unwiderlegbaren Standpunkt aus als „gut durchdacht". Er sei „von Schmerz erfüllt" und bedaure es, seinen „Genossen solche Arbeit gemacht zu haben", fuhr er mit leicht ironischem Unterton fort.

Es gab nun wenig Anlass zu der Hoffnung, dass *Doktor Schiwago* unzensiert in der Sowjetunion erscheinen würde. Simonow und die anderen hatten den Roman in der Luft zerrissen. Doch Katkov gegenüber meinte Pasternak, dass eine Publikation im Westen womöglich die Initialzündung für eine sowjetische Ausgabe sein könnte und er einige Änderungen tolerieren müsse, um *Doktor Schiwago* dem sowjetischen Publikum schmackhaft zu machen. Das war Pasternaks subjektive Einschätzung. Die sowjetischen Behörden wollten das Buch überhaupt nicht publiziert sehen – nirgends.

Im August residierte eine Gruppe führender italienischer Kommunisten, darunter der Vizesekretär der Italienischen Kommunistischen Partei Pietro Secchia, im exklusiven Barwicha-Sanatorium direkt westlich von Moskau. D'Angelo besuchte dort mit seiner Frau zwei alte Freunde – Ambrogio Donini, einen Universitätsprofessor, und Paolo Robotti, einen kommunistischen Aktivisten alter Schule.

Während der stalinistischen Säuberungen waren auch ausländische Kommunisten in der Sowjetunion ins Visier der Geheimpolizei geraten. Robotti hatte vor dem Krieg als Exilant in Moskau gelebt und seinem Glauben an die gute Sache trotz Verhaftung und Folter nicht abgeschworen. Als D'Angelo erwähnte, dass er Feltrinelli ein russisches Romanmanuskript übergeben habe, war

Robotti sichtlich aufgebracht: Der Transfer sei nach sowjetischer Rechtslage sehr wahrscheinlich illegal gewesen. Secchia und Robotti erhielten nacheinander Besuch von einem Mitarbeiter des Zentralkomitees, der zur Abteilung „Beziehungen zu ausländischen kommunistischen Parteien" gehörte. Er berichtete ihnen, dass der Kreml die Planung einer italienischen Ausgabe mit Sorge verfolge. Secchia und Robotti sagten ihm zu, dass er das Manuskript von Feltrinelli zurückerhalten werde. Am 24. Oktober teilte die sowjetische Botschaft in Rom dem Zentralkomitee mit, dass Robotti Folgendes berichtet habe: „Das Problem mit Pasternaks Manuskript ist beigelegt, es wird in nächster Zukunft bei Ihnen eintreffen." Robotti irrte. Die unter Druck gesetzten Verlagslektoren waren sich nicht einig. Zveteremich wurde um Rückgabe des Manuskripts gebeten und die Übersetzung für ein paar Monate auf Eis gelegt, während Feltrinelli, unentschlossen, wie es weitergehen sollte, seine Möglichkeiten sondierte. Doch aufgegeben hatte er seine Publikationspläne nicht.

Die diplomatische Note aus Rom traf genau einen Tag nach dem Beginn der ungarischen Revolution ein, als in Budapest Hunderttausende für Reformen auf die Straße gegangen waren. Der Volksaufstand wurde schließlich durch den Einmarsch sowjetischer Truppen niedergeschlagen, und in den oft brutalen Straßenkämpfen verloren etwa 20 000 Ungarn ihr Leben – während der Westen wie gelähmt wirkte und hilflos zusah. Der Kreml und die konservative Bürokratie nutzten die Ereignisse in Budapest, um das „Tauwetter" in Moskau zu beenden. Die Redaktion des liberalen Almanachs *Literaturnaja Moskwa* (Das literarische Moskau), in dem kurz zuvor Pasternaks „Anmerkungen zur Übersetzung von Shakespeares Dramen" erschienen waren, wurde geschlossen; bei den führenden Literaturzeitschriften wurden Redakteure entlassen, und junge, wagemutige Dichter wie Andrei Wosnessenski und Jewgeni Jewtuschenko wurden angegriffen. Chruschtschow behauptete später, dass der Aufstand von ungarischen Intellektuellen mit „bourgeoisen" Tendenzen entfesselt worden sei.

Die blutige Niederschlagung der ungarischen Revolution war auch für viele italienische Kommunisten zutiefst traumatisch. Die Führungsriege der Partei unterstütze größtenteils den sowjetischen

Einmarsch, doch ein Viertel der insgesamt eine Million zählenden Mitglieder kehrte der Bewegung den Rücken, darunter eine bedeutende Anzahl Künstler, Akademiker und Journalisten. Noch vor dem größten Blutvergießen in Budapest schrieb Feltrinelli zusammen mit einigen Kollegen der Biblioteca Feltrinelli einen Brief an die Parteiführung, in dem es hieß, dass „die Bewegung in Ungarn in ihrer Entstehung und in ihrem Wesen weitgehend vom Ziel des demokratischen Sozialismus bestimmt" sei. Feltrinelli sah die Massenflucht von Intellektuellen aus der Partei mit Bestürzung und empörte sich gegen die Parteiführung, die behauptete, dass „der Verlust einiger Intellektueller" keine „Relevanz" habe, da es sich nur um eine „Randgruppe" handele.

„Diese Genossen", so Feltrinelli, „verleihen der Partei, der Arbeiterklasse und der sozialistischen Bewegung nicht nur Ansehen, sondern sie stellen auch eine der Kräfte dar, die seit dem Sturz des Faschismus zur Vielfalt unserer politischen und kulturellen Initiativen wesentlich beigetragen haben." Feltrinelli gab zwar seinen Parteiausweis nicht sofort zurück, doch seine Bereitschaft zur finanziellen Unterstützung der Genossen schwand. Umso entschlossener trieb er die Veröffentlichung von Pasternaks Buch voran.

Im Januar 1957 rangen die Mitarbeiter der Abteilungen für Kultur und Beziehungen mit ausländischen kommunistischen Parteien im Zentralkomitee die Hände. Trotz des Versprechens, das die italienischen Genossen im Oktober geleistet hatten, ließ das Manuskript weiterhin auf sich warten. Anstatt auf Feltrinellis Einlenken zu hoffen, beschloss man, Pasternak selbst als Druckmittel zu benutzen. Dieser Taktik hieß es zunächst Glaubwürdigkeit zu verleihen. Am 7. Januar 1957 unterzeichnete Pasternak einen Vertrag mit dem sowjetischen Staatsverlag Goslitisdat. „Ich werde daraus etwas machen, das den Ruhm des russischen Volkes widerspiegelt", sagte der Lektor Anatoli Starostin. Er war ein aufrichtiger Bewunderer Pasternaks, in diesem Spiel aber nicht mehr als eine Schachfigur, und der Vertrag war ein Trick. Er würde den Bemühungen, Feltrinelli zur Rückgabe des Romans zu zwingen, einfach größeren rechtlichen Nachdruck verleihen.

Im Monat darauf erhielt Feltrinelli ein Telegramm von Pasternak. Es war auf Italienisch verfasst: „auf bitten des verlages goslitisdat

... bitte die italienische Veröffentlichung des romans doktor schiwago ein halbes Jahr bis zum 1. september 1957 und zum erscheinen des romans in der sowjetischen edition verschieben telegrafische antwort an goslitisdat senden – pasternak." Vor dem Versenden des Telegramms schrieb Pasternak seinem Mailänder Verleger – auf Französisch – einen Brief, in dem er darlegte, dass er das Telegramm unter Druck versende und der Staatsverlag die Publikation einer veränderten Fassung von *Doktor Schiwago* plane. Er schlug Feltrinelli vor, einer sechsmonatigen Verschiebung des Erscheinungstermins zuzustimmen. Weiter heißt es: „Die Trauer, die ich natürlich angesichts der bevorstehenden Veränderung meines Textes empfinde, wird noch viel größer, wenn ich wüßte, daß Sie für die italienische Übersetzung darauf Bezug nähmen, obwohl ich weiterhin wünsche, daß Ihre Ausgabe sich getreu an das ursprüngliche Manuskript hält."

Feltrinelli hatte zu diesem Zeitpunkt keinen Grund, an dem Erscheinen der sowjetischen Ausgabe im September zu zweifeln. Er schrieb Pasternak, dass er der Terminverschiebung zustimme, und trieb seinen Übersetzer Zveteremich zur Eile an, um die italienische Ausgabe direkt nach der russischen auf den Markt bringen und dadurch seine Rechte im Westen geltend machen zu können. Gemäß dem internationalen Urheberrecht blieben Feltrinelli hierfür genau 30 Tage Zeit.

Im April bat Pasternak einen seiner sowjetischen Lektoren schriftlich um einen Vorschuss für einen zur Veröffentlichung vorgesehenen Gedichtband, seine *Faust*-Übersetzung sowie *Doktor Schiwago* – obwohl er einräumte, dass er für den Roman wahrscheinlich kein Geld bekommen werde, da alles Gewese darum reines „Blendwerk" sei.

Im Mai traf Feltrinelli sich in Mailand mit D'Angelo und berichtete ihm, dass Zveteremich die Übersetzung fast abgeschlossen habe und der Dichter Mario Socrate dabei sei, den letzten Gedichten am Ende von *Doktor Schiwago* den letzten Schliff zu geben. D'Angelo hatte den Eindruck, dass Feltrinelli ebenso zufrieden wie erleichtert war. „Er versichert mir, dass er zwar immer noch ein Linker sei, aber immer für die Freiheit kämpfen und sich als Verleger für die Freiheit des Denkens und der Kultur einsetzen werde."

Im Juni informierte Feltrinelli Goslitisdat, dass er *Doktor Schiwago* nicht vor September veröffentlichen werde. Auch unterbreitete er den „lieben Genossen" seine Meinung über Pasternaks Roman – eine Beurteilung, die den sowjetischen Literaturkanon beschwor, in Moskau aber zweifellos Sodbrennen verursachte. Pasternak „stellt Rußland, seine Natur, seine Seele und seine Geschichte in vollkommener Weise dar. Personen, Dinge und Fakten werden klar und konkret im besten Geist des Realismus gezeichnet, eines Realismus, der nicht bloß Manier, sondern Kunst ist." Zwar könne Pasternaks Werk Anlass zu Auseinandersetzungen geben, doch er, Feltrinelli, sei davon überzeugt, dass „die Verbreitung bestimmter Fakten uns nach dem XX. Parteitag nicht mehr erstaunen und auch nicht beunruhigen kann.

Der westliche Leser würde außerdem zum ersten Mal mit der Stimme eines großen Künstlers und großen Dichters in Berührung kommen, die den Verlauf der Oktoberrevolution detailliert analysiert als den Beginn einer neuen Epoche, durch die der Sozialismus zur natürlichen Form des gesellschaftlichen Lebens geworden ist. Die Tatsache, daß diese Stimme einem Mann gehört, der außerhalb jeder politischen Tätigkeit steht, bietet für den westlichen Leser die Garantie seiner Ehrlichkeit und macht ihn vertrauenswürdig. Unabhängig von ideologischen Schematismen werden die westlichen Leser dieses überwältigende Gemälde der Geschichte des russischen Volkes schätzen und ihre Bedeutung und die daraus erwachsenen positiven Perspektiven sehr wohl erkennen. Daraus wird die Überzeugung reifen, daß der zurückgelegte Weg Eurem Volk Fortschritt gebracht hat, daß der Kapitalismus seinem Ende entgegengeht und daß eine neue Ära angebrochen ist."

Er habe niemals die Absicht gehabt, „die Veröffentlichung sensationell" aufzumachen, auch wenn in Moskau der Verdacht aufgekommen sei, schloss Feltrinelli.

Ende Juni dankte Pasternak Feltrinelli für seine Bereitschaft, die Veröffentlichung zu verschieben, und informierte ihn über das falsche Spiel des Staatsverlags: „Hier wird der Roman niemals erscheinen. Die Probleme und Schwierigkeiten, die mich erwarten, auch wenn der Roman nur im Ausland erscheint, das heißt, ohne eine gleichlautende Publikation in der Sowjetunion, sind Angelegenheiten, die weder mich noch Sie kümmern dürfen. Dringend ist nur, daß das Buch so bald wie möglich erscheint, und verweigern Sie mir dazu Ihre Hilfe nicht."

Auch Andrei Sinjawski, einem weiteren Schriftsteller, der zum Kreis seiner Vertrauten gehörte, schrieb Pasternak, dass er den Glauben manch anderer, das „Tauwetter" unter Chruschtschow werde zu mehr Buchveröffentlichungen führen, „selten, in Abständen und nur zaghaft" teile. Eine Publikation von *Doktor Schiwago* sei „ausgeschlossen".

Schriftstellern und anderen Künstlern wehte in Moskau zunehmend der Wind ins Gesicht. Im Mai 1957 traf sich die Parteiführung mit dem Vorstand des Schriftstellerverbands. Chruschtschow sprach fast zwei Stunden lang. Wladimir Dudinzews kurz zuvor erschienenen Roman *Der Mensch lebt nicht vom Brot allein*, in dem die Bürokratie scharf kritisiert wurde, beurteilte er als „grundlegend falsch". Von seinen Bewunderern wurde das Buch als kühner Bruch mit der Vergangenheit gefeiert. Auch die Zeitschrift *Literaturnaja Moskwa*, so Chruschtschow, verbreite „irrige ideologische Ansichten". Einige Schriftsteller redeten offenbar einer „unkritischen Ablehnung der positiven Rolle J. W. Stalins im Leben unserer Partei und unseres Landes" das Wort.

Im Juni verkündete der Staatsverlag, dass die Veröffentlichung der gesammelten Gedichte Pasternaks abgeblasen worden sei. Ebenfalls im Sommer 1957 druckte die neue polnische Zeitschrift *Opinie* (Meinungen) einen 35 Seiten starken Auszug aus *Doktor Schiwago*. Kurz nachdem D'Angelo ihn in Peredelkino besucht hatte, hatte Pasternak einem polnischen Freund und Übersetzer eine Manuskriptkopie gegeben. Die Juli/September-Ausgabe von *Opinie* war der polnisch-sowjetischen Freundschaft gewidmet und enthielt außer dem Originaltext eine kurze Einführung zu Pasternaks Roman, in der zu lesen war, dass dieser „auf verschlungene Weise das Schicksal der russischen Intelligenzija und ihre oft mit tragischen Konflikten einhergehende ideologische Wandlung" schildere.

In einer Mitteilung der Kulturabteilung des Zentralkomitees hieß es, dass die Auswahl von Geschichten in der ersten Ausgabe des Magazins von einer „feindlichen Einstellung" gegenüber der

Sowjetunion zeuge. Der sowjetische Botschafter müsse bevollmächtigt werden, „die Aufmerksamkeit polnischer Genossen auf den feindlichen Charakter des Magazins zu lenken". Auch die sowjetische Wochenzeitung *Literaturnaja Gaseta* wurde angewiesen, zum Angriff auf das polnische Magazin zu blasen, aber keinesfalls auf eine Art und Weise, die „im Ausland ein ungesundes Interesse an Pasternaks übler Verschwörung wecken" würde. Die polnischen Übersetzer wurden nach Moskau zitiert und gemaßregelt. *Opinie* erschien nie wieder. Auch der Abdruck einiger eher spirituellerer Gedichte aus *Doktor Schiwago* in der Emigrantenzeitschrift *Grani* (Grenzen), die vom militanten Bund der russischen Solidaristen (NTS) in der Bundesrepublik herausgegeben wurde, erzürnte die Behörden. Pasternak hatte die Publikation der Gedichte nicht genehmigt und wurde nicht als Autor genannt, doch es war klar, dass sie von ihm stammten.

Ein Beamter verfasste eine Mitteilung, in der er sich beschwerte, dass Pasternak einer Überarbeitung von *Doktor Schiwago* im Sinne der *Nowy-Mir*-Kritik zugestimmt, aber keinerlei Anstrengungen unternommen habe, „seinen Roman zu redigieren oder richtige Änderungen daran vorzunehmen". Den Frühling und Frühsommer 1957 verbrachte Pasternak wegen einer Meniskusentzündung im rechten Knie zum größten Teil im Krankenhaus. Er hatte große Schmerzen. (Sinaida besuchte ihn täglich. Zu ihrer großen Empörung wurde sie einmal gefragt, wer sie sei. Als sie ihren Ausweis vorzeigte, sagte die Krankenhausangestellte, eine Stunde vorher sei eine blonde Frau aufgetaucht, die ebenfalls behauptet habe, Pasternaks Frau zu sein.)

Im Zentralkomitee kam der Vorschlag auf, sich bei den Italienern noch einmal um die Rückgabe des Manuskripts zu bemühen. Wegen der Weltjugendspiele hielt sich gerade eine Delegation der Italienischen Kommunistischen Partei in Moskau auf. Die Italiener wurden ausgeschimpft. Chruschtschow höchstpersönlich beschwerte sich bei Velio Spano, dem Leiter der Abteilung für auswärtige Angelegenheiten, dass D'Angelo, angeblich ein Freund und Gast der Sowjetunion, den ganzen Tumult um Pasternaks Roman angezettelt habe. Offenbar hatte man Chruschtschow vorher „eine Auswahl der inakzeptabelsten Teile des Romans" gezeigt.

Auch Pasternak kommunizierte mit Italien. Im Juli schrieb er an den italienischen Übersetzer Pietro Zveteremich, er wünsche, dass alle westlichen Verlage die Publikation weiter vorantrieben, gleichgültig, welche Konsequenzen das für ihn habe. „Ich habe den Roman geschrieben, damit er veröffentlicht und gelesen wird, und das bleibt mein einziger Wunsch."

Im August stand Pasternak unter strenger Beobachtung. Briefe an seine Schwester Lydia in England wurden vom KGB abgefangen und kamen nie bei ihr an. Pasternak wurde zu einem Treffen mit der Führung des Schriftstellerverbands einbestellt. Er bevollmächtigte Iwinskaja, ihn zu vertreten. Sie wurde von Starostin begleitet, dem Lektor, der die angeblich geplante russische Ausgabe von *Doktor Schiwago* besorgen sollte. Surkow, der zum Ersten Sekretär des Schriftstellerverbandes aufgestiegen war, leitete die Zusammenkunft. Zunächst fragte er Iwinskaja höflich unter vier Augen, wie der Roman ins Ausland gelangt sei. Iwinskaja anwortete, dass Pasternak ein Mensch „mit der Spontaneität eines Kindes" sei und Staatsgrenzen ihm nichts bedeuteten.

„Ja, ja", sagte Surkow, „das entspricht genau seinem Charakter. Nur ist das alles so unzeitgemäß. ... Sie hätten ihn hindern müssen. Schließlich sind Sie sein Schutzengel."

Mit Beginn der offiziellen Sitzung löste sich Surkows Friedfertigkeit in Luft auf, und er redete sich über Pasternaks „Verrat" immer mehr in Rage. Von Gier getrieben, habe Pasternak Verhandlungen um Honorare aus dem Ausland geführt. Iwinskaja versuchte sich Gehör zu verschaffen, wurde aber grob zurechtgewiesen, nicht zu unterbrechen. Walentin Katajew – Romanschriftsteller und Vorstandsmitglied – schrie sie an: „Sie haben hier sowieso nichts verloren ... Wen vertreten Sie, einen Dichter oder einen Verräter? Ihnen ist es wohl gänzlich schnuppe, ob Sie einen Dichter oder einen Verräter vertreten?" Als dem Lektor Starostin das Wort erteilt wurde, warf Katajew ein: „Komische Sache – da hat man sogar noch einen Redakteur aufgetrieben! Als ob *sowas* überhaupt zu redigieren wäre."

Starostin war deprimiert und machte sich keine Illusionen über die Folgen dieser Standpauke: „Wie geprügelte Hunde zogen wir ab, im Bewusstsein, dass der Weg zu einer Veröffentlichung von *Doktor Schiwago* verbaut war."

Pasternak glaubte sich in das Jahr 1937 zurückversetzt, wo solche Treffen ebenfalls „mit wütendem Geschrei ob der Beispiellosigkeit eines Vorfalls und Aufforderungen zur Vergeltung" einhergegangen seien. Am folgenden Tag arrangierte Iwinskaja für ihn eine Zusammenkunft mit Polikarpow vom Zentralkomitee. Pasternak bat sie, ihm zunächst einen Brief zu übergeben, der sich wie die Regieanweisung für einen Wutanfall liest: „Menschen, die moralisch skrupellos sind, sind niemals mit sich zufrieden; es gibt vieles, was sie bedauern, vieles, was sie bereuen. Das Einzige in meinem Leben, das zu bereuen ich keinen Grund habe, ist der Roman. Ich schrieb, was ich denke, und meine Gedanken sind bis zum heutigen Tag dieselben. Vielleicht war es ein Fehler, [den Roman] nicht von anderen versteckt zu haben. Ich versichere Ihnen, wäre er kraftlos geschrieben, hätte ich ihn versteckt. Doch er hat sich als stärker erwiesen, als ich es mir hätte träumen lassen – Stärke ist eine Himmelsmacht, und so war mir sein weiteres Schicksal aus den Händen genommen."

Polikarpow war so erzürnt, dass er Iwinskaja aufforderte, die Nachricht vor seinen Augen zu zerreißen. Er bestand darauf, Pasternak zu sehen. Ein paar Tage später trafen sich Polikarpow und Surkow mit Pasternak. Die Gesprächsatmosphäre war angespannt, aber höflich, und die beiden Männer forderten Pasternak auf, von Feltrinelli per Telegramm die Rückgabe des Buches zu verlangen. Käme er dieser Aufforderung nicht nach, könne dies „sehr unschöne Konsequenzen" nach sich ziehen. Den Text für das Telegramm formulierten Polikarpow und Surkow: „Ich habe die Arbeit am Manuskript meines Romans wiederaufgenommen und bin zu der Überzeugung gelangt, daß das, was ich geschrieben habe, in keiner Weise als vollendetes Werk anzusehen ist. Ich betrachte die in Ihrem Besitz befindliche Abschrift des Manuskripts als erste Fassung eines künftigen Werkes, das einer tiefgreifenden Überarbeitung bedarf.

In der vorliegenden Fassung halte ich die Veröffentlichung für unmöglich, da sie gegen mein Prinzip verstoßen würde, meine Werke nur in ihrer endgültigen Fassung erscheinen zu lassen.

Haben Sie deshalb bitte die Freundlichkeit, dafür zu sorgen, daß das Manuskript meines Romans *Doktor Schiwago* so schnell als möglich an meine Moskauer Adresse geschickt wird, da es für meine Arbeit unerläßlich ist."

Pasternak weigerte sich, das Telegramm abzuschicken. Iwinskaja bat D'Angelo, mit ihm zu sprechen, um ihn umzustimmen. Noch ehe D'Angelo etwas sagen konnte, ging Pasternak auf ihn los: „Wenn Sie hier sind, um mir zur Kapitulation zu raten, sollten Sie wissen, dass Ihre Wohltätigkeitsmission von einem Mangel an Respekt für meine Person zeugt. Sie behandeln mich wie einen Mann ohne Ehrgefühl. Die Publikation von *Doktor Schiwago* ist mein einziger Lebenszweck geworden, und ich habe nicht die Absicht, irgendetwas zu unternehmen, um sie zu verhindern. Was soll Feltrinelli denken, wenn er ein Telegramm erhält, in dem das Gegenteil dessen steht, was ich ihm wieder und wieder geschrieben habe? Soll er mich für einen Verrückten oder einen Feigling halten?"

D'Angelo berichtete Pasternak von einer Unterhaltung mit Feltrinelli in Mailand. Die Veröffentlichung ließe sich nicht mehr aufhalten. Darüber hinaus seien bereits mehrere andere westliche Verlage im Besitz von Manuskriptkopien und trieben die Publikation auf eigene Faust voran, selbst wenn Feltrinelli den Anweisungen eines offensichtlich unter Zwang verfassten Telegramms Folge leisten sollte. Es gebe keinen Grund, sich dieser nutzlosen Geste zu verweigern, und durch das Versenden des Telegramms könne Pasternak sich selbst und seine Lieben schützen. D'Angelo erklärte, dass der sowjetische Staat seinen lächerlichen Krieg gegen *Doktor Schiwago* verloren habe.

Das auf Russisch verfasste Telegramm wurde am 21. August 1957 abgeschickt. Polikarpow informierte das Zentralkomitee sofort und schlug vor, der Italienischen Kommunistischen Partei eine Kopie zukommen zu lassen, die eingesetzt werden konnte, um den Druck auf Feltrinelli zu erhöhen. Der Literaturkritiker Mario Alicata, der eine führende Position in der Partei innehatte, wurde beauftragt, sich mit Feltrinelli im Mailänder Büro der kommunistischen Partei zu treffen. Er wedelte ärgerlich mit Pasternaks Telegramm vor Feltrinellis Gesicht herum, doch der Verleger blieb stur.

Pasternak versuchte unterdessen, Feltrinelli und andere zu informieren, dass sie das Telegramm nicht ernst nehmen sollten. Der Harvard-Dozentin Miriam Berlin und ihrem Mann, die ihn in Peredelkino besuchen kamen, versicherte er, dass der Roman unbedingt außerhalb der Sowjetunion veröffentlicht werden müsse. Pasternaks Schwester Josephine hatte Berlin gebeten, sich dies von ihrem Bruder bestätigen zu lassen. Er sei zum Verfassen des Telegramms gezwungen worden und es solle ignoriert werden, sagte Pasternak zu Berlin. „Es ist egal, was mit mir passiert. Mein Leben ist zu Ende. Das Buch ist mein letztes Wort an die zivilisierte Welt." Als der italienische Wissenschaftler Vittorio Strada ihn besuchte, flüsterte Pasternak ihm beim Abschied ins Ohr: „Vittorio, übermittle dies Feltrinelli, sag ihm, daß ich mein Buch auf jeden Fall erscheinen sehen will."

Trotz aller Intrigen und Einschüchterungsversuche schien Pasternak seinen Besuchern bemerkenswert gelassen. Jewgeni Jewtuschenko besuchte ihn im September gemeinsam mit dem italienischen Professor Angelo Rippelino. „Ich liebe Italiener sehr", meinte Pasternak und lud die beiden zum Abendessen ein. Jewtuschenko schrieb später: „Dem Aussehen nach hätte Pasternak 47 oder 48 sein können. Seine ganze Erscheinung vermittelte eine unglaubliche, funkelnde Frische wie ein frisch geschnittener Zweig Flieder mit Morgentau auf den Blättern. Seine ganze Gestalt schien in Licht gebadet, von den aufleuchtenden Gebärden seiner Hände bis zu dem erstaunlich kindlichen Lächeln, das seine lebhaften Gesichtszüge ständig erhellte." Pasternak und Jewtuschenko tranken und unterhielten sich bis spät in die Nacht. Rippelino war schon längst gegangen. Sinaida schimpfte mit dem 23-jährigen Jewtuschenko: „Sie bringen meinen Mann um."

Als Jewtuschenko *Doktor Schiwago* kurz darauf las, war er „enttäuscht". Auf die jungen Schriftsteller der nachstalinistischen Ära wirke die maskuline Prosa Hemingways und das Werk von Autoren wie J. D. Salinger und Erich Maria Remarque anziehender, schrieb er. *Doktor Schiwago* schien ihm vergleichsweise altmodisch, sogar ein bisschen langweilig, das literarische Werk eines Autors, der einer früheren Generation angehörte. Er las den Roman nicht zu Ende.

Der Termin für das Erscheinen der sowjetischen Ausgabe verstrich, und die Moskauer Funktionäre verzweifelten zusehends. Sowjetische Handelsvertreter in Paris und London bemühten sich erfolglos, die Verlage Gallimard und Harvill Press zur Rückgabe des Manuskripts zu bewegen. Die sowjetische Botschaft in London versuchte – wenn die Publikation schon unvermeidlich war – Harvill Press zu zwingen, das Buch mit einer Einleitung zu versehen, aus der hervorginge, dass Pasternak sich gegen eine Veröffentlichung ausgesprochen hätte. Das Außenministerium wiederum riet Harvill Press davon ab, Pasternak die englische Übersetzung zur Korrektur zuzuschicken, und schlug vor, statt eines Hinweises auf die vorgeblichen Einwände des Autors einfach den Satz „In der Sowjetunion verboten" in das Buch aufzunehmen. „Das kann im Hinblick auf die Werbung nur von Vorteil sein, ist für Pasternak selbst aber vielleicht nur eine schwache Absicherung", schrieb Philip de Zulueta, der vom Außenministerium in die Downing Street No. 10 abkommandiert war. Eine leicht sarkastische Bemerkung, denn wie hätte der Verbotshinweis Pasternak helfen sollen, auch wenn die Verkaufszahlen dadurch mit Sicherheit nach oben getrieben worden wären.

Pietro Zveteremich hielt sich im Oktober als Mitglied einer italienischen Delegation auf Einladung des sowjetischen Schriftstellerverbands in Moskau auf und empfand die „wegen des Buchs entstandene Atmosphäre" als „sehr bedrohlich". Praktisch direkt nach seiner Ankunft wurde ihm mitgeteilt, dass die Publikation von *Doktor Schiwago* einen Affront gegen Pasternak wie die Sowjetunion darstelle. Man übergab ihm einen maschinengeschriebenen und vorgeblich von Pasternak unterzeichneten Brief, dessen Inhalt sich teilweise mit dem Text des Februar-Telegramms deckte und in dem Pasternak sich beschwerte, dass Feltrinelli nie darauf geantwortet habe. Bei einem Treffen mit Funktionären des Schriftstellerverbands sagte Zveteremich, die Publikation von *Doktor Schiwago* sei nicht mehr aufzuhalten. „Es kam zu einer regelrechten Schlägerei", erinnerte er sich später. Pasternak hielt es für zu riskant, sich mit seinem Übersetzer zu treffen, doch Zveteremich konnte sich mit Iwinskaja verabreden. Sie übergab ihm ein kurzes, an Feltrinelli gerichtetes Schreiben, in dem Pasternak seine wahren

Ansichten äußerte. Zveteremich schrieb an Feltrinelli: „P. empfiehlt Dir, nicht darauf [den Druck des Schriftstellerverbands, A.d.Ü.] einzugehen, und kann das Erscheinen des Buches kaum mehr erwarten, und das, obwohl sie ihm drohen, ihn verhungern zu lassen".

Die Erfahrungen, die Zveteremich in Moskau machte, führten zu seinem Austritt aus der kommunistischen Partei. „In mir reifte die Überzeugung, dass es in der UdSSR keinen Sozialismus gab, sondern nur einen asiatischen theokratischen Despotismus", schrieb er später. In Pasternaks Mitteilung an Feltrinelli hieß es: „Verzeihen Sie mir die Vorwürfe, mit denen ich Sie überhäuft und die Sie aufgrund meines traurigen Schicksals vielleicht noch zu erwarten haben. Daß unsere ferne Zukunft, der Glaube, der mir hilft, weiterzuleben, Sie beschützen möge."

Feltrinelli beantwortete Pasternaks Telegramm am 10. Oktober mit einem Brief, der zwar an diesen adressiert, aber eindeutig für die sowjetischen Behörden bestimmt war und Pasternak aus der Schusslinie nehmen sollte, indem er nicht ihn, sondern den Verlag als Übeltäter darstellte. Feltrinelli schrieb zunächst, dass er an Pasternaks Text keine der in dem Telegramm beschriebenen Mängel erkennen könne: Weder sei das Werk unfertig, noch bedürfe es einer gründlichen Überarbeitung. Auch habe er einem Aufschub der Veröffentlichung bis September zugestimmt und sehe nun „keinen Grund mehr für eine weitere Verzögerung".

In gespielt belehrendem Ton heißt es weiter: „Um in den literarischen Kreisen des Westens keine weiteren Spannungen entstehen zu lassen, wie dies nach Ihrem völlig unangebrachten Telegramm ... der Fall war, erlauben wir uns den Rat, das Erscheinen des Buches nicht weiter zu behindern, denn dies würde nicht nur die Veröffentlichung nicht stoppen, sondern darüber hinaus die ganze Sache zu einem politischen Skandal aufbauschen, den wir nicht gesucht haben und nicht wünschen."

Surkow reiste im Oktober als Mitglied einer sowjetischen Schriftstellerdelegation nach Italien, doch seine eigentliche Aufgabe bestand darin, Feltrinelli zur Rede zu stellen. Mit einem Übersetzer im Schlepptau stürmte er in den Verlag in der Via Andegari. Sein russisches Gebrüll war bis auf die Straße zu hören. Ähnlich wie

Alicata wedelte er mit Pasternaks Telegramm vor Feltrinellis Gesicht herum. „Ich weiß sehr wohl, wie man solche Dokumente bekommt", sagte dieser. Ein Foto Pasternaks hing hinter ihm an der Wand. Surkow redete drei Stunden lang auf Feltrinelli ein, verließ sein Büro aber unverrichteter Dinge. Er sei ein „freier Verleger in einem freien Land", hatte Feltrinelli zu ihm gesagt – und hinzugefügt, dass er durch seine Veröffentlichung einem großen erzählerischen Werk der sowjetischen Literatur Anerkennung zolle. Dieses Werk sei ein Zeugnis der Wahrheit, auch wenn die Kulturbürokraten in Moskau das nicht verstünden. Nach dem Treffen schmähte Feltrinelli Surkow als eine „mit Sirup übergossene Hyäne".

Surkow gab sich noch nicht geschlagen und spielte seinen bedrohlichsten Trumpf aus: Er gab der kommunistischen Parteizeitung *L'Unità*, für die Feltrinelli elf Jahre zuvor als Korrespondent gearbeitet hatte, ein Interview. Es war die erste öffentliche Stellungnahme eines sowjetischen Funktionärs zu *Doktor Schiwago*, und Surkow sagte, er wolle die Fakten liefern – „in aller Offenheit": Seine Genossen hätten Pasternaks Roman abgelehnt, weil er Zweifel an der Bedeutung der Oktoberrevolution schüre. Pasternak habe diese Kritik akzeptiert und seinen italienischen Verleger um Rückgabe des Manuskripts gebeten, damit er es überarbeiten könne. Doch nun solle der Roman laut Presseberichten gegen den Willen seines Autors erscheinen.

„Der Kalte Krieg greift auf die Literatur über", tönte Surkow. „Wenn man das im Westen unter Freiheit versteht, dann, muss ich sagen, vertreten wir unterschiedliche Ansichten." Der Journalist merkte an, dass Surkow sprach, „um klarzumachen, wie schrecklich das alles in seinen Augen war". Surkow fuhr fort: „Dies ist das zweite Mal, das zweite Mal in der Geschichte unserer Literatur nach *Mahagoni* von Boris Pilnjak, dass das Buch eines Russen zuerst im Ausland erscheint."

Die Erwähnung Pilnjaks, Pasternaks einstigem Nachbarn, der hingerichtet worden war, war eine direkte Drohung. Surkow hielt sich bereitwillig an das, was die Staatsraison von ihm verlangte. Im Jahr zuvor hatte er einer jugoslawischen Zeitung gegenüber geäußert: „Ich habe gesehen, wie meine Freunde, Schriftsteller, vor meinen Augen verschwanden, doch damals hielt ich es für notwendig, weil die Revolution es verlangte." Feltrinelli sagte zu Pasternaks amerikanischem Verleger Kurt Wolff, Surkows Äußerungen müssten möglichst überall zitiert werden und *Time* und *Newsweek* sollten etwas unternehmen".

Am 25. Oktober wurde Pasternak gezwungen, Feltrinelli eine weitere Mitteilung zu senden: Er sei verwundert, dass dieser nicht auf sein Telegramm geantwortet habe, und der Anstand erfordere es, „den Bitten des Autors zu entsprechen".

Wenige Tage später schrieb Pasternak Feltrinelli einen privaten Brief. Er war auf den 2. November datiert. Die Publikation von *Doktor Schiwago* stand unmittelbar bevor.

Lieber Herr Feltrinelli,
mir fehlen die richtigen Worte, um Ihnen meine Dankbarkeit auszudrücken. Die Zukunft wird Sie und mich für die erlittenen schmählichen Demütigungen entschädigen. Wie froh bin ich, daß weder Sie noch Gallimard, noch Collins sich von den dummen und brutalen Appellen haben täuschen lassen, die meine Unterschrift trugen (!), Unterschriften, die man mit Fug und Recht als gefälscht bezeichnen kann, so sehr waren sie mir mit einer Mischung aus Betrug und Gewalt abgerungen. Es ging bis zu der unerhörten Arroganz, sich über die ‚Vergewaltigung' meiner ‚literarischen Freiheit' durch Sie zu empören, während die gleiche Gewalt mir gegenüber angewandt, aber nicht erwähnt wurde. All dieser Vandalismus war unter dem Mäntelchen der Sorge um mich und um die heiligen Rechte des Künstlers versteckt! Bald aber werden wir einen italienischen Schiwago, einen französischen, englischen und deutschen Schiwago haben – eines Tages vielleicht einen geographisch weit entfernten, aber russischen Schiwago! Das ist viel, sehr viel, wir tun unser Bestes, und dann geschehe, was geschehen muß!"

Die erste Auflage von *Doktor Schiwago* in italienischer Sprache wurde am 15. November 1957 gedruckt; gefolgt von weiteren 3000 Exemplaren fünf Tage später. Der Roman wurde am Abend des 22. November im Hotel Continental in Mailand vorgestellt und kam am 23. November in die Buchläden. Er war sofort ein Bestseller.

Eine der ersten Besprechungen erschien im *Corriere della Sera* unter dem Titel: „Si cerca il libello politico e si trova un'opera d'arte" [Auf der Suche nach einer politischen Verleumdung findet man ein Kunstwerk]. „Pasternak verlangt von uns, den ersten Lesern dieses Romans im Westen, keinerlei politische Urteile", schloss der Artikel. „Vielleicht möchte der alte Schriftsteller in der Einsamkeit seines Dorfs wissen, ob wir die Stimme des Poeten in der Geschichte gehört, ob wir einen Beweis für seine künstlerischen Überzeugungen gefunden haben. Und die Antwort ist: Ja, das haben wir."

Der Roman hatte eine lange Reise begonnen. Doch um nach Hause, nach Russland, zurückkehren zu können, brauchte *Doktor Schiwago* einen heimlichen Verbündeten.

Kapitel 8

„Wir haben ein großes Loch in den Eisernen Vorhang gerissen."

Das in russischer Sprache verfasste Manuskript von *Doktor Schiwago* traf Anfang Januar 1958 in Form von zwei Filmrollen im CIA-Hauptquartier in Washington ein. Geliefert hatte es der britische Geheimdienst. Der Roman sorgte innerhalb der Agency für einigen Wirbel. In einer Mitteilung an Frank Wisner, den Leiter der Abteilung für geheime Operationen, bezeichnete John Maury, Chef der Soviet Russia Division, *Doktor Schiwago* als „das ketzerischste Werk eines sowjetischen Autors seit Stalins Tod". „Pasternaks humanistische Botschaft – dass jeder ein Recht auf Privatleben hat und als menschliches Wesen Respekt verdient, ungeachtet des Ausmaßes seiner politischen Loyalität oder seines Beitrags zum Staat – stellt die sowjetische Ethik, dass das Individuelle dem kommunistischen System zu opfern sei, grundlegend in Frage", heißt es weiter. „Der Roman enthält keinen Aufruf zur Revolte gegen das Regime, doch die Ketzerei, die Dr. Schiwago predigt – politische Passivität – ist fundamental. Pasternak behauptet, dass die kleinen, unwichtigen Leute, die den Forderungen des Regimes nach aktiver Teilnahme und emotionaler Beteiligung an offiziellen Kampagnen nicht nachkommen, den politischen ‚Aktivisten', die das System bevorzugt, überlegen sind. Mehr noch: Er wagt es, anzudeuten, dass die Gesellschaft ohne diese Fanatiker besser funktionieren würde."

Maury sprach fließend Russisch und war stellvertretender Marineattaché in Moskau gewesen, als Hitlers Truppen in die Sowjetunion einmarschierten. Während des Krieges hatte er in Murmansk für das Land-Lease-Programm gearbeitet, in dessen Rahmen die Vereinigten Staaten der Sowjetunion kriegswichtiges Material im Wert von mehr als elf Milliarden Dollar geliefert hatten. Doch Maury mochte den früheren Verbündeten nicht. Er hing der Überzeugung an, dass das Handeln der Sowjetunion durch das Prisma der russischen Geschichte betrachtet werden müsse. „Er hielt das Sowjetregime für die Fortsetzung des Zarenreichs und dachte, der KGB sei von Iwan dem Schrecklichen gegründet worden", sagte einer seiner Mitarbeiter.

In der Soviet Russia Division arbeiteten russischstämmige Amerikaner der ersten und zweiten Generation, deren Familien in vielen Fällen vor den Bolschewiken geflohen waren. Die Abteilung rühmte sich ihrer wodkaseligen Partys, auf denen jede Menge russische Lieder gesungen wurden. „Unsere Spezialität war das *charochka*, das zeremonielle Trinklied mit dem Refrain *pei do dna* [auf Ex!]", erinnerte sich ein Mitarbeiter aus den 1950er-Jahren.

Der amerikanische und der britische Geheimdienst waren sich einig, dass *Doktor Schiwago* auf Russisch publiziert werden sollte, doch die Briten drängten auf eine Veröffentlichung außerhalb der USA. Die CIA, die davon ausging, dass eine US-amerikanische Ausgabe von der Sowjetunion leichter als Propaganda abqualifiziert werden könne als eine Ausgabe, die in einem kleineren europäischen Land erschien, machte sich diese Position zu eigen. Zudem fürchteten die Amerikaner, dass die Moskauer Behörden eine offizielle Beteiligung der USA zum Anlass nehmen könnten, Pasternak zu schikanieren.

In einer internen Mitteilung empfahlen die Mitarbeiter der CIA kurz nach dem Erscheinen der italienischen Ausgabe von *Doktor Schiwago*, „möglichst viele ausländische Ausgaben" zu publizieren, damit das Buch „in der freien Welt maximale Verbreitung" fände, ihm Anerkennung zuteil werde und es für den Nobelpreis vorgeschlagen werde. Die CIA hoffte also, dass Pasternaks Roman international Aufmerksamkeit erregen würde – unter anderem bei der Schwedischen Akademie –, doch es gibt keinerlei Hinweise darauf, dass sie die Publikation einer russischsprachigen Ausgabe erwog, um Pasternaks Chancen auf den Gewinn des Nobelpreises zu verbessern.

Bei ihren Operationen in Sachen *Doktor Schiwago* hatte die CIA Rückendeckung vom Weißen Haus. Das von Eisenhower gegründete

Operations Coordinating Board (OCB), ein Komitee, das verdeckte Aktionen der Geheimdienste überwachte, überließ der CIA die ausschließliche Kontrolle über die „Ausbeutung" des Romans. Grund für diese Entscheidung war „die Vertraulichkeit der Operation" – die Beteiligung der US-Regierung durfte in keiner Weise ans Licht kommen. Anstatt vom Außenministerium oder der United States Information Agency hinausposaunen zu lassen, dass die USA sich im Besitz einer Manuskriptkopie befand, entschied man sich für Geheimhaltung, um „die Möglichkeit persönlicher Vergeltungsmaßnahmen gegen Pasternak oder seine Familie" auszuschließen. Das OCB erteilte der CIA mündliche Anweisungen und befahl ihr, das Buch „als Literatur, nicht als Propaganda im Kalten Krieg" zu promoten.

Wie es der Zufall wollte, liebte die CIA Literatur – Romane, Kurzgeschichten, Gedichte. Joyce, Hemingway, Eliot. Dostojewski, Tolstoi, Nabokow. Bücher waren Waffen. Wenn ein literarisches Werk in der UdSSR oder in einem der anderen Ostblockstaaten nicht erhältlich oder verboten war und die Lebenswirklichkeit in der Sowjetunion infrage stellte oder ihr gar widersprach, wollte die Agency dieses Werk den Bürgern des Ostblocks zugänglich machen. Der Kalte Krieg währte 1958 bereits zwölf Jahre, und jedwede Illusion, die es im Hinblick auf die Befreiung der „gefangenen Völker" des Ostens gegeben haben mochte, war durch das Blutbad in Budapest und die Unfähigkeit der Westmächte, insbesondere der Vereinigten Staaten, wesentlich mehr zu tun, als durch den Stacheldraht zu spähen, zerschlagen worden. Die Vereinigten Staaten waren weder 1953 noch 1956 in der Lage gewesen, den aufbegehrenden Ostdeutschen respektive Polen beizustehen. Es gab einen einfachen Grund für die Duldung des Kommunismus: Niemand konnte eine Intervention billigen, die womöglich zu einem Krieg der mit Atomwaffen ausgerüsteten Supermächte geführt hätte.

In den 1950er-Jahren führte die CIA einen gnadenlosen, umfassenden politischen Krieg gegen den Kreml, um die NATO in Westeuropa zu stärken, der sowjetischen Propaganda die Stirn zu bieten und den internationalen Einfluss der Sowjetunion einzudämmen. Die CIA glaubte, dass die Macht der Gedanken – in Nachrichten, Kunst, Musik und Literatur – die Autorität, die der sowjetische Staat bei der eigenen Bevölkerung und in den osteuropäischen Satellitenstaaten genoss, mit der Zeit untergraben könne. Doch das erforderte einen langen Atem. Cord Meyer, der Chef der International Organizations Division, die einen großen Teil der verdeckten Propagandaoperationen der CIA überwachte, schrieb, dass der Kontakt der Osteuropäer mit westlichem Gedankengut „die Chancen für eine graduelle gesellschaftliche Öffnung im Laufe der Zeit schrittweise verbessern könnte".

Für die Verwirklichung ihrer Ziele gab die CIA zig Millionen Dollar aus. Über unzählige Scheinorganisationen und Scheinstiftungen finanzierte sie Konzerttourneen, Kunstausstellungen, anspruchsvolle Magazine, wissenschaftliche Forschungen, studentische Aktivitäten, Nachrichtenorganisationen – und die Publikation von Büchern. Sie unterstützte die nichtkommunistische Linke in Westeuropa, die sie als wichtigstes Bollwerk gegen den kommunistischen Feind erachtete, mit Geld. Die Allianz zwischen dem Antikommunismus des Kalten Krieges und dem liberalen Idealismus „erschien natürlich und richtig" und zerbrach erst in den 1960er-Jahren. „Unsere Hilfe kam hauptsächlich den demokratischen Parteien der Linken und der Mitte zugute", schrieb Meyer. „Der rechte Flügel und die konservativen Kräfte hatten ihre eigenen Geldquellen. Der eigentliche Wettstreit mit den Kommunisten um Stimmen und Einfluss entspann sich auf der linken Seite des politischen Spektrums, wo sich entschied, mit wem die Arbeiterklasse und die Intelligenzija sich verbündeten."

Im Amerika der 1950er-Jahre, während Senator Joseph McCarthys bösartigen Kreuzzugs gegen die Kommunisten und noch lange danach, wäre es unmöglich gewesen, beim Kongress Geld für das State Department oder irgendein anderes Ministerium locker zu machen, das linke Organisationen finanzieren und die Künste in Europa fördern wollte. Selbst bei direkten Operationen gegen den kommunistischen Block hätte der Kongress sich schwer getan, scheinbar weichgespülte Aktivitäten wie die Publikation von Büchern zu unterstützen. Das Budget der CIA bestand aus Schwarzgeld – die perfekte Lösung für die Aufgaben, die sie zu erledigen hatte. Die Agency war zutiefst davon überzeugt, dass der Kalte Krieg auch ein kultureller war. Mit mehreren Millionen Dollar jährlich wollte sie Aktivitäten unterstützen, die „die Vielfalt und Unterschiedlichkeit von Sichtweisen zum Ausdruck bringen [würden] und von der Idee der freien Forschung durchdrungen waren. Folglich wurden die Sichtweisen, die Repräsentanten und Mitglieder der von den USA unterstützten Organisationen artikulierten, von den Geldgebern in vielen Fällen nicht geteilt. ... Es bedurfte einiger intellektueller Anstrengung, um zu verstehen, dass die öffentliche Darbietung unorthodoxer Sichtweisen eine mächtige Waffe gegen die starre Uniformität war, die das Handeln der Kommunisten kennzeichnete." So wurde die CIA zu „einer der weltweit größten Förderinstitutionen" und konkurrierte als solche mit den Stiftungen von Ford, Rockefeller und Carnegie.

Präsident Harry Truman wollte von einem Geheimdienst in Friedenszeiten nichts wissen. Manche Zeitungen und Kongressabgeordneten machten ihren Befürchtungen, es könne eine amerikanische Gestapo entstehen, lauthals Luft. Direkt nach dem Zweiten Weltkrieg hatte ein Teil des Establishments Bauchschmerzen bei dem Gedanken an die Schaffung einer Einrichtung zur Durchführung verdeckter Operationen. Doch als die Spannungen mit der Sowjetunion wuchsen, schien sich das „zentralisierte Herumspionieren", wie Truman es nannte, nicht mehr vermeiden zu lassen. Die CIA wurde 1947 gegründet und vom Kongress bevollmächtigt, geheimdienstliche Informationen zu sammeln sowie „andere mit geheimdienstlichen Informationen zusammenhängende Funktionen und Aufgaben, die die nationale Sicherheit berühren" durchzuführen. Diese vage Formulierung der Befugnisse diente der juristischen Absicherung für die Ausführung verdeckter Aktionen, die sich nicht bis zur CIA zurückverfolgen ließen und von der US-Regierung geleugnet werden konnten, auch wenn der Justiziar der CIA zunächst unsicher war, ob die Agency ohne spezielle Genehmigung vom Kongress zu „schwarzer Propaganda" berechtigt war. In den ersten Jahren des Kalten Krieges wurde in verschiedenen Ministerien, so auch im Außenministerium und im Verteidigungsministerium, weiter darüber diskutiert, wie sich die dauerhafte und effektive Durchführung von Aufträgen – von Propagandamaßnahmen bis zu paramilitärischen Operationen wie der Bewaffnung von Emigrantengruppen und ihrer Rückschleusung in den Ostblock, damit sie dort Sabotageakte durchführten – sicherstellen ließe.

Der intellektuelle Kopf hinter den verdeckten Aktionen war der einflussreiche Diplomat und Politstratege George Kennan, der die Ansicht vertrat, dass die Vereinigten Staaten zur Eindämmung der atavistischen sowjetischen Expansionspolitik sämtliche Register ziehen müssten. Zudem sahen sich die USA mit einem Feind konfrontiert, der seit den 1920er-Jahren mit Frontorganisationen operierte, die vorgeblich kommunistische Ideale wie Frieden und Demokratie unterstützten, tatsächlich aber vom Kreml und seinen Stellvertretern kontrolliert wurden. Washington brauchte eine Möglichkeit, „Dinge zu tun, die getan werden mussten, für die die Regierung aber offiziell keine Verantwortung übernehmen konnte". Im Mai 1948 verfasste der von Kennan geleitete Policy Planning Staff des Außenministeriums eine Mitteilung zu dem Thema „Einführung organisierter politischer Kriegführung" (The Inauguration of Organized Poltical Warfare). Darin hieß es, dass „die politische Kriegführung des Kreml die raffinierteste und effektivste der Geschichte" sei und die Vereinigten Staaten es sich nicht leisten könnten, ihre „Quellen zur verdeckten politischen Kriegführung inaktiviert zu lassen". Die Mitteilung enthielt eine Reihe von Empfehlungen zur Unterstützung und Förderung des Widerstands im Ostblock und zur Unterstützung von Emigranten und ideologischen Gegnern der Sowjetunion im Westen.

Im Monat darauf schuf der Nationale Sicherheitsrat das Office of Special Projects, das bei der CIA untergebracht, zunächst aber unabhängig war. Es wurde bald in Office of Policy Coordination (OPC) umbenannt – ein ebenso nichtssagender Name. Sein Leiter war Frank Wisner, der während des Krieges beim Office of Strategic Services (OSS), dem Nachrichtendienst des Kriegsministeriums, gearbeitet hatte. Er hatte 1944 und 1945 sechs Monate lang in Bukarest gedient und verzweifelt und wütend mit angesehen, wie russische Truppen 70 000 Rumänen deutscher Herkunft in Güterwaggons steckten und in die Sowjetunion verfrachteten, wo sie als Zwangsarbeiter eingesetzt wurden. „Es schockierte die OSS-Spione gewaltig, die Sowjets bei der Ausübung roher Gewalt zu erleben, während zur selben Zeit dieselben Russen auf die Kooperation der Alliierten und damit auf eine neue Ära anstießen." Diese Erfahrung hatte Wisner geprägt. Ein evangelikaler, antikommunistischer Eifer, den Kampf in das Feld des Gegners zu tragen, beseelte ihn.

Wisner gliederte seine geplanten Geheimoperationen in fünf Kategorien – psychologische, politische und ökonomische Kriegsführung, direkte Präventivmaßnahmen und Sonstiges. Er wollte in der Lage sein, jedwede Maßnahme ergreifen zu können, von gegen die Sowjetunion gerichteten Bekehrungsversuchen über die Anstiftung zu brutalen Angriffen durch Emigranten bis hin zum Aufbau einer Art antikommunistischer Widerstandsbewegung. Nach der Verabschiedung neuer Richtlinien zur nationalen Sicherheit erhielt die Organisation weitere Machtbefugnisse, mehr Personal und mehr Mittel. 1949 waren 302 Mitarbeiter der CIA in verdeckte Operationen involviert gewesen. Drei Jahre später waren es 2 812 Mitarbeiter und zusätzlich 3 142 Auslandsbeauftragte. Diese Spione und Beamten operierten von 47 Standorten auf der ganzen Welt aus; ihr Budget wurde zwischen 1949 und 1952 von 4,7 auf 82 Millionen Dollar erhöht. 1952 wurde die OPC mit dem Office of Special Operations zur Directorate of Plans zusammengelegt.

Der junge Rekrut und spätere CIA-Chef William Colby schrieb später, Wisner habe in seiner Organisation die „Atmosphäre eines Tempelritterordens" geschaffen, „um die westliche Freiheit vor der kommunistischen Dunkelheit zu schützen". Colby beschrieb Wisner als „jungenhaft charmant und kühl, aber stets unter Spannung" stehend und bezeichnete ihn als „Mittelstrecken-Hürdenläufer aus Mississippi." Er habe Mitarbeiter mit dieser „zusätzlichen Dimension" gewollt, Kriegsveteranen wie er selbst. Sie sollten athletisch und clever, aber nicht weltfremd sein und möglichst die besten Universitäten besucht haben, allen voran Yale.

Angezogen von dem Gefühl, dass hier ein schwieriger und abenteuerlicher Kampf auszufechten war, der moralisch gerechtfertigt schien, heuerten Schriftsteller und Dichter bei der CIA an. James Jesus Angleton, der Chef der CIA-Spionageabwehr, war Redakteur beim *Yale Literary Magazine* gewesen und hatte die Literaturzeitschrift *Furioso* gegründet. Ezra Pound gehörte zu seinen engsten Freunden. Cord Meyer Jr., der ebenfalls beim *Yale Literary Magazine* gearbeitet hatte, hatte im *Atlantic Monthly* Erzählungen publiziert und sehnte sich noch als Verantwortlicher der Propagandaoperationen der CIA nach einem Schriftstellerleben. Robie Macauley, früherer Mitarbeiter des *Kenyon Review* und einer von Meyers Rekruten, verließ die Agency, um Redakteur für Literatur beim *Playboy* zu werden. „Vielleicht schicke ich Ihnen unter einem passenden Pseudonym sogar eine Geschichte", schrieb Meyer ihm in einem Brief. Auch John Thompson kam vom *Kenyon Review*. John Hunt wurde etwa um die Zeit angeworben, als sein Roman *Generations of Men* erschien. Peter Matthiessen, Mitbegründer und Herausgeber des *Paris Review*, schrieb während seiner Tätigkeit für die CIA seinen Roman *Partisans*.

„Im Frühling 1951 ging ich nach Washington, um mich an einem Kampf zu beteiligen, der nicht so brutal, aber komplexer und mehrdeutiger war als der Krieg, für den ich mich zehn Jahre vorher freiwillig gemeldet hatte", schrieb der Kriegsveteran Meyer. Er war auf Guam verwundet worden und hatte eins seiner Augen verloren.

Um ihre Wunschprojekte zu finanzieren, gründete die CIA eine Reihe von privaten Organisationen, die hochkarätig besetzt wurden. Prominente Amerikaner wurden für die Vorstände rekrutiert, um den Eindruck zu erwecken, dass hier wohlhabende Wohltäter am Werk waren, deren Involvierung das Fließen von Geldströmen plausibel erklären würde. Eine der ersten dieser Organisationen war das Nationalkomitee für ein freies Europa, das 1949 in New York entstand. Zu seinen Mitgliedern gehörten Dwight D. Eisenhower, der bald Präsident werden sollte, die Filmmogule Cecil B. DeMille und Darryl Zanuck, Henry Ford II., der Präsident der Ford Motor Company, Kardinal Francis Spellman, der Erzbischof von New York, und Allen Dulles, der zum Geschäftsführer bestimmt wurde. Dulles kam 1951 zur CIA und wurde 1953 ihr Direktor. Die meisten dieser Freiwilligen wurden darauf hingewiesen, dass die CIA ihre Finger im Spiel hatte, oder kamen selbst darauf. Das Nationalkomitee wurde schließlich in Free Europe Committee (FEC) umbenannt und finanzierte sich über eine nationale Geldbeschaffungsinitiative namens Crusade for Freedom (Kreuzzug für die Freiheit). Tatsächlich erwirtschaftete das FEC nur etwa zwölf Prozent seines Budgets über Fundraising; das meiste davon bei Unternehmen. Der Großteil des Geldes kam in Form eines wöchentlichen Schecks, den die CIA durch eine Bank an der Wall Street schleuste.

Das wichtigste Projekt des Free Europe Committee war Radio Free Europe (RFE), das am 4. Juli 1950 in der Tschechoslowakei und in Rumänien auf Sendung ging und bald auch in Polen, Ungarn und Bulgarien empfangen werden konnte. 1953 folgte eine zweite Station für Übertragungen in die Sowjetunion: Radio Liberation, das später in Radio Liberty umbenannt wurde und hinter der gemeinnützigen Fassade des American Committee for Liberation agierte. Das in Midtown Manhatten ansässige Komitee hatte einen weniger erlauchten Vorstand und war verschwiegener. Beim ersten Vorstandstreffen wurde einfach verkündet, dass Radio Liberation sich mit Geldern der „privaten Freunde der Komiteemitglieder" finanzieren würde. Die Agency setzte auf Unterstützer mit weniger offensichtlichem Geltungsdrang, weil sie es manchmal schwierig fand, die großen Egos der Mitglieder des Free Europe Committee zu kontrollieren. Obwohl beide Sender die außen- und sicherheitspolitischen Interessen der USA unterstützen sollten, genossen sie eine Menge Autonomie, wenn auch nur deshalb, weil die CIA nicht in der Lage war, zwei große neue Organisationen zu managen. Nach einem etwas schrillen Beginn entwickelten sie sich zu zuverlässigen Nachrichtensendern. Dies gilt besonders für die Zeit nach dem ungarischen Volksaufstand. Noch 1956 war Radio Free Europe heftig kritisiert worden, weil es die aufbegehrenden Ungarn unterstützt und von einer angeblich bevorstehenden Intervention der Amerikaner schwadroniert hatte. Gelegentlich wurden geheime Botschaften in die Sendungen eingebettet, und manche Beamten nutzten die Radiostationen als Deckung. Doch meist überwachte ein amerikanisches Leitungsteam die emigrierten Redakteure, in deren Arbeit sich Washington, D. C. nur selten direkt einmischte. Tatsächlich bestand kein Anlass zu einer strengen redaktionellen Kontrolle. Die CIA sah, dass die antikommunistischen Mitarbeiter der beiden Sender die Botschaften, die sie lancieren wollte, von selbst in ihre Urteile einfließen ließen. Radio Liberation agierte wie ein Inlandssender und konzentrierte sich vor allem auf die Geschehnisse in der Sowjetunion.

Radio Free Europe und Radio Liberation sendeten von München aus. Dort ließ die CIA über das American Committee for Liberation auch einige Scheininstitutionen gründen, etwa das Institute for the Study of the Soviet Union und die Central Association of Post-War Émigrés, abgekürzt TsOPE (Transkription der russischen Anfangsbuchstaben). Die umfangreichen Machenschaften der Agency in München waren ein offenes Geheimnis. Es habe wohl keinen „einzigen Heizer oder Kehrer am [Hauptsitz des Senders] gegeben, der überhaupt keine Ahnung hatte, was in Wirklichkeit vor sich ging", meinte ein Angestellter von Radio Liberation. Der KGB nannte München ein Zentrum der Subversion.

Etwa ein Drittel der erwachsenen Sowjetbürger, die in Städten wohnten, hörte Westradio. Alexander Solschenizyn bezeichnete es als „mächtige nichtmilitärische Kraft, die im Äther residiert und deren zündende Macht inmitten der kommunistischen Dunkelheit die westliche Vorstellungskraft nicht einmal erahnen kann". 1958 gab die Sowjetunion mehr Geld für die Störung westlicher Radiofrequenzen aus als für alle eigenen nationalen und internationalen Rundfunkübertragungen zusammen.

Das Free Europe Committee gründete auch einen eigenen Verlag, die Free Europe Press. Zwar überwand es den Eisernen Vorhang nicht mit Kurzwellen, eroberte den Äther aber auf andere Weise: Am 27. August 1951 ließ das FEC an der deutsch-tschechoslowakischen Grenze in Bayern Ballons fliegen, die mit dem Wind über die Grenze getragen wurden. An dieser ersten Ballonaktion nahmen einige Würdenträger der Vereinigten Staaten teil, darunter der Vorsitzende des Crusade for Freedom, Harold Stassen, der Zeitungskolumnist Drew Pearson sowie C. D. Jackson, der frühere Vizepräsident des Time-Life-Konzerns, der einer von Eisenhowers wichtigsten Beratern im Hinblick auf psychologische Kriegsführung werden sollte. Die Ballons enthielten Tausende von Propagandaflugblättern und sollten in einer Höhe von gut 9 000 Metern platzen, um ihren Inhalt zu verteilen. „Es weht ein neuer Wind. Es regt sich neue Hoffnung. Freunde der Freiheit in anderen Ländern haben eine neue Möglichkeit gefunden, Sie zu erreichen", stand auf einem dieser ersten Flugblätter, für die Free Europe Press verantwortlich zeichnete. „Kein Kerker ist tief genug, um die Wahrheit zu verbergen, keine Mauer hoch genug, um die Botschaft der Freiheit am Eindringen zu hindern. Die Tyrannei kann den Wind nicht kontrollieren, eure Herzen nicht knechten. Die Freiheit wird sich wieder erheben."

„Wir haben ein großes Loch in den Eisernen Vorhang gerissen", sagte Stassen zum Magazin *Time*.

In den nächsten fünf Jahren ließ das FEC 600 000 Ballons fliegen und zig Millionen Propagandaschriftstücke über Osteuropa niedergehen, unter anderem ein etwa DIN-A4-großes Magazin. Die tschechoslowakische Luftwaffe versuchte die Ballons abzuschießen. 1956 wurde das Programm eingestellt, nachdem die deutsche Regierung begonnen hatte, gegen die „extrem beunruhigende Verletzung der Luftraumsouveränität vom Gebiet der Bundesrepublik aus" zu protestieren.

Die tschechoslowakische Regierung setzte das Gerücht in die Welt, dass ein Ballon ein Flugzeug zum Absturz gebracht habe. Ein anderer Ballon war mitverantwortlich für einen Hausbrand in Österreich. (Als der Ballon auf ihrem Haus landete, stieß eine Hausfrau vor Schreck einen Campingkocher um.) Das Programm war einfach zu willkürlich und zu offensichtlich.

Die Agency verlegte sich auf die Versendung von Büchern.

Im April 1956 trommelte der Direktor der Free Europe Press, Samuel S. Walker Jr., die jungen Amerikaner und Osteuropäer zusammen, die für ihn in der West Fifty-seventh Street in Manhattan arbeiteten. Auf der Tagesordnung stand eine neue Projektidee: die Versendung von Büchern in Länder jenseits des Eisernen Vorhangs. Die Osteuropäer, die ihren Verwandten häufig Pakete schickten, hielten die Versendung von Propagandamaterial für machbar. Andere, so zum Beispiel Hugh Seton-Watson von der Londoner Universität, einer der führenden wissenschaftlichen Berater des Free Europe Committee, fürchteten, dass die kommunistischen Zensurbehörden Bücher aus dem Westen abfangen würden. Die endgültige Entscheidung oblag dem damals noch keine 30 Jahre alten Walker, der die *Yale Daily News* geleitet und anschließend bei der *Time* gearbeitet, dort aber zugunsten der Free Europe Press gekündigt hatte. „Lasst es uns machen", sagte er. Die „Freunde im Süden", wie die CIA genannt wurde, unterstützten seinen Plan, bestimmte Personen, die öffentliche Positionen bekleideten, mit Büchern zu versorgen. Sie sollten „die Loyalität der Führungskräfte von Partei und Staat" und damit auch „die Effizienz der kommunistischen Verwaltung" schwächen. Das funktionierte nicht besonders gut. Die ersten Publikationen, meist politische Artikel, die nur zum Teil übersetzt waren, wurden in New York und in einigen europäischen Städten aufgegeben. Viele Pakete kamen nie bei den Personen an, für die sie bestimmt waren, oder wurden bei den Behörden abgeliefert. Die Erfahrung lehrte, dass Bücher, die direkt über einen Verlag verschickt wurden, oft durchkamen – selbst provokante Titel wie Albert Camus' *Der Mensch in der Revolte*. Die Free Europe Press begann einem breiteren osteuropäischen Adressatenkreis Bücherlisten zuzusenden und bot an, die getroffene Auswahl umsonst zu liefern. Schließlich bat George Minden, der einst aus Rumänien geflohene Leiter des Programms, seine Leute, sich darauf zu konzentrieren, mittels Psychologie, Literatur, Theater und visueller Künste „eine minimale Basis für das geistige Verständnis westlicher Werte" zu schaffen. „Diese [Dinge] werden an die Stelle politischer und anderer Materialien treten, die sich direkt gegen den Staat richten". In einer frühen, im Planungsstadium entstandenen Mitteilung aus dem Jahr 1956 heißt es: „Es sollte keinen Totalangriff auf den Kommunismus geben. ... Unser Ziel sollte primär darin bestehen, die Überlegenheit des Westens zu demonstrieren."

Die CIA erwarb Bücher und Lizenzen von führenden US-amerikanischen und europäischen Verlagen, so zum Beispiel Doubleday & Company, Harper & Brothers, Harvard University Press, Faber and Faber, Macmillan Publishing Company, Bertelsmann und Hachette. Alle Geschäfte und Abrechnungen wurden über den International Advisory Council abgewickelt, einer weiteren Tarnfirma der CIA mit Büros in der East Sixty-fifth Street.

Ein paar begeisterte Leserzuschriften trudelten in New York ein. „Wir verschlingen [die Bücher] – genau genommen gehen sie von Hand zu Hand", schrieb ein Student aus Lodz, dem Titel von George Orwell, Milovan Djilas und Czeslaw Milosz zugeschickt worden waren. „Sie werden wie kostbare Raritäten behandelt – mit anderen Worten, wie die besten Bestseller." Ein polnischer Wissenschaftler, der *Doktor Schiwago* erhielt, schrieb: „Ihre unschätzbaren Publikationen werden nicht nur mir, sondern auch einer großen Zahl von Freunden zugutekommen ... und wie [eine] Sensation aufgenommen werden."

Kurz nachdem die Free Europe Press 1956 mit dem Versenden von Büchern begonnen hatte, genehmigte die CIA über das American Committee for Liberation ein Buchprogramm für die Sowjetunion. Sie finanzierte die Gründung der Bedford Publishing Company in New York City, die westliche Literatur ins Russische übersetzen und publizieren wollte. „Die sowjetische Öffentlichkeit, die langweilige kommunistische Propaganda hatte über sich ergehen lassen müssen, ... hungerte nach westlichen Büchern", schrieb Isaac Patch, der erste Leiter von Bedford Publishing. „Wir hofften, mit unserem Buchprogramm die Leere zu füllen und die Tür zur Freiheit aufzustoßen", damit „frischer Wind" hereinwehen konnte. Die CIA leistete eine Anschubfinanzierung in Höhe von 10 000 Dollar, doch das Jahresbudget betrug schon bald eine Million Dollar. Bedford Publishing eröffnete Niederlassungen in London, Paris, München und Rom. Das Geld floss in Strömen, und für die Jahrestreffen der Belegschaft wählte man Orte wie die Insel San Giorgio Maggiore in der Lagune von Venedig. Zu den Werken, die ins Russische übersetzt wurden, gehörten unter anderem James Joyces *Porträt des Künstlers als junger Mann*, Wladimir Nabokows *Pnin* und George Orwells *Farm der Tiere*.

Da die Zollkontrollen in der Sowjetunion strenger waren als in anderen Teilen Osteuropas, beschloss Bedford Publishing, die Bücher nach Möglichkeit nicht zu verschicken, sondern Sowjetbürgern, die im Westen zu Besuch waren, oder Westlern, die in die Sowjetunion reisten, mitzugeben, sodass diese sie nach ihrer Ankunft verteilen konnten. Auch lieferte der Verlag Bücher an die US-amerikanische Botschaft in Moskau. Einige im Hauptquartier der CIA gedruckte Miniaturpaperbacks lagen in den Regalen des berühmten Kaufhauses Stockmann in Helsinki, wo sich Westler vor oder während ihrer Arbeitsaufenthalte in Moskau mit Waren eindeckten. Mitglieder der Moskauer Philharmoniker, denen während ihrer Tourneen im Westen Bücher zugesteckt wurden, versteckten sie auf dem Heimweg zwischen den Notenblättern. Auch in Konservendosen und Tamponschachteln wurden Bücher in die Sowjetunion geschmuggelt.

In den ersten 15 Jahren seines Bestehens verteilte der Verlag über eine Million Bücher an sowjetische Leser. Das ging bis zur Auflösung der Sowjetunion so weiter, sodass am Ende sage und schreibe zehn Millionen Bücher und Magazine im Ostblock verteilt wurden. Ein KGB-Chef murrte, dass Bücher und andere Druckerzeugnisse aus dem Westen „die Hauptursache für feindselige Gefühle" unter sowjetischen Studenten seien.

Die literarischen Vorlieben der CIA waren breit gefächert, doch sie publizierte nicht beliebig drauflos. Der Hintergrund ihrer Beamten und Vertragspartner und deren Sendungsbewusstsein bestimmte ihr Handeln. Der Romanautor Richard Elman beklagte, dass „die CIA die christlichen Traditionen des Westens – Hierarchie, Elitedenken und die vorsintflutliche Aufklärung der Rückständigen – standhaft verteidigt" und „revolutionäre Bewegungen in der Literatur wie in der Politik" bekämpft habe. „Sie war eine eiserne Verfechterin der Rechtmäßigkeit und entschied mit Bedacht, die Werke ähnlich denkender Literaten wie V. S. Naipaul und Saul Bellow finanziell zu bezuschussen oder zu verbreiten." Dies mag angesichts der Bandbreite und Anzahl der Titel, die die CIA in den Ostblock schickte, ein wenig übertrieben sein, doch eine vollständige Analyse ihrer literarischen Grundsätze wird erst möglich sein, wenn sie alle Titel, die sie subventioniert, übersetzt und unters Volk gebracht hat, preisgibt – eine Liste, die wohl unter Verschluss bleiben wird, sofern sie überhaupt existiert.

Der Leiter der Abteilung für verdeckte Operationen prahlte 1961, dass die CIA „im Ausland Bücher publizieren oder verteilen lassen" könne, ohne dass Rückschlüsse auf „irgendeine Einflussnahme der USA" gezogen werden könnten, und zwar „durch die verdeckte Subventionierung fremdsprachiger Ausgaben oder ausländischer Buchhändler; durch Publikationsaufträge, die nicht dadurch ‚infiziert' seien, dass sie in irgendeinem offenkundigen Zusammenhang mit der US-Regierung stünden, insbesondere, wenn die Position des Autors ‚delikat'" sei, und durch die „Publikation von Büchern aus operationellen Gründen, ohne Rücksicht auf ihre kommerzielle Verwertbarkeit."

In der Tat gab die CIA eigene Werke in Auftrag – mindestens 1 000 Titel –, weil „der direkte Kontakt mit dem Autor den Vorteil bietet, dass wir ihm unsere Absichten in allen Einzelheiten darlegen können; dass wir ihn mit allem Material, das wir in einem Werk unterbringen wollen, versorgen und dass wir das Manuskript in jedem Stadium prüfen können". Ein Beispiel hierfür ist das Buch eines Studenten aus der Dritten Welt, der über seine Studienerfahrungen in einem kommunistischen Land berichtete. Ein Rezensent, der für das Columbia Broadcasting System (CBS) arbeitete und nicht wusste, wie das Buch entstanden war, meinte: „Unsere Propagandaabteilung könnte Schlimmeres tun, als [ausländische] Universitätsstädte mit diesem Band zu überschwemmen." Die *New York Times* berichtete 1967, dass das Tagebuch des sowjetischen Doppelagenten Col. Oleg Penkowski, das dieser vorgeblich in den Monaten vor seiner Enttarnung und Hinrichtung verfasst hatte, in Wirklichkeit ein Werk der Agency war. Die bei Doubleday erschienenen *Penkovsky Papers* waren auf der Grundlage von CIA-Akten, zu denen auch Interviews mit Penkowski gehörten, von einem Reporter der *Chicago Daily News* und einem KGB-Überläufer, der für die CIA arbeitete, geschrieben worden. „Spione führen kein Tagebuch", ließ ein früherer CIA-Beamter die *Times* wissen, was die These, dass das „Tagebuch" bestenfalls eine clevere Erfindung war, untermauerte.

„Bücher unterscheiden sich von allen anderen Propagandamedien", schrieb der Leiter der Abteilung für verdeckte Operationen, „vor allem deshalb, weil ein einziges Buch die Haltung und Handlungsweise des Lesers bedeutend verändern kann, und zwar in einem Ausmaß, wie es kein anderes Einzelmedium vermag. ... Das gilt natürlich nicht für alle Bücher aller Zeiten und alle Leser – doch es trifft bezeichnenderweise oft genug zu, um Bücher zur wichtigsten Waffe (langfristiger) strategischer Propaganda zu machen."

Das erinnert auf schaurige Weise an eine Äußerung Maxim Gorkis, der auf dem ersten sowjetischen Schriftstellerkongress 1934 sagte, dass die „Sowjetliteratur als ein einheitliches und kollektives Ganzes, als mächtige Waffe der sozialistischen Kultur organisiert" sein müsse.

Kapitel 9

„Wir drucken schwarz."

Am 6. März 1958 stattete George Katkov, der die englische Über-setzung von *Doktor Schiwago* betreute, dem amerikanischen Konsulat in München einen Besuch ab. Er war in die Stadt gekommen, um der Belegschaft von Radio Liberation eine Reihe von Vorträgen zu halten. Er habe Informationen, die an „hochrangige" Beamte in Washington weitergeleitet werden müssten, sagte er zu einem amerikanischen Diplomaten. Eine der Übersetzerinnen, die *Doktor Schiwago* ins Französische übertrugen, habe Pasternak kürzlich in Moskau getroffen, und dieser habe den Wunsch geäußert, die russische Ausgabe keinesfalls durch einen Verlag besorgen zu lassen, der mit Emigranten zu tun habe. Pasternak sei zwar „darauf erpicht", „dass eine russische Ausgabe im Ausland publiziert" werde, wolle aber nicht, dass dies in den USA oder durch einen Verlag geschehe, der von den USA finanziert werde.

Der Generalkonsul schickte dem Außenministerium eine entsprechende Depesche: Pasternak „fürchtet ernsthafte persönliche Schwierigkeiten, ... wenn eine russische Ausgabe zuerst in den Vereinigten Staaten erscheint oder von irgendeiner ausländischen Organisation publiziert wird, von der allgemein bekannt ist, dass sie von Amerika unterstützt wird, entweder offiziell, kommerziell oder privat".

Laut Katkov hatte Pasternaks Forderung keinerlei „antiamerikanische Implikationen", sondern sei ausschließlich der „Sorge um seine persönliche Sicherheit" geschuldet. Aus demselben Grund sei er gegen die Veröffentlichung einer russischsprachigen Ausgabe in Frankreich oder England. Als neutralen Publikationsort schlug Katkov Schweden vor. Andererseits stehe die Wissenschaftsabteilung der renommierten niederländischen Druck- und Verlagsanstalt Mouton & Co. bereits in Verhandlungen um die Rechte der russischen Ausgabe; Pasternak hatte eine seiner französischen Übersetzerinnen gebeten, die Publikation einer russischsprachigen Ausgabe in die Wege zu leiten, und sie hatte sich im Dezember 1957 mit Verlagsmitarbeitern getroffen. Pasternak war begeistert: „Lassen Sie die Gelegenheit nicht ungenutzt verstreichen, ergreifen Sie sie mit beiden Händen", schrieb er einen Monat später an Jacqueline de Proyart. Pasternak wusste, dass Mouton sich auf die Veröffentlichung russischer Texte spezialisiert hatte, aber nicht mit irgendwelchen Exilantengruppen in geschäftlicher Beziehung stand.

Der Konsul berichtete Washington auch, dass eine vorläufige Prüfung in München ergebnislos verlaufen sei: Es gebe keinerlei Anhaltspunkte dafür, dass russische Emigranten oder ähnliche Gruppen die Veröffentlichung einer russischsprachigen Ausgabe von *Doktor Schiwago* planten.

Die Depesche wurde in Washington an die CIA weitergeleitet.

Verdeckte Operationen innerhalb der CIA – wie sie zum Beispiel von den Münchner Radiostationen oder dem Verlag lanciert wurden –, erfolgten normalerweise unter der Leitung der International Organizations Division, der Cord Meyer vorstand. Doch auch die Soviet Russia Division sorgte im Rahmen eines Programms mit dem Codenamen AEDINOSAUR dafür, dass Literatur aus dem Westen in russische Hände gelangte, indem sie Bücher kaufte und an Russlandtouristen weitergab, die diese in der Sowjetunion beiläufig verteilen konnten. (AE stand für eine Operation der Soviet Russia Division, DINOSAUR war ein zufällig generierter Deckname.) Nach ein paar Diskussionen wurde beschlossen, den Umgang mit *Doktor Schiwago* unter AEDINOSAUR von der Soviet Russia Division steuern zu lassen.

Die CIA war nun von zwei Seiten – vom britischen Geheimdienst und indirekt von Katkov – davor gewarnt worden, *Doktor Schiwago* in den Vereinigten Staaten zu publizieren oder eine Beteiligung der USA, in welcher Form auch immer, offenzulegen. Sie konnte also keine der mit Emigranten besetzten europäischen Frontorganisationen benutzen, denn diese galten gemeinhin als Ableger der amerikanischen Außenpolitik, auch wenn verborgen blieb, dass die CIA im Hintergrund die Fäden zog. Die Agency beschloss, einen New Yorker Verlag mit der Vorbereitung einer russischsprachigen Ausgabe zu beauftragen, die Bücher aber in Europa drucken zu lassen, sodass kein amerikanisches Papier verwendet werden musste, das man in Moskau schnell als solches identifizieren würde. Wenn die europäische Druckerei von Feltrinelli die Rechte erhielt, umso besser. Wenn nicht, „drucken wir schwarz", so die CIA.

Doktor Schiwago sollte auf der Brüsseler Weltausstellung 1958 unters Volk gebracht werden. Es war die erste Weltausstellung nach dem Krieg, und sie entwickelte sich schon im Vorfeld zu einem politischen Schlachtfeld. Zwischen dem 17. April und dem 19. Oktober 1958 passierten insgesamt rund 18 Millionen Besucher die Personenschleuse. Auf einem gut zwei Quadratkilometer großen Gelände nordwestlich von Brüssel präsentierten sich 42 Nationen und erstmals auch der Vatikan. Sowohl die Vereinigten Staaten als auch die Sowjetunion bauten große Pavillons, um ihre rivalisierenden Lebensauffassungen zu demonstrieren. Besonders interessant war für die CIA, dass die Ausstellung zahllosen Sowjetbürgern die seltene Gelegenheit zu einer Reise in den Westen bot. Belgien gab 16 000 Visa an sowjetische Besucher aus.

„Dieses Buch hat großen Propagandawert", heißt es in einer Mitteilung an alle Abteilungsleiter der Soviet Russia Division, „nicht nur wegen seiner immanenten Botschaft und weil es zum Nachdenken anregt, sondern auch wegen der Umstände seiner Publikation: Wir haben die Gelegenheit, dafür zu sorgen, dass sowjetische Bürger sich zu fragen beginnen, was an ihrer Regierung falsch ist, wenn das literarische Glanzstück jenes Mannes, der als größter lebender russischer Schriftsteller gilt, nicht einmal für sein eigenes Volk in seinem eigenen Land in seiner Muttersprache erhältlich ist".

Um *Doktor Schiwago* in Brüssel sowjetischen Touristen aushändigen zu können, musste die Agency sich beeilen – und machte sich dabei fast zum Gespött. Es fehlte nicht viel, und ihr Verlagspartner in New York – eine Zivilperson, deren Einbeziehung in eine verdeckte Operation die Sicherheitsabteilung genehmigt hatte – hätte sie ins Verderben gestürzt.

Bis 1958 hatte Felix Morrow sich, wie es in New York häufig vorkam, vom Kommunisten zum Trotzkisten und vom Trotzkisten zum CIA-getreuen „kalten Krieger" gewandelt. Zahlreiche radikal gesinnte New Yorker hatten eine ähnliche Verwandlung wie der 52-Jährige durchgemacht, sich von der Linken ab- und der Rechten zugewandt. Schon die Schauprozesse der alten Bolschewiken hatten ihnen viele Illusionen über die Sowjetunion genommen. Der deutsch-sowjetische Nichtangriffspakt hatte Stalins Verrat bestätigt. Der Kalte Krieg trieb diese Menschen fast unvermeidlich in die Arme des neuen nationalen Sicherheitsstaats, der seine fähigsten Agitatoren unter den enttäuschten Linken rekrutierte. Ein loyaler Trotzkist schrieb den „Vertrauensverlust", den Morrow und andere erlitten, einer „Stalinphobie" zu – der „Verabscheuung des Stalinismus in einem Ausmaß, das ihn als das Böse schlechthin in der Welt" erscheinen ließ. Im New Yorker Geistesleben „war der organisierte Antikommunismus ... zu einer Industrie geworden", und die CIA ihr großzügiger Zahlmeister. Eine der großen Frontorganisationen der Agency, das American Committee of Cultural Freedom, das den in Paris ansässigen Congress for Cultural Freedom unterstützte, wurde mit Exkommunisten jeder Couleur besetzt. Der erste Vorsitzende des American Committee, Sidney Hook, war viele Jahre zuvor an der New Yorker Universität Morrows Philosophiedozent gewesen; die beiden wurden Freunde fürs Leben. Früher ein revolutionärer Marxist, stand Hook nun als Berater bei der CIA unter Vertrag und verhandelte mit deren Direktor Allen Dulles direkt über die Finanzierung des Komitees.

Als Morrow 1946 aus der trotzkistischen Socialist Workers Party ausgeschlossen wurde, konnte er es nicht fassen: „Sie können mich nicht ausschließen; ich lebe und sterbe mit der Bewegung!", schrie er die Parteidelegierten an. Zehn Minuten später stolperte er „hochbeglückt und mit einem Gefühl der Freiheit die Treppe der Kongresshalle hinunter".

Morrow, ein früherer Opernsänger und ein geborener Geschichtenerzähler, war ebenso charmant wie brillant. Mit 16 hatte er als Reporter für den *Brooklyn Daily Eagle* gearbeitet und später für den *Daily Worker* über die Depression berichtet. Seine Reportagen wurden ins Russische übersetzt und 1933 in Moskau publiziert.

Nach seinem Parteiausschluss stieg Morrow ins Verlagsgeschäft ein. Elliot Cohen, der Herausgeber von *Commentary*, der später in den Vorstand des American Committee for Cultural Freedom berufen wurde, besorgte ihm eine Stelle bei dem angesehenen New Yorker Verlag Schocken Books. Dort stieg Morrow schnell zum Vizepräsidenten auf. 1956 machte er sich selbstständig und gründete den Verlag University Books, der sich auf okkulte Sujets spezialisierte. Seitdem er an der Publikation des Bestsellers *Flying Saucers have Landed* 1953 (dt.: *Fliegende Untertassen landen*; Stuttgart u. a.: Europa-Verlag 1954) mitgewirkt hatte, interessierte er sich für solche Themen.

Morrow knüpfte Kontakte zu den Akteuren des Kalten Krieges und aß gelegentlich mit CIA-Beamten zu Mittag, die er durch einen befreundeten CIA-Berater kennengelernt hatte. Ein leitender Beamter der Sicherheitsabteilung besuchte Morrow – stets mit einer Flasche Whiskey und einer Schachtel Pralinen bewaffnet – in regelmäßigen Abständen in dessen Haus am Stadtrand von Great Neck auf Long Island.

Anfang Juni 1958 fragte ein CIA-Beamter Morrow, ob er daran interessiert sei, *Doktor Schiwago* für die Publikation vorzubereiten. Die Agency plane, das Buch in Brüssel zu verteilen. Auch solle Morrow „gemeinsam mit antistalinistischen Gewerkschaftlern in Amsterdam Arrangements zur Verteilung preisgünstiger Exemplare des Romans an Matrosen" treffen, deren Schiffe in Richtung Sowjetunion ausliefen. Morrow sah darin eine „erstaunliche und attraktive Aufgabe". Er meinte, das Buch in Amsterdam drucken lassen zu können, denn der dortige Polizeichef – ein ehemaliger Trotzkist – sei ein alter Freund von ihm.

Morrow bezeichnete sich als „Unternehmer" und verhandelte mit der CIA hart um sein Honorar. Er wollte das Maximum – so auch Bonuszahlungen – für sich herausschlagen. Die Agency fand Morrows Preise hoch, „angesichts des Zeitfaktors aber wahrscheinlich gerechtfertigt". Am 23. Juni 1958 unterschrieb Morrow einen Vertrag mit einem privaten Rechtsanwalt, der im Auftrag der CIA handelte. Er erhielt eine Manuskriptkopie von *Doktor Schiwago*, und wurde darauf hingewiesen, dass ihm schon bald ein Editorial des Verlegers oder ein Vorwort zuginge, das hinter die Titelseite einzufügen sei. Die CIA wollte das Vorwort von einer „herausragenden Schriftstellerpersönlichkeit" verfassen lassen, doch zur Sicherheit bereitete ein Mitarbeiter der Soviet Russia Division zusätzlich ein Editorial vor. Zunächst ging es um eine Auflage von 10 000 Exemplaren. Morrow wurde aufgefordert, das Layout für den Satz zu erarbeiten, die Satzfahnen korrekturzulesen und einen doppelten Satz Reproduktionsvorlagen für den Offsetdruck herzustellen. Laut Vertrag stand ihm für jeden Tag, den er vor dem Stichtag – dem 31. Juli – fertig wurde, ein Bonus zu. Auch für die Suche nach einer europäischen Druckerei, die den Roman drucken konnte, sollte er Geld erhalten. Für den Druck in Europa sollte laut CIA ein zweiter, separater Vertrag geschlossen werden.

Von Anfang an deutete sich an, dass es Probleme geben würde. Entweder verstand Morrow nicht, dass der CIA an Geheimhaltung gelegen war, oder er wollte dieser Forderung nicht nachkommen. Sogar über seine Verträge sprach er vor dem Unterzeichnen mit Außenstehenden. Bei einem Treffen am 19. Juni teilte Morrow einem CIA-Beamten mit, dass er seine Beziehungen habe spielen lassen, um sich nach den Möglichkeiten einer Drucklegung in den Vereinigten Staaten zu erkundigen. Morrow hielt engen Kontakt zur University of Michigan Press, deren Direktor sein Freund Fred Wieck war. Die CIA erinnerte Morrow daran, dass er nicht zur Kontaktierung irgendeines amerikanischen Verlags befugt sei.

Morrow verschwieg der Agency, dass er „sowohl das Original als auch die Repros von russischen Wissenschaftlern hatte prüfen lassen" – eine Indiskretion, die womöglich der Grund dafür war, dass unter New Yorker Emigranten das Gerücht aufkam, das Erscheinen einer russischsprachigen Ausgabe von *Doktor Schiwago* stünde unmittelbar bevor. Darüber hinaus wurden die Repros für die CIA von der New Yorker Druckerei Rausen Bros. erstellt, die mit der russischen Gemeinde der Stadt in engem Kontakt stand.

Als die Vorbereitungen für den Druck in Europa abgeschlossen waren, teilte die CIA Morrow mit, dass er ihr die Rechte an der russischsprachigen Ausgabe von *Doktor Schiwago* abkaufen könne – was Feltrinelli, hätte er es gewusst, erstaunt und schockiert hätte, glaubte er sich doch im Besitz der weltweiten Exklusivrechte an dem Roman, da dieser in der Sowjetunion nicht publiziert worden war. Doch Morrow konnte nicht einmal seinen vertraglichen Verpflichtungen nachkommen. Am 7. Juli teilte er der CIA schriftlich mit, er könne ihr nicht zusichern, einen willfährigen europäischen Verlag zu finden und den Druck innerhalb von acht Wochen abzuwickeln. Doch sei es ihm möglich, die Bücher mit dem Impressum eines Amsterdamer Verlags versehen und dann in den USA drucken zu lassen. Sollte die Agency seinen Plan nicht unterstützen und sich weigern, ihm massenhaft Exemplare des Buches abzunehmen, werde er einfach die Reproduktionsvorlagen requirieren und woanders hinbringen. Sobald die Operation vorbei sei, plane er die Publikation einer eigenen Ausgabe von *Doktor Schiwago* bei der University of Michigan Press. „Ich kann veröffentlichen, wo ich will", teilte er der CIA mit.

Deren Pläne lösten sich in Luft auf. Zwei Wochen später erfuhren die Beamten der Soviet Russia Division, dass die University of Michigan Press die Publikation einer russischsprachigen Ausgabe von *Doktor Schiwago* plane. Sie waren konsterniert. Doch damit nicht genug: In Washington trudelte eine schriftliche Anfrage des in Ann Arbor ansässigen Verlages ein, wie viele Exemplare die Regierung denn zu erwerben wünsche. Die CIA-Beamten waren außer sich und wollten auf der Stelle wissen, wo und wie der Verlag an die Romankopie gekommen sei. Sie argwöhnten, dass Morrow seinem Freund Fred Wieck ein Exemplar gegeben hatte und beide beschlossen hatten, das Buch gemeinschaftlich zu publizieren.

Eine Woche später kam es für die CIA noch schlimmer. Der Verlag fragte noch einmal nach den Erwerbswünschen der Regierung und wollte wissen, wie es um „das Interesse der CIA an dem Buch" stehe „und ob die Agency die Veröffentlichung des Buches in Europa" bezuschusse oder nicht.

„Offenbar hat [Morrow] bei seinen Verhandlungen mit [Michigan] den Bogen komplett überspannt, und es ist gut möglich, dass er einmal oder mehrfach gegen die Sicherheitsbestimmungen verstoßen hat", tobte der Commercial Staff der Agency. Die University of Michigan Press musste von ihrem Vorhaben abgebracht werden. Die CIA ging in die Offensive und ließ dem Verlag über ihren New Yorker Anwalt mitteilen, „dass der italienische Verleger darauf eingestellt [sei], gegen jede Publikation einer russischsprachigen Ausgabe zu klagen."

Michigan Press ließ sich von dem in eigennütziger Absicht vorgebrachten Verweis auf Feltrinellis Rechte nicht beeindrucken. Die

Anwälte der Universität Michigan waren zu dem Urteil gelangt, dass niemand im Besitz der Rechte zur Publikation einer russischsprachigen Ausgabe des Romans in den Vereinigten Staaten war, weil es mit der Sowjetunion kein Copyright-Abkommen gab. Der Verlag informierte die CIA, dass er beabsichtige, *Doktor Schiwago* in „fünf oder sechs Wochen oder früher" herauszubringen, und weigerte sich preiszugeben, woher er das Manuskript hatte.

Bei einem internen Treffen der CIA sagte der Vertreter der Soviet Russia Division, der University of Michigan Press müsse untersagt werden, ihre Ausgabe „vor der Auslieferung der von der Agency finanzierten Ausgabe", die gerade in Europa publiziert wurde, zu veröffentlichen, und zwar nicht nur wegen möglicher negativer Auswirkungen auf die Wirksamkeit der europäischen Ausgabe, sondern auch, weil es wichtig sei, „die Dienststellen, die mit anderen involvierten Agencys in Kontakt stehen", zu schützen.

Am 25. August flog ein Beamter der Soviet Russia Division in Begleitung eines weiteren CIA-Mitarbeiters nach Michigan, um sich mit Harlan Hatcher, dem Präsidenten der Universität von Michigan, zu treffen. Ersterer hatte vom Hauptquartier in Washington, das aus einer Reihe von Behelfsbauten an der Südseite des glitzernden Wasserbassins auf der National Mall bestand, eine ganze Liste mit zu klärenden Fragen erhalten.

Der CIA-Beamte teilte Hatcher mit, dass die US-Regierung „maßgeblich daran beteiligt" gewesen sei, die Publikation von *Doktor Schiwago* auf Russisch in die Wege zu leiten. „Es wird die Meinung vertreten, dass die russische Ausgabe dieses Buches – zur Erzielung des größtmöglichen psychologischen Effekts bei den sowjetischen Lesern – in Europa und nicht in den Vereinigten Staaten veröffentlicht werden sollte. Um dies leisten zu können, ist die US-Regierung einige Verpflichtungen gegenüber ausländischen Regierungen eingegangen." Zudem habe Pasternak verlangt, dass das Buch, „unter anderem aus Gründen seiner persönlichen Sicherheit", nicht in den Vereinigten Staaten erscheine. „Wir haben jede Anstrengung unternommen, der Bitte des Autors nachzukommen." Nach Ansicht der CIA habe die University Press of Michigan die Reproduktionsvorlagen auf „eine unorthodoxe Weise" erhalten. Tatsächlich seien sie „das Eigentum der US-Regierung".

Hatcher lenkte ein und sah keinen Anlass, seine Zustimmung zu einer Verschiebung der Publikation von *Doktor Schiwago* bis nach der Veröffentlichung in Europa zu verweigern. Am folgenden Tag trafen sich die beiden CIA-Beamten mit Fred Wieck, dem Verlagsleiter, und fragten ihn, ob sie die Manuskriptkopie des Verlages mit den mitgebrachten Fahnen vergleichen dürften. Die Kontrolle erfolgte mit einer Lupe und führte zu einem Ergebnis, an dem es nichts zu rütteln gab: Beide Texte waren identisch. Nach einigem Hin und Her erklärte sich die University of Michigan Press bereit, von jeder Verlautbarung ihrer Publikationspläne abzusehen, bis die Ausgabe der Agency in Europa erschienen war.

Nun galt es nur noch, das Chaos mit Morrow zu beenden. Die CIA stimmte einer vertraulichen Regelung der Angelegenheit zu, allerdings nicht ohne sich über das falsche Spiel des Verlegers zu beschweren: „Es ist unser Wunsch, [Morrow] gegenüber unmissverständlich klarzustellen, dass wir uns seines unzuverlässigen Verhaltens im Rahmen unserer Geschäftsbeziehung bewusst sind und der Meinung sind, ihn bei unseren abschließenden geschäftlichen Transaktionen mit sehr großer Milde behandelt zu haben."

Als die Schwierigkeiten mit Morrow begannen, sah sich die CIA veranlasst, den niederländischen Geheimdienst Binnenlandse Veiligheidsdienst (BVD) zu kontaktieren. Zu diesem Zeitpunkt ging sie bereits Gerüchten nach, dass Mouton Publishers möglicherweise eine russischsprachige Ausgabe von *Doktor Schiwago* herausbringen wolle; eine Vereinbarung zwischen dem holländischen Verlagshaus und Feltrinelli schien wahrscheinlich. Kurt Wolff, Pasternaks amerikanischer Verleger, hatte ebenfalls von diesen Gerüchten gehört, und im Mai bestätigte Feltrinelli, dass er sich mit Mouton einig geworden war: Der Verlag bot an, 3 000 Exemplare zu einem Preis von 4 160 Dollar zu drucken. Die CIA wollte von ihren niederländischen Kollegen wissen, ob es möglich sei, von Mouton eine Vorauflage des Buchs zu erhalten.

Die beiden Geheimdienste arbeiteten eng zusammen. Die CIA finanzierte 1958 ungefähr 50 der 691 Angestellten des BVD, und neu eingestellte Niederländer wurden in Washington ausgebildet. Joop van der Wilden vom BVD wurde in die US-Botschaft geschickt, um sich in Sachen Pasternak mit Walter Cini, einem CIA-Mitarbeiter, der in Den Haag stationiert war, zu besprechen. Cini schilderte die Angelegenheit als brandeilig und sagte, die Agency sei bereit, für eine kleine Druckauflage von *Doktor Schiwago* viel Bargeld auf den Tisch zu legen – doch dürfe nichts darauf hindeuten, dass der amerikanische oder irgendein anderer Geheimdienst in die Sache verwickelt sei.

Der Niederländer teilte Washington mit, dass Mouton den Auftrag übernehmen könne, aber sofort loslegen müsse, um einen Termin Anfang September einhalten zu können. Ende Juli beschloss die Soviet Russia Division, „in dieser Richtung" fortzufahren – vorausgesetzt, man werde sich über die Details einig. Am 1. August wurden die von Morrow hergestellten Reproduktionsvorlagen nach Den Haag geschickt.

Der BVD entschloss sich, nicht direkt mit Mouton zu verhandeln, und wandte sich stattdessen an den pensionierten Major Rudy van der Beek, der den niederländischen Ableger der antikommunistischen Gruppe Paix et Liberté leitete. Van der Beeks Organisation veröffentlichte allerlei antikommunistisches Propagandamaterial. So hatte sie kurz zuvor beispielsweise eine Attacke gegen den sowjetischen Pavillon in Brüssel geritten. Ein paar Tage nach dem Eintreffen der Fahnen trafen sich Peter de Ridder, der in leitender Position bei Mouton Publishers arbeitete, und ein Drucker des Verlagshauses in der großen marmornen Eingangshalle eines prachtvollen Stadthauses in der Prinsessegracht mitten in Den Haag mit van der Beek – wahrscheinlich handelte es sich um das Haus Nummer 27, das Hauptquartier des Niederländischen Roten Kreuzes, dessen Präsident im Vorstand der niederländischen Dependance von Paix et Liberté saß. Die drei Männer unterhielten sich 20 Minuten lang; van der Beek gab Ridder die Fahnen und sicherte ihm zu, über 1 000 Exemplare des Buchs abzunehmen.

„Etwas Geheimnisvolles umwehte das Treffen", sagte de Ridder, beschloss aber, sich auf das Geschäft einzulassen. Was ihn dazu veranlasste, gab er niemals wirklich preis. Noch im selben Jahr äußerte er gegenüber einem Zeitungsreporter von *Haagse Post*, dass van der Beek ihm angedroht hätte, woanders hinzugehen, wenn er das Buch nicht drucken würde, und dass er, de Ridder, befürchtet habe, dadurch die mit Feltrinelli ausgehandelte Mouton-Ausgabe zunichte zu machen. Er habe versucht, den Mailänder Verleger zu erreichen – ohne Erfolg, weil dieser in Skandinavien in Urlaub gewesen sei.

„Ich war der Meinung, dass das Buch publiziert werden müsse", sagte de Ridder. Damit glaubte er davonzukommen. Der Vertrag mit Feltrinelli stand kurz vor dem Abschluss, und dieses vorgezogene, für ihn einträgliche Geschäft würde keinerlei Aufmerksamkeit auf sich ziehen.

In der ersten Septemberwoche rollten die ersten Bogen der russischsprachigen Ausgabe von *Doktor Schiwago* von den Druckerpressen. Die Buchblöcke wurden in blaues Leinen gebunden, wie es bei Moutons üblich war. Die Titelseite wies Feltrinelli in kyrillischer Schrift als Rechteinhaber aus: „G. Feltrinelli – Mailand 1958" hieß es da, doch „Feltrinelli" war nicht korrekt ins Russische transkribiert worden; es fehlte das Weichheitszeichen zwischen dem „l" und dem „t". Zu dem Copyrightvermerk hatte de Ridder sich erst in letzter Minute entschieden, nachdem schon einige Exemplare ohne jeden Hinweis auf den Verleger gedruckt worden waren. Auch prangte auf der Titelseite Pasternaks voller Name, inklusive seines Vatersnamens Leonidowitsch – ein weiterer Hinweis darauf, dass diese Ausgabe nicht von einem Muttersprachler besorgt worden war, denn die Nennung des Vatersnamens auf der Titelseite war in Russland unüblich. Dem Text war ein kurzes, unsigniertes Vorwort vorangestellt, wahrscheinlich das, das die CIA für Morrow vorbereitet hatte.

Die Bücher wurden in braunes Papier gewickelt, auf den 6. September datiert, ins Heck eines großen amerikanischen Kombis geladen und dem in Den Haag stationierten CIA-Beamten Walter Cini privat zugestellt. 200 Exemplare gingen an das CIA-Hauptquartier in Washington, die restlichen Exemplare größtenteils an CIA-Niederlassungen oder -Spione in Westeuropa – 200 nach Frankfurt, 100 nach Berlin, 100 nach München, 25 nach London und zehn nach Paris. Das größte Paket mit 365 Exemplaren war für Brüssel bestimmt.

Wer den sowjetischen Pavillon auf der Brüsseler Weltausstellung 1958 besichtigen wollte, musste zunächst mehrere Treppen erklimmen, als nähere er sich dem Eingang eines großen Museums. Im Inneren begrüßten ihn zwei große Statuen, die im klassischen Stil des sozialistischen Realismus einen Arbeiter und eine Arbeiterin darstellten. Am Ende der fast 11 000 Quadratmeter großen Halle stand eine über 15 Meter hohe Lenin-Statue. Seinen schweren Mantel um die Schultern gelegt, bewachte der Revolutionsführer Sputnik-Satelliten, landwirtschaftliche Maschinen, Modelle sowjetischer Düsenjets, Bohrinseln und Kohleminen sowie Exponate zu Kolchosen und der typischen sowjetischen Küche.

Die Botschaft war klar: Die Sowjetunion war eine Industriemacht, mit der man rechnen musste. Nachdem die Russen im Jahr zuvor mit Sputnik 1 den ersten Satelliten in den Weltraum geschossen hatten, schien ihr Aufstieg buchstäblich unaufhaltsam. „Die sozialistischen Wirtschaftsprinzipien werden dafür sorgen, dass wir [im Wettkampf mit dem Kapitalismus] den Sieg davontragen" bekamen Besucher zu hören.

Verführerische kulturelle Angebote, vom Bolschoi-Ballett bis zum Moskauer Zirkus, die auf dem Ausstellungsgelände und im Zentrum von Brüssel Vorstellungen gaben, ergänzten die Kraftmeierei. Die Sowjets gaben ihr Letztes, um Besucher einzuschüchtern und zu umwerben.

Hubert Humphrey, der demokratische Senator von Minnesota, knurrte missbilligend: „Soweit wir die sowjetischen Pläne kennen, werden kaum eine glaubwürdige Theatergruppe, ein Ballettkünstler, Musiker, Sänger, Tänzer oder Akrobat in der Sowjetunion zurückgeblieben sein, wenn er in Brüssel von Nutzen sein kann."

Die Vereinigten Staaten begriffen erst allmählich, dass die Brüsseler Weltausstellung ein Schlachtfeld des Kalten Krieges war. Nur widerwillig bewilligte der Kongress 13,4 Millionen Dollar für einen amerikanischen Pavillon, während die Sowjetunion geschätzte 50 Millionen Dollar zu investieren gedachte. Die Organisatoren zermarterten sich das Hirn, ob es opportun sei, im Rahmen der Ausstellung auch auf die Schwächen der amerikanischen Gesellschaft hinzuweisen, insbesondere auf die gewalttätigen Ausschreitungen, zu denen es nach der Aufhebung der Rassentrennung in öffentlichen Schulen ein Jahr zuvor in Little Rock in Arkansas gekommen war. Schließlich wurde in einem Nebengebäude eine kleine Ausstellung, die sich unter anderem dem Thema Rassenbeziehungen widmete, eröffnet, aber nach Einwänden von Kongressabgeordneten aus den Südstaaten schnell wieder geschlossen.

Der amerikanische Pavillon war ein massiver Rundbau, dessen Grundfläche so groß war wie zwei Fußballfelder. Sein Konstrukteur, der Architekt Edward Stone, hatte sich vom römischen Kolosseum inspirieren lassen. Das durchsichtige Kunststoffdach sollte dem Gebäude eine „sehr leichte, luftige und kristalline" Wirkung verleihen. Die Organisatoren beschlossen, Amerika „auf indirektem Weg" zu verkaufen, nicht über „schwere, zu Tode gerittene, ermüdende Propaganda". Der Pavillon wurde zur Bühne für die Feier des amerikanischen Materialismus und Entertainments. Täglich wurden mehrere Modenschauen, Squaredances und Disney-Filme vorgeführt, die Besucher in einem Rundumkino die Sehenswürdigkeiten Amerikas präsentierten, von der Skyline New York Citys bis zum Grand Canyon. Es gab Hotdogs und Kunstwerke der Abstrakten Expressionisten, eine Musikbox und Kopien einer 480 Seiten starken Sonntagsausgabe der *New York Times*. Eisenhower hatte auf die Aufstellung elektrischer Wahlmaschinen bestanden, sodass die Besucher hinter einem Vorhang ihren Lieblingspräsidenten, -filmstar und -musiker wählen konnten.

Als Anastas Mikojan, der erste stellvertretende Vorsitze des sowjetischen Ministerrats, den amerikanischen Pavillon besuchte, entschied er sich für Abraham Lincoln, Kim Novak und Louis Armstrong, erkundigte sich aber zuerst, ob er in der letzten Kategorie auch für Schostakowitsch votieren könne. Der russische Schriftsteller Boris Agapow, der dem Vorstand von *Nowy Mir* angehörte und das Ablehnungsschreiben an Pasternak mit unterzeichnet hatte, war vom amerikanischen Pavillon nicht beeindruckt. „Das sind alles Lügen. ... Deshalb ruft der Charakter, der allgemeine Tenor der amerikanischen Ausstellung Verunsicherung und noch ein weiteres Gefühl hervor: Scham. Es ist eine Schande, dass ein talentiertes, kreatives und hart arbeitendes Volk als ein Volk von Genusssüchtigen und gedankenlosen Sprücheklopfern präsentiert wird."

Doktor Schiwago konnte nicht im amerikanischen Pavillon verteilt werden, doch die CIA hatte Verbündete in unmittelbarer Nachbarschaft: Mitarbeiter der „Civitas Dei" – der „Stadt Gottes", wie der vatikanische Pavillon genannt wurde. Das modernistische Gebäude besaß einen glänzenden, knapp 58 Meter hohen weißen Glockenturm, den ein großes Kreuz krönte. Hinter ihm erstreckte sich das wie eine Sprungschanze anmutende Hauptgebäude. Es barg eine Kirche, sechs kleine Kapellen und Ausstellungsräume, in denen Exponate zum Papsttum und zur Geschichte der Kirche präsentiert wurden. Civitas Dei grenzte direkt an den US-amerikanischen und an den sowjetischen Pavillon.

Die Vatikan-Beamten und ortsansässige Katholiken begannen sich schon vor Eröffnung der Ausstellung auf den Ansturm sowjetischer Besucher vorzubereiten. Irina Posnowa, die in Belgien einen religiösen Verlag gegründet hatte, witterte eine günstige Gelegenheit zum Missionieren. Sie war 1914 als Tochter eines emigrierten orthodoxen Theologen in Kiew zur Welt gekommen und während ihres Studiums an der Katholischen Universität Löwen zum römischen Katholizismus konvertiert. Nach dem Zweiten Weltkrieg hatte sie in Brüssel die Organisation „La vie avec Dieu" gegründet, die religiöse Schriften in russischer Sprache in die Sowjetunion schmuggelte. Nun wollte Posnowa in Absprache mit dem vatikanischen Organisationskomitee „etwas versteckt" hinter einem Vorhang, direkt neben der „Kapelle der Stille", in der man über die Unterdrückung von Christengemeinschaften weltweit nachdenken sollte, eine kleine Bibliothek einrichten. Mit Unterstützung von Priestern und Laien, die des Russischen mächtig waren, verteilte La vie avec Dieu religiöse Schriften, so zum Beispiel Bibeln, Gebetbücher und russische Literatur. Unablässig strömten Sowjetrussen in den vatikanischen Pavillon – unter anderem, weil dort Rodins Skulptur *Der Denker* zu sehen war, die der Louvre für die Dauer der Expo ausgeliehen hatte.

Der belgische Priester Père Jan Joos, Generalsekretär des vatikanischen Organisationskomitees, bezifferte die Zahl der sowjetischen Touristen, die den vatikanischen Pavillon im Verlauf der Expo besuchten, auf 3 000. Es habe sich um Angehörige „der führenden, privilegierten Klassen" gehandelt, wie zum Beispiel Mitglieder der Akademie der Wissenschaften, Wissenschaftler, Schriftsteller, Ingenieure, Leiter von Kolchosen und Bürgermeister.

Agapow stattete auch dem vatikanischen Pavillon einen Besuch ab. Ihm verdanken wir einen der wenigen Berichte über den Empfang sowjetischer Besucher. Zunächst habe ihn ein Priester auf Französisch begrüßt und ihm Rodins Skulptur gezeigt. Dann habe sich eine „stämmige, nachlässig gekleidete Frau", lautstark auf Russisch in die Unterhaltung eingemischt und ihn einem anderen Priester vorgestellt. Dieser Priester – „Pater Pierre" – sei um die 35 Jahre alt und von rosiger Gesichtsfarbe gewesen, habe einen fuchsroten Bart und blaue Augen gehabt, und sein Atem habe nach Zigarren und Cognac gerochen. Er habe wie ein gebürtiger Moskowiter gesprochen.

Der Priester erklärte Agapow, dass der moderne Mensch verwirrt sei und Erlösung nur dann finden könne, wenn er sich an die christlichen Grundsätze halte. Er führte Agapow zu der versteckten Bibliothek und erklärte: „Wir veröffentlichen spezielle Bulletins, in denen wir darlegen, welche Filme, Radioprogramme und Bücher man sehen, hören und lesen sollte und welche nicht." Agapow vermerkte mit einer gewissen Befriedigung, dass er sich an den *Index Librorum Prohibitorum* erinnert fühle, das Verzeichnis der von der katholischen Kirche verbotenen Bücher und Autoren.

„Außer Evangelien und Gebetbüchern", so Agapow, „erhält man in der ‚Stadt Gottes' jegliche Art von Broschüren und Heften, in denen geschrieben steht, was Gott über unser Land, den Kommunismus und die Macht der Sowjetunion weiß – ungeachtet der Tatsache, dass diese Art von Propaganda eine Verletzung der Ausstellungsstatuten darstellt. Spitznasige Damen verkaufen und verteilen diese [Schriften] mit ‚seligem' Lächeln."

Anfang September begannen die Priester und spitznasigen Damen russischsprachige Exemplare von *Doktor Schiwago* zu verteilen. Zum guten Schluss gelangte die von der CIA finanzierte Ausgabe des Romans also doch noch in die Hände von Sowjetbürgern. Bald lag der blaue Leineneinband von *Doktor Schiwago* überall auf dem Ausstellungsgelände herum. So mancher Beschenkte riss zuerst den Buchdeckel ab und dann den Buchblock auseinander, um ihn auf mehrere Taschen verteilen und so besser verbergen zu können.

Eine von Exilrussen in Deutschland herausgegebene russische Wochenzeitung meldete: „Wir Russen sollten den Organisatoren des vatikanischen Pavillons dankbar sein. Ihren Bemühungen ist es zu verdanken, dass das größte zeitgenössische Werk der russischen Literatur – Boris Pasternaks Roman *Doktor Schiwago*, der in seinem Heimatland verboten ist – den Weg nach Russland findet. Gewöhnliche Russen haben mehr als 500 Exemplare nach Russland mitgebracht."

Die Nachricht vom Auftauchen des Romans auf der Expo drang schnell bis zu Pasternak vor. Im September schrieb er an seinen in Paris lebenden Freund Pjotr Suwtschinski: „Ist es wahr, dass *Doktor Schiwago* im Original erschienen ist? Offenbar haben Besucher der Brüsseler Ausstellung das Buch gesehen."

Die USA waren ziemlich zufrieden mit sich. „Dieser Abschnitt kann als rundum gelungen betrachtet werden", lautete eine auf den 9. September datierte Mitteilung. Beamte der Soviet Russia Division notierten, dass „weitere Exemplare" – sobald sie zur Verfügung stünden – „bei Kontakt- und Versandoperationen" verwendet und an Reisende ausgegeben würden, damit diese sie in die UdSSR brächten. Walter Cini schickte seinem BVD-Kollegen Joop van der Wilden ein englischsprachiges Exemplar von *Doktor Schiwago*, in das er hineinschrieb: „In Dankbarkeit für Ihren Mut und Ihre unermüdlichen Anstrengungen, das Monster vor Angst zum Quieken zu bringen. Voltaire."

Es gab nur ein Problem: Mouton hatte nie einen Vertrag mit Feltrinelli unterschrieben. Die russische Ausgabe, die in Den Haag gedruckt worden war, war illegal. Der italienische Verleger war wütend, als er erfuhr, dass der Roman in Brüssel verteilt worden war. Am 18. September schrieb er an Manya Harari, eine der englischen Übersetzerinnen: „Soeben habe ich gesehen, dass jemand irgendwo in Holland unter meinem (!) Namen eine russischsprachige Ausgabe von DOKTOR SCHIWAGO gedruckt und publiziert hat. Eine recht außergewöhnliche Verfahrensweise, muss ich sagen." Feltrinelli heuerte einen Detektiv an und schickte seinen Anwalt nach Den Haag, um „die Angelegenheit untersuchen und einen Höllenzauber veranstalten" zu lassen. Er drohte, sowohl Mouton als auch van der Beek zu verklagen, die schnell als Mittäter entlarvt wurden.

Die CIA zog durch diesen Zwischenfall ungewollt das Interesse der Öffentlichkeit auf sich. Der *Spiegel* verfolgte die Berichte der holländischen Presse und identifizierte einen der Freiwilligen, die im vatikanischen Pavillon ausgeholfen hatten, als „Wladimir Graf

Tolstoi", der „sich in den Dienst jener so finanzkräftigen wie militanten amerikanischen Kultur- und Propaganda-Organisation, die unter dem Namen ‚Komitee für Freies Europa‘ die sowjetische Ideologie aufzuweichen versucht", gestellt habe.

Pasternak, der den *Spiegel*-Artikel offenbar gelesen hatte, fragte eine Freundin, ob „einer der Verleger, die DS im Original [herausgebracht hatten], Wladimir G(raf) Tolstoi", einer von Leo Tolstois Enkeln sei. Durch den *Spiegel*-Artikel könnte Pasternak auch auf die Intrige im Zusammenhang mit der Publikation seines Romans auf Russisch aufmerksam geworden sein.

Die amerikanische Presse reagierte ebenfalls auf das Komplott. Anfang November schrieb ein Literatur-Kolumnist der *New York Times*, dass „kurz vor dem Ende der Brüsseler Weltausstellung unbekannte Personen vor dem sowjetischen Pavillon" herumgestanden und „*Doktor Schiwago* – auf Russisch – an Interessierte verteilt" hätten. „Wo diese Exemplare herkamen? Geheim!"

Mouton gab am 2. November eine Pressekonferenz, auf der Verlagsdirektor Fred Eekhout mit einer Mischung aus Wahrheit und Lügen den Spekulationen ein Ende zu bereiten versuchte. De Ridder habe zunächst der Manuskriptübergabe durch einen Franzosen zugestimmt, von dem er geglaubt habe, dass er im Auftrag Feltrinellis handle. Das war Unsinn. Der Verlag wollte nicht zugeben, dass er mit einem bekannten antikommunistischen holländischen Agitator verhandelt hatte. Er entschuldigte sich schließlich, indem er Anzeigen in der *New York Times*, im *Corriere della Sera*, in der *Times*, im *Figaro* und in der *Frankfurter Allgemeinen Zeitung* und anderen Zeitungen schaltete, in denen es hieß, es sei „lediglich einem bedauerlichen Missverständnis geschuldet", dass Mouton eine russische Ausgabe von *Doktor Schiwago* publiziert habe.

Auch Posnowas Organisation beteuerte öffentlich ihre Unschuld. Am 10. November sagte Pater Antoine Ilc bei einer Pressekonferenz im Foyer Oriental in Brüssel, die Organisation sei im August zu einer Konferenz nach Mailand eingeladen worden und habe dort von einigen ihr namentlich nicht bekannten Personen erfahren, dass Feltrinelli eine russischsprachige Ausgabe von *Doktor Schiwago* drucken wolle, um dem Autor seine Dankbarkeit zu erweisen. 15 Tage später seien der Organisation „kostenlose Exemplare von *Doktor Schiwago*" zugestellt worden – mit dem Vermerk „Für sowjetische Touristen".

Die Spione in Washington waren ob der Berichterstattung ziemlich entsetzt, und am 15. November 1958 erwähnte das *National Review Bulletin*, eine Beilage für Abonnenten des konservativen, von William F. Buckley Jr. gegründeten Magazins *National Review*, die CIA zum ersten Mal namentlich im Zusammenhang mit dem Druck der russischen Ausgabe von *Doktor Schiwago*. Ein Journalist, der unter dem Pseudonym Quincy arbeitete, kommentierte den im Stillen eingefädelten Coup auf der Weltausstellung begeistert: „Dieser bizarre Verein von Amateurspionen, die Central Intelligence Agency, mag exorbitant teuer sein, sorgt von Zeit zu Zeit aber für bemerkenswerte Knaller. Diesen Sommer zum Beispiel, begrub [die] CIA ihren Streit mit einigen unserer Verbündeten und ging auf unsere Feinde los – und war dabei, *mirabile dictu*, höchst erfolgreich. ... In Moskau wurden diese Bücher so eifrig weitergereicht wie Exemplare von *Fanny Hill* in einem Internatsschlafsaal."

Mouton einigte sich mit Feltrinelli. Das niederländische Verlagshaus erklärte sich bereit, weitere 5 000 Exemplare von *Doktor Schiwago* zu drucken, um den Verleger zu entschädigen. Dieser ließ den Vertrieb überwachen und wies Mouton darauf hin, dass er im Zusammenhang mit dem Buch keinerlei Geschäfte dulde, die auch nur im Ruch standen, von Geheimagenten lanciert zu sein. Journalisten gegenüber äußerte Feltrinelli, dass er nur eine kleine Auflage in russischer Sprache wolle, „sodass die 12 oder 14 Russisch-Experten unter den Kritikern die literarische Qualität des Werks bewerten können, die meiner Meinung nach ausgezeichnet ist."

Pasternak bekam schließlich eines der nach Russland eingeschmuggelten Bücher in die Hände – ein Exemplar der Ausgabe, die Mouton für die CIA gedruckt hatte. Er war zutiefst enttäuscht, denn es basierte auf einer frühen, unkorrigierten Manuskriptfassung. „Ihre schöne russische Ausgabe ist voller Druckfehler", schrieb er Feltrinelli. „Es ist fast ein anderer Text, nicht der, den ich geschrieben habe", beschwerte er sich im März 1959 in einem Brief an Jacqueline de Proyart. Er bat sie, eine „originalgetreue Ausgabe" zu erarbeiten.

Feltrinelli lag daran, den Streit mit den Niederländern beizulegen, denn inzwischen lag er sich auch mit den Amerikanern in den Haaren. Im Oktober – nach dem Erscheinen der niederländischen Ausgabe, aber vor dem mit der CIA vereinbarten Termin – verkündete die Universität Michigan, dass sie nun ihre Ausgabe herausbringen wolle. Feltrinelli verfasste ein geharnischtes Schreiben, in dem es hieß: „Es ist unsere Pflicht, Sie darauf hinzuweisen, das Pasternaks *Doktor Schiwago* durch internationales Urheberrecht geschützt ist", und schickte zwei Telegramme hinterher, auf die Fred Wieck brüsk reagierte: „Wir wären interessiert daran, zu erfahren, auf der Grundlage welchen Regelwerks Sie behaupten, im Besitz der Urheberrechte an dem russischen Text dieses Romans in den Vereinigten Staaten von Amerika zu sein."

Kurt Wolff, der Leiter des US-amerikanischen Verlages Pantheon Books, der die englischsprachige Ausgabe von *Doktor Schiwago* veröffentlichte, schrieb entrüstet an Hatcher, den Präsidenten der Universität. Vor dem Hintergrund des „fürchterlichen Drucks", dem Pasternak zu Hause ausgesetzt sei, „werden wir Zeugen des erstaunlichen Spektakels, dass nur zwei Institutionen versuchen, ihm seine Grundrechte zu verwehren: der sowjetische Schriftstellerverband, der sich weigert, die Publikation des Buches in Russland zu genehmigen, ... und die University of Michigan Press, die sein Werk ohne seine oder die Erlaubnis seines Agenten zu publizieren beabsichtigt".

Wolff bat die Universität, das Unrecht, das sie „an einem Mann" zu begehen im Begriff war, „der sich nicht selbst verteidigen kann", wiedergutzumachen.

Wieck antwortete, dass die Universität Studenten wie Wissenschaftlern einen Dienst zu erweisen glaube, indem sie sich von Feltrinellis Versuchen, „die Zensur des sowjetischen Schriftstellerverbandes auf die ganze Welt auszudehnen", nicht an die Kandare nehmen ließ.

„Es ist also offensichtlich, warum wir uns darüber ärgern, dass sie die University Press anklagen und ihr Vorgehen mit dem Vorgehen des sowjetischen Schriftstellerverbands auf eine Stufe stellen". Trotzdem erklärte Wieck sich zu einem Kompromiss bereit. Er schlug Wolff vor, seinen Einfluss geltend zu machen und Feltrinelli eine Lizenz für Michigan abzuschwatzen, um einen Gerichtsprozess zu vermeiden. Die Kontrahenten wurden sich einig, und im Januar 1959 brachte die University of Michigan eine Ausgabe von *Doktor Schiwago* heraus, die auf der Reproduktionsvorlage basierte, die die CIA von Morrow erhalten hatte.

Allen Dulles, der Direktor der CIA, telegrafierte, dass der ganze Ärger mit dem Druck „sich angesichts des offensichtlichen Effekts auf die Sowjets" letztlich gelohnt habe. Gemäß einem Bericht im *Encounter*, einer von der CIA unterstützten Zeitschrift, gelangten bereits im November 1958 „Exemplare einer unzensierten russischen (in Holland publizierten) Ausgabe von *Doktor Schiwago* in die UdSSR. Auf dem Schwarzmarkt sollen sie für 200–300 Rubel gehandelt werden".

Das entsprach fast dem Wochenlohn eines Arbeiters und war in Moskau ein sehr happiger Preis für ein Buch, doch die Schwedische Akademie hatte Pasternak schon den Nobelpreis für Literatur zugesprochen, und die Moskowiter wollten *Doktor Schiwago* unbedingt haben – koste es, was es wolle.

Kapitel 10

„Aus ihm blickt auch das Genie:
die Nerven liegen blank, er ist von Unglück
und Verhängnis getroffen."

Max Frankel, Moskau-Korrespondent der *New York Times*, eilte am 22. Oktober 1958 in die Datscha-Siedlung Peredelkino. Er wollte mit Pasternak sprechen, nachdem seine Zeitung erfahren hatte, der Autor von *Doktor Schiwago* werde so gut wie sicher den Nobelpreis für Literatur erhalten. Die Bestätigung erwartete man für den folgenden Tag. In der Datscha waren bereits einige Menschen versammelt, und um Pasternak scharte sich gut ein Dutzend Freunde. Als Frankel die Neuigkeiten bekannt gab, wurde die Zusammenkunft zu einem Fest. In der Luft lag die Ahnung eines Aufruhrs, und der Journalist zog sich zwischenzeitlich auf die Toilette zurück, um sich einige der aufwieglerischen, vom Alkohol inspirierten Kommentare zu notieren, die er soeben gehört hatte. Beflügelt durch die Situation ließ sich Pasternak zu einem freimütigen Kommentar über die Entstehungsgeschichte seines Romans und dessen Bedeutung hinreißen: „Dieses Buch ist das Ergebnis einer unglaublichen Zeit. Man hält es nicht für möglich, doch überall um uns wurden junge Männer und Frauen zu Ehren dieses Ochsen geopfert. [...] All das, was ich um mich herum gesehen habe, musste ich niederschreiben. Ich hatte nur Angst, ich würde nicht in der Lage sein, es auch zu vollenden."

Pasternaks Vorfreude auf die Ehre des Nobelpreises, die er, wie Achmatowa glaubte, „mehr als alles andere" herbeisehnte, war mit ein wenig Beklemmung verbunden – ein Schauder vor dem Leidensweg, der sich nun vor ihm öffnete. „Sie werden mich für unbescheiden halten", erklärte er Frankel. „Doch meine Gedanken kreisen nicht um die Frage, ob ich diese Auszeichnung verdient habe. Sie bedeutet eine völlig neue Rolle für mich, eine große Verantwortung. Schon mein ganzes Leben war es so. Einen Moment, nachdem mit mir etwas geschehen ist, kommt es mir vor, als sei es schon immer so gewesen. Ja, natürlich, ich bin über alle Maßen glücklich, aber Sie müssen verstehen, dass ich mich augenblicklich dieser neuen, einsamen Rolle anpasse, als wäre es schon immer so gewesen."

Den Nobelpreis für Literatur verleiht die Schwedische Akademie – ein Vermächtnis von Alfred Nobel, jenem schwedischen Industriellen, der das Dynamit erfunden hat und festlegte, der Preis solle jener Person zugeteilt werden, „die im Bereich der Literatur das Vorzüglichste in idealistischer Richtung geschaffen hat". Die Akademie selbst war 1786 von König Gustav III. als kleines Institut zur Förderung der schwedischen Sprache und ihrer Literatur gegründet worden – „um für die Reinheit, die Kraft und die Majestät der schwedischen Sprache zu arbeiten, sowohl in den Wissenschaften als auch in den Künsten der Poesie und Rhetorik." Darüber hinaus überwacht sie unterschiedliche linguistische Forschungsprojekte wie etwa das historische Wörterbuch der schwedischen Sprache, das die Schwedische Akademie herausgibt.

Nach einigen internen Diskussionen über die Auswirkung auf ihre grundsätzlich beschränkte Aufgabe nahm die Akademie nach Nobels Tod dessen Vermächtnis an. Sie verantwortet seitdem den international prestigeträchtigsten Literaturpreis. Die 18 Mitglieder der Schwedischen Akademie wählen aus den eigenen Reihen das vier- bis fünfköpfige Nobelkomitee. Dieses Komitee sammelt Vorschläge internationaler literarischer Gesellschaften und Akademien, beurteilt die Nominierten und stellt der gesamten Schwedischen Akademie anschließend eine Shortlist mit Kandidaten zur Abstimmung vor. Neben dem globalen Ansehen bedeutete der Preis 1958 auch die exakte Summe von 214 599,40 schwedischen Kronen, heute rund 24 000 Euro.

Zum ersten Mal wurde Pasternak 1946 nominiert. Ein Jahr später bekam seine erneute Nominierung mehr Gewicht, als das Nobelkomitee den schwedischen Wissenschaftler Anton Karlgren bat, einen ausführlichen Bericht über Pasternaks Werk zu verfassen. Karlgren hielt fest, Pasternak sei der erste Schriftsteller der Sowjetunion, der von der Akademie berücksichtigt werde; zwar hatte der emigrierte russische Autor Iwan Bunin den Preis 1933 erhalten, dann aber Moskaus Angebot zur Rückkehr in die Sowjetunion und zur Versöhnung mit dem kommunistischen Staat abgelehnt. Indem er sich vor allem auf Pasternaks Lyrik konzentrierte, fiel Karlgrens Urteil nicht ausschließlich positiv aus, vor allem da er den Autoren als häufig zu unzugänglich für den durchschnittlichen Leser empfand. Allerdings, so fügte er ausgleichend hinzu, würde Pasternak von den anspruchsvollsten Kritikern des Westens als führender russischer Poet betrachtet. In seiner Prosa, so Karlgren weiter, würde Pasternak seine Fähigkeit unter Beweis stellen, „die geheimsten Regungen der Seele" zu beschreiben und verglich ihn mit Marcel Proust.

Zwischen 1946 und 1950 tauchte Pasternak jedes Jahr auf der Liste des Nobelkomitees auf. 1954, als Ernest Hemingway den Preis verliehen bekam, wähnte sich Pasternak ebenfalls wieder auf der Shortlist – was jedoch nicht zutraf. In einem Brief an seine Cousine schrieb Pasternak, es habe ihm gefallen, „wenn auch durch ein Missverständnis, neben Hemingway zu stehen." Sie antwortete: „Noch nie hat Dynamit solch treffliche Folgen gezeitigt wie diese Anwartschaft auf den Thron Apollos."

Erst 1957 war Pasternaks Name wieder auf der Liste des Nobelkomitees zu finden, in jenem Jahr, in dem Albert Camus den Preis erhielt. In einem Vortrag an der Universität Uppsala am 14. Dezember 1957, wenige Tage nachdem er die Auszeichnung entgegengenommen hatte, sprach Camus vom „großartigen Pasternak" und eröffnete damit ein Jahr voller Spekulationen, ob Pasternaks Zeitpunkt nun gekommen sei. Auch wenn er sich nach dieser Ehrung sehnte, so war sich Pasternak des politischen Risikos, das mit seiner Ernennung verbunden gewesen wäre, durchaus bewusst. Nur vier Tage nach Camus' Rede in Schweden schrieb Pasternak an seine Schwester Lydia in Oxford: „Wenn man mir, wie einige glauben, trotz der sowjetischen Proteste den Nob[el]preis geben wird, wird man mich wahrscheinlich hier mit allen Mitteln zur Ablehnung zu bewegen versuchen. Ich glaube, ich werde das Standvermögen besitzen, das nicht zu tun. Doch vielleicht wird man mich nicht zu seiner Entgegennahme reisen lassen."

Bis zum Ende der Nominierungsfrist Ende Februar 1958 war Pasternak, unabhängig voneinander, sowohl von Renato Poggioli und Harry Levin, Professoren in Harvard, als auch von Ernest Simmons von der Columbia University vorgeschlagen worden. Von diesen dreien war Poggioli der Einzige, der *Doktor Schiwago* tatsächlich gelesen hatte. Nach seinen Worten war der Roman „nach dem Vorbild von Krieg und Frieden geformt und ohne Frage eines der großartigsten Werke, die in der Sowjetunion verfasst wurden, weshalb es dort auch nicht erscheinen darf."

Simmons schrieb über Pasternaks „frischen, erfindungsreichen, schwierigen Stil, dessen außergewöhnliche Metaphorik, elliptische Sprache und assoziative Methode bemerkenswert sind. Gefühle und Gedanken werden in seiner Lyrik wunderbar vermischt, was eine leidenschaftlich intensive, aber immer auch sehr persönliche Sicht auf das Leben verrät. Auch seine Prosa ist höchst poetisch und kann vielleicht als die brillanteste Prosa der sowjetischen Literatur bezeichnet werden. In seiner Romandichtung, wie auch in seiner langen Kurzgeschichte „Detstvo Lyuvers" [*Lüvers Kindheit*], beweist er seine unheimliche Fähigkeit zu psychologischen Analysen. [...] Pasternaks literarisches Aroma lässt sich charakterisieren, indem man ihn als den T.S. Eliot der Sowjetunion bezeichnet."

Harry Levin schrieb der Schwedischen Akademie: „In einer Welt, in der große Lyrik zweifelsohne selten geworden ist, scheint mir Herr Pasternak einer von vielleicht einem halben Dutzend erstklassiger Dichter unserer Zeit zu sein. [...] Die vielleicht außergewöhnlichste Tatsache seiner Karriere ist, dass er unter dem schweren Druck, der Schriftsteller dazu zwingt, ihre Worte für ideologische Propaganda zu nutzen, dennoch unbeirrbar an jenen ästhetischen Werten festgehalten hat, die für sein Schreiben so reichlich typisch sind. Damit hat er ein Beispiel für künstlerische Integrität gesetzt, für das er Ihre besondere Auszeichnung unbedingt verdient hat."

Pasternaks Bedeutung in Stockholm bekam durch die Veröffentlichung von *Doktor Schiwago* in Mailand zusätzliches Gewicht. Anders Österling, der ständige Sekretär der Schwedischen Akademie, las die italienische Ausgabe und verglich den Roman ebenfalls mit Krieg und Frieden. Am 27. Januar 1958 erschien in der Zeitung *Stockholms-Tidningen* seine Besprechung von *Doktor Schiwago*, und

Österlings glühende Bewertung war eine wichtige, wenn nicht sogar die entscheidende Bestätigung Pasternaks für die Akademie: „Ein starker patriotischer Akzent leuchtet hier auf, jedoch ohne jeden Anklang an leere Propaganda. Mit seiner überreichen Dokumentation, der intensiven lokalen Färbung und seiner psychologischen Freimütigkeit legt dieses Werk glaubhaft Zeugnis davon ab, dass die Fähigkeit zu Kreativität in Russland keineswegs ausgelöscht wurde. Es fällt schwer zu glauben, dass die sowjetischen Behörden ernsthaft erwägen konnten, die Veröffentlichung des Romans im Land seiner Entstehung zu verbieten."

In Europa und den Vereinigten Staaten produzierte *Doktor Schiwago* augenblicklich eine ganze Reihe von Schlagzeilen. Die Presse konzentrierte sich auf jene Punkte, in denen sie antikommunistische Tendenzen wahrzunehmen glaubte, sowie auf die Versuche durch den Kreml und die italienische kommunistische Partei, das Erscheinen des Buchs zu verhindern. Die *New York Times* druckte in einem Artikel vom 21. November 1957 einige jener Äußerungen von Protagonisten ab, in denen sie den Marxismus, die Kollektivierungen und das Versagen der Revolution beim Erreichen ihrer Ziele verurteilten. Wenige Tage später war in *Le Monde* zu lesen, dass der Roman eine weitere Errungenschaft der Sowjetunion sein könnte, gäbe es nicht die unbeholfenen Zensoren im Land. Und in London fragte sich *The Observer* „Wovor haben sie Angst?" Diese Zeitungsartikel wurden zwar für das Zentralkomitee ins Russische übersetzt, doch über die Veröffentlichung des Romans verlor der Kreml weiterhin kein Wort. Man hatte entschieden, dass nach Surkows gescheiterter Mission in Italien weitere Stellungnahmen nicht förderlich seien. Sogar ein wenig Selbstbetrug lässt sich feststellen. Polikarpow behauptete in einer Mitteilung, die an seine Kollegen ging, darunter auch an das Politbüro-Mitglied Jekaterina Furzewa, der Roman würde in Italien nur wenig beachtet und die Bemühungen derjenigen, die eine antisowjetische Sensation organisieren wollten, seien fehlgeschlagen.

Einige bedeutende Schriftsteller Europas und russische Gelehrte äußerten sich ebenfalls zu dem Buch. Zu Pasternaks Beherrschung des Romans als Form gab es kritische Stimmen, die Rezensenten ließen sich jedoch von der im Roman erzeugten Welt und deren

Gefühle stimulieren. In einem langen Essay mit dem Titel „Pasternak und die Revolution" schrieb Italo Calvino, dass „nach der Hälfte des zwanzigsten Jahrhunderts uns nun der große russische Roman des neunzehnten Jahrhunderts wieder heimsucht wie der Geist von König Hamlet." Calvino legte dar, Pasternak sei „nicht an Psychologie, Charakter, Situationen interessiert, sondern an etwas weitaus Allgemeinerem und Direkterem: dem Leben. Pasternaks Prosa ist schlichtweg die Fortsetzung seiner Lyrik." Er fuhr fort, dass Pasternaks „Einwände gegen den sowjetischen Kommunismus [...] in zwei Richtungen zu zielen scheinen: gegen die Barbarei, die rücksichtslose Grausamkeit, die der Bürgerkrieg freigesetzt hat" und „gegen die theoretischen und bürokratischen Abstraktionen, in denen die revolutionären Ideale tiefgefroren sind."

Victor Frank, bei Radio Liberation für den russischen Dienst verantwortlich und Sohn des von Lenin aus der Sowjetunion verwiesenen Philosophen Semyon Frank, fasste es für *The Dublin Review* so zusammen: Pasternak sei „in der Prosa nicht wirklich Zuhause". Dennoch sei für ihn der Roman „ein wirklich großes und ein wirklich modernes Kunstwerk."

Er schrieb weiter: „Was den Roman so seltsam erscheinen lässt wie einen aztekischen Tempel zwischen lauter mürrischen Miethochhäusern, ist seine überragende Gleichgültigkeit allen offiziellen Tabus und Vorschriften der modernen sowjetischen Literatur gegenüber. Er ist formuliert, als gäbe es die Festlegungen der kommunistischen Partei in Fragen der Kunst nicht. Er wurde von einem Mann geschrieben, der sich seine Freiheiten erhalten und sie sogar ausgebaut hat – Freiheiten von allen äußeren Einschränkungen und internen Beschränkungen."

Pasternak verfolgte aufmerksam, wie sein Buch im Westen aufgenommen wurde, ebenso, dass einige dieser Kritiken antisowjetisch gefärbt waren. Er argumentierte, dass, würden die sowjetischen Behörden den Roman einfach „in einer offensichtlich zensierten Fassung veröffentlichen, dies einen beruhigenden und besänftigenden Einfluss auf die ganze Angelegenheit haben würde. Genauso wie Tolstois Auferstehung und viele andere Bücher vor der Revolution hier und im Ausland in zwei gänzlich unterschiedlichen Formen erschienen sind; und niemand sah darin etwas, wofür man sich schämen müsste, und jeder schlief friedlich in seinem Bett, ohne dass der Boden unter ihm nachgab." Die Idee einer Veröffentlichung war nun mit einem Bann belegt, und nach dem Erscheinen des Romans in Italien verurteilte Surkow bei einer Rede in Moskau alle Versuche, Pasternak „kanonisieren" zu wollen.

Piotr Suwtschinski, ein in Paris lebender Freund Pasternaks, berichtete ihm in einem Brief von der italienischen Übersetzung. „Die Kritiken waren begeistert; alle waren sich einig, dass dieser Roman weltweit von Bedeutung ist. Plötzlich kommt ein bislang verborgenes Russland und eine bislang verborgene russische Literatur für jeden ersichtlich wieder ans Tageslicht. Ich habe deine ‚romanza' mithilfe eines Wörterbuchs auf Italienisch gelesen. So viele Fragen sind dabei aufgetaucht!"

Zum Anklang an den Kalten Krieg in manchen Artikeln, der Suwtschinski nicht entgangen war, fügte er hinzu: „Es ist natürlich ärgerlich, unverzeihlich und gedankenlos, dass amerikanische Dummköpfe eine politische Angelegenheit daraus machen. Das ergibt überhaupt keinen Sinn." Auch Pasternak bekümmerte die Reduzierung seines Romans auf ein politisches Pamphlet, das sein Heimatland anklagte. „Ich bedauere den Lärm, der [um mein Buch] gemacht wird", ließ er Ende 1957 Gerd Ruge wissen. „Alle schreiben sie darüber. Aber wer hat das Buch eigentlich gelesen? Was zitieren sie denn? Immer die gleichen drei Seiten aus einem Buch von 700 Seiten."

Das Jahr 1958 begann unglücklich für Pasternak. Ende Januar zog er sich eine Blasen-Kolik zu. Er bekam hohes Fieber und verspürte starke Schmerzen im Bein. Seine Familie konnte ihm keine angemessene Behandlung zukommen lassen; im Vorjahr hatte der Schriftstellerverband entschieden, dass Pasternak „eines Bettes im Kreml-Krankenhaus nicht würdig" sei. Seine Frau bereitete ihm Senfbäder, eine Krankenschwester legte ihm zu Hause einen Katheter. Am 3. Februar besuchte ihn sein Nachbar Kornei Tschukowski. Pasternak wirkte erschöpft, schien aber zunächst guter Dinge zu sein. Tschukowski fiel auf, dass er Henry James las und Radio hörte. Unvermittelt ergriff er Tschukowskis Hand und küsste sie. „In seinen Augen lag Schrecken", erinnerte sich der Besucher.

„Ich spüre, wie der Schmerz zurückkommt. Er lässt mich darüber nachdenken, wie gut es wäre zu ...", sagte Pasternak. Was er nichts sagte, war das Wort sterben. „Ich habe in meinem Leben all das getan, das mir etwas bedeutet hat", fuhr er dann fort. „Es wäre so gut."

Tschukowski war aufgebracht darüber, dass „Niemande und Speichellecker", wie er sie nannte, „die von allen verachtet werden, sich auf der Stelle Luxusbehandlungen bestellen [können], während Pasternak dort lag und nicht einmal die grundlegendste Pflege erhielt."

Tschukowski reiste nach Moskau, wo er mit Freunden bei den Behörden darum bat, Pasternak ins Krankenhaus einweisen zu können. Schließlich wurde ein Bett in der Klinik des Zentralkomitees gefunden und ein Krankenwagen zu seiner Datscha geschickt. Sinaida kleidete ihren Mann mit Pelzmütze und -mantel ein. Ein paar Arbeiter räumten den Schnee von der Haustür bis zur Straße beiseite, sodass Pasternak auf einer Trage zum wartenden Krankenwagen getragen werden konnte. Den sorgenvollen Freunden am Wegrand warf er Kusshände zu.

Einige Monate verbrachte Pasternak dort in Pflege. Ausdauernd zu arbeiten war ihm allerdings nicht möglich, und so verbrachte er viel Zeit damit, Briefe von Bewunderern zu beantworten, die ihn in immer größerer Zahl aus dem Ausland erreichten. Er hatte Zeit, über die Leistung nachzudenken, die es war, *Doktor Schiwago* geschrieben zu haben. „Mehr und mehr zieht mich das Schicksal an einen unbekannten Ort, von dem selbst ich nur eine schwache Ahnung habe, wo er liegt", schrieb er einem georgischen Freund. „Es ist sehr wahrscheinlich, dass erst viele Jahre nach meinem Tod deutlich werden wird, worin die Gründe, die großen, die überwältigend großen Gründe lagen, auf denen ich meine Aktivitäten in den letzten Jahren aufgebaut habe, welche Luft sie geatmet, woraus sie ihre Lebenskraft erhalten haben, wozu sie dienten."

Im April wurde Pasternak nach Hause entlassen. Lydia Tschukowskaja begegnete ihm im Hause ihres Vaters. „Mein erster Eindruck war, dass er großartig aussah: gebräunt, mit großen Augen, jugendlich, grauhaarig, gut aussehend. Und vielleicht weil er so gut aussehend und jung wirkte, prägte das Zeichen der Tragödie, die ihn in den letzten Jahren ereilt hatte, sein Gesicht umso mehr. Keine Müdigkeit, kein Alter, sondern Tragödie, Schicksal, Verhängnis." Ihr Vater stimmte dem zu und sah Pasternak „geformt wie eine tragische Figur: verdrehte Lippen, ohne Krawatte [...] doch aus ihm blickt auch das Genie: die Nerven liegen blank, von Unglück und Verhängnis getroffen."

Mit jeder weiteren Übersetzung in einer neuen Sprache stieg auch im Ausland die Freude über den Roman. Kurt Wolff, Verleger von Pantheon Books, stellte im Februar 1958 Pasternak in einem Brief sich und seinen Plan vor, *Doktor Schiwago* in den Vereinigten Staaten zu veröffentlichen. Er schrieb, er sei bislang nur in der Lage gewesen, den Roman vollständig auf Italienisch zu lesen, da die englische Übersetzung noch im Gange sei. „Genug zu sagen, dass es meiner Meinung nach der bedeutendste Roman ist, den ich in einer langen verlegerischen Berufstätigkeit [...] das Glück und die Ehre hatte zu veröffentlichen", hieß es in Wolffs Brief. Der in Deutschland geborene Verleger erinnerte sich weiterhin an seine Zeit in Marburg zurück, wo er 1912, ein Jahr vor Pasternak, als Student immatrikuliert gewesen war. „Schön wäre es, könnte man über dieses und mehr einmal mündlich plaudern – vielleicht in Stockholm gegen Ende des Jahres 1958." Pasternak antwortete: „Was Sie von Stockholm schreiben, wird nie geschehen, da meine Regierung nie eine Einwilligung zu einer beliebigen Auszeichnung meiner geben wird."

Die französische Übersetzung von *Doktor Schiwago* wurde im Juni 1958 veröffentlicht. Als Pasternak eine Ausgabe in Händen hielt, brach er in Tränen aus. Er schrieb de Proyart: „Die Veröffentlichung von *Doktor Schiwago* in Frankreich und die bemerkenswerten persönlichen Briefe, so schwindelerregend und atemberaubend – all das ist für sich genommen schon ein ganz eigener Roman, eine besondere Erfahrung, die sich anfühlt wie Verliebtsein."

Im selben Monat erreichte ihn zudem ein Brief von Albert Camus, dem er einen Abdruck seiner Rede in Uppsala beigelegt hatte. „Ich wäre nichts ohne das Russland des neunzehnten Jahrhunderts", schrieb er. „Ich habe in Ihnen das Russland wiederentdeckt, das mich ernährt und gestärkt hat."

In Großbritannien und den USA erschien *Doktor Schiwago* im September. In einer ausführlichen Besprechung in *The New York Book Review* schwärmte Marc Slonim: „All jene, die mit dem sowjetischen

Roman der letzten 25 Jahre vertraut sind, wird Pasternaks Buch verblüfft haben. Das Vergnügen an dieser literarischen Entdeckung mischt sich mit einem Gefühl der Überraschung: Dass Pasternak, der sein ganzes Leben in einer sowjetischen Umgebung verbrachte, all den externen Zwängen und Verengungen widerstehen und ein Werk von derartiger Unabhängigkeit, mit weitem Gefühl und ungewöhnlicher Vorstellungskraft ersinnen und niederschreiben konnte, grenzt fast an ein Wunder." Die Veröffentlichung in Deutschland folgte Anfang Oktober, und der Kritiker der *Frankfurter Allgemeinen Zeitung*, Friedrich Sieburg, urteilte, dass „uns dieses Buch wie ein Flüchtling erreicht hat, oder vielmehr wie ein Pilger. In ihm steckt keine Angst und kein Lachen, dafür die Gewissheit, dass der Mensch so lange unzerstörbar ist, wie er liebt."

Zwar waren die Kritiken überwiegend, aber doch nicht ausschließlich positiv. Orville Prescott, Kritiker für die *New York Times*, schrieb, der Roman sei lediglich „eine achtbare Leistung" und fuhr fort: „Wäre der Roman von einem russischen Emigranten, einem amerikanischen oder englischen Autoren verfasst worden, der eine Menge gewissenhafter Recherchen betrieben hätte, würde *Doktor Schiwago* wohl kaum derart viel Aufregung verursachen." In einem Gespräch mit der BBC urteilte E.M. Foster, der Roman werde überschätzt. „Dem Roman fehlt es an der Solidität von Krieg und Frieden. Ich glaube nicht, dass Pasternak wirklich an Menschen interessiert ist. Mir scheint, das Buch ist vor allem wegen seiner epischen Qualitäten interessant."

Obwohl es seit der Veröffentlichung des Romans in Italien vonseiten des Kreml keine Stellungnahmen gegeben hatte, dauerten die Feindseligkeiten Pasternak gegenüber an. Als Surkow sich im Sommer mit dem britischen Journalisten und Politiker R. H. S. Crossman traf, verteidigte er das Verbot des Buches. „In Ihrer bürgerlichen Gesellschaft wird die sogenannte Freiheit nicht nur Shakespeare oder Graham Greene eingeräumt, sondern auch der Pornographie. Wir sehen nichts Unmoralisches darin, Verlagen den Druck von schrecklichen Comics oder schädlichen Romanen zu verbieten. Pasternak ist ein sonderbarer Genosse. Einige seiner angesehensten Kollegen gaben sich Mühe, ihn davon zu überzeugen, dass das Ende seines Romans falsch sei, doch er wollte ihren Rat nicht annehmen. Offiziell ist er Mitglied unseres Verbandes, doch geistig ist er asozial, ein einsamer Wolf."

Als Crossman daraufhin anmerkte, dass viele große Schriftsteller sonderbare Menschen waren, beispielsweise Nietzsche, schüttelte Surkow die Faust und rief: „Ja, und daher hätten wir auch Nietzsche verboten und somit den Aufstieg des Hitlertums verhindert."

Crossman wies darauf hin, dass Surkow über einen Roman urteile, den er gar nicht gelesen habe.

„Aber *Doktor Schiwago* ist berüchtigt", gab Surkow verärgert zurück. „Alle sprechen darüber."

„Alle in Moskau?", wollte Crossman leicht schadenfroh wissen.

Die Aufmerksamkeit, die Pasternak im Westen zuteil wurde, brachte ihm per Post nicht nur Zuspruch, sondern auch Nachrichten von inländischen Kritikern. Ein Briefschreiber aus Vilnius, der Hauptstadt der litauischen Sowjetrepublik, ließ ihn wissen: „Wenn Sie hören, wie die Auftragsmörder der Voice of America Ihren Roman loben, müssten Sie vor Scham in Flammen aufgehen." Fjodor Panfjorow, der Herausgeber der Literaturzeitschrift Oktjabr (Oktober), schlug auf aggressive Weise Iwinskaja vor, Pasternak solle nach Baku fahren und über den Bau von Ölbohranlagen schreiben, um sich damit zu rehabilitieren.

Im April kehrte Georgi Markow, ein führendes Mitglied des Schriftstellerverbands, von einer offiziellen Reise nach Schweden zurück. Er informierte seine Kollegen die schwedische Intelligenzija und die Presse diskutierten unablässig über Pasternak und *Doktor Schiwago*. Markow gab die Gerüchte wider, dass zu den potentiellen Kandidaten für den Nobelpreis neben Pasternak auch Alberto Moravia, der US-Amerikaner Ezra Pound sowie Michail Scholochow, Autor von *Der stille Don*, gehörten. Scholochow war Chruschtschows Schwager und ein vom Kreml favorisierter Autor. Sein Roman galt als vorbildlich für den sozialistischen Realismus und war eines der meist gelesenen Bücher der UdSSR. Moskau hatte durch Druck in den vorausgegangenen Jahren Scholochows Nominierung für den Nobelpreis erreicht. Markow zitierte schwedische Schriftsteller, die der Akademie nahe standen und berichteten, die Teilung des Preises zwischen Pasternak und Scholochow sei im

Gespräch, zumal es bereits zuvor dazu gekommen war, dass es in einem Jahr gleich zwei Preisträger gegeben hatte. „Um der Gerechtigkeit Genüge zu tun und Scholochow zum Sieg zu verhelfen, schlägt unser schwedischer Kamerad vor, die Bemühungen zur Unterstützung Scholochows zu intensivieren", schrieb Markow.

Dmitri Polikarpow, der zusammen mit Surkow im Vorjahr die Bemühungen um ein Verbot des Romans in Italien verantwortet hatte, forderte seine Genossen auf, sich offensiv gegen eine Auszeichnung Pasternaks zu wenden. In einem Memorandum für das Zentralkomitee schlug Polikarpow vor, die Zeitungen *Prawda*, *Istwestija* und *Literaturnaja Gaseta* sollten zügig Artikel über Scholochows Werk und seine öffentlichen Aktivitäten publizieren. (Scholochow war Mitglied des Obersten Sowjet der UdSSR, dem höchsten legislativen Organ des Staates.) Polikarpow regte zudem an, die Zeitungen sollten erwähnen, dass Scholochow, der seit Jahren nichts Bedeutendes mehr geschrieben hatte, soeben den zweiten Band von *Neuland unterm Pflug* vollendet habe. Der erste Band war 1932 erschienen.

Polikarpow empfahl weiter, die sowjetische Botschaft in Stockholm solle ihre Kontakte in die schwedische Kunstszene nutzen, um deutlich zu machen, dass eine Wahl Pasternaks als „unfreundlicher Akt" aufgefasst würde. Wenige Tage später schrieb der Romanautor und frühere Kriegsberichterstatter Boris Polewoi an das Zentralkomitee, der Westen könne versucht sein, mithilfe des Nobelpreises ein antisowjetisches „Gefühl" zu erzeugen, indem er „die fehlende Freiheit des Wortes in der Sowjetunion" betone und behaupte, es gäbe „politischen Druck auf gewisse Autoren." Polewoi anerkannte Pasternaks literarische Begabung, stufte ihn jedoch als dem sowjetischen Schreiben gegenüber feindlich gesinnt ein – „ein Mann von immensem Talent; und doch ist er ein Fremdkörper in unserer Mitte."

Die Schwedische Akademie hatte bereits zuvor sowjetischen Druck verspürt und ihm widerstanden. Ihr Mitglied Dag Hammarskjöld schrieb 1955 einem Kollegen: „Ich würde gegen Scholochow stimmen, und zwar nicht nur aus einer Überzeugung heraus, die ausschließlich auf künstlerischen Argumenten beruht, sondern auch aus der Überlegung heraus, dass man heutzutage einem Preis für einen sowjetischen Autoren sehr rasch eine Reihe von vermeintlich politischen Motivationen zuschreiben würde, was mir wie eine sehr wenig empfehlenswerte Idee erscheint."

Der Versuch, Scholochows Kandidatur zu fördern, scheiterte ein weiteres Mal. Die Akademie zog drei Namen in die engere Auswahl: Pasternak, Alberto Moravia und Karen Blixen (Pseudonym Isak Dinesen), jene dänische Autorin, die 1937 *Jenseits von Afrika* geschrieben hatte.

Mitte September bat Jekaterina Furzewa darum, Reaktionen für den Fall vorzubereiten, dass Pasternak den Nobelpreis gewinnen sollte. Erstaunlicherweise empfahlen Polewoi und Surkow, in diesem Fall eine kleine Auflage von 5 000 bis 10 000 Exemplaren von *Doktor Schiwago* zu drucken, die man nicht frei verkaufen, sondern an ein ausgewähltes Publikum verteilen sollte. Ihre Begründung dafür lautete, eine solche Veröffentlichung würde „es den bürgerlichen Medien unmöglich machen, einen Skandal zu provozieren."

Der Vorschlag wurde abgelehnt, da der Vorsitzende der Kulturabteilung beim Zentralkomitee zum Schluss gekommen war, die westliche Presse werde auf jeden Fall einen Skandal provozieren, egal ob das Buch erscheine oder nicht. Darüber hinaus fürchtete er, dass, sollte der Roman in der Sowjetunion gedruckt werden, er auch in anderen Ostblockstaaten veröffentlicht werden würde, wo er ebenfalls verboten war.

Stattdessen formulierten Polikarpow und andere Mitglieder des Zentralkomitees eine Reihe von Maßnahmen, die man ergreifen wollte, würde die Schwedische Akademie tatsächlich den „feindlichen Akt" vornehmen und Pasternak den Preis zuerkennen. Michail Suslow, die graue Eminenz des Kreml und Chef-Ideologe, segnete diese Vorschläge ab.

Nun nahm die Kampagne, mit der der Autor diffamiert werden sollte, langsam Formen an: Den Ablehnungsbrief der *Nowy Mir* aus dem Jahr 1956 wollte man in der *Literaturnaja Gaseta* abdrucken. Die *Prawda* sollte einen „satirischen Artikel" publizieren, der den Roman denunzierte und „die wahren Absichten der feindlich gesonnenen Kampagne der bürgerlichen Presse um die Verleihung des Nobelpreises an Pasternak enthüllt". Eine Gruppe prominenter sowjetischer Autoren sollte eine gemeinsame Stellungnahme verfassen, in der es hieß, der Preis sei ein Versuch, den Kalten Krieg anzuheizen. Und schließlich plante man Pasternak aufzufordern, den Nobelpreis abzulehnen, „da der Preis nicht dem Interesse unseres Vaterlandes dient".

In diesem Sommer besuchte der schwedische Kritiker Erik Mesterson, ein Experte der Akademie, Pasternak in Peredelkino. Die beiden besprachen den Nobelpreis und dessen möglicherweise riskante Auswirkungen für Pasternak. Mesterton traf sich zudem mit Surkow und teilte nach seiner Rückkehr nach Schweden Österling mit, der Preis könne trotz des politischen Schattens, der aus Richtung Moskau über dem Autoren lag, an Pasternak verliehen werden. Denn Pasternak glaubte irrtümlich, die Schwedische Akademie würde ihm ohne die Zustimmung der sowjetischen Behörden den Preis nicht zuerkennen – und diese Zustimmung, so war er überzeugt, würde nie erteilt. Auch weiteren schwedischen Besuchern erklärte er, er „würde nicht zögern, den Preis entgegenzunehmen." Pasternak fuhr fort, die zeitlosen Werte seines Werkes herauszustellen und sich von den Polemiken des Kalten Kriegs zu distanzieren. „In dieser Ära der Weltkriege, in diesem Atomzeitalter [...] haben wir gelernt, dass wir hier nur zu Gast sind, als Reisende zwischen zwei Stationen", erklärte er Nils Åke Nilsson, einem weiteren schwedischen Wissenschaftler, der der Akademie nahestand. „Wir können Sicherheit nur innerhalb unseres eigenen Selbsts finden. Während unserer kurzen Lebensspanne müssen wir selbst zu Einsichten über unser Verhältnis zu der Existenz kommen, an der wir so kurz teilhaben. Sonst ist kein Leben möglich!"

Gelegentlich schien Pasternak sich den wachsenden Nobelpreis-Spekulationen gegenüber eher abwartend zu verhalten. Er ließ seine Schwester wissen: „Wie gern hätte ich, dass das in einem Jahr kommt, nicht früher. Es werden so viele unliebsame Verwicklungen entstehen." Er spürte, die politischen Bedrohungen für seine Stellung waren nur „vorübergehend abgeschwächt" worden und dass sich hinter dem offiziellen Schweigen eine brodelnde Feindschaft verbarg.

Doch diese Sorgen behielt er zumeist für sich. Ausländischen Besuchern, die vor seiner Tür standen, war er so redselig gegenüber wie immer, und er konnte den Anschein vermitteln, als wäre er äußerst gelassen, was die Wahrscheinlichkeit anging, dass man ihn streng überwachte. „Mehrmals bezog er sich auf die sowjetische Angewohnheit, sich mit einem Lächeln im Gesicht und einem luftigen Winken dem Fenster zuzuwenden – wsjo eto: so ist es eben", erinnerte sich der britische Wissenschaftler Ronald Hingley. Als Hingley Pasternak gestand, er sei wegen einer Vorlesung an der Moskauer Universität nervös, ließ Pasternak die Ängste nicht gelten: „Seien Sie unbesorgt. Zeigen Sie ihnen, wie ein freier Mann aussieht." Doch als Hingley und Pasternak, die im Arbeitszimmer im ersten Stock saßen und sich unterhielten, mehrfach eine dunkle Limousine beobachteten, die langsam am Haus vorbeifuhr, versteifte Pasternak.

Russische Freunde sorgten sich seinetwegen. Tschukowski riet Pasternak vom Besuch eines Lyrikabends im Haus der Schriftsteller ab, denn er fürchtete, einige Gäste könnten sich bereithalten, um „die Lesung in einen Tumult zu verwandeln – genau das, worauf Surkow wartet." Bei einer Veranstaltung zu italienischer Poesie war Surkow gefragt worden, warum Pasternak nicht teilnehme. Surkow erklärte dem Publikum, Pasternak habe „einen antisowjetischen Roman geschrieben, der den Geist der Revolution verfälsche, und diesen Roman zur Veröffentlichung ins Ausland geschickt."

Im September setzte sich Österling vor der Akademie für die Wahl Pasternaks ein, ohne sich vor möglichen politischen Nachwirkungen zu fürchten. „Ich empfehle ausdrücklich seine Kandidatur und glaube, dass, sollte er die Mehrheit der Stimmen erhalten, die Akademie ihre Entscheidung reinen Gewissens treffen kann – ungeachtet der derzeitigen Schwierigkeit, dass Pasternaks Roman bislang nicht in der Sowjetunion erscheinen kann."

In letzter Minute, am 19. Oktober, wandte sich Pasternaks deutsche Freundin, die Dichterin Renate Schweitzer, an die Akademie mit der Bitte, den Nobelpreis für ihn um mindestens ein Jahr zu verschieben. Sie übersandte dem Gremium einen Brief, den Pasternak ihr geschrieben hatte und in dem es hieß: „Ein unangebrachter Schritt – und die einem am nächsten stehenden Menschen werden dazu verurteilt sein, unter all der Eifersucht, der Missgunst, dem verletzten Stolz und der Enttäuschung zu leiden, und auch alte Narben am Herzen werden sich wieder öffnen." Schweitzer flehte das

Komitee an, den Preis für Pasternak um zwölf Monate zu verschieben. Österling ließ den Brief kurz vor der abschließenden Wahl an die Akademie-Mitglieder verteilen, fügte jedoch hinzu, dass der vorgebliche Brief nicht von Pasternak unterzeichnet sei und seine Aussage in jedem Fall dem widerspreche, was Mesterton und Nilsson nach ihren Besuchen bei Pasternak im Sommer berichtet hatten.

Die Akademie entschied sich einstimmig für Pasternak. Als Zugeständnis an die politischen Empfindsamkeiten in Moskau wurde vereinbart, bei der Bekanntgabe den Roman *Doktor Schiwago* nicht zu erwähnen. Die offizielle Begründung zur Verleihung an Pasternak lautete dann auch: „Für seine bedeutende Leistung sowohl in der zeitgenössischen Lyrik als auch auf dem Gebiet der großen russischen Erzähltradition." Und doch wurde *Doktor Schiwago* in Österlings offizieller Erklärung herausgehoben: „Es ist in der Tat eine große Leistung, unter derart schwierigen Umständen in der Lage zu sein, ein Werk von solcher Erhabenheit zu vollenden, jenseits aller parteipolitischen Grenzen und eher apolitisch in seinem gänzlich humanistischen Erscheinungsbild."

Am 23. Oktober 1958 betrat Österling um 15:20 Uhr den Lesesaal der Nobel-Bibliothek in Stockholm und verkündete der wartenden Presse: „Es ist Pasternak."

Kapitel 11

„Es würde keine Gnade geben, das war klar."

Mit einem Mantel und einer alten Mütze bekleidet, spazierte Pasternak am Nachmittag des 23. Oktober 1958 im strömenden Regen durch den Wald in der Nähe seiner Datscha, als eine aus Moskau angereiste Gruppe von Journalisten ihn entdeckte. Die Reporter wollten wissen, was er zu Österlings Nachricht zu sagen habe, und die Begeisterung darüber war Pasternak deutlich anzusehen. „Diesen Preis zu erhalten erfüllt mich mit großer Freude und ist zudem eine wichtige moralische Unterstützung für mich. Doch meine Freude heute ist eine einsame Freude." Er ließ die Journalisten wissen, er könne dem nun nicht mehr viel hinzufügen, da er die offizielle Nachricht über die Entscheidung der Schwedischen Akademie noch nicht erhalten habe. Er schien aufgewühlt und erregt zu sein. Pasternak vertröstete die Korrespondenten damit, dass er am besten nachdenken könne, wenn er spazieren ging, und er müsse noch eine Weile spazierengehen.

Eine weitere Bestätigung, dass ihm der Preis zugesprochen worden war, erhielt Pasternak nach Sinaidas Rückkehr aus Moskau, wo sie und Nina Tabidse einkaufen gewesen waren. Die beiden Frauen waren in der Stadt einer Freundin von Nina Tabidse begegnet, die von der Nobelpreisbekanntgabe im Radio gehört hatte. Sinaida erschrak und geriet außer Fassung, denn sie fürchtete einen Skandal.

In dieser Nacht, gegen 23:00 Uhr, rief Maria Tichonowa, die Frau des Sekretärs des Schriftstellerverbands, bei Pasternaks Nachbarin, Tamara Iwanowa, an und ließ sie wissen, Pasternak habe den Nobelpreis erhalten. Iwanowa war begeistert. Tichonowa, die von dem

Unbehagen der offiziellen Stellen wusste, mahnte, es sei noch zu früh, sich zu freuen, bat Iwanowa aber dennoch, Pasternak Bescheid zu geben, denn dieser besaß selbst kein Telefon. Tamara Iwanowa weckte ihren Mann, Wsewolod, der rasch aufstand, einen Hausmantel und eine Winterjacke über seinen Schlafanzug zog und mit ihr zusammen zu Pasternaks Haus stapfte. Nina Tabidse öffnete ihnen, und ein erfreuter Pasternak tauchte aus seinem Arbeitszimmer auf. Während Tabidse eine Flasche Wein öffnete, ging Tamara Iwanowa zu Sinaida ins Schlafzimmer, um auch sie zu unterrichten. Doch Pasternaks Frau weigerte sich, aufzustehen. Sie erwarte nichts Gutes von diesem Preis, lautete ihre Erklärung dafür.

Die erste offizielle sowjetische Reaktion war gedämpft und herablassend. Nikolai Michailow, der sowjetische Kulturminister, sagte, er sei von der Auszeichnung überrascht. „Ich kenne Pasternak als einen wahren Poeten und ausgezeichneten Übersetzer, doch warum sollte er ausgerechnet jetzt den Preis erhalten, Dutzende Jahre nachdem seine besten Gedichte veröffentlicht wurden?" Er teilte einem schwedischen Journalisten in Moskau mit, es sei allein am Schriftstellerverband, ob es Pasternak erlaubt werde, den Preis anzunehmen.

Schon am nächsten Morgen, am 24. Oktober, klingelte bei den Iwanows erneut das Telefon. Sie sollten Konstantin Fedin, der auf der anderen Seite neben Pasternak wohnte, ausrichten, Polikarpow sei aus Moskau unterwegs zu ihm. Das Zentralkomitee hatte bereits bei einer früheren Gelegenheit festgestellt, dass Fedin wohl über einigen Einfluss auf Pasternak verfügte. Daher fiel die Wahl auf Fedin, als es darum ging, Pasternak im Namen des Kreml aufzufordern, den Nobelpreis abzulehnen. Polikarpow fuhr in Peredelkino direkt zu Fedins Haus, übergab ihm seine Anweisungen und machte ihm deutlich, dass er hier warten würde, bis er mit Pasternaks Antwort zurück sei. Aus ihrem Fenster konnten die Iwanows sehen, wie Fedin den Weg zu Pasternaks Haus entlangeilte. Als Fedin die Datscha betrat, war Sinaida gerade dabei zu backen. Es war ihr Namenstag, und über Nacht hatte sich ihre Laune deutlich gebessert. Sie überlegte sogar bereits, was sie bei der Zeremonie in Stockholm wohl tragen könne. Doch Fedin ignorierte sie und begab sich ohne Umschweife in Pasternaks Arbeitszimmer. Er teilte

Pasternak mit, dass dies ein offizielles, kein freundschaftliches Gespräch sei. „Ich werde dir nicht gratulieren, denn Polikarpow ist bei mir, und er verlangt, dass du den Preis zurückweist."

„Unter keinen Umständen", lautete Pasternaks Antwort.

Mehrere Minuten lang stritten die beiden laut miteinander, in einem Bericht für den Kreml ist gar zu lesen, dass Pasternak sehr aggressiv war und „sogar sagte: ,Ihr könnt mit mir machen, was immer ihr wollt.'" Schlussendlich bat Pasternak um etwas mehr Zeit, um über die Sache nachzudenken, und Fedin gab ihm zwei Stunden. Polikarpow war derart verärgert über die Verzögerung, dass er augenblicklich nach Moskau zurückkehrte. Später sandte Fedin eine Nachricht an Polikarpow, um ihn wissen zu lassen, dass Pasternak überhaupt nicht mehr mit einer Antwort erschienen sei. „Das muss als Weigerung verstanden werden, eine Erklärung abzugeben", gab Polikarpow an seine Vorgesetzten weiter.

Nachdem Fedin ihn wieder verlassen hatte, war Pasternak nach nebenan zu Wsewolod Iwanows Haus gegangen, um dort über Fedins Ultimatum zu diskutieren. Der Besuch schien ihn verletzt und beleidigt zu haben.

„Tu das, was dir richtig erscheint, und richte dich nach niemandem sonst", empfahl ihm sein Nachbar. „Ich habe es dir gestern schon gesagt und ich sage es dir heute noch einmal: Du bist der beste Poet unserer Zeit. Du hast den Preis verdient."

„Wenn das so ist, werde ich ein Dankes-Telegramm abschicken", erklärte Pasternak.

„Gut für dich!"

Kornei Tschukowski erfuhr durch seinen „vor Freude hüpfenden" Sekretär von der Auszeichnung. Tschukowski nahm seine Enkelin Jelena bei der Hand und eilte hinüber, um Pasternak zu gratulieren. „Er war glücklich, außer sich vor Freude über seine Eroberung", erinnerte sich Tschukowski später. „Ich habe ihn in meine Arme geschlossen und ihn mit Küssen erstickt." Tschukowski brachte einen Toast auf ihn aus, ein Moment, den auch einige westliche und russische Fotografen festhielten, die bereits in der Datscha eingetroffen waren. (Aus Angst, diese bezeugte Umarmung könne ihm später schaden, bereitete Tschukowski, der als Opfer einer Verleumdungskampagne traumatisiert war, eine Erklärung für die Behörden vor, in der er erklärte, es sei im „nicht bewusst gewesen, dass *Doktor Schiwago* Attacken auf das Sowjetsystem enthält.")

Pasternak ließ Tschukowski einige der Telegramme sehen, die er erhalten hatte – sie stammten ausschließlich aus dem Ausland. Mehrmals betonte Sinaida für alle gut vernehmlich, dass der Nobelpreis keine politischer Preis und ihm nicht für *Doktor Schiwago* verliehen worden sei, so als könne sie damit ihr Gespür für die drohende Gefahr beiseitewischen. Zudem machte sie sich Sorgen, dass es ihr nicht erlaubt werden würde, nach Schweden mit zu reisen, und flüsterte Tschukowski leise zu: „Kornei Iwanowitsch, was denken Sie? ... Schließlich müssen sie doch auch die Ehefrau einladen."

Nachdem die Fotografen gegangen waren, stieg Pasternak zu seinem Arbeitszimmer hinauf und verfasste ein Telegramm für die Schwedische Akademie. Später am Nachmittag schickte er es ab: „Ungemein dankbar, bewegt, stolz, erstaunt, beschämt. Pasternak."

Als er das Telegramm beendet hatte, ging er mit Tschukowski und dessen Enkeltochter ein wenig spazieren. Er sagte ihnen, dass er Sinaida nicht mit nach Stockholm nehmen werde.

Nachdem er Pasternak verlassen hatte, sprach Tschukowski mit Fedin, der ihm sagte: „Pasternak wird uns damit allen sehr schaden. Sie werden eine scharfe Kampagne gegen die Intelligenzija starten." Tatsächlich hielt Tschukowski schon bald eine Nachricht in Händen, die ihn zu einem eilig einberufenen Treffen des Schriftstellerverbands am nächsten Tag einlud. Ein Kurier ging in Peredelkino von Haus zu Haus mit einer Aufforderung an alle Schriftsteller im Ort – ein jeder verstand, dass nun eine öffentliche Anklage folgen würde, und alle verspürten noch einmal Stalins Schatten. Als Wsewolod Iwanow seine Mitteilung erhielt, kollabierte er, und seine Haushälterin fand ihn auf dem Boden liegend vor. Man diagnostizierte einen möglichen Gehirnschlag, und er musste einen Monat lang das Bett hüten.

Als der Kurier bei Pasternaks Haus angelangt war, wurde das Gesicht des Dichters „dunkel; er griff sich ans Herz und hatte Mühe, die Treppe zu seinem Zimmer hinaufzugelangen." Er verspürte einen Schmerz im Arm, was sich anfühlte, als sei „er amputiert worden."

„Es würde keine Gnade geben, das war klar", notierte Tschukowski in seinem Tagebuch. „Sie werden ihn an den Pranger stellen. Sie werden ihn zu Tode trampeln wie zuvor schon Soschtschenko, Mandelstam, Sabolozki, Mirski und Benedikt Liwschiz."

Tschukowski schlug Pasternak vor, Jekaterina Furzewa zu besuchen, die einzige Frau im Politbüro, und ihr zu sagen, der Roman sei gegen seinen Willen nach Italien gelangt und dass ihn all der „Tumult um seinen Namen" aufrege. Pasternak erkundigte sich bei Tamara Iwanowa, ob er Furzewa einen Brief schreiben solle. Seine Nachbarin hielt das für eine gute Idee. „Denn schließlich ist sie ja immer noch eine Frau."

Liebe Jekaterina Alexejewna,

es kam mir immer so vor, als sei der sowjetische Mann etwas anderes als das, was sie mich glauben machen wollten, lebendiger, offen für Diskussionen, frei und wagemutig. Diese Vorstellung möchte ich nicht aufgeben, und ich bin bereit dafür, jeden Preis zu zahlen, um ihr treu zu bleiben. Ich dachte, nicht nur ich persönlich würde mich über den Nobelpreis freuen, sondern auch die Gesellschaft insgesamt, deren Teil ich bin. Ich bin überzeugt, diese Ehre wird nicht nur mir zuteil, sondern der sowjetischen Literatur, der Literatur, zu der ich gehöre und zu der ich, das sage ich aus voller Überzeugung, das eine oder andere beigetragen habe.

Wie groß die Differenzen zwischen mir und dieser Zeit auch sein mögen, ich möchte nicht, dass sie gewaltsam noch vergrößert werden. Wenn es Ihnen also richtig erscheint, bin ich bereit, alles zu ertragen und zu akzeptieren. Doch nur, wenn diese Bereitschaft nicht wie eine Provokation oder eine Unverfrorenheit wirkt. Denn sie ist im Gegenteil eine Verpflichtung meiner Bescheidenheit. Ich glaube an die Gegenwart höherer Mächte auf Erden und im Leben, und der Himmel verbietet es mir, stolz und überheblich zu sein.

B. Pasternak

Nachdem er diese Zeilen gelesen hatte, verließ Tschukowski verzweifelt und bestürzt über die Anspielungen auf Gott und den Himmel Pasternaks Haus.

Am selben Nachmittag noch besuchte Pasternak seine Geliebte, Olga Iwinskaja, in der „Kleinen Datscha". Vermutlich brachte er ihr den Brief an Furzewa, der jedoch nie abgeschickt wurde und den man später in den Unterlagen Iwinskajas fand. Wie auch Tschukowski dürfte sie verstanden haben, dass dies nicht jene Geste der Reue war, die die Behörden erwarteten. Pasternak berichtete ihr auch von dem Telegramm nach Stockholm. Er war aufgewühlt und besprach noch einmal das, was Fedin von ihm verlangt hatte. „Was glaubst du, muss ich ihm sagen, dass ich mich von dem Roman distanziere?" Eine Antwort suchte er nicht wirklich. Iwinskaja spürte, dass er einen längeren Dialog mit sich selbst führte.

Der Kreml behandelte die westlichen Reaktionen auf die Auszeichnung als völlig vorhersagbar. Das verachtete Radio Liberation kündigte an, es werde in Kürze den Text von *Doktor Schiwago* ausstrahlen; wozu es schlussendlich aber nicht kam, da die CIA auf Copyright-Probleme hinwies. In der US-amerikanischen und europäischen Presse feierte man Pasternak als Nonkonformisten, der einem Unterdrückungsregime Widerstand leistete. In der offiziellen Antwort an Österling schrieb der sowjetische Außenminister, der den Bezug zu *Doktor Schiwago* durchaus registriert hatte: „Sie und all jene, die diese Entscheidung getroffen haben, beziehen sich nicht auf die literarischen oder künstlerischen Qualitäten des Romans, was auch verständlich ist, denn das Buch hat keine derartigen. Sie konzentrieren sich auf die politischen Aspekte des Romans, da Pasternaks Buch die sowjetische Realität auf pervertierte Art darstellt und die sozialistische Revolution sowie das sowjetische Volk beleidigt." Der Minister warf der Akademie vor, den Kalten Krieg und die internationalen Spannungen anheizen zu wollen.

Das ganze Ausmaß der Wut der Behörden zeichnete sich langsam ab, noch aber ging die Feier in Pasternaks Datscha weiter, und immer mehr Freunde trafen ein, um ihn hochleben zu lassen und Sinaidas Namenstag zu begehen. „Keiner hat die bevorstehende Katastrophe kommen sehen", schrieb Tschukowski in sein Tagebuch.

Am Samstagmorgen griffen die Moskauer nach der neuen Ausgabe der *Literaturnaja Gaseta*, da sich herumgesprochen hatte, dort sei ein außergewöhnlicher Angriff auf Pasternak zu lesen. Die

Zeitung druckte den Ablehnungsbrief der *Nowy Mir* aus dem Jahr 1956 im gesamten Wortlaut ab, begleitet von einem langen Kommentar, der unter der Überschrift „Ein provokativer Ausfall der internationalen Reaktion" nur so vor Beleidigungen strotzte. Der durchschnittliche Leser, der bei dieser Gelegenheit zum ersten Mal von *Doktor Schiwago* und dem Nobelpreis für Pasternak gehört haben dürfte, fand hier die Sünden des Buches detailliert beschrieben und genüsslich ausgebreitet vor. Nur selten bekamen Leser derart ungekürzte Beschreibungen und Zitate aus einem verbotenen Text vorgelegt. Schon um 6 Uhr bildeten sich Schlangen vor den Geschäften mit der *Literaturnaja Gaseta*. Die 880 000 Exemplare der Zeitschrift waren nach wenigen Stunden ausverkauft.

Im Leitartikel war zu lesen: „Der innere Emigrant Schiwago, kleinmütig und niederträchtig in seiner Engstirnigkeit, steht dem sowjetischen Volk so fremd gegenüber wie der boshafte literarische Snob Pasternak – er ist der Gegner des Volkes und hat sich mit all denen verbündet, die unser Land und unser System hassen."

Wiederholt wurde Pasternak als „Judas" bezeichnet, der sein Heimatland für „dreißig Silberlinge" verraten habe. Die „schwedischen Literaten und die von jenseits des Atlantik stammenden Anstifter" hätten den Roman zu einer Waffe des Kalten Kriegs gemacht. Letzten Endes, so wurde den Lesern der *Literaturnaja Gaseta* mitgeteilt, hielten auch Kritiker im Westen nicht viel von *Doktor Schiwago*. Negative Besprechungen aus Deutschland, den Niederlanden und Frankreich wurden zitiert, um zu belegen, dass „sich viele West-Kritiker recht deutlich über dessen mittelmäßige künstlerische Verdienste geäußert haben." Doch wenn ein solcher „Erz-Intrigant" wie der Eigentümer der *New York Times* den Roman dafür lobe, dass er „auf das russische Volk spucke", dann seien *Doktor Schiwago* die Ovationen der Feinde der Sowjetunion natürlich sicher. Der Roman und „die Persönlichkeit seines Autors würden zur Goldader für die reaktionäre Presse."

„Es war keine große Ehre, die Pasternak zuteil wurde", schloss der Leitartikel. „Er wurde ausgezeichnet, da er sich freiwillig bereiterklärt hatte, die Rolle eines Köders am rostigen Angelhaken der antisowjetischen Propaganda zu spielen. Doch es ist schwer, diese ‚Position' lange einzunehmen. Ein Köder wird ausgetauscht, sobald er zu faulen anfängt. Die Geschichte hat gezeigt, dass solche Wechsel meist sehr schnell vonstatten gehen. Ein schmachvolles Ende wartet auf diesen wiederauferstandenen Judas, auf *Doktor Schiwago* und seinen Schöpfer, dessen Schicksal es ist, vom Volk verachtet zu werden."

Überall in der Stadt nahmen Bürokraten diesen Fingerzeig aus der Zeitung auf, und ein Trommelfeuer an Verurteilungen beherrschte mit einem Mal das Radio- und Fernsehprogramm. Im prestigeträchtigen Maxim-Gorki-Literaturinstitut erklärte der Direktor den Studenten, sie müssten an einer Demonstration gegen Pasternak teilnehmen und einen Brief unterschreiben, der den Schriftsteller anprangern und den man in der *Literaturnaja Gaseta* veröffentlichen werde. Er ließ die Studenten wissen, dass ihre Teilnahme ein „Lackmustest" sei. Doch trotz dieser Drohung scheuten sich viele Studenten, Pasternak zu verurteilen. Als Mitarbeiter durch die Schlafsäle liefen, um Unterschriften einzusammeln, versteckten sich einige auf den Toiletten, in den Küchen oder antworteten nicht auf das Klopfen. Drei Studenten in Leningrad schrieben „Lang lebe Pasternak!" auf die Ufermauer der Newa. Nur 110 von 300 Literatur-Studenten unterzeichneten in Moskau den Brief – eine bemerkenswerte Trotzreaktion. Zudem nahmen nur ein paar Dutzend Studenten an der „spontanen Demonstration" des Instituts teil, wie sie später von Mitarbeitern genannt wurde. Sie wurde von Wladimir Firsow, einem Nachwuchsdichter, und Nikolai Sergowantsew, einem Kritiker, angeführt. Die Gruppe marschierte zum nahe gelegenen Gebäude des sowjetischen Schriftstellerverbands, ihre handgemachten Plakate griffen den antisemitischen Ton des Artikels in der *Literaturnaja Gaseta* auf. Ein Transparent zeigte eine Karikatur Pasternaks, der „mit gierig gekrümmten Fingern [...] nach einem prall gefüllten Dollar-Sack [grapschte]." Auf einem anderen stand zu lesen: „Judas – raus aus der Sowjetunion!" Sie übergeben Konstantin Woronkow, einem Dramatiker und Mitglied des Gewerkschaftsvorstands, einen Brief und teilten ihm mit, sie würden nach Peredelkino ziehen wollen, um dort vor Pasternaks Haus weiter zu demonstrieren. Woronkow riet ihnen davon ab. Sie sollten warten, bis eine offizielle Entscheidung getroffen worden war, wie der Druck auf Pasternak zu erhöhen sei.

Innerhalb der Mauern der palastartigen Zentrale versammelten sich rund 45 Schriftsteller, allesamt auch Mitglieder der Kommunistischen Partei, zu einer Besprechung über Pasternak. Die Genossen drückten ihre „Wut und Entrüstung" aus und kamen überein, Pasternak solle aus dem sowjetischen Schriftstellerverband ausgeschlossen werden – die höchstmögliche Bestrafung, denn somit wäre er der Möglichkeit beraubt, sich mit Schreiben seinen Lebensunterhalt zu verdienen, und könnte zudem sein vom Staat finanziertes Haus verlieren. Eine ganze Reihe von Autoren, darunter Sergei Michalkow, der Verfasser des Textes der sowjetischen Nationalhymne, ging sogar noch darüber hinaus und verlangten, Pasternak solle aus der Sowjetunion ausgewiesen werden. Zudem wurde Kritik an Alexei Surkow geübt, dem Vorsitzenden des Schriftstellerverbands, der es nicht verhindert habe, dass die Situation außer Kontrolle geraten war. Zu dieser Zeit lag Surkow im Sanatorium und nahm an keiner der Debatten über den Nobelpreis teil. Einige Schriftsteller monierten, Pasternak hätte schon dann ausgewiesen werden sollen, als bekannt wurde, dass er sein Manuskript einem Ausländer anvertraut hatte. Dabei lagen sie vermutlich falsch mit der Annahme, „die fortschrittliche Presse überall in der Welt hätte nicht zugelassen", dass Pasternak mit dem Nobelpreis ausgezeichnet worden wäre, hätte man den Ablehnungsbrief der *Nowy Mir* nur früher veröffentlicht. Die formale Entscheidung darüber, Pasternak auszuschließen, wurde auf die Tagesordnung des Vorstandstreffens am folgenden Montag gesetzt.

Pasternak las wie gewöhnlich keine Zeitung, doch dem Ausmaß und der Vehemenz der Kampagne konnte er dennoch nicht entkommen. Der *Le Monde*-Journalist Michel Tatu besuchte ihn mit einer Handvoll weiterer Korrespondenten nach dem Erscheinen des harschen Leitartikels in der *Literaturnaja Gaseta*. Sechs Tage lang hatte es geregnet, ganz Peredelkino war in einer desolaten und melancholischen Stimmung. Nur Pasternak war dennoch guten Mutes, und man unterhielt sich im Musikzimmer. Pasternak gab sich Mühe, französisch zu sprechen, was ihm nicht besonders gut gelang, doch er erfreute sich an dem Versuch. Er erklärte den Reportern, der Nobelpreis sei nicht nur eine Freude, sondern auch eine „moralische Unterstützung". Allerdings, fügte er hinzu, sei es eine einsame Freude.

Als Nächste reihte sich die *Prawda*, das offizielle Organ der Kommunistischen Partei, in die Verurteilungen ein und veröffentlichte einen langen, persönlichen Angriff auf Pasternak, verfasst von einem ihrer berüchtigtsten Journalisten, David Zaslawski. Sowohl Lenin als auch Trotzki hatten Zaslawski, vor der Revolution noch Antibolschewik, als Parteisoldaten entlassen. „Zaslawski hat nur als Skandaltreiber gewirkt", sagte Lenin. „Wir müssen Verleumder und Skandaltreiber unterscheiden von einem Enthüller, der eindeutig identifizierbare Tatsachen entdeckt und bloßstellt." Doch unter Stalin wurde der *Prawda*-Journalist zum bevorzugten Mann fürs Grobe. Zwischen Zaslawski und Pasternak gab es zudem noch eine Verbindung aus der Vergangenheit: Im Mai 1929 begann Zaslawskis Karriere als Provokateur mit einem Artikel in der *Literaturnaja Gaseta*, in dem er Ossip Mandelstam des Plagiats bezichtigte. Pasternak, Pilnjak, Fedin, Soschtschenko und andere unterzeichneten einen Brief, mit dem sie Mandelstam verteidigten und ihn als „hervorragenden Poeten, einer der qualifiziertesten Übersetzer und meisterhaften literarischen Handwerker" bezeichneten. Die Rückkehr des 87-jährigen Zaslawski aus dem Halb-Ruhestand gab dem Angriff auf Pasternak in der *Prawda* „eine besonders düstere Nuance".

Der Text trug den Titel: „Reaktionärer Propaganda-Eklat über ein literarisches Unkraut".

„Es ist lächerlich, aber *Doktor Schiwago*, diese moralisch erboste Kreatur, wird von Pasternak als ‚edelster' Repräsentant der alten russischen Intelligenzija dargestellt. Diese Verunglimpfung der führenden Intelligenzija ist, so absurd sie auch sein mag, zudem noch völlig ohne Talent geschrieben", bemerkte Zaslawski. „Pasternaks Roman ist minderwertiges, reaktionäres Geschmiere."

Der Roman, so schrieb er weiter, „wurde von den eingefleischtesten Gegnern der Sowjetunion triumphierend aufgenommen – von Dunkelmännern der unterschiedlichsten Schattierungen, Brandstiftern eines neuen Weltkriegs, Provokateuren. Aus einem vordergründig literarischen Ereignis versuchen sie einen politischen Skandal zu machen, der eindeutig zum Ziel hat, die internationalen Beziehungen zu erschweren, neues Öl ins Feuer des ‚Kalten Kriegs' zu gießen, Feindschaft gegenüber der Sowjetunion zu säen und das sowjetische Publikum anzuschwärzen. Die Freude nur mühsam unterdrückend hat die antisowjetische Presse den Roman zum ‚besten' Werk des laufenden Jahres ernannt, während die diensteifrigen Kriecher der großen Bourgeoisie Pasternak mit dem Nobelpreis krönten."

Weiter hieß es in dem Artikel: „Das aufgeblasene Selbstbewusstsein eines beleidigten und gehässigen Kulturbanausen hat keine Spur von Würde und Patriotismus in Pasternaks Seele übrig gelassen". Zaslawski schlussfolgerte: „Durch all seine Handlungen hat Pasternak bestätigt, dass er in unserem sozialistischen Heimatland, das von der Begeisterung für den Aufbau einer strahlenden kommunistischen Gesellschaft ergriffen ist, nur ein Unkraut ist."

Die gigantische staatliche Propagandamaschinerie lief nun auf Hochtouren. Der albanische Schriftsteller Ismail Kadare, der zu diesem Zeitpunkt am Maxim-Gorki-Literaturinstitut studierte, berichtete: „Das Radio, von fünf Uhr morgens bis 12 Uhr nachts, das Fernsehen, die Zeitungen, die Zeitschriften, die Illustrierten, sogar jene für Kinder, alle waren voll von Artikeln und Angriffen auf den abtrünnigen Schriftsteller."

Pasternaks Freund Alexander Gladkow saß am Sonntagnachmittag in einem Frisörsalon im Arbat-Viertel, als über das Radio Zaslawskis Rede verlesen wurde. „Jeder hörte schweigend zu – eine trotzige Art des Schweigens, würde ich sagen. Nur ein vergnügter Arbeiter fing an, von all dem Geld zu reden, das Pasternak verdienen würde, doch niemand ermutigte ihn, fortzufahren. Ich weiß, dass harmloser Tratsch wie dieser für Pasternak schwerer zu ertragen sein würde als all die offiziellen Drohungen. Ich hatte mich den ganzen Tag über niedergeschlagen gefühlt, doch das Schweigen in diesem Frisörsalon heiterte mich auf."

Pasternak bemühte sich, die Kritik an ihm durch Lachen abzuschütteln, doch tatsächlich litt er darunter. Am Sonntag kam ihn Irina, Iwinskajas Tochter, zusammen mit zwei Studenten vom Literaturinstitut, den jungen Autoren Juri Pankratow und Iwan Charabarow, besuchen. Pasternak war nicht erfreut darüber, Gäste zu haben, und machte deutlich, dass er lieber alleine geblieben wäre. Während des Spaziergangs, bei dem ihn die drei jungen Dichter ein Stück begleiteten, sagte er, er sei bereit, „den Kelch des Leidens bis zur Neige zu leeren". Iwinskajas Tochter erinnerte sich: „Man konnte deutlich merken, wie groß seine Einsamkeit war – eine Einsamkeit, getragen von großem Mut." Pankratow zitierte ein paar Verse aus einem von Pasternaks Gedichten:

> Drum finden in Vorfrühlingstagen
> Die Freunde sich bei mir ein.
> Und Abschiede sind unsere Abende,
> Vermächtnisse unsere Gelage,
> Auf dass des Leidens feine Strahlen
> Erwärmen die Kälte des Seins.

Pasternak war offensichtlich gerührt, doch der Besuch endete mit einer enttäuschenden Mitteilung. Pankratow und Charabarow erwähnten, man übe Druck auf sie aus, damit sie den Verleumdungsbrief im Literaturinstitut unterschrieben, und wollten von Pasternak wissen, was sie tun sollten. „Dumme Frage!", antwortete Pasternak, „Was fällt euch ein?! Das ist doch eine ganz unwichtige, leere Formsache. Unterschreibt ruhig."

„Und als ich aus dem Fenster ihnen nachschaute, sah ich, wie sie erleichtert Hand in Hand davongaloppierten", berichtete Pasternak, der die Erleichterung der Männer wie einen kleinen Verrat empfand, Jewtuschenko später. „Eine seltsame Jugend ist das, eine seltsame Generation! Zu unserer Zeit war das anders."

Andere, frühere Freunde beeilten sich, sich von ihm zu distanzieren. Der Dichter Ilja Selwinski, der zuvor Pasternak noch seinen Lehrer genannt hatte, und Pasternaks Nachbar, der Kritiker Wiktor Schklowski, schickten Glückwunsch-Telegramme von der Krim, wo sie im Urlaub waren. Doch Selwinski ließ schnell einen Brief folgen, nachdem er von der offiziellen Reaktion erfahren hatte. „Die Meinung der Partei zu ignorieren – selbst wenn Sie sie für falsch halten sollten –, bedeutet in der gegenwärtigen internationalen Lage, dem Land, in dem Sie leben, in den Rücken zu fallen. Bitte trauen Sie meinem vielleicht nicht ganz sicheren, aber doch ziemlich sicheren politischen Instinkt." Selwinski und Schklowski schrieben dann einer örtlichen Zeitung in Jalta und klagten Pasternak „eines geringen Verrats" an.

„Warum? Das Schlimmste ist, dass ich mich nicht mehr erinnere", erklärte Schklowski viele Jahre später auf die Frage, weshalb er sich so verhalten habe. „Die Zeiten? Sicher, aber wir sind selbst die Zeiten, ich bin es und Millionen andere wie ich ebenfalls. Eines Tages wird alles ans Tageslicht kommen: die Protokolle dieser Besprechungen, die Briefe aus jener Zeit, die Verhörprozeduren, die Denunziationen – alles. Und all dieses Dreckwasser wird auch den Gestank der Angst nach oben spülen."

Die Literaturszene war nun „ergriffen von dem krankmachenden, feuchtkalten Gefühl der Furcht", was sie dazu brachte, fast ekstatisch Verdammungen auszustoßen. Diese inquisitorischen Phasen waren Teil einer Art Ritual des sowjetischen Literatursystems, das bis zu Stalin zurückreichte. Einem Fehler folgte ein kollektiver Angriff. Vom in Ungnade gefallenen Schriftsteller erwartete man dann, dass er mit Reue und Selbstkritik antwortete, bevor er wieder in der Herde aufgenommen wurde. Auch dieses Mal beeilten sich die Autoren mit ihren Vorwürfen an Pasternak. Sie wurden dazu auch durch den Überlebensdrang in einem System angetrieben, das sich ebenso schnell auch gegen sie selbst richten konnte. Manche beneideten Pasternak wegen seines Erfolgs oder da sie spürten oder wussten, dass er sie verachtete. Andere waren wirkliche Überzeugungstäter, die Pasternak tatsächlich für einen Verräter hielten. Die rhetorischen Angriffe und die globale Aufmerksamkeit, die diesem Fall geschenkt wurde, nahmen ein Ausmaß an, das bis dahin unbekannt war. Dazu kam noch, dass Pasternak sich der für ihn vorgesehenen altehrwürdigen Rolle verweigerte.

Das Treffen des Vorstands des Schriftstellerverbands war für Montag zwölf Uhr angesetzt. Pasternak machte sich zusammen mit Wjacheslaw „Koma" Iwanow, dem Sohn seines Nachbarn, früh auf den Weg in die Stadt. In Iwinskajas Apartment argumentierte Iwanow, unterstützt durch Olga und Irina, Pasternak solle nicht zu dem Treffen fahren, das vermutlich zu einer Art „Hinrichtung" werden könne. Pasternak, blass und kränklich, schlug vor, stattdessen einen Brief an die Versammlung zu richten. Mit Bleistift wurden rasch Stichpunkte aufgezählt, und Pasternak entschuldigte sich im Brief dafür, dass sein Schreiben „nicht so flüssig und überzeugend gelungen sei, wie [er] das gerne gehabt hätte." Auch bedauernd war er nicht:

„Ich glaube auch jetzt noch, dass man einen Roman wie *Doktor Schiwago* schreiben kann, ohne deshalb aufzuhören, ein sowjetischer Schriftsteller zu sein. Es ist aber nun so, dass ich ein breiteres Verständnis der Rechte und Möglichkeiten eines sowjetischen Schriftstellers habe. Ich glaube nicht, dass ich die Würde sowjetischer Schriftsteller in irgendeiner Art herabsetze."

Pasternak beschrieb weiterhin seine Versuche, sein Buch in der Sowjetunion zu veröffentlichen, seine Bitte an Feltrinelli, das Erscheinen hinauszuschieben, und seine Unzufriedenheit mit den ausgewählten Zitaten, die in der westlichen Presse erschienen sind.

„Ich würde mich nicht als literarischen Parasiten beschreiben", ließ er seine Kollegen wissen. „Ehrlich gesagt glaube ich, dass ich etwas für die Literatur getan habe.

Ich dachte, dass die Freude und die heiteren Gefühle, die ich bei der Zuerkennung des Nobelpreises verspürt habe, von der Gesellschaft geteilt würden, von der ein Teil zu sein ich immer überzeugt war. Ich dachte, die mir erwiesene Ehre, als Schriftsteller, der in Russland lebt und daher ein sowjetischer Schriftsteller ist, ist eine Ehre für die gesamte sowjetische Literatur.

Und was den Preis selbst angeht, so kann nichts mich dazu bringen, dieses Ehrung als schändlich zu betrachten und auf sie mit Unfreundlichkeit zu reagieren."

Er schloss mit dem Hinweis, dass ganz egal, welche Strafe seine Kollegen ihm aufbürden würde, sie dadurch weder Glück noch Ruhm erfahren würden.

Mit dem Taxi fuhr Iwanow zum Schriftstellerverband, und ein junger Mann mit „den kalten Augen eines pflichtgetreuen Angestellten" nahm den Brief in Empfang. Im Vorraum des alten Gewerkschaftshauses dröhnte das Stimmengewirr der Autoren, die zu der Versammlung in die Weiße Halle strömten. Alle Plätze waren besetzt, und an den Wänden standen weitere Autoren. Pasternaks Brief wurde verlesen und mit „Wut und Empörung" aufgenommen. Polikarpows Zusammenfassung der Sitzung für das Zentralkomitee beschreibt den Brief als „skandalös in seiner Unverfrorenheit und seinem Zynismus."

Neunundzwanzig Autoren ergriffen das Wort, und die Rhetorik wurde zunehmend schärfer. Die Romanautorin Galina Nikolajewa

Boris Pasternak 1940. Er hatte die Säuberungen unter Stalin überlebt und setzte keine Hoffnungen mehr in den sowjetischen Staat.

Oben: Boris Pasternak (*links*) und der Kritiker und Kinderbuchautor
Kornei Tschukowski (*Mitte*) auf dem 10. Komsomol-Kongress 1936.
Beide waren zeit ihres Lebens Nachbarn in Peredelkino, der Schrift-
stellerkolonie vor den Toren Moskaus.

Unten: Die Dichterin Anna Achmatowa mit Pasternak 1946, kurz
nachdem Pasternak mit der Arbeit an *Doktor Schiwago* begonnen
hatte. Die beiden Schriftsteller waren die berühmtesten Überlebenden ihrer Generation und enge Freunde, aber Achmatowa
stand Pasternaks Roman eher ambivalent gegenüber.

Olga Iwinskaja, die Pasternak 1941 kennenlernte. Sie wurde seine Geliebte und Literaturagentin und war, zumindest teilweise, das Vorbild der Lara aus *Doktor Schiwago*.

Giangiacomo Feltrinelli veröffentlichte 1957 als Erster eine Übersetzung von *Doktor Schiwago* und widersetzte sich sowohl der Kommunistischen Partei Italiens als auch dem Kreml, die beide das Erscheinen des Romans verhindern wollten.

Alexei Surkow, Schriftsteller und Funktionär der sowjetischen Literaturpolitik. Er versuchte, die Publikation von *Doktor Schiwago* in der westlichen Welt zu verhindern, und hegte eine tiefe Abneigung gegen Pasternak.

Der New Yorker Verleger Felix Morrow, der von der CIA angeheuert wurde, um unter der Hand eine russischsprachige Ausgabe von *Doktor Schiwago* herauszubringen. Morrow und die CIA gerieten während der Operation in heftigen Streit miteinander.

Der blaue Leineneinband der gebundenen CIA-Ausgabe von *Doktor Schiwago*, die in Den Haag von dem niederländischen Verlag Mouton & Co. gedruckt wurde. Ein Paket mit 365 Exemplaren wurde nach Belgien geliefert und auf der Weltausstellung 1958 in Brüssel verteilt.

Die Titelseite der gebundenen CIA-Ausgabe erregte Verdacht: Als Copyright-Inhaber wurde „G. Feltrinelli – Mailand" angegeben, aber der Name des Verlags war nicht korrekt ins Russische transkribiert. Auch die Angabe des vollständigen Autornamens, Boris Leonidowitsch Pasternak, legte einen ausländischen Ursprung nahe: Ein russischer Muttersprachler hätte auf der Titelseite nicht den Vaternamen verwendet.

Die Titelseite einer kleinen Taschenbuchausgabe des *Doktor Schiwago* von 1959. Etwa 10 000 Exemplare wurden am Hauptsitz der CIA gedruckt. Ein Exemplar ist im CIA Museum in Langley, Virginia, zu sehen.

Auf der Weltausstellung 1958 in Brüssel wurden in einer kleinen, im Pavillon des Vatikan versteckten Buchhandlung Exemplare von *Doktor Schiwago* an die sowjetischen Besucher verteilt.

Anders Österling war Geschäftsführer der Schwedischen Akademie, als diese Boris Pasternak 1958 den Literaturnobelpreis zuerkannte. Pasternak wurde gezwungen, den Preis abzulehnen, nachdem Parteifunktionäre in Moskau die Entscheidung der Akademie als antisowjetische Provokation attackierten.

Pasternak in der Nähe seines Hauses in der ländlichen Umgebung Moskaus, kurz nachdem er vom Erhalt des Literaturnobelpreises erfahren hat.

Blick auf die Datscha in Peredelkino bei Moskau, wo Boris Pasternak mehrere Jahrzehnte lang lebte und arbeitete. Das Foto wurde einen Tag nach Pasternaks Tod am 30. Mai 1960 aufgenommen.

Boris Pasternak beim Lesen von Glückwunschtelegrammen, nachdem er den Literaturnobelpreis erhalten hat. Rechts von ihm seine
Frau Sinaida und links seine Freundin Nina Tabidse, die Witwe des
georgischen Dichters Tizian Tabidse, der während der stalinistischen
Säuberungen getötet worden war.

Olga Iwinskaja und ihre Tochter Irina mit Pasternak. Sie waren wie eine zweite Familie für den Schriftsteller.

Cartoon von Bill Mauldin, der 1958 mit dem Pulitzer-Preis ausgezeichnet wurde. Die Bildunterschrift des Originals lautet: „Ich habe den Literaturnobelpreis gewonnen. Was war dein Verbrechen?"

United Press International

Accompanied by Russian Ambassador Mikhail Menshikov (left), Anastas I. Mikoyan, 63, Deputy Premier of the Soviet Union, looks at volumes in the window of the Reprint Book Shop at 1102-A New York ave. nw., while walking in Washington's business district yesterday. He appears not to notice the red-lettered sign advertising "Dr. Zhivago," the Nobel-prize-winning novel by Russian author Boris Pasternak. The novel, politically embarrassing to the Communists, was not published in the Soviet Union. Another picture and a story of the tour appear on Page B3.

Die Titelseite der *Washington Post* zeigte eine Aufnahme des führenden sowjetischen Funktionärs Anastas Mikoyan, der während eines Washington-Besuchs im Januar 1959 das Schaufenster einer Buchhandlung betrachtet, in dem *Doktor Schiwago* in zahlreichen Exemplaren ausgestellt ist.

Boris Pasternaks Sarg wird aus seiner Datscha in Peredelkino getragen.

Pasternaks Frau Sinaida (*im Vordergrund, ganz rechts*) blickt hinab auf den Leichnam ihres Mannes, während Pasternaks Geliebte Olga Iwinskaja (*ganz links*) weint. Hinter Sinaida, sie um die Taille fassend, steht ihr gemeinsamer Sohn mit Pasternak, Leonid.

Boris Pasternak blickt aus dem Fenster des Arbeitszimmers im Obergeschoss seiner Datscha in Peredelkino, 1958.

verglich Pasternak mit dem Verräter General Andrei Wlassow, der während des Zweiten Weltkriegs mit den Nationalsozialisten zusammengearbeitet hatte. „Mir reicht es nicht, ihn aus dem Schriftstellerverband auszuschließen. Dieser Mensch sollte nicht auf sowjetischem Boden leben."

Nikolajewa schrieb Pasternak später einen Brief, in dem sie ihm ihre Verehrung für seine frühe Lyrik gestand, aber auch hinzufügte, sie sei überzeugt, „der Verräter verdient die Kugel. Ich bin eine Frau, ich habe viel Leid gesehen, ohne zornig zu werden; bei einem derartigen Verrat aber würde meine Hand nicht zittern", schrieb sie weiter. Pasternak antwortete ihr: „Sie sind jünger als ich. Sie werden die Zeit erleben, in der man die jetzigen Vorgänge anders betrachtet."

Die Wortmeldung der Romanschriftstellerin Wera Panowa war „harsch, sehr direkt, feindselig". Als Gladkow später von ihr wissen wollte, warum sie so bösartig gewesen sei, sagte sie, sie sei in Panik geraten, hätte sich in das Jahr 1937 zurückversetzt gefühlt und ihre große Familie beschützen wollen.

Nikolai Tschukowski, Korneis Sohn, meldete sich ebenfalls zu Wort bei dieser Versammlung: „Diese schändliche Geschichte hat zumindest ein Gutes – Pasternak hat endlich seine Maske abgenommen und öffentlich bekannt, dass er unser Feind ist. Lasst uns mit ihm verfahren, wie wir immer mit unseren Feinden verfahren."

Tschukowskis jüngere Schwester Lydia war erschüttert, als sie von Nikolais Äußerungen hörte. In ihrem Tagebuch sind ihre Erinnerungen daran zu lesen, wie ihr Bruder seit seinem Erfolg mit dem Roman *Unter baltischem Himmel* ihre Freimütigkeit als zunehmend „scharf, unüberlegt und sogar schädlich für ihn" empfand. Nikolai wollte seine Karriere in der sowjetischen Literaturbürokratie sichern; Tschukowski hatte erst kurz zuvor die Abteilung für Übersetzung innerhalb des Schriftstellerverbands ins Leben gerufen.

Die Sitzung zog sich bereits über Stunden hin, einige Autoren waren für Zigarettenpausen und Einzelgespräche vor die Tür getreten. Alexander Twardowski, der als liberal geltende Herausgeber der *Nowy Mir*, saß unter einem Bild mit dem Titel *Gorki, wie er „Das Mädchen und der Tod" liest, in Gegenwart von Stalin, Molotow und*

Woroschilow, als er von Wadim Koschewnikow, dem Herausgeber der Zeitschrift *Snamja* angesprochen wurde.

Er frotzelte mit Twardowski.

„Sag mal, Sascha, wolltest du diesen Roman nicht veröffentlichen?"

„Das war noch vor meiner Zeit", erwiderte Twardowski. „Aber der frühere Vorstand wollte ihn auch nicht, und du weißt schon … Und jetzt verschwinde!"

„Warum sollte ich?"

„Weil es dir an Gewissen und Ehre fehlt."

„Warum sollte es mir an Gewissen und Ehre fehlen?"

„Fahr zur Hölle."

Auch Polikarpow stromerte mit finsterem Gesicht durch die Räume. Er schien unsicher, ob der Ausschluss aus dem Schriftstellerverband die richtige Strafe sei. Ihm hatten einige Autoren – darunter Twardowski, Sergei Smirnow und Konstantin Wanschenkin – mitgeteilt, dass sie dagegen seien.

Sowohl Smirnow als auch Nikolai Rilenkow würden in den folgenden Tagen ihre Abweichung bedauern und gezwungenermaßen Pasternak verurteilen.

Laut des offiziellen Protokolls wurde „einstimmig" beschlossen, Pasternak auszuschließen. Eine lange, sehr formale Resolution hielt zudem fest, dass „der Roman *Doktor Schiwago*, um den ein propagandistischer Aufruhr ausgelöst wurde, nur den unerträglichen Eigendünkel des Autors und einen Mangel an Ideen verrät; er ist der Aufschrei eines erschrockenen Spießbürgers, der von der Tatsache, dass die Geschichte nicht jenem Weg gefolgt ist, den er gerne vorausgesehen hätte, beleidigt und verängstigt wurde. Die Idee des Romans ist falsch und erbärmlich, aufgelesen aus einem Haufen Abfall. [...]

In Hinblick auf Pasternaks politischen und moralischen Niedergang, seinen Verrat an der Sowjetunion, dem Sozialismus, Frieden und Fortschritt sowie angesichts seines Anheizens des Kalten Krieges, für das er mit dem Nobelpreis ausgezeichnet worden ist, entzieht der Vorstand des Schriftstellerverbands [...] Boris Pasternak den Titel eines sowjetischen Schriftstellers und schließt ihn aus dem Schriftstellerverband der UdSSR aus."

Pasternak und Iwinskaja wurden von nun an vom KGB beschattet. Die Agenten machten keinen Hehl aus ihrer Gegenwart und belästigten das Paar – einige Male gaben sie vor, als Betrunkene vor Iwinskajas Apartment in der Poptow-Straße Feste zu feiern. „Schönen guten Tag, Mikrophönchen!", pflegte Pasternak zu sagen, wenn er Iwinskajas Zimmer in Peredelkino betrat. Sie erinnerte sich später: „Wir sprachen fast nur noch flüsternd, sahen überall Gefahren, schielten argwöhnisch auf die Wände, auch sie schienen uns feindlich gesinnt." Pasternak fand in kleinen Gesten der Freundlichkeit Trost, wenn ihn etwa der Postbote weiterhin freundlich grüßte, obwohl die Geheimpolizei in der Nähe war.

Am Dienstag nach der Sitzung machte sich Lydia Tschukowskaja morgens zu einem Besuch bei Pasternak auf. Auf dem Weg vom Haus ihres Vaters zu dem Dichter erblickte sie ein Auto, aus dem heraus vier Männer sie ansahen. „Zu meiner Schande muss ich gestehen, dass ich da schon Angst bekam." Als sie sich Pasternaks Gartentür näherte, erwartete sie jeden Augenblick einen „Stopp!"-Ruf.

„Haben sie mich rausgeworfen?", wollte Pasternak wissen.

Tschukowskaja nickte.

Pasternak bat sie herein und setzte sich mit ihr ins Klavierzimmer. „Im hellen Licht des Morgens sah ich sein gelbliches Gesicht mit den funkelnden Augen und dem Hals eines alten Mannes."

Pasternak sprach mit der für ihn so typischen Leidenschaft, sprang von Thema zu Thema, nur um sich selbst mit Fragen zu unterbrechen.

„Was denkst du, werden sie auch Ljonja wehtun?", lenkte er das Gespräch auf seinen Sohn.

Pasternak erzählte Tschukowskaja, die Iwanows hätten ihn gewarnt, in die Stadt zu ziehen, denn sie fürchteten, dass die Datscha von Protestierenden mit Steinen beworfen werden könnte.

Er sprang auf und stellte sich vor Tschukowskaja. „Aber das ist doch Schwachsinn, oder? Ihre Fantasie geht wieder mit ihnen durch, nicht wahr?"

„Richtig", erwiderte Tschukowskaja, „purer Schwachsinn. Wie sollte das passieren?"

Tschukowskaja erwähnte, um das Thema der Unterhaltung zu wechseln, ein neues Gedicht Pasternaks.

„Gedichte sind unwichtig", gab er etwas gereizt zurück. „Ich verstehe nicht, warum sich Leute mit meinen Versen beschäftigen. Es ist mir immer peinlich, wenn dein Vater sich für diesen Blödsinn interessiert. Die einzig lohnende Sache, die ich in meinem Leben erschaffen habe, ist dieser Roman. Und es stimmt nicht, dass die Leute ihn nur wegen seiner politischen Seiten wertschätzen. Das ist eine Lüge. Sie lesen das Buch, weil sie es lieben."

In seiner Stimme vernahm sie „etwas Trockenes, etwas Verwirrtes, etwas noch Ruheloseres als in seiner üblichen, leidenschaftlichen Rede."

Draußen, in der Stille des Morgens, sah Pasternak sich um. „Merkwürdig. Niemand ist hier, aber es fühlt sich doch so an, als würde uns jeder zusehen."

Später am Tag machte Pasternak sich auf zu Iwinskaja, die aus Moskau mit ihrem jugendlichen Sohn Mitja angereist war. Seine Stimmung war noch trüber, und Pasternak sprach mit zitternder Stimme. „Es ist nun genug. Ich kann nicht mehr", sagte er zu Olga und ihrem Sohn. „Es ist Zeit, dieses Leben aufzugeben."

Pasternak schlug vor, er und Olga sollten eine tödliche Dosis Pentobarbital schlucken, ein Barbiturat.

Es werde sie teuer zu stehen kommen, sagte er. „,Ihnen' wird es ein Schlag ins Gesicht sein."

Mitja lief nach draußen, als er von dem Plan hörte, seine Mutter könne Selbstmord begehen. Pasternak hielt ihn zurück: „Mitja, verzeih mir, denk nicht schlecht von mir, lieber Junge. Wir können so nicht mehr leben. Und wenn ich deine Mutter mit mir nehme, wird es nach unserem Tod auch für euch leichter sein."

Vor Schreck war der Junge ganz bleich, doch er war folgsam. „Sie haben recht, Boris Leonidowitsch. Mutter soll dasselbe tun wie Sie."

Iwinskaja, die keinerlei Absichten hegte, sich umzubringen, erklärte Pasternak, dass sein Tod den Behörden nur recht sein würde.

„Sie werden uns der Schwäche und Kleinmütigkeit bezichtigen, werden unsere Tat als Eingeständnis unseres Unrechts ausgeben und schadenfroh sein", argumentierte sie.

Iwinskaja bat ihn, noch ein wenig abzuwarten, was die Behörden genau vorhätten, und wenn es dann keinen Ausweg gäbe, so sagte sie, würden sie dem Ganzen ein Ende machen. Pasternak stimmte zu. „Sehr gut, lassen wir es auf uns zukommen. Dann werden wir entscheiden. Meine Widerstandskraft ist erschöpft."

Als Pasternak sie verlassen hatte, gingen Iwinskaja und ihr Sohn durch einen üblen Schneeregen zu Fedins Haus. Die Straßen waren matschig, und als sie ihr Ziel schließlich erreicht hatten, waren sie klitschnass und hatten schlammige Füße. Zunächst wollte Fedins Tochter ihnen nicht gestatten, weiter als bis in den Flur zu kommen, doch dann erschien ihr Vater auf dem oberen Treppenabsatz und bat Iwinskaja in sein Arbeitszimmer hinauf. Sie erzählte ihm von Pasternaks Selbstmordplänen. „Sagen Sie mir bitte, was will man von ihm jetzt noch? Verlangt man tatsächlich, dass er sich umbringt?"

Fedin trat ans Fenster, und Iwinskaja glaubte, Tränen in seinen Augen zu erkennen.

Als er sich wieder umdrehte, hatte er wieder seine offizielle Haltung eingenommen: „Boris Leonidowitsch hat zwischen sich und uns eine unüberbrückbare Kluft aufgerissen."

„Sie haben mir da etwas Entsetzliches gesagt", setzte er nach kurzer Pause das Gespräch über Pasternaks Suizidpläne fort. Und später: „Sie begreifen zum Glück selbst, dass man ihn unter allen Umständen hindern muss, diesen zweiten Schlag gegen sein Vaterland zu führen."

Iwinskaja versicherte ihm, sie suche nach einer Lösung und sei bereit, „einen Brief an wen auch immer zu schreiben und Pasternak zu überzeugen, ihn zu unterschreiben."

Fedin schickte Polikarpow eine Notiz über Iwinskajas Besuch. „Ich denke, Sie sollten über diese wirkliche oder ausgedachte, ernsthafte oder theatrale Absicht Pasternaks informiert sein. Sie sollten wissen, dass es diese Drohung gibt, auch wenn sie womöglich nur ein cleverer Schachzug ist."

Am folgenden Morgen stritten sich Pasternak und Iwinskaja am Telefon miteinander. Iwinskaja warf ihm vor, egoistisch zu sein. „Natürlich werden sie dir nichts antun", sagte sie, „und ich habe schon Schlimmeres überstanden."

Noch an diesem Morgen ließ sich Pasternak von seinem Bruder zum Haupttelegrafenamt fahren, das ganz in der Nähe des Kreml lag. Er schickte ein zweites, auf Französisch formuliertes Telegramm nach Stockholm: „Angesichts der Bedeutung, die diese Auszeichnung in jener Gesellschaft, der ich angehöre, bekommen hat, muss ich diesen Preis, der mir unverdient zuerkannt wurde, ablehnen. Bitte nehmen Sie meine freiwillige Ablehnung nicht mit Missgunst auf – Pasternak."

Die Schwedische Akademie antwortete, dass sie seine „Weigerung mit tiefem Bedauern, Sympathie und Respekt aufgenommen" habe. Erst zum dritten Mal wurde ein Nobelpreis zurückgewiesen. Drei deutsche Wissenschaftler hatten auf Hitlers Anweisung hin die Auszeichnung abgelehnt. Der deutsche Diktator war verärgert darüber gewesen, dass Carl von Ossietzky, der in einem Konzentrationslager gesessen hatte, den Friedensnobelpreis für das Jahr 1935 erhalten hatte, und befahl, fortan dürfe kein Deutscher mehr einen Nobelpreis annehmen.

Ein weiteres Telegramm schickte Pasternak an das Zentralkomitee und ließ den Kreml von seiner Entscheidung wissen. Zudem bat er die Behörden, Iwinskaja, die von offiziellen Verlagen ausgeschlossen worden war, wieder eine Arbeitserlaubnis zu erteilen.

Einem westlichen Reporter erklärte Pasternak: „Ich habe diese Entscheidung ziemlich alleine getroffen. Ich habe niemanden um Rat gefragt. Ich habe nicht einmal meinen guten Freunden davon erzählt."

Die Belastung, unter der Pasternak stand, machte sich nun bemerkbar. Pasternaks Sohn Jewgeni war schockiert, als er seinen Vater später am Tag zu Gesicht bekam. Pasternak habe „grau und zerzaust" ausgesehen, erinnerte er sich später.

„Mein Vater war nicht wiederzuerkennen."

Iwinskaja traf sich mit Polikarpow und wurde von ihm aufgefordert, nicht von Pasternaks Seite zu weichen und dafür zu sorgen, dass er „nicht auf dumme Gedanken" komme. (Das Zentralkomitee ordnete zudem eine Krankenschwester zu Pasternaks Datscha ab, um auf ihn aufzupassen; zuerst wurde ihr gesagt, sie sei unerwünscht, doch als sie sich weigerte zu gehen, ließ Pasternak ihr schließlich ein Feldbett im Wohnzimmer aufstellen.)

„Der ganze Skandal muss beigelegt werden, und wir werden ihn mit Ihrer Hilfe beilegen", erklärte Polikarpow Iwinskaja. „Sie kön-

nen ihm helfen, sich dem Volk wieder zuzuwenden, zu ihm zurückzukehren. Wenn ihm irgend etwas zustößt, fällt die moralische Verantwortung auf Sie."

Die Entscheidung, den Nobelpreis abzulehnen, führte zu keiner
Ruhepause. Sie wurde sogar vielmehr als Akt der Gehässigkeit eines
Mannes angesehen, von dem man erwartete, dass er sich unterord-
nete und nicht versuchte, die Ereignisse noch zu kontrollieren. „Dies
ist eine noch schmutzigere Provokation", stellte Smirnow fest und
wandte sich von seiner früheren Unterstützung für Pasternak end-
gültig ab. Die Ablehnung des Preises treibe, so Smirnow, „den Verrat nur noch auf die Spitze."

Kapitel 12

„Pasternaks Name bedeutet Krieg."

Noch bevor Pasternak sein Ablehnungstelegramm nach Stockholm schickte, war Wladimir Semitschastny, der Erste Sekretär des Komsomol, der Jugendorganisation der KPdSU, zu einem Treffen mit Chruschtschow in den Kreml einbestellt worden. Der sowjetische Regierungschef erwartete, zusammen mit Michail Suslow, dem Einheizer für ideologische Reinheit in der Partei, Semitschastny in seinem Büro.

Chruschtschow erinnerte Semitschastny, dass dieser am nächsten Abend eine große Rede halten werde, und wies darauf hin, er wünsche sich einen Abschnitt über Pasternak in der Ansprache. Semitschastny erwiderte, eine Erwähnung der Nobel-Kontroverse passe nicht in die Rede, die den vierzigsten Geburtstag des Komsomol feiern sollte.

„Wir werden schon eine geeignete Stelle finden", antwortete Chruschtschow und rief einen Stenographen hinzu. Chruschtschow diktierte mehrere Seiten mit Hinweisen und peppte die Rede mit einer Fülle von Beleidigungen auf. Er versprach Semitschastny, dass er deutlich merkbar applaudieren werde, wenn er die Stelle mit Pasternak erreicht hatte. „Jeder wird das verstehen", beruhigte ihn Chruschtschow. Am nächsten Abend, dem 29. Oktober, sprach Semitschastny vor 12 000 jungen Menschen im Moskauer Stadion. Die Ansprache wurde live im Fernsehen und Radio übertragen.

„Wie es im russischen Sprichwort heißt, hat jede Herde ihr räudiges Schaf", erklärte Semitschastny, während Chruschtschow im Hintergrund strahlte. „In unserer sozialistischen Gesellschaft haben wir in der Person Pasternaks ein räudiges Schaf, der mit seinem ehrenrührigen Werk auf sich aufmerksam gemacht hat. [...] Und dieser Mann hat in unserem Land gelebt und wurde besser versorgt als der durchschnittliche Arbeiter, der schuftete, sich abmühte und kämpfte. Nun ist dieser Mann verschwunden und hat dem Volk ins Gesicht gespuckt. Wie können wir das nennen? Manchmal sagen wir von einem Schwein – nebenbei bemerkt ganz zu Unrecht –, dass es sich in der bekannten Weise verhält. Das ist eine Verleumdung des Schweins. Ein Schwein – und alle Menschen, die mit diesem Tier umgehen, kennen seine Eigenschaften – verunreinigt nie den Platz, an dem es frisst, besudelt nie seinen Schlafplatz. Vergleicht man also Pasternak mit einem Schwein. ergibt sich: Nicht einmal ein Schwein tut, was Pasternak getan hat. Er hat das Land besudelt, dessen Brot er isst. Er hat das Volk beschmutzt, von dessen Arbeit er lebt."

Immer wieder wurde Semitschastny von Beifallsstürmen unterbrochen. Dann äußerte er jene Drohung, vor der Pasternak sich am meisten gefürchtet hatte: „Warum sollte dieser innere Emigrant nicht die kapitalistische Luft atmen, nach der er sich so sehnt und von der er in seinem Buch schreibt? Ich bin sicher, unsere Gesellschaft würde das begrüßen. Lasst ihn uns zu einem wirklichen Emigranten machen und ihn in sein kapitalistisches Paradies ziehen. Ich bin sicher, dass weder unsere Gesellschaft noch unsere Regierung ihn in irgendeiner Weise daran hindern würde – im Gegenteil, sie würden seinen Fortgang aus unserer Mitte als Reinigung der Luft verstehen."

Am nächsten Morgen las Pasternak eine Zusammenfassung von Semitschastnys Rede in der Zeitung. Mit seiner Frau besprach er die Möglichkeiten einer Emigration. Sie sagte, dass er das Land verlassen müsse, um in Frieden leben zu können. Pasternak war überrascht und fragte: „Mit dir und Ljonja?", womit er seinen Sohn meinte.

„Nie im Leben, aber ich wünsche dir nur das Beste und hoffe, dass du deine letzten Jahre ehrenvoll und friedlich verbringen kannst", erwiderte Sinaida. „Ljonja und ich werden dich verleugnen müssen, aber wie du weißt, ist das nur eine Formalität."

„Wenn du dich weigerst, mit mir ins Ausland zu gehen, gehe ich auch nicht, niemals", gab Pasternak zurück.

Er sprach auch mit Iwinskaja und verfasste dann eine Nachricht an die Regierung, mit der er um die Erlaubnis bat, dass Iwinskaja und ihre Familie zusammen mit ihm ausreisen dürften. Doch er zerriss den Brief wieder. Pasternak fühlte sich stark zu Russland hingezogen und fand es zudem unmöglich, sich zwischen seinen beiden Familien entscheiden zu müssen. „Ich muss mit meinen Birken leben, muss meinen Alltag leben, Schmerz und Kummer hier aushalten."

Iwinskaja fürchtete, Pasternak würde keine Wahl gelassen werden. So versuchte sie, einen Kompromiss auszuhandeln. Sie traf sich mit Grigori Chessin, der der „Autorenrechte"-Abteilung des Schriftstellerverbands vorstand. Er hatte Iwinskaja immer zuvorkommend behandelt und ihr schon vor langer Zeit seine Bewunderung für Pasternak gestanden. Doch seine Umgänglichkeit war verschwunden, und er begrüßte seinen weiblichen Gast recht kühl.

„Sagen Sie mir, was wir tun sollen", wollte Iwinskaja wissen. „Dann plötzlich diese schreckliche Rede von Semitschastny. Was sollen wir bloß tun?"

„Olga Wsewolodowna", erwiderte Chessin, „wir können Ihnen keinerlei Rat mehr geben. [...] Es gibt einige Dinge, die man ihm um des Vaterlands willen nicht verzeihen kann. Nein, hier kann ich Ihnen überhaupt nicht raten."

Als Iwinskaja das Büro verließ, warf sie wütend die Tür hinter sich zu. Da trat ein junger Anwalt an sie heran, Isidor Gringolts, und bot ihr seine Hilfe an. Er beschrieb sich selbst als Bewunderer von Pasternak: „Boris Leonidowitsch ist für mich ein Heiliger!" Iwinskaja, verzweifelt auf der Suche nach Hilfe, hinterfragte seine überbordende Hilfsbereitschaft nicht. Die beiden verabredeten ein Treffen in der Wohnung von Iwinskajas Mutter in zwei Stunden. Als Gringolts eintraf, schlug er vor, Pasternak solle direkt an Chruschtschow schreiben, um seiner Ausweisung aus Russland zuvorzukommen. Er bot seine Hilfe bei dem Entwurf des Briefes an.

Iwinskaja kam mit ihrer Tochter Irina und einigen von Pasternaks engsten Freunden zusammen, um zu besprechen, welche Vorteile es hätte, Chruschtschow direkt anzusprechen. Die Kampagne gegen Pasternak schien immer übler zu werden – der Schriftsteller erhielt Drohbriefe, und es kursierten Gerüchte, das Haus in Peredelkino würde von einem Mob in Brand gesteckt werden. Eines Nachts warf eine Gruppe örtlicher Rowdys Steine auf die Datscha und brüllte antisemitische Beschimpfungen. Unmittelbar nach Semitschastnys Rede hatte eine Demonstration von Arbeitern und jungen Kommunisten vor Pasternaks Haus außer Kontrolle zu geraten gedroht, und die Polizei musste Verstärkung zu Hilfe rufen.

Der Mitarbeiter des Schriftstellerverbands, Chessin, hatte Iwinskaja zudem wissen lassen, ohne ein Zeichen von Reue würde man Pasternak des Landes verweisen.

„Es scheint mir klar zu sein, dass wir nachgeben müssen", sagte Iwinskaja, die das trotzige Beharren ihrer Tochter Irina, Pasternak solle sich niemals entschuldigen, damit zurückwies. Ihre Haltung wurde von der ketterauchenden Ariadna Efron gestärkt, der Tochter der Dichterin Zwetajewa. Efron war nach sechzehn Jahren Inhaftierung und Exil gerade erst nach Moskau zurückgekehrt; sie glaubte nicht, dass ein Brief viel erreichen könnte, aber er würde wohl auch nicht schaden.

Die Gruppe überarbeitete den von Gringolts vorbereiteten Text, um ihn mehr nach Pasternak klingen zu lassen. Ein Entwurf wurde dann von Irina und Koma Iwanow zu Pasternak nach Peredelkino gebracht. Er ging ihnen bis zum Gartentor der Datscha entgegen. „Was denkt ihr, mit wem zusammen werde ich ausgewiesen?", wollte er wissen. „Ich habe mir überlegt: In der russischen Geschichte waren die, die im Exil lebten, stets von größerer Bedeutung für das Land: Herzen, Lenin."

Die drei gingen ins Dorf zum Postamt, wo von aus Pasternak ein langes Telefonat mit Iwinskaja führte. Er stimmte zu, den Brief durchzusehen, und änderte nur eine Sache – er fügte hinzu, dass er durch seine Geburt mit Russland verbunden sei, nicht mit der Sowjetunion. Er unterschrieb ein paar Seiten blanko, für den Fall, dass seine Freunde noch weitere Berichtigungen vornehmen musste. Sein Wille zum Widerstand schmolz dahin:

Lieber Nikita Sergejewitsch,
ich wende mich an Sie persönlich, das Zentralkomitee
der Kommunistischen Partei der Sowjetunion und die
sowjetische Regierung.

Durch Genosse Semitschastnys Rede habe ich erfahren, dass die Regierung mir keine Steine in den Weg legen würde, sollte ich aus der UdSSR ausreisen wollen.

Mir ist das jedoch unmöglich, da ich durch meine Geburt, durch mein Leben und meine Arbeit mit Russland verbunden bin. Ich kann mir mein Schicksal getrennt oder außerhalb von Russland nicht vorstellen. Welche Fehler ich auch begangen und welches Versagen mir auch vorgeworfen wurde, ich hätte mir nie vorstellen können, zum Zentrum einer derartigen politischen Kampagne zu werden, wie sie nun rund um meinen Namen im Westen entwickelt worden ist.

Als ich mir dessen bewusst geworden bin, habe ich die Schwedische Akademie wissen lassen, dass ich freiwillig die Annahme des Nobelpreises verweigere.

Die Grenzen meines Landes zu überschreiten wäre für mich gleichbedeutend mit dem Tod, und daher bitte ich Sie darum, diese äußerste Maßnahme gegen mich nicht zu ergreifen.

Mit der Hand auf dem Herzen kann ich sagen, dass ich etwas für die sowjetische Literatur erreicht habe und ihr noch immer dienen könnte.

B. Pasternak

Irina und eine Freundin brachten den Brief noch in dieser Nacht zum Gebäude des Zentralkomitees am Alten Platz. Sie erkundigten sich bei einem rauchenden Wachsoldaten im Schatten des Eingangs, wo sie einen Brief für Chruschtschow abgeben könnten.

„Von wem ist der Brief?", wollte die Wache wissen.

„Pasternak", antwortete Irina.

Der Soldat nahm den Brief entgegen.

Im „Haus des Films" erreichte der heftige Angriff auf Pasternak am Mittag des folgenden Tages eine Art Höhepunkt. In dem Gebäude, einem klassischen Stück konstruktivistischer Architektur in der Nähe des Schriftstellerverbands, kamen rund achthundert Schriftsteller des Moskauer Zweigs des Verbands zusammen, um über einen einzigen Tagesordnungspunkt zu sprechen – „das Verhalten von B. Pasternak". Bei dem Treffen sollte der Ausschluss von

Pasternak aus dem Verband der sowjetischen Autoren abgesegnet und, im Windschatten von Semitschastnys Rede, auch seine Verbannung in den Westen gefordert werden. Die Teilnahme war verpflichtend, und nur ganz Mutige meldeten sich krank. Es herrschte bereits eine aufgeheizte, fast pöbelnde Stimmung, als Sergei Smirnow die Versammlung eröffnete. Er redete lange und erhob die bekannten Vorwürfe gegen Pasternak: Entfremdung vom Volk, die mittelmäßige Prosa seines Romans sowie seinen Verrat bei der Konspiration mit Ausländern. „Er hat sein Manuskript an den italienischen Verleger Feltrinelli geschickt, einen Überläufer und Deserteur aus dem fortschrittlichen Lager. Und ihr wisst, dass es keinen übleren Feind gibt als den Überläufer und dass der Überläufer einen besonders ausgeprägten Hass gegen die Sache pflegt, die er verraten hat." An manchen Stellen glitt Smirnows polternde Empörung fast ins Komische ab: „Ein Nobelpreis ging an den faschistenfreundlichen französischen Schriftsteller Camus, den in Frankreich kaum jemand kennt und der moralisch gesehen ein Mensch ist, neben den sich keine anständige Person setzen würde."

Zustimmendes Gemurmel kam aus der Menge, manche Zuhörer riefen „Schande!"

Nicht die Empörung war das prägende Element der Rede, sondern vielmehr die unterschwellige Eifersucht und der langjährige Groll, die durch Smirnows spöttischen Ton und seinen Versuch, Pasternaks Art zu reden zu imitieren, deutlich wurden. Der Mythos um Pasternak würde nur durch eine kleine Gruppe Freunde aufrechterhalten, so Smirnow, und dieser Mythos sei der „eines vollständig apolitischen Dichters, eines Kindes in der Politik, das nichts versteht und in seinem Schloss der ‚reinen Kunst' eingesperrt sei, wo es seine Begabungen ausleben kann. [...] Aus diesem Klüngel, diesem engen Kreis um Pasternak kommen ‚Ohhs' und ‚Ahhs' über sein Talent und seine großartige Literatur. Wir sollten nicht verschweigen, dass zu den Freunden in Pasternaks Umfeld Menschen gehören, die schon vor Zeugen behauptet haben, man solle sich erheben, sobald Pasternaks Name genannt wird."

Fünf Stunden dauerte das Treffen, und Smirnow war nur der erste von vierzehn Rednern. Die Rednerliste umfasste dabei überraschende Namen. Als Jewtuschenko sah, dass der Dichter Boris

Sluzki, der noch Anfang des Sommers Pasternak um die Beurteilung seiner eigenen Gedichte gebeten hatte, ebenfalls das Wort ergreifen wollte, mahnte er ihn, vorsichtig zu sein. Er fürchtete, Sluzki könnte Pasternak verteidigen, damit die Menge reizen und sich selbst schaden.

„Keine Bange", erwiderte Sluzki. „die Akzente werden richtig verteilt sein."

Sluzki war erst kürzlich in den Schriftstellerverband aufgenommen worden und spürte, seine vielversprechende Karriere könnte abrupt enden, würde er nicht gegen Pasternak wettern. Er hielt seine Rede kurz und vermied die brutale Wortwahl seiner Vorredner. „Die Pflicht eines Dichters ist es, die Anerkennung durch sein Volk anzustreben, nicht die seiner Feinde", erklärte er. „Der Gewinner des diesjährigen Nobelpreises könnte beinahe Gewinner des Nobelpreises für Antikommunismus genannt werden. Es ist eine Schande für einen Mann, der in unserem Land aufgewachsen ist, solch einen Titel zu tragen."

Sluzki war über Pasternak auch privat verärgert. Er hatte das Gefühl, dieser hätte die Möglichkeiten für die „junge Literatur", die nach Stalins Tod aufgekommen war, beschädigt. Später tat ihm seine Mitwirkung bei Pasternaks Verunglimpfung leid. „Ich schäme mich dafür, dass ich über Pasternak geschimpft habe", erklärte er Jahre später.

Der Vorsitzende der Versammlung, Smirnow, gab in den Jahren danach ebenfalls zu, der „Schandfleck" dieser Attacke würde „niemals abgewaschen werden". In einem verbitterten Briefwechsel zwischen Jewtuschenko und einem weiteren Redner, Wladimir Solouchin, warf Letzterer den schweigenden Anhängern Pasternaks später vor, ebenfalls Schuld auf sich geladen zu haben. Jewtuschenko, der bei dem Treffen anwesend war und dem man anbot, gleichfalls zu reden, hatte sich entschieden, sich nicht zu Wort zu melden.

„Einigen wir uns darauf, dass wir alle vierzehn Feiglinge waren, Opportunisten, Speichellecker, Verräter und Mistkerle, die sich niemals ‚reinwaschen' können", schrieb Solouchin. Er fragte, wo Pasternaks Freunde waren unter den Hunderten Zuhörern im Saal. „Warum haben sie geschwiegen? Kein einziger Mucks, nicht das kleinste Zeichen. Warum? Keine einziger Ausruf, keine Bemerkung und kein einziges Wort zur Verteidigung des Dichters."

Jewtuschenko antwortete, dass „dreißig Jahre lang diese Ihre Sünde, Wladimir Alexejewitsch, sicher verborgen geblieben ist. [...] Doch Glasnost hat, wie das Tauwasser im Frühling, Ihr Geheimnis freigelegt, und Ihre alte Schuld kommt ans Tageslicht, wie der Arm eines ermordeten Kindes aus dem Schnee auftaucht, wenn er zu schmelzen beginnt", fuhr Jewtuschenko fort. „Ich habe meine Weigerung zu reden nie als heroische Tat verstanden. Aber macht es nicht doch einen Unterschied, ob man an einem Verbrechen tatsächlich mitwirkt oder sich weigert, daran mitzuwirken?"

Im Gegensatz zu Sluzki führten die anderen Redner scharfe Worte gegen den Dichter ins Feld. Korneli Zelinski, ein Wissenschaftler, der am Maxim Gorki-Literaturinstitut unterrichtete, war ehemals ein Freund Pasternaks gewesen, nun aber hielt er eine „ausgesprochen gemeine" Rede. Auf Pasternaks Bitte hin hatte er eine seiner Lesungen im Polytechnischen Museum 1932 geleitet und über die Jahre hindurch durchweg positiv über seine Texte geschrieben. Er hatte Pasternak einen „genialen Datscha-Bewohner" genannt und erklärt, einige seiner Gedichte aus der Sammlung *Zweite Geburt* gehörten „für immer zur russischen Dichtung [...] als Meisterwerk intimer lyrischer Poesie." Nach dem Krieg nahm Zelinski an einer der ersten Lesungen von *Doktor Schiwago* in Peredelkino teil.

Zelinski teilte dem Publikum nun mit, er habe im vorigen Jahr den Roman „genau unter die Lupe genommen". Er war auch an den Verhandlungen beteiligt, die im Frühjahr 1957 zu einem Vertrag über die Veröffentlichung einer gekürzten Version des Buches in der Sowjetunion geführt hatten. In einem Interview mit Radio Warschau hatte er nur einige wenige Bedenken darüber geäußert, die Themen des Buches seien weit von den aktuellen Belangen des Sommers 1958 entfernt. Womöglich war es genau diese Beteiligung an Pasternaks Werk, die ihn zu einer derart vergifteten Rede animierte.

„Nach der Lektüre von *Doktor Schiwago* fühlte ich eine große Schwere", ließ Zelinski das Publikum wissen. „Ich hatte das Gefühl, als hätte man mich literarisch bespuckt. Mein ganzes Leben schien von diesem Roman entehrt worden zu sein. [...] Ich habe keine Lust, im Detail all die übelriechende Ekelhaftigkeit zu erläutern, die diesen schlechten Eindruck hinterlässt. Es war sehr seltsam für mich, den Dichter und Künstler Pasternak so tief sinken zu sehen. Doch die darin verborgene Wahrheit hat sich uns später offenbart, nämlich diese furchtbare verräterische Philosophie und der allgegenwärtige Schmutz des Verrats.

Ihr solltet wissen, Genossen, dass im Westen, wo ich gerade gewesen bin, Pasternaks Name mit Krieg gleichbedeutend ist. Er ist der Bannerträger des Kalten Krieges. Es ist nicht bloß Zufall, dass die reaktionärsten, monarchistischsten, fanatischsten Kreise sich unter seinem Namen zusammentun. [...] Ich wiederhole es, Pasternaks Name bedeutet Krieg. Er verkündet den Kalten Krieg."

Nach seiner Rede trat Zelinski an Konstantin Paustowski heran, einer der großen alten Männer der russischen Literatur, der sich angewidert von ihm abwandte und ihm den Handschlag verweigerte.

Smirnow läutete das Ende der Zusammenkunft ein, auch wenn noch dreizehn weitere Redner an der Seite auf ihren Auftritt warteten. Die Zuhörer waren erschöpft. Nach der Abstimmung mit Handzeichen verkündete Smirnow, die Resolution sei einstimmig angenommen worden. „Das stimmt nicht! Nicht einstimmig! Ich habe dagegen gestimmt!", rief eine Frau, die sich nach vorne durch die Menge schob, während andere schon zum Ausgang strömten. Die einsame Abweichlerin war eine Gulag-Überlebende. Es war Anna Allilujewa, Stalins Schwägerin.

Wie Pasternak hier an den Pranger gestellt worden war, bildete den Aufmacher in Zeitungen rund um den Globus. Moskau-Korrespondenten berichteten detailliert über die Medien-Kampagne, den Ausschluss aus dem Schriftstellerverband, die Annahme sowie die Verweigerung des Nobelpreises und die angedrohte Ausweisung. In Leitartikeln besprachen Journalisten die alarmierende Heftigkeit des Angriffs auf den einzelgängerischen Schriftsteller. In einem Artikel mit der Überschrift „Pasternak und die Pygmäen" hieß es in der *New York Times*: „An der Raserei, der Giftigkeit und Intensität dieser Reaktion ist vieles erhellend. Oberflächlich gesehen sind die sowjetischen Führer stark. Sie befehlen Wasserstoffbomben und Interkontinentalraketen, große Armeen und Flotten von mächtigen Bombern und Kriegsschiffen. Ihnen stellt sich ein älterer Mann entgegen, der angesichts der physischen Macht des

Kreml völlig hilflos ist. Und doch ist es die moralische Autorität Pasternaks, so lebhaft symbolisiert er das Bewusstsein eines sich gegen seine Peiniger wehrenden, empörten Russlands, die dazu führt, dass es nun die Männer im Kreml sind, die zittern."

In der *St. Louis Post-Dispatch* schuf der Zeichner Bill Mauldin eine Karikatur, für die er später mit dem Pulitzer-Preis ausgezeichnet wurde. Sie zeigt Pasternak als abgerissenen Gulag-Häftling mit Fußkette und Eisenkugel, wie er im Schnee mit einem Mithäftling Holz spaltet. Der Text dazu lautet: „Ich habe den Literaturnobelpreis gewonnen. Was war dein Verbrechen?"

Die französische Zeitung *Dimanche* beschrieb die literarische Krise als „ein intellektuelles Budapest" für Chruschtschow.

Die Schweden veröffentlichten ihren eigenen Protest. Am 27. Oktober wurde in Stockholm der Lenin-Friedenspreis an den Dichter Artur Lundkvist verliehen. Drei Mitglieder der Schwedischen Akademie, die zu der Veranstaltung eingeladen worden waren, darunter Österling, blieben der Feierstunde fern. Das engagierte Streichquartett weigerte sich zu spielen, und der Florist schickte aus Protest verwelkte Blumen.

Die Verwunderung über Pasternaks Behandlung nahm noch zu, als drei sowjetischen Forschern der Physiknobelpreis zuerkannt wurde. Diese Auszeichnung wurde in Moskau als nationaler Erfolg gefeiert; westliche Korrespondenten waren eingeladen, zwei der drei Gewinner in der russischen Akademie der Wissenschaften kennen zu lernen, wo sie ihre Forschung über atomare Teilchen vorstellten – und über ihre Hobbys und Privatleben erzählten. Die Sowjetpresse war zu einigen logischen Drehungen gezwungen, um die unterschiedliche Berichterstattung über die zwei Nobelpreise, häufig sogar auf derselben Seite im Blatt, zu erklären. Die *Prawda* erläuterte, der Wissenschaftspreis beweise „die Anerkennung der Schwedischen Akademie der Wissenschaften für die großen Errungenschaften der russischen und sowjetischen Wissenschaftler", während „die Verleihung dieses Preises für Literatur allein durch politische Motive bestimmt war". Bürgerliche Wissenschaftler seien „zu Objektivität in der Lage", schlussfolgerte die Zeitung, doch die Beurteilung literarischer Werke stehe „vollständig unter dem Einfluss der Ideologie der herrschenden Klasse."

Feltrinelli hielt sich gerade in Hamburg auf, als die lautstarke Herabsetzung seines Autoren begann. Augenblicklich nutzte er seine Kontakte in der Verlagsszene, um Schriftsteller zur Verteidigung Pasternaks zu versammeln. Literarische Gesellschaften von Mexiko bis Indien veröffentlichten Stellungnahmen, während sich das Drama entspann. Eine Gruppe prominenter Autoren, darunter T. S. Eliot, Stephen Spender, Somerset Maugham, E. M. Forster, Graham Greene, J. B. Priestley, Rebecca West, Bertrand Russell und Aldous Huxley, schickte ein Protesttelegramm an den sowjetischen Schriftstellerverband. „Wir sind in Sorge über den Zustand eines der weltweit bedeutendsten Dichter und Schriftsteller, Boris Pasternak. In unseren Augen ist sein Roman *Doktor Schiwago* ein bewegendes, persönliches Zeugnis und kein politisches Dokument. Wir fordern Sie auf im Namen der großen literarischen Tradition Russlands, für die Sie stehen, diese nicht dadurch zu entehren, dass Sie einen Autoren bestrafen, den die ganze zivilisierte Welt verehrt." Der PEN, die internationale Schriftstellervereinigung, sandte seine eigene Nachricht, in der er betonte, die Organisation sei „erschüttert über Gerüchte, die Pasternak betreffen", und verlange Schutz für den Dichter, indem man die Bedingungen für seine kreative Freiheit erhalte. „Schriftsteller auf der ganzen Welt denken mit brüderlichen Gefühlen an ihn."

Radio Liberation strahlte Unterstützungsbotschaften von Schriftstellern aus, die es dafür angefragt hatte, etwa Upton Sinclair, Isaac Bashevis Singer, William Carlos Williams, Lewis Mumford, Pearl Buck und Gore Vidal. Ernest Hemingway sagte, er würde Pasternak ein Haus zur Verfügung stellen, sollte er ausgewiesen werden. „Ich werde ihm die erforderlichen Bedingungen verschaffen, dass er weiter arbeiten kann", gab Hemingway als Grund dafür an. „Ich kann gut verstehen, wie innerlich zerrissen Boris jetzt ist. Ich weiß, wie tief und mit ganzem Herzen er in Russland verwurzelt ist. Für ein Genie wie Pasternak ist die Trennung von der Heimat eine Tragödie. Doch wenn er zu uns kommen will – wir werden ihn nicht enttäuschen. Ich werde alles tun, was in meinen bescheidenen Kräften steht, um diesem schöpferischen Genie Ruhe und Frieden zu verschaffen. Ich denke tagaus-tagein an Pasternak."

Die Auseinandersetzung verstärkte die Verkaufszahlen des Romans in ganz Europa und den Vereinigten Staaten, wo er im September erschien. Das Buch landete auf Platz eins der *New York Times*-Bestsellerliste und verdrängte *Lolita* vom Spitzenplatz. In den ersten sechs Wochen verkaufte sich das Buch in den USA rund 70 000 Mal. „Das ist phantastisch", schrieb sein Verleger Kurt Wolff. Die Nobelpreis-Kontroverse ließ die Absatzzahlen eines ohnehin erfolgreichen Buches in seltene Höhen schießen. „Sie sind über die Literaturgeschichte hinaus und in die Menschheitsgeschichte hinein gewachsen", formulierte es Wolff in seinem Brief an Pasternak am Ende des Jahres. „Ihr Name ist Gemeingut der Menschheit geworden."

Der US-Außenminister John Fuster Dulles gab vor Reportern bekannt, Pasternaks Weigerung, den Nobelpreis anzunehmen, sei durch Druck sowjetischer Behörden zustande gekommen. „Das System des internationalen Kommunismus besteht auf Konformität, nicht nur in Taten, sondern auch in Gedanken. Sie versuchen alles, was aus der Reihe läuft, auszumerzen."

Die US-Botschaft in Moskau warnte das Außenministerium davor, sich offiziell einzumischen. Amtsträger in Washington hielten sich meist recht bedeckt, stattdessen genossen sie das, was sie als vollständig in Moskau produzierten Propagandacoup für den Westen ansahen. Bei einem Treffen mit hochrangigen Vertretern von Dulles' Ministerium wurde ihm berichtet, dass „die Art, wie die Kommunisten Pasternak behandeln, einer ihrer größten Fehler ist. In Hinblick auf die Peinlichkeit und den Schaden, den es bei ihnen angerichtet hat, ist es vergleichbar mit der Brutalität in Ungarn." Dulles forderte seine Mitarbeiter auf, die Möglichkeiten einer verdeckten Finanzierung von Ausgaben des Romans im Nahen und Mittleren Osten zu ermitteln; vermutlich wusste er, dass sein Bruder, der Direktor der CIA, bereits eine russische Ausgabe organisiert hatte, da sie beide im Kontrollkomitee der Operation saßen. Mitarbeiter des Außenministeriums wurden angewiesen, ihre Bemühungen um die Veröffentlichungen mit der „anderen Agentur" abzusprechen, der typischen Regierungsbezeichnung für die CIA.

Dulles ließ seine Mitarbeiter wissen, er habe bislang keine Gelegenheit gehabt, das Buch zu lesen, aber er „vermutete, dass er es wohl noch würde lesen müssen." Er wollte wissen, ob der Roman die kommunistische Sache beschädige. Abbott Washburn, stellvertretender Direktor der United States Information Agency, bejahte diese Frage: „Er schadet ihr, denn er offenbart, wie sehr dem Individuum unter dem unterdrückenden kommunistischen System die Luft zum Atmen genommen wird, und schon allein das Verbot des Buches zeigt, dass die kommunistischen Führer es als beleidigend empfinden." Andere Teilnehmer des Treffens waren der Meinung, dass *Doktor Schiwago* nicht sonderlich antikommunistisch sei, doch „die Behandlung, die der Autor erfährt, hat sich für uns ausgezahlt."

Zunächst war auch die CIA zu dem Schluss gekommen, dass man die Trümpfe, die man in der Hand hatte, nicht überreizen sollte. Direktor Allen Dulles bestimmte, dass die Abteilungen der CIA, inklusive Radio Liberation, sich „maximal faktentreu" über den Nobelpreis äußern sollten, „ohne jeden propagandistischen Kommentar". Dulles fügte an, der Geheimdienst solle jede Gelegenheit nutzen, um möglichst vielen Sowjetbürgern die Lektüre des Romans zu ermöglichen.

Für einige innerhalb der CIA war Pasternaks Notsitiuation nur ein weiterer Beweis dafür, wie wenig Einfluss der Westen auf Ereignisse innerhalb der Sowjetunion und Osteuropa hatte. „Reaktionen der Abscheu und des Schreckens können nicht verbergen, dass auf dem Gewissen der Freien Welt ein Gefühl der eigenen Ohnmacht liegt, die Befreiung des Ostblocks nicht weiter vorantreiben zu können", hieß es in einem Memo der CIA an Dulles. „Jeder weitere Versuch unsererseits, den persönlichen Leidensweg Pasternaks als einen Triumph der Freiheit darzustellen, wird nur, wie der Fall Ungarn bewies, die tragische Ironie erhöhen, von der er uns berichtet."

Dulles war nicht überzeugt. Bei einer Konferenz des Stabes des National Security Council, des Nationalen Sicherheitsrats, einige Tage später kam es zu „erheblichen Diskussionen über die Maßnahmen, die die USA ergriffen haben oder ergreifen werden", um die *Schiwago*-Affäre auszunutzen. Schon zuvor hatte ein Teil von Dulles' Mitarbeitern empfohlen, die CIA-Abteilungen sollten als „Zünder" für antisowjetische Berichterstattung benutzt werden und „linke Presse und Autoren" im Westen dazu ermutigen, ihre Empörung auszudrücken.

Der Klang dieser Fassungslosigkeit war in Moskau nichts Neues. Störender als die Stellungnahmen „bürgerlicher Autoren" und US-amerikanischer Amtsträger wie John Foster Dulles war der Schaden, den die Reputation der Sowjetunion bei Freunden und Verbündeten nahm sowie in jenen Teilen der Welt, in denen sie freundliche Zustimmung erwartet hatte.

Im Libanon war die Affäre eine Geschichte für die Titelblätter, und die CIA notierte erfreut, dass im Leitartikel auf Seite eins der Zeitung Al-Binaa geschlussfolgert wurde, „freie Gedanken und dialektischer Materialismus passen nicht zusammen." In Marokko schrieb die Tageszeitung *Al-Alam*, die nur selten Kritik an der UdSSR übte, was immer die Sowjetunion in Zukunft auch am Westen kritisieren werde, sie werde „niemals in der Lage sein, die Unterdrückung Pasternaks zu leugnen." *The Times* aus Karatschi bezeichnete die Behandlung des Schriftstellers als „verachtenswert".

Der brasilianische Autor Jorge Amado stellte fest, dass der Ausschluss Pasternaks aus dem Schriftstellerverband bewies, dass dieser noch immer von Elementen aus der Ära Stalins kontrolliert werde. Die brasilianische Zeitung Última Hora, die bislang gute Beziehungen zur Sowjetunion gepflegt hatte, nannte die Affäre „kulturellen Terrorismus".

Der irische Dramatiker Sean O'Casey schrieb einen Brief an die *Literaturnaja Gaseta*, mit dem er gegen die Entscheidung des sowjetischen Schriftstellerverbands protestierte: „Seit 1917 bin ich ein Freund Ihres wunderbaren Landes, und daher möchte ich Sie bitten, diesen Ausschluss zurückzunehmen. Jeder Künstler ist eine Art Anarchist, hat Bernhard Shaw in einem seiner Vorworte geschrieben, und dem Künstler sollten eine Menge Dinge verziehen werden."

Der isländische Romancier Halldór Laxness, selbst Nobelpreisträger und Vorsitzender des isländisch-sowjetischen Freundschaftsbundes, sandte ein Telegramm an Chruschtschow selbst: „Ich appelliere an Sie als nüchternen Staatsmann, Ihren Einfluss gelten zu machen, um die bösartigen Angriffe sektiererischer Intoleranz auf den altverdienten russischen Poeten Boris Pasternak abzuschwächen. Warum leichten Herzens in dieser Angelegenheit den auf die Sowjetunion gelenkten Zorn von Dichtern, Schriftstellern, Intellektuellen und Sozialisten aus aller Welt provozieren? Ersparen Sie höflicherweise den Freunden der Sowjetunion dieses unverständliche und vor allem unwürdige Spektakel."

„Island?", fragte Pasternak, als er von dem Telegramm erfuhr. „Island, aber was, wenn China intervenieren würde, würde das helfen?"

Tatsächlich zog dieser Fall in Asien Aufmerksamkeit auf sich, vor allem in Indien, einem blockfreien Staat, der nichtsdestotrotz enge Beziehungen zur Sowjetunion pflegte. Premierminister Jawaharlal Nehru hatte die Sowjetunion 1955 besucht, Chruschtschow war im folgenden Jahr zum Gegenbesuch aufgebrochen. Der Umgang mit Pasternak erzürnte die führenden Schriftsteller in Indien, darunter einige prominente Kommunisten. Und die Sorge um dessen Misere kulminierte in einer Pressekonferenz in Neu Delhi, auf der Nehru feststellte, dass die indische Öffentlichkeit dieser tägliche Missbrauch schmerze. „Ein renommierter Autor, auch wenn er eine Meinung äußert, die der vorherrschenden Meinung widerspricht, sollte in unseren Augen respektiert werden und freies Spiel erhalten", sagte er Journalisten gegenüber.

Auch die kulturelle Diplomatie der Sowjetunion wurde beschädigt. Die norwegische Presse verlangte, dass die Regierung das erst kürzlich unterzeichnete Abkommen über den Kulturaustausch zwischen beiden Ländern aufheben solle. Schwedische Offizielle drohten damit, ein Jugendaustauschprogramm auf unbestimmte Zeit auf Eis zu legen. Achtundzwanzig österreichische Autoren ließen in einem offenen Brief wissen, dass in Zukunft jeglicher kultureller und wissenschaftlicher Austausch nur unter der Bedingung der vollständigen Rehabilitation Pasternaks als Staatsbürger und Schriftsteller stattfinden könne.

Das internationale Echo war im Kreml nicht willkommen, daher suchte man dort nach einem Weg aus der Krise. Nachdem er Pasternaks Brief erhalten hatte, befahl Chruschtschow einen Halt. „Genug. Er hat seine Fehler eingestanden. Hören wir damit auf." Die Bedingungen dafür überließ er den Bürokraten.

Während die Schriftsteller im Haus des Kinos explodierten, fing Polikarpow damit an, die Affäre zu beenden. Chessin, jener Mann, der Iwinskaja einen Tag vor der Versammlung hatte auflaufen lassen, rief sie in der Wohnung ihrer Mutter an, wohin sie gekommen war, um ein wenig Schlaf zu finden. (Offenbar wurden Iwinskajas Bewegungen überwacht.) Chessin begrüßte sie mit falscher Freundlichkeit. „Olga Wsewolodowna, meine Liebe, Sie sind wirklich eine kluge Frau: Der Brief von Boris Leonidowitsch ist eingetroffen, nun ist alles in Ordnung. Sie müssen nur noch ein bisschen Geduld haben. Für den Augenblick habe ich Ihnen mitzuteilen, dass wir Sie unverzüglich sprechen müssen, wir kommen zu Ihnen."

Iwinskaja war von diesem Anliegen überrascht und sagte Chessin, sie wollte nichts mehr mit ihm zu tun haben. Dann übernahm Polikarpow den Hörer. „Wir erwarten Sie", erklärte er. „Wir kommen jetzt zu Ihnen, Sie ziehen Ihr Pelzchen an, kommen hinunter, und wir fahren zusammen nach Peredelkino: Wir müssen Boris Leonidowitsch nach Moskau bringen, ins Zentralkomitee."

Iwinskaja bat ihre Tochter, vorauszugehen und Pasternak zu informieren. Sie war der Meinung, dass wenn Polikarpow derart in Eile war und sogar nach Peredelkino kam, um Pasternak abzuholen, konnte das nur bedeuten, dass Chruschtschow den Schriftsteller sehen wollte. Eine schwarze ZIL-Limousine fuhr vom Gebäude mit dem Apartment von Iwinskajas Mutter ab, Polikarpow und Chessin saßen darin. Die Limousine fuhr auf jener mittleren Spur, die auf Moskaus Straßen ausgewählten Regierungsfahrzeugen vorbehalten war und brachte sie noch vor Irina nach Peredelkino.

Pasternak war emotional angegriffen und zerbrechlich, seine Laune schwankte stark, er fühlte sich in seiner Datscha eingesperrt. Telegramme mit Glückwünschen aus dem Westen stapelten sich auf seinem Tisch, doch zuhause fühlte er sich zunehmend isoliert. Menschen, die er für Freunde gehalten hatte, mieden ihn. Als die Bildhauerin Zoja Maslenikowa ihn an diesem Freitag gegen Mittag besuchte, brach er weinend zusammen; das Stichwort für seine Tränen war ein Telegramm gewesen, das zwei Zeilen aus einem der *Schiwago*-Gedichte enthielt: „Auch darum bin ich auf der Welt, / dass Getrenntes zusammenfällt".

Während Iwinskaja mit den beiden Männern auf Peredelkino zufuhr, gestand Chessin ihr flüsternd, dass er es gewesen sei, der Gringolts zu ihr geschickt habe. Zu verstehen, wie leicht sie zu manipulieren gewesen war und so Pasternak dazu brachte, Chruschtschow einen Brief zu schreiben, raubte Iwinskaja den Atem. Nun wandte sich Polikarpow vom Vordersitz zu ihr um und legte nach. „Sie sind jetzt unsere ganze Hoffnung." Als sie im Dorf angekommen waren, stand bereits eine Reihe von offiziellen Wagen in der Nähe von

Pasternaks Haus, mit denen andere Abgesandte des Schriftstellerverbands angereist waren. Als auch Irina eingetroffen war, bat man sie Pasternak zu holen; Iwinskaja wagte es nicht, Pasternaks Frau zu begegnen, doch Sinaida tolerierte ihre Tochter. Sinaida war von dem offizielle Trubel verängstigt, Pasternak jedoch verließ das Haus erstaunlich gut gelaunt. Als er zu Polikarpow und Chessin ins Auto gestiegen war, begann er sich zu beschweren, dass er kein angemessenes Paar Hosen habe anziehen können, denn auch er ging davon aus, nun Chruschtschow zu treffen. „Jetzt werd' ich es ihnen zeigen", prahlte er. „Jetzt wirst du sehen, was für einen Jokus ich ihnen machen werde. Ich werde ihnen alles sagen. Alles." Er scherzte die ganze Fahrt über, und seine Stimmung war von einer fast hysterischen Fröhlichkeit.

Auf Polikarpows Bitte hin brachte Iwinskaja Pasternak für einen kleinen Zwischenhalt in ihre Wohnung, bevor sie hinüber zum Gebäude des Zentralkomitees gingen. Als sie dort ankamen, ging Pasternak auf die Wache zu und sagte der Wache, er werde erwartet, habe aber keinen anderen Ausweis bei sich als den des Schriftstellerverbands – „die Mitgliedskarte des Verbandes, aus dem ich gerade ausgeschlossen worden bin." Und er schien sich weiter Sorgen über seine Hosen zu machen. „Ist schon in Ordnung, ist schon in Ordnung", erwiderte der Wachmann, „das macht nichts, ist in Ordnung."

Es gab kein Treffen mit Chruschtschow. Pasternak wurde in einen Raum mit Polikarpow geführt, der sich frisch gemacht hatte und so tat, als würde er schon den ganzen Tag an seinem Schreibtisch sitzen. Er erhob sich und verkündete „mit einer Stimme wie ein Marktschreier", dass man Pasternak erlauben würde, „in der Heimat zu bleiben."

Und er fügte hinzu, dass Pasternak dafür mit dem sowjetischen Volk Frieden schließen müsse. „Wir können nichts tun, um den Zorn des Volkes zu besänftigen", sagte Polikarpow. In der morgigen Ausgabe der *Literaturnaja Gaseta* würde noch mehr von dieser Wut zu lesen sein, bemerkte er noch.

Dies war keineswegs die Art von Treffen, die Pasternak vorgeschwebt hatte, und sein Ärger brach sich Bahn. „Schämen Sie sich nicht, Dmitri Alexejewitsch? Was meinen Sie mit ‚Zorn'? Ich sehe ja, Sie haben noch eine menschliche Seite, warum kommen Sie mit solchen Phrasen? ‚Volk‘, ‚Volk!‘

Als sei das etwas, das Sie aus der Hosentasche zaubern könnten! Sie wissen sehr gut, dass Sie dieses Wort überhaupt nicht benutzen dürften."

Polikarpow atmete tief ein, um sich selbst zu beruhigen; die Krise sollte beendet werden und dazu benötigte er Pasternaks Einverständnis. „Jetzt ist alles vorüber, Boris Leonidowitsch. Wir werden Frieden schließen, alles wird sich nach und nach wieder einrenken."

Plötzlich fuhr er unvermittelt fort: „Du liebe Zeit, alter Knabe, was hast du uns da eingebrockt!" und trat um den Tisch herum, um Pasternak auf die Schulter zu klopfen.

Pasternak entzog sich dieser Intimität und dem Verweis auf den „alten Knaben."

„Bitte, lassen Sie diesen Ton. Mit mir können Sie so nicht reden."

„Na was denn", sprach Polikarpow unverdrossen weiter, „erst das Messer dem Land in den Rücken, und nun müssen wir das Pflaster draufkleben."

Pasternak hatte genug von dem Vorwurf des Verrätertums. „Ich ersuche Sie, diese Worte zurückzunehmen. Ich wünsche nicht, weiter mit Ihnen zu sprechen."

Er wandte sich zum Gehen.

Polikarpow war entgeistert. „Halten Sie ihn zurück, Olga Wsewolodowna, halten Sie ihn!"

Iwinskaja, die Polikarpows Schwäche spürte, erwiderte. „Nehmen Sie Ihre Worte zurück!"

„Tu ich ja, natürlich, das tu ich ja", stotterte Polikarpow.

Pasternak blieb, und das Gespräch wurde in einem zivilisierteren Ton fortgesetzt. Polikarpow schlug vor, dass er ihm bald einen Plan vorstellen werde, und bat Iwinskaja leise beim Hinausgehen, dass sie einen weiteren öffentlichen Brief von Pasternak brauchen könnten.

Pasternak war mit seiner Darstellung zufrieden. „Sie sind selbst keine Menschen, sondern Maschinen", sagte er. „Sieh dir diese grässlichen Wände an, und alle, die sich innerhalb dieser Wände bewegen, handeln wie Automaten. [...] Immerhin, ich habe sie beunruhigt. Und das haben sie auch verdient!"

Auf der Rückfahrt nach Peredelkino wiederholte Pasternak laut das ganze Gespräch mit Polikarpow, ohne auf Iwinskajas Warnung zu hören, dass der Fahrer sicherlich beauftragt worden war, alles zu berichten, was sie besprachen.

In einer Pause rezitierte Irina ein paar Zeilen aus Pasternaks epischem Gedicht „Leutnant Schmidt":

> Vergeblich sucht man, in der Zeit des Aufruhrs,
> ein glückliches Ende –
> Manche sind verdammt dazu zu töten – und zu bedauern –
> Während andere nach Golgatha ziehen ...
> Ich denke, nicht einmal zucken werdet ihr
> Wenn ihr einen Menschen auslöscht.
> Ach doch, Märtyrer eures Dogmas,
> Auch ihr seid Opfer dieser Zeit ...
> Ich weiß, der Pfahl, an dem
> Ich sterben werde, wird die Grenze zeigen
> Zwischen den Epochen,
> Und ich bin glücklich, dafür erwählt zu sein.
> (Übersetzung Jörn Pinnow)

Pasternak verfiel ins Schweigen. Ein sehr langer Freitag kam an sein Ende.

Kapitel 13

„Bin umstellt, verloren, Beute"

Die Wut des Volkes erschien unter der Überschrift „Zorn und Empörung. Das sowjetische Volk verurteilt B. Pasternaks Verhalten" in der *Literaturnaja Gaseta*. Zweiundzwanzig Briefe waren auf fast einer ganzen Zeitungsseite abgedruckt, unter Überschriften wie „Schön ist unsere Realität", „Die Welt eines Arbeiters" und „Bezahlte Verleumdung". Der Baggerführer F. Wasiltsew wollte wissen, wer dieser Pasternak sei. „Ich habe noch nie von ihm gehört, kenne kein einziges Buch von ihm. [...] Das ist kein Schriftsteller, sondern ein Weißgardist." R. Kasimow, ein Ölarbeiter, fragte ebenfalls: „Wer ist dieser Pasternak?" und verurteilte ihn dann als „Autor ästhetischer, ausgedachter Verse, die kein Leser verstehen kann."

Lydia Tschukowskaja vermutete, diese Briefe seien Erfindungen der Herausgeber, und erklärte, sie könne sich sehr gut vorstellen, wie „ein Mädchen aus der Redaktion" diese Texte diktiert habe. Diese Unterstellung war ungerechtfertigt, denn die Briefe waren von echten Menschen geschrieben worden, auch wenn Formulierungen wie „Ich habe *Doktor Schiwago* nicht gelesen, aber ..." bei einer ganzen Reihe von Zuschriften auftauchten und bei all denen, die mit Pasternak sympathisierten, zu Amüsement führten. Die Zeitung war tatsächlich mit Briefen überschwemmt worden, allein zwischen dem 25. Oktober und 1. Dezember trafen 423 Zuschriften ein. Eine deutliche Mehrheit davon dürfte die aufrichtige Meinung sowjetischer Leser gewesen sein. Sie hatten, wenig überraschend, in den vorausgegangenen Tagen die unnachgiebige Mitteilung aufgenommen, dass Pasternak ein geldgieriger Verräter sei, der die Revolution und die Sowjetunion gebrandmarkt habe. Dies, so erging es vielen

Lesern, war nicht nur schwer beleidigend, sondern zugleich ein Angriff auf das, was die sowjetische Gesellschaft beim Aufbau erreicht hatte. „Die Revolution blieb zentraler Bestandteil im Bewusstsein und der sozioethischen Ordnung dieser Menschen, die heilige Grundlage eines mentalen Universums", stellte ein Historiker fest, „und ihre Reaktion auf den Fall Pasternak war vor allem eine Verteidigung des Versuchs, egal ob real oder eingebildet, diesen intellektuellen Eckpfeiler ihrer Existenz zu unterminieren."

US-amerikanische Psychologen, die während dieser Angriffe auf Pasternak die Sowjetunion bereisten, konnten einige Sympathien für ihn feststellen und hörten auch vom Interesse an der Lektüre dieses Buches, doch solche Gefühle waren alles andere als weit verbreitet. „Es gab weiterhin den eindeutigen Beweis, dass viele, wahrscheinlich sogar die Mehrheit der Studenten an den literarischen, historischen und philosophischen Fakultäten der Moskauer und Leningrader Hochschulen die offizielle Linie der Verurteilung Pasternaks als Verräter Russlands akzeptierten", bemerkten sie in dem Abschlussbericht ihres Besuchs. „Diese Akzeptanz der offiziellen Linie basierte zum Teil auf dem Ärger darüber, dass, wie sie glaubten, im Westen der Fall Pasternak in Hinblick auf antirussische Propaganda ausgenutzt worden war."

Auf dem Höhepunkt der Nobelkrise bekam auch Pasternak zwischen 50 und 70 Briefen täglich, sowohl von Sowjetbürgern als auch aus dem Ausland. In vielen wurde ihm Hilfe angeboten – obgleich in den Nachrichten seiner Landsleute nur anonym. Auch unter den Zuschriften an die *Nowy Mir* waren etwa zehn Prozent, meist von jüngeren Menschen, die auf Pasternaks Recht zur Veröffentlichung von *Doktor Schiwago* und ihr Recht, den Roman zu lesen, pochten. Es gibt Hinweise darauf, dass die Herausgeber der *Nowy Mir* die Briefe, die Pasternak verteidigten, an den KGB weiterleiteten.

Doch auch Briefe, die Pasternak verletzten, trafen ein. Einen hatte er ausgewählt, der folgendermaßen adressiert war: „Von Judas an Pasternak. ‚Ich habe nur Jesus verraten, aber du – du hast ganz Russland verraten.'"

Eine Zeitlang wurde Pasternaks Post dann blockiert. Bei einem Treffen mit Polikarpow verlangte er daraufhin, dass ihm Briefe und Pakete wieder zugestellt werden sollten, und am nächsten Morgen brachte die Postbotin zwei Säcke voller Post. Der deutsche Journalist Gerd Ruge schätzte, dass Pasternak nach der Verleihung des Nobelpreises insgesamt zwischen zwanzig- und dreißigtausend Briefe erhalten haben dürfte. Pasternaks Freude an dieser Korrespondenz, auch wenn sie seine Zeit verschlang, drückte er in dem kurzen Gedicht mit dem Titel „Gottes weite Welt" aus:

> Kehr ich heim mit dem Bündel von Briefen,
> Dann erst freu ich mich, ledig des Drucks.

Diese Briefe durchbrachen seine Isolation, verbanden ihn mit alten Freunden im Westen und schmiedeten neue Bündnisse mit Autoren wie T.S. Eliot, Thomas Merton und Albert Camus. „Die große und unverdiente Freude, die mir am Ende meines Lebens zuteil wird, ist es, mit vielen ehrenwerten Menschen in allen Winkeln der Welt in Berührung zu kommen und mit ihnen spontane, geistige und bedeutende Konversationen führen zu können", ließ er 1959 einen Korrespondenten wissen. Bis zwei oder drei Uhr morgens blieb er wach, um Briefe zu beantworten, wobei er seine Wörterbücher zu Hilfe nahm, um in den verschiedenen Sprachen antworten zu können. „Ich bin vom Umfang dieser Briefwechsel überrascht und vom Zwang, sie alle zu beantworten", stellte er fest. Es gab Momente, in denen er, wie er es einmal in einem Gedicht formuliert hatte, am liebsten „eins würde mit dem Privaten wie die Landschaft mit dem Nebel."

Überrascht war er ebenfalls von den Wünschen westlicher Bewunderer, die seine alten Gedichte wiederbeleben und veröffentlichen wollten, ein Werk, das in seinen Augen am besten in Vergessenheit bleiben sollte. „Es ist für mich unsagbar traurig und schmerzvoll, immer wieder an diese spärlichen Körnchen Leben und Wahrheit erinnert zu werden, durchsetzt mit Tod, schematischem Nonsens und nicht existierenden Dingen", sagte er einem Übersetzer. „Ich bin [über] Ihren [...] Versuch verblüfft, Dinge zu retten, die es verdient haben, dem Untergang und dem Vergessen geweiht zu sein." Auch mit einigen überanstrengten, westlichen Interpretationen seines Romans war er nicht glücklich. Einen Vorschlag von Kurt Wolff, einen Sammelband mit kritischen Essays unter dem Titel *Denkmal für Schiwago* zu veröffentlichen, erteilte er eine Absage. „Ist es des Doktors nicht genug?", fragte er den Verleger in einem Brief. „Das Denkmal kann nur eines sein: eine neue Arbeit. Und das kann nur ich allein verrichten."

Zusammen mit dem Erscheinen der Briefe in der *Literaturnaja Gaseta* gab die sowjetische Nachrichtenagentur Tass am 1. November bekannt, sollte Pasternak „die Sowjetunion dauerhaft verlassen wollen, von Seiten der sozialistischen Regierung und des Volkes, das er in seinem antisowjetischen Buch *Doktor Schiwago* verleumdet hat, würden ihm keine Hindernisse in den Weg gelegt. Er kann die Sowjetunion verlassen und persönlich die ‚Faszinationen des kapitalistischen Paradieses' erfahren."

Pasternaks Frau teilte einem Reporter von United Press International am nächsten Tag mit, der Dichter fühle sich nicht wohl und müsse sich ausruhen. Die Ausweisung aus der Sowjetunion wäre das Schlimmste, das ihm widerfahren könne. „Ich werde für ihn kochen so gut ich kann, und wir werden hier ein Jahr lang oder länger in aller Ruhe leben – ohne Besucher oder Interviews." Wie Emma Ernestowna, die Haushälterin von Viktor Komarowsky in *Doktor Schiwago*, sah Sinaida sich als „Kastellanin seiner friedlichen Zurückgezogenheit", die „still und fast unsichtbar" seinen Haushalt führte, wofür er sich „in ritterlicher Weise erkenntlich zeigte."

Am 4. November rief Polikarpow in Iwinskajas Wohnung an, als Pasternak sie dort gerade besuchte. „Wir müssen Boris Leonidowitsch bitten, einen offenen Brief an das Volk zu schreiben", ließ er sie wissen. Der Brief an Chruschtschow sei als öffentliche Entschuldigung ungenügend gewesen. Umgehend begann Pasternak, ein neues Schreiben zu entwerfen. Er wiederholte seine früheren Bemerkungen, dass er immer der Meinung gewesen sei, die Zuerkennung des Nobelpreises würde das sowjetische Volk stolz machen. Als Iwinskaja diesen Entwurf Polikarpow zeigte, lehnte dieser ihn ab und betonte, er und Iwinskaja müssten selbst eine akzeptable Version des Briefes erstellen. „Wir ‚arbeiteten' an ihm wie professionelle Fälscher", erklärte Iwinskaja. Als sie Pasternak die umgeschriebene Version des Briefes zeigte, „winkte er nur müde ab. Er wollte nur noch in Ruhe gelassen werden."

Der an die Herausgeber der *Prawda* adressierte Brief erschien am 6. November. Pasternak gab an, den Nobelpreis freiwillig zurückgegeben zu haben, denn er habe „das Ausmaß der politischen Kampagne rund um mein Buch [erkannt] und verstanden, dass dieser Preis eine politische Maßnahme war, die nun zu diesen ungeheuerlichen Konsequenzen geführt hat." Er führte weiter an, dass er bedauere, die Warnung der Herausgeber der *Nowy Mir* über *Doktor Schiwago* nicht beherzigt zu haben. Er könne die irrigen Interpretationen seines Romans nicht hinnehmen, schon gar nicht die Unterstellung, die Oktoberrevolution sei ein unrechtmäßiges Ereignis gewesen. Solche Behauptungen, schrieb Pasternak (oder genauer: schrieb Polikarpow), seien „bis ins Absurde getrieben worden. [...]

Im Laufe dieser stürmischen Woche", so fährt der Brief fort, „wurde ich nicht verfolgt, ich habe auch weder mein Leben noch meine Freiheit riskiert, ich habe überhaupt nichts riskiert."

Der Brief schloss mit der Feststellung: „Ich glaube, dass ich die Kraft finden werde, um meinen guten Ruf und das Vertrauen meiner Genossen in mich wiederherzustellen."

Erschöpfung und die Sorge um Iwinskaja zusammen führten zu diesem Zugeständnis, das die Behörden hatten erreichen wollen, auch wenn aufmerksame Leser bemerkt haben dürften, dass dieser Brief nicht von Pasternak selbst stammte. Die wiederholte Versicherung, er habe freiwillig gehandelt, ließ sogar bei den Lesern der *Prawda* Zweifel daran aufkommen. Dass er jedoch überhaupt einen Reue-Brief unterschrieben hatte, enttäuschte einige Russen. Ein gewisser Lehrer namens Alexander Solschenizyn in Rjasan „wand sich vor Scham für ihn" – dass er sich „durch das Anbetteln der Regierung derart erniedrigte."

Anna Achmatowa tat Pasternaks Leidensweg als unbedeutend im Vergleich zu dem ab, was sie und Michail Soschtschenko hatten durchmachen müssen, als sie unter Stalin aus dem sowjetischen Schriftstellerverband geworfen worden waren. Pasternak und seine Familie saßen weiterhin unbehelligt in ihrem hübschen Haus, bemerkte sie. „Die Geschichte von Boris ist – ein Kampf zwischen Schmetterlingen", sagte sie zu Lydia Tschukowskaja. Die schon lange bestehende Spannung zwischen Achmatowa und Pasternak begann, sich deutlicher zu zeigen. Die Leningrader Dichterin schmerzte es, dass Pasternak ihrer Arbeit in ihren Augen zu wenig Ehre erwies; seine Art irritierte sie, doch sie liebte ihn noch immer und sehnte sich nach seiner Anerkennung. Achmatowa war weiterhin überzeugt, *Doktor Schiwago* sei „bis auf die Landschaftsbeschreibungen" ein schlechter Roman und Pasternak viel zu selbstzufrieden mit seinem Märtyrertum und Ruhm. Als sich die beiden später im Jahr bei einer Geburtstagsfeier in Peredelkino trafen, kommentierte Achmatowa im Anschluss: „Boris hat die ganze Zeit nur über sich selbst gesprochen, über die Briefe, die er erhält. [...] Dann spielte er auf unglaublich langweilige Art und Weise ausgedehnt den Koketten, als man ihn bat, etwas zu lesen. Nachdem ich gelesen hatte, rief er mir quer über den Tisch zu: ‚Was machst du mit deinen Gedichten? Gibst du sie herum, damit all deine Freunde sie lesen können?'"

Anna Achmatowa erinnerte sich in diesem Moment daran, wie sie einmal den Komponisten Dimitri Schostakowitsch in seinem Sommerhaus in Komarowo, vor den Toren Leningrads, besucht hatte. „Ich sah ihn an und dachte: Er trägt seinen Ruhm wie einen Buckel, an den er von Geburt an gewöhnt ist. Doch Boris – wie eine Krone, die ihm gerade über die Augen gerutscht ist und die er mit dem Ellenbogen zurück an ihren Platz schiebt."

Der *Prawda*-Brief war ein taktischer Rückzug, schließlich musste Pasternak noch zwei Haushalte unterstützen. Im Gegenzug für Pasternaks Unterschrift wollten es die Behörden zulassen, dass er und Iwinskaja ihren Lebensunterhalt wieder durch Übersetzungen verdienen konnten; Polikarpow sagte außerdem zu, dass eine zweite Auflage von Pasternaks *Faust*-Übersetzung gedruckt werden würde. Das war eine Lüge. In diesem Winter gelang es Pasternak nicht, Geld zu verdienen. Seine Übersetzung von Juliusz Słowackis *Maria Stuart*, die kurz vor der Veröffentlichung stand, wurde abgesetzt; man stoppte den Druck von Shakespeare- und Schiller-Dramen in seiner Übersetzung; und er erhielt auch keine neuen Aufträge. Im Januar wandte er sich an die sowjetische Urheberrechtsagentur, um zu erfahren, was mit den schon angekündigten Zahlungen geschehen sei; außerdem schrieb er an

Chruschtschow und beschwerte sich darüber, dass ihm nicht einmal der Zugang zu dem „harmlosen Beruf" des Übersetzers gewährt werde. Er schlug der Urheberrechtsagentur schließlich sogar vor, sie könne seine Tantiemen eintreiben im Austausch mit den Zahlungen, die westlichen Schriftstellern, die in der Sowjetunion verlegt, aber nicht bezahlt würden, eigentlich zustünden, beispielsweise Hemingway. Die Sowjetunion zahlte bis 1967 nicht für die dort übersetzten und veröffentlichten Bücher aus dem Westen; erst dann trat sie einer internationalen Vereinbarung zum Urheberrecht bei.

Auf dem Papier war Pasternak ein reicher Mann. Feltrinelli deponierte die Zahlungen von Verlegern rund um die Welt auf einem Schweizer Bankkonto, und sowohl die CIA als auch der Kreml spekulierten, der Autor müsse bereits Millionär sein. Hätte er Zugang zu diesem Geld gehabt, hätte ihm das Erleichterung gebracht, zugleich aber auch für noch mehr Kummer und Trauer gesorgt. Pasternak war klar, dass sein Reichtum ein vergifteter Kelch war und man ihn, würde er um die Überweisung nach Moskau bitten, „fortdauernd anklagen würde, auf verräterische Weise von ausländischem Kapital zu leben." Er bat seinen Verleger im Februar, für 112 000 Dollar Geschenke unterschiedlicher Größe für seine Freunde, Übersetzer und den im Westen lebenden Teil seiner Familie zu kaufen. Anfänglich war ihm sein Vermögen noch recht gleichgültig gewesen, und er ließ Feltrinelli wissen: „Die Tatsache, dass es mir völlig an Interesse für all die Details und die Summe mangelt, auf die es hinausläuft, sollte Sie weder in Staunen versetzen noch verletzen."

Es schmerzte ihn immer mehr, dass er kein Einkommen hatte. „Der Wunsch mich zu ertränken ist so groß, dass es außer diesem Verlangen gar nichts mehr für mich gibt", sagte Pasternak. Seine missliche Lage machte ihn fassungslos. „Habe ich in meinem Leben wirklich nicht genug getan, dass ich mit siebzig Jahren nicht in der Lage bin, meine Familie zu ernähren?" Er fing an, sich Geld zu leihen, zunächst von seiner Haushälterin, dann von seinen Freunden. Im Dezember bat er Valeria Prischwina, die Witwe des Schriftstellers Michail Prischwin, ob sie ihm 3 000 Rubel, also etwa 300 Dollar, bis Ende 1959 leihen könnte. Anfang Januar lieh er sich dann weitere 5 000 Rubel von Kornei Tschukowski, der davon ausging, dass das Geld für Iwinskaja gedacht war. Sein Nachbar fand, Pasternak sei gealtert. „Seine Wangen sind eingefallen, doch ganz gleich: Er ist voller Leben." Tschukowski erwähnte Pasternak gegenüber, er habe seit drei Monaten nicht mehr richtig geschlafen, wegen der Dinge, die der Dichter durchmachen müsse. „Nun, ich schlafe bestens", habe Pasternak geantwortet.

Vier Wochen später ermahnte er Iwinskaja: „Wir müssen unsere Finanzen ordnen, deine und meine." Pasternak bat Gerd Ruge, den deutschen Journalisten, ob er ihm ein wenig Bargeld besorgen könne, das er durch die Ersparnisse Feltrinellis zurückgezahlt bekomme. Ruge organisierte rund 8 000 Dollar in der westdeutschen Botschaft – Geld, das deutschstämmige Russen bei der Emigration in die Bundesrepublik nicht hatten mitnehmen dürfen. Der ARD-Korrespondent übergab in einer amateurhaften Agenten-Inszenierung Iwinskajas Tochter ein Paket mit Bargeld, als die beiden in der U-Bahn-Station Oktjabrskaja aneinander vorbeihuschten.

Langsam schien Pasternak deutlich zu werden, in welche Gefahr er Iwinskaja und ihre Familie brachte, wenn er sie in diese heimlichen Bemühungen zur Geldbeschaffung einbezog. Er ließ seine französische Übersetzerin, Jaqueline de Proyart, wissen, dass, sollte er ihr schreiben, er sei an Scharlach erkrankt, damit gemeint sei, man habe Iwinskaja verhaftet und sie solle im Westen darauf aufmerksam machen.

Im April fragte er bei Polikarpow nach, ob es ihm erlaubt würde, Geld zu beziehen, das sein norwegischer Verlag für ihn aufbewahre. Einen Teil davon wollte er einer Stiftung für Schriftsteller in Not spenden. „Sie wissen, dass ich bis heute keinen einzigen Rubel erhalten habe von dem, was mir an Tantiemen von den ausländischen Fassungen meines Romans zusteht", betonte Pasternak.

Doch die Behörden blieben ungerührt und warnten ihn davor, Geld von ausländischen Banken anzunehmen. Er wurde gezwungen, einen Brief zu unterschreiben, mit dem er auf all diese Einkünfte verzichtete. Als sich Iwinskaja beschwerte, sie und Pasternak hätten nichts, wovon sie leben könnten, erwiderte Polikarpow mehrdeutig: „Um Pasternak zu beruhigen, wäre es gar nicht schlecht, euch euer Geld in einem Sack anzuschleppen."

Über einen weiteren deutschen Journalisten, den inzwischen mit Pasternak und Iwinskaja befreundeten *Die Welt*-Korrespondenten Heinz Schewe, schickte Feltrinelli sieben bis acht Päckchen, oder „Brötchen", wie sie es nannten, mit insgesamt rund 100 000 Rubel. Ende 1959 bat Pasternak den italienischen Verleger dann, 100 000 Dollar an D'Angelo zu überweisen: Dieser hatte dem Autor geschrieben und mitgeteilt, er könne im Westen Rubel kaufen und das Bargeld sicher in die Sowjetunion schmuggeln.

Das durchschnittliche Einkommen eines Sowjetbürgers lag in dieser Zeit bei etwa 12 000 Rubel. Zum offiziellen Wechselkurs, der in keinem Verhältnis zu den Kursen des Schwarzmarktes stand, konnte man Anfang 1959 für einen Dollar zehn Rubel kaufen. Der Bargeld-Schmuggel war gut gemeint, aber waghalsig. Pasternak und sein Kreis wurden noch immer überwacht, genau wie alle Ausländer, die mit ihm in Kontakt standen. Pasternaks Freunde im Westen, die oft von ihren eigenen Interessen und Eifersüchteleien angetrieben wurden, wollten ihm einen Gefallen tun. Doch der KGB überwachte die unterschiedlichen Bargeld-Ströme und wartete den richtigen Augenblick ab.

1959 geriet Pasternak in eine weitere vertrackte Situation, zum Teil auch aus eigener Schuld – ein verbitterter, geschäftlicher Streit zwischen Feltrinelli und Jacqueline de Froyart brach aus. Als Absolventin des Radcliffe Colleges war de Proyart 1956 nach Moskau gereist, um ihr Russisch zu verbessern. Bei dieser Gelegenheit bekam sie die Chance, eine Kopie von *Doktor Schiwago* zu lesen, und einige russische Freunde nahmen sie am Abend des 1. Januar 1957 mit zu Pasternak. Er hatte eingeladen, um die Reste des Silvesterdinners aufzuessen, denn Pasternak hatte unter anderem mit Anna Achmatowa, Andrej Wosnessenski, der Familie Neuhaus und Ariadna Efron am Abend zuvor gefeiert. Dass eine junge Französin – de Proyart war gerade erst dreißig – ihn besuchte, freute Pasternak außerordentlich, und der Abend verlief sehr angenehm. Der Schriftsteller sprach von Paris, wohin er 1935 zum Schriftstellerkongress zur Verteidigung der Kultur gereist war; von Stalin und dessen Frau sowie über Mandelstam.

Dann wandte sich die Unterhaltung *Doktor Schiwago* zu. Pasternak wollte von seinen Gästen wissen, ob sie bemerkt hätten, von welchem russischen Autoren er sich zu seinem Roman habe inspirieren lassen. „Leo Tolstoi", schlug jemand vor, doch das war nicht die von Pasternak erhoffte Antwort. Er sah de Proyart fragend an, die es riskierte und „Tschechow" sagte.

„Wunderbar!", rief Pasternak. „Sie haben richtig vermutet."

De Proyart kam es vor, als beruhe Pasternaks Wille, ihr zu vertrauen, gänzlich auf dieser einen Antwort. Die beiden trafen sich im Januar und Februar noch mehrere Male. Er ließ sie seinen Vertrag mit Feltrinelli sehen, und de Proyart meldete Bedenken an, einem so jungen Verleger, der kein Russisch sprach, die Zukunft des Romans anzuvertrauen. Pasternak gab de Proyart eine handschriftliche Vollmacht mit – eine Entscheidung, die Feltrinelli nur verwirren und erzürnen konnte.

Schließlich bemühte sich de Proyart, die Kontrolle über jede russische Ausgabe von *Doktor Schiwago*, die Veröffentlichung früherer Werke Pasternaks sowie, ausgestattet mit einem weiteren, frischen Brief Pasternaks, auch die Verwaltung all seiner Tantiemen zu erhalten. Feltrinelli fühlte sich verraten: „Es ist eine unerwartete und zudem sehr schmerzvolle Überraschung, dass ich mich Ihres Vertrauens und der Unterstützung durch Ihre Autorität beraubt sehe." Pasternak stellte sich de Proyart als ästhetische Begleitung zu Feltrinellis verlegerischem Scharfsinn vor, doch die beiden verachteten einander. Ein Großteil des Jahres 1959 entspann sich ein mühsamer Briefwechsel mit dem Versuch, das Durcheinander zu entwirren. „Ich habe die Sache über alle Maßen verkompliziert", schrieb er in einem Brief an beide. „Bitte verzeihen Sie es mir alle beide." Die Verwirrung wurde dadurch verstärkt, dass es schwierig war, Briefe von Peredelkino weg und wieder zurück zu transportieren. Um über verlegerische und finanzielle Fragen zu diskutieren, waren sowohl Pasternak als auch seine engsten Freunde im Westen auf verlässliche Kuriere angewiesen. Es dauerte oft Wochen oder sogar Monate, bis Briefe ihren Empfänger erreichten. „Bei diesen engen Fristen Geschäfte zu führen, Entscheidungen zu treffen oder zu einer Einigung zu kommen über diese Entfernungen und über einen Briefverkehr, der so unsicher, langsam und übel gesinnt ist – das ist eine Qual, ein unlösbares Problem, ein erbärmliches Unglück", schrieb Pasternak.

Im Westen erhielt der Roman weiterhin viel Aufmerksamkeit und Zuspruch. Der führende US-amerikanische Kritiker Edmund Wilson verfasste eine lange und begeisterte Besprechung in der November-Ausgabe des *New Yorker*, wobei er nur mit der Qualität der Übersetzung ins Englische unzufrieden war: *„Doktor Schiwago* wird, so glaube ich, zu einem der großen Ereignisse in der literarischen und moralischen Geschichte der Menschheit zählen. Niemand könnte ein solches Buch in einem totalitären Staat schreiben und es dann in die Welt freilassen, der nicht den Mut eines Genies hat."

Als Anastas Mikojan, der Erste Vizepremier des sowjetischen Ministerrats, die USA Anfang 1959 besuchte, machte er auf einem Rundgang zu den Sehenswürdigkeiten Halt vor einem Buchladen, dessen Schaufenster voller *Doktor Schiwago*-Ausgaben stand. Wie er, ein wenig überrascht, auf das Schaufenster blickt, ist in einem berühmten Foto festgehalten worden. Am Abend stand der Sowjetfunktionär vor dem Restaurant, in das er von der Motion Picture Association zu einem Steak-Essen eingeladen worden war, einer Gruppe von Demonstranten gegenüber, auf deren Plakaten zu lesen war: „Leiden Sie an Wahnvorstellungen über den Kommunismus? Fragen Sie Dr. Schiwago um Rat."

Bis März 1959 waren 850 000 Exemplare von *Doktor Schiwago* über den Ladentisch gegangen. Die *Sunday Times* in London verlieh *Doktor Schiwago* den Titel „Roman des Jahres". Als ein Journalist aus Uruguay zu einem Gespräch mit Pasternak anreiste, erklärte er seinem sowjetischen Aufpasser, „Pasternak ist so angesagt in Uruguay, dass Mädchen aus aristokratischen Familien es für unabdingbar und guten Umgangston halten, abends auf dem Weg zu den Partys eine Ausgabe von *Doktor Schiwago* in der Hand zu halten." Bei einer antikommunistischen Kundgebung der römisch-katholischen Jugend in Wien hing ein riesiges Plakat von Pasternak über dem Podium für den Redner. Die *New York Times* berichtete, dass „eine Fotomontage es so aussehen lässt, als würde [Pasternak] hinter Stacheldraht stehen. Aus einiger Entfernung sieht es so aus, als hätte er eine Dornenkrone auf dem Kopf."

Nicht für jeden war Pasternak ein religiöser Held. Einer der schärfsten Widersprüche gegen *Doktor Schiwago* kam von David

Ben-Gurion, dem israelischen Premierminister, der erschüttert war über die Haltung des Romans in der Frage der Assimilierung. Ben-Gurion erklärte, dies sei „eines der verabscheuungswürdigsten Bücher über Juden, das je von einem Mann mit jüdischer Abstammung geschrieben worden ist." Er fügte hinzu, es sei „schade, dass solch ein Buch aus der Feder eines Mannes stammt, der den Mut besessen hat, seine eigene Regierung herauszufordern."

Am 10. Dezember 1958 wurden in der Stockholmer Konzerthalle die Nobelpreise verliehen. Unter den mehr als zweitausend Honoratioren waren auch Gustav VI. Adolf, der schwedische König, und der sowjetische Botschafter. Die sowjetischen Wissenschafts-Preisträger saßen zusammen mit den anderen Ausgezeichneten in einer Reihe auf plüschigen, roten Stühlen; Igor Tamm, der ein breites Lächeln zeigte, verbeugte sich derart tief vor dem König, dass ihm um ein Haar die Medaille über den Kopf gerutscht wäre. Gegen Ende der Zeremonie erwähnte Österling knapp, dass Pasternak, „der Preisträger, wie bekannt, mitgeteilt hat, dass er den Preis nicht entgegennehmen möchte. Diese Ablehnung ändert nichts an der Gültigkeit der Auszeichnung. Der Schwedischen Akademie bleibt nur mit Bedauern festzustellen, dass es nicht möglich war, die Annahme stattfinden zu lassen." Das Publikum hörte ihm in absoluter Stille zu.

In den Wochen nach dem Abdruck seines Briefes in der *Prawda* war Pasternak besonnen im Umgang mit Journalisten, und die öffentliche Hysterie von Ende Oktober und Anfang November ließ nach. „Sturm noch nicht vorbei trauere nicht sei standhaft und ruhig. Erschöpft vom Lieben voller Glaube für Zukunft", lautete ein Telegramm Pasternaks an seine Schwestern Mitte November. Er war müde geworden. Am folgenden Tag schrieb er einem Cousin: „Das Beste wäre es, jetzt gleich zu sterben, doch vermutlich werde ich nicht selbst Hand an mich legen."

Seine Zuversicht lebte dann aber dennoch langsam wieder auf, angeregt durch die Engherzigkeit der Behörden und die Abscheu über die fortgesetzten Angriffe von alten Feinden wie Surkow. Beim Schriftstellerkongress im Dezember sprach Surkow von Pasternaks „übelriechender Haltung eines inneren Emigranten" und erklärte, er sei ein „Renegat, den unser gerechter Zorn aus der ehrenwerten Familie der sowjetischen Schriftsteller vertrieben hat." Surkow sah sich aber auch gezwungen zuzugeben, dass der Ausschluss Pasternaks aus dem Schriftstellerverband „einige fortschrittliche Schriftsteller irritiert hat und Zweifel in ihren Herzen aufkommen ließ, ob unsere Entscheidung die richtige war."

In einem Briefentwurf an das Zentralkomitee, den sich der KGB beschaffen konnte, schimpfte Pasternak auf die „höchsten Kräfte": „Ich verstehe, dass ich um nichts bitten kann, dass ich keine Rechte hab, dass ich wie ein kleines Insekt zerquetscht werden kann. [...] Ich war so dumm, nach den beiden Briefen auf Großzügigkeit zu hoffen."

Mit steigendem Ärger erzählte Pasternak dem britischen Journalisten Alan Moray Williams im Januar 1959: „Die Technokraten wollen, dass Schriftsteller eine Art Macht für sie sind. Sie möchten, dass wir Werke produzieren, die für allerlei soziale Zwecke eingesetzt werden können, genau wie so viele radioaktive Isotope. [...] Der sowjetische Schriftstellerverband möchte mich auf Knien betteln sehen – aber das werden sie niemals." Einem anderen Reporter erklärte er, dass „es in jeder Generation einen Dummen gibt, der die Wahrheit so ausspricht, wie er sie sieht."

In einem Brief an Feltrinelli zeigte er wieder ein wenig von seiner früheren, gesteigerten Vitalität und beschrieb sein Leben als „betrüblich, todgefährlich, doch auch voller Bedeutung und Verantwortung, schwindelerregend packend und es wert, akzeptiert und in frohem und dankbarem Gehorsam zu Gott gelebt zu werden."

Ihn schwächten jedoch die Makel in seiner Beziehung zu Olga Iwinskaja. Er hatte davon gesprochen, die Beziehung mit seiner Frau zu beenden und den Winter mit seiner Geliebten in Tarusa, etwa 150 Kilometer südlich von Moskau, zu verbringen. Der Schriftsteller Konstantin Paustowski hatte ihnen sein Haus dort angeboten. Iwinskaja wollte ihn mehr den je heiraten. Doch in letzter Minute änderte Pasternak seine Meinung. Er ließ sie wissen, er wollte keine Menschen verletzen, die doch „nichts weiter wünschten, als zu leben, wie sie es gewohnt sind." Er sagte Iwinskaja, sie sei seine „rechte Hand" und er vollständig bei ihr.

„Was willst du denn noch?", fragte er.

„Zorn überkam mich", erinnerte sich Iwinskaja. „Ich fühlte intuitiv, dass ich mehr als irgendjemand sonst den Schutz seines Namens brauchte, und dass ich ihn auch verdient hatte." Sie eilte zurück nach Moskau.

In den folgenden Tagen schrieb Pasternak mehrere Gedichte, darunter eines, das den Titel „Der Nobelpreis" trägt. Es beginnt folgendermaßen:

> Bin umstellt, verloren, Beute.
> Weit – wo Freiheit, Menschen, Licht.
> Hinter mir der Jagdlärm, Meute.
> Einen Ausweg hab' ich nicht.

Er ließ Tschukowski den Text lesen, der das Gedicht für ein Charakterstück hielt, das aus einem Impuls heraus entstanden sei. Eine Kopie der Verse gab Pasternak auch an Anthony Brown weiter, den Korrespondenten der *Daily Mail*, der ihn am 30. Januar für ein Interview besuchte. Als es veröffentlicht wurde, erregte es international große Aufmerksamkeit. Unter der Überschrift „Überraschung durch Pasternak: Er beschreibt seine Qualen in ‚Der Nobelpreis'" behauptete die *Daily Mail*, „Pasternak ist ein Ausgestoßener."

„Ich bin ein weißer Kormoran", hatte der Schriftsteller dem Journalisten dazu erklärt. „Wie Sie wissen, Mr. Brown, gibt es nur schwarze Kormorane. Ich bin eine Kuriosität, ein Individuum in einer Gesellschaft, die nicht für den Einzelnen, sondern für die Masse gedacht ist."

Pasternak behauptete später, er habe den Reporter gebeten, das Gedicht an Jacqueline de Proyart weiterzugeben, und es nie für eine Veröffentlichung vorgesehen. Er beschwerte sich am 10. Februar darüber bei anderen Journalisten, die ihn zu seinem Geburtstag besuchten. „Das Gedicht hätte nicht gedruckt werden sollen", erklärte er einem Korrespondenten. „Es lässt mich erscheinen wie ein junges Mädchen, das sich selbst im Spiegel bewundert. Außerdem ist die Übersetzung schlecht." Er fügte an, der Text sei aus einer pessimistischen Stimmung heraus entstanden, die nun vorüber sei. Seine Frau war wütend mit ihm: „Wie oft habe ich dir gesagt, du sollst Reportern nicht vertrauen? Wenn das so weitergeht, dann verlasse ich dich."

Pasternak verteidigte sich ein wenig zu ausgiebig über Browns Verrat – womöglich aus einer defensiven Haltung heraus, die den versteckten Mikrophonen geschuldet war. Anfang 1959 konnte er eigentlich nicht mehr seriös behaupten, nichts von den Konsequenzen zu ahnen, die es haben könnte, wenn er einem unbekannten Ausländer seine Texte anvertraute. Jemandem so schnell nach der Nobelpreis-Krise einen derart persönlichen und polemischen Text zu übergeben, war vielleicht unklug, vor allem aber war es typisch trotzig. „Nur ein Wahnsinniger würde so etwas tun", kommentierte Tschukowski die Angelegenheit, „und ich bin nicht sicher, ob in seinen Augen nicht ein Funken Wahnsinn aufblitzt."

Kapitel 14

„Ein Hochschulwochenende mit Russen"

Im Westen gab es nun keinen Zweifel mehr daran, dass Pasternaks Ablehnung des Nobelpreises und der Entschuldigungsbrief an Chruschtschow und die *Prawda* erzwungen worden waren. Die sowjetischen Behörden reagierten erwartungsgemäß mit Zorn auf den Artikel in der *Daily Mail*. Polikarpow ließ Iwinskaja wissen, Pasternak solle jeglichen Kontakt mit der ausländischen Presse beenden. Auch wurde dem Schriftsteller „geraten", während des Besuchs des britischen Premierministers Harold Macmillan aus Moskau abzureisen, damit dessen unvermeidliches Gefolge von Journalisten nicht nach Peredelkino pilgern würde.

Ungeachtet Iwinskajas Verärgerung nahm Pasternak die Einladung an, Nina Tabidse in Tiflis zu besuchen, zusammen mit Sinaida. Iwinskaja reiste „in eiskaltem Zorn" nach Leningrad ab.

Georgien war ein wunderbares Ziel für die Flucht. Tabidses Haus bot einen Ausblick über die Stadt, der bis hin zur entfernten Darialschlucht und dem Berg Kazbek reichte. Tabidse erzählte Pasternak, er sei der dritte in Ungnade gefallene russische Poet, der in Georgien Zuflucht gefunden hatte, nach Alexander Puschkin und Michail Lermontow. Sie richtete ihm ein privates Zimmer ein. Dort verbrachte Pasternak seine Tage mit der Lektüre von Proust, plante in Gedanken ein neues Buch, das, zumindest teilweise, in Georgien spielen könnte, und ging durch die kalten Kopfsteinpflastergassen der Altstadt spazieren. Abends drängten sich Schauspieler und Schriftsteller in Tabidses Wohnung, um mit Pasternak zu essen und zu trinken.

Der Maler Lado Gudiaschwili gab ihm zu Ehren einen Empfang, trotz der offiziellen Warnung, dass Pasternak auf keine Weise zu feiern sei.

Im Kerzenlicht las der Dichter vor, zwischen den lebhaften, farbenfrohen Bildern des Künstlers, die die Wände bedeckten. In Gudiaschwilis Skizzenbuch hinterließ Pasternak ein paar Zeilen aus dem Gedicht „Nach dem Gewitter":

> Die Hand des Künstlers wäscht von allen Dingen
> Noch machtvoller den Schmutz, der sie benetzt.
> Verklärter seinem Farbtopf sich entringen
> Leben und Wirklichkeit von einst und jetzt.

Häufig schrieb er auch Iwinskaja Briefe und sprach darin von der Notwendigkeit, hinter „die Schrecken und Skandale" zu gelangen. „Ich sollte wirklich auf Sparflamme kochen, ganz ruhig werden und für die Zukunft schreiben." Er warf sich selbst vor, Iwinskaja derart tief „in all diese scheußlichen Geschichten" mit hineingezogen zu haben.

„[D]a begriff ich zum ersten Mal ganz klar, dass ich ein schlechtes Licht auf dich geworfen und dich in Gefahr gebracht habe", schrieb er. „Das ist unmännlich und unverzeihlich." Auf seine ganz eigene Art verhätschelte er sie: „Oljuscha, mein goldenes Mädchen, ich gebe dir einen großen Kuss. Ich bin mit dir verbunden durch das Leben, durch die Sonne, die ins Zimmer scheint, durch Reue und Trauer, durch das Bewusstsein meiner Schuld (oh, nicht dir gegenüber natürlich), allen Menschen gegenüber, durch das Bewusstsein meiner Schwäche, das Ungenügende all dessen, was ich bisher getan habe, durch die Überzeugung, dass ich Berge versetzen muss, um die Freunde nicht zu enttäuschen, mich nicht als Scharlatan zu entpuppen. [...] Ich ziehe dich ganz, ganz dicht an mich, überschwemmt von Zärtlichkeit, und möchte weinen."

Ein wenig verliebte er sich auch in Gudiaschwilis neunzehnjährige Tochter Tschukurtma, eine dunkelhaarige Ballettschülerin. Pasternak ging vor ihr auf die Knie, um ihr seine Verse vorzulesen, sie nahm ihn auf einen Spaziergang zu einer Ausgrabungsstätte mit Funden aus dem 10. Jahrhundert vor den Toren von

Tiflis mit. Pasternak dachte darüber nach, einen Roman über Geologen zu schreiben, die Verbindungen zum frühen Christentum in Georgien entdeckten. Lado Gudiaschwili hatte das Gefühl, dass seine Tochter, die anfällig war für Depressionen, unter der Anwesenheit des Dichters aufblühte. Nach seiner Rückkehr nach Moskau schrieb er in einem Brief an Tschukurtma, sie habe ihn berührt: „Ich möchte dir keinen Unsinn erzählen, möchte weder deine Ernsthaftigkeit noch mein Leben mit etwas Lächerlichem oder Unangemessenem beleidigen, aber ich muss es dir doch sagen. Wenn du mich in dem Moment, in dem ich sterbe, noch nicht vergessen hast, und du mich, wie auch immer, noch stets brauchst, dann denke daran, dass ich dich zu meinen allerbesten Freunden gezählt habe und du das Recht hast, über mich zu trauern und von mir als jemandem zu denken, der dir sehr nahe stand."

Die Reise brachte erneut ins Gedächtnis, wie grausam der Staat sein konnte. Der schon betagte georgische Dichter Galaktion Tabidse, ein Cousin von Ninas ermordetem Ehemann, der Stalins Säuberungen überlebt hatte, wurde von den Behörden gezwungen, einen Brief an die Zeitung zu schreiben, in dem er Pasternak verurteilte. Seine geistige Gesundheit war zu diesem Zeitpunkt bereits angegriffen, und Tabidse empfand diese erneute Bedrohung als unerträglich. Er sprang vom Fenster seines Krankenhauszimmers aus in den Tod.

Am 14. März, kurz nach seiner Rückkehr nach Russland, drängte man Pasternak zu einem Treffen mit dem sowjetischen Generalstaatsanwalt Roman Rudenko, der sein Land als Leiter der sowjetischen Anklage gegen die nationalsozialistischen Kriegsverbrecher bei den Nürnberger Prozessen vertreten hatte. Nach der Veröffentlichung des Gedichtes „Der Nobelpreis" hatte Rudenko empfohlen, Pasternak die Staatsbürgerschaft zu entziehen und ihn zu deportieren, doch das Präsidium des Obersten Sowjets der UdSSR, das dazu die Macht gehabt hätte, entschied sich dagegen.

Dennoch erteilte man Rudenko die Erlaubnis, den Autoren zu befragen. Er klagte Pasternak der „betrügerischen Doppelzüngigkeit" an, als er Brown das Gedicht übergeben hatte. Ihm drohe eine

236

Anklage wegen Verrats, ließ er den Schriftsteller wissen. Pasternak entgegnete, es habe sich nur um eine „furchtbar fahrlässige" Tat gehandelt, denn er habe niemals gewollt, dass das Gedicht veröffentlicht werde. So ist es in Rudenkos Bericht über die Vernehmung zu lesen, die Pasternak unterschrieben hat. „Ich verurteile meine Handlungen und bin mir sehr wohl dessen bewusst, dass ich nach dem Gesetz dafür belangt werden kann", gestand Pasternak laut diesem Bericht. Rudenko erzählte seinen Kollegen, Pasternak habe sich „wie ein Feigling benommen."

Pasternaks eigene Zusammenfassung des Gesprächs für Iwinskaja klingt durchaus unterschiedlich. „Wusstest du, dass ich mit einem Mann ohne Hals gesprochen habe?" Rudenko habe ihn, so Pasternak, gebeten, eine Erklärung zu unterzeichnen, dass er keine Ausländer mehr treffen werde, doch er habe sich geweigert zu unterschreiben.

„Riegeln Sie mich ab und lassen Sie keine Ausländer mehr durch, wenn Sie es so wünschen", sagte Pasternak, „doch alles, was ich in meinen Texten sagen kann, ist, dass ich Ihr Stück Papier gelesen habe. Ich kann nichts versprechen." Rudenko selbst ergriff keine weiteren Maßnahmen. Der Staat schien unwillig, Pasternak noch mehr Aufmerksamkeit dadurch zu widmen, dass man ihn offen verfolgte. Isaiah Berlin bemerkte in England, Pasternak wirke „wie Tolstoi um das Jahr 1903, als Unterstützer seines Evangeliums von der Regierung bestraft wurden, und nur der alte Mann selbst war zu bedeutend & sonderbar, als dass ihn die Polizei ergreifen konnte."

Als er wieder zuhause war, platzierte Pasternak dennoch Schilder auf Englisch, Französisch und Deutsch vor den Türen seines Hauses in Peredelkino, auf denen zu lesen war: „Pasternak empfängt nicht. Es ist ihm verboten worden, ausländische Besucher zu empfangen." Auch Sinaida bedrängte ihn weiter, dass er keinen Besuch aus dem Ausland begrüßen dürfe: „Du musst aufhören, diesen Müll aufzunehmen, sonst werden sie an der Türschwelle dieses Hauses über meinen Leichnam steigen müssen."

Regelmäßig wurden die aufgestellten Schilder als Souvenirs gestohlen, die nachfolgenden Hinweise variierten die Nachricht: „Journalisten und alle andere, bitte gehen Sie weiter. Ich bin beschäftigt." Als die Journalistin Patricia Blake ihn an Ostern besuchte, sprach er von der obersten Stufe seiner Veranda herab mit ihr und bat sie nicht herein. „Bitte entschuldigen Sie meine grobe Unhöflichkeit", bat er sie und erklärte, er stecke in ernsthaften Schwierigkeiten und es sei ihm verboten worden, Ausländer zu treffen. Auch wenn Blake ihn „erstaunlich jung [fand] für einen Mann von 69 Jahren, so war sie doch erschrocken über die enorme Müdigkeit in seinem Gesicht, in seiner ganzen Haltung." Als sie die Datscha verließ, folgten ihr Zivilpolizisten bis zum Bahnhof. Der schwedische Professor Nils Åke Nilsson schaffte es nicht einmal aus dem Bahnhof heraus, bevor ihn die Polizei anhielt und aufforderte, nach Moskau zurückzureisen. Die erzwungene Isolation ging so weit, dass Pasternak Warnungen erhielt, nicht an öffentlichen Veranstaltungen in Moskau teilzunehmen. Sein Freundeskreis schrumpfte, und die enge Überwachung dauerte an; der KGB notierte die Namen aller Gäste, die ihn zu seinem 69. Geburtstag in der Datscha besuchten.

Die Bemühungen der CIA, *Doktor Schiwago* für ihre Zwecke auszunutzen, bekamen durch die Nobelpreis-Affäre neuen Schwung. Der Geheimdienst setzte weiter alles daran, seinen schwindenden Vorrat an russischsprachigen Ausgaben des Buches in die Sowjetunion zu schmuggeln, doch er besorgte sich auch englische Ausgaben für die Weiterverbreitung. Zunächst hatte die CIA den Roman nur Nicht-US-Bürgern ausgehändigt, die in die Sowjetunion reisten – und zwar vorzugsweise solchen, die mit dem Flugzeug statt mit dem Zug reisten, denn man hoffte auf weniger Kontrollen bei diesen Passagieren. Sollten sie dennoch angehalten und durchsucht werden, empfahl man ihnen zu behaupten, sie hätten das Buch von einem russischen Emigranten erhalten oder es auf der Brüsseler Messe gekauft. So wollte man verhindern, dass der Schmuggelversuch auf die US-Regierung zurückfiel.

Als der Sturm der Erregung wegen des Nobelpreises abflaute, entschied die CIA, nun könnten auch weitere Teile der US-Regierung, aber auch US-Reisende offen an der Weitergabe des Buches mitwirken. Der Geheimdienst ging davon aus, dass der ursprüngliche Grund für die Geheimhaltung – man wollte die „Möglichkeiten von persönlichen Repressalien gegen Pasternak" minimieren – nun kein Thema mehr sei.

„Die weltweite Diskussion über das Buch und Pasternaks Stellungnahmen haben gezeigt, dass sich seine persönliche Position nicht verschlechtert hat", schlussfolgerte ein CIA-Memorandum. „Mit anderen Worten, eine umfassende, offene Verwertung von Dr. Schiwago würde Pasternak nicht mehr schaden, als er sich bisher selbst geschadet hat." Schon kurz darauf kündete die CIA-Abteilung Sowjetrussland an, per Schiffsfracht einen Stapel *Doktor Schiwago*-Romane in der Ausgabe der University of Michigan zu verschicken, damit auch US-amerikanische Reisende in Europa das Buch mit in die Sowjetunion nehmen können: „Es dürfte für einen US-Amerikaner, der russisch spricht und versteht, recht natürlich wirken, wenn er dieses Buch mit sich führt und liest, schließlich war es in den vergangenen drei Monaten auf Platz eins der Bestsellerliste."

Die CIA veröffentlichte zudem ausgefeilte Richtlinien für ihre Agenten, wie man Touristen dazu ermutigen könne, mit Sowjetbürgern, denen sie begegnen, über Literatur und *Doktor Schiwago* zu diskutieren.

„Wir sind überzeugt, dass Dr. Schiwago eine ausgezeichnete Vorlage für Gespräche mit Sowjets zum allgemeinen Thema ‚Kommunismus versus freie Meinungsäußerung' ist", schrieb John Maury, Leiter der Abteilung Sowjetrussland, in einem Memorandum im April 1959. „Reisende sollten darauf vorbereitet sein, mit ihren sowjetischen Kontakten nicht nur über die Grundaussage des Buches – den Ruf des Individuums nach Freiheit und Würde –, sondern auch über die Notlage des Individuums in der kommunistischen Gesellschaft zu sprechen. Die gesamte Pasternak-Affäre ist dabei ein tragisches, aber typisches Beispiel für dieses System der Gedankenkontrolle, mit dem die Partei schon immer versucht hat, ihre Machtposition über die Intellektuellen zu behaupten. Wie die Störmaßnahmen, die Zensur und die ideologischen Vorschriften der Partei für Schriftsteller und Künstler ist das Verbot dieses Buches ein weiterer Beleg dafür, zu welchen Maßnahmen das Regime greifen muss, um den sowjetischen Geist zu kontrollieren.

Es ist der Abglanz der Nekulturnost, der intellektuellen Barbarei, und der kulturellen Sterilität, durch die geschlossene Gesellschaften charakterisiert sind."

Das Memorandum fährt damit fort, dass vorgeschlagen wird, US-Amerikaner und andere Reisende könnten Zweifel an den Grundsätzen des sozialistischen Realismus wecken: „Eine gute Eröffnung für ein solches Gespräch könnte die Frage an den sowjetischen Gesprächspartner sein, wie es um die neusten Entwicklungen bei dem sowjetischen Drama, der Lyrik, der Kunst etc. bestellt sei. Eine empathische und neugierige Haltung den Neuerungen und Trends in der sowjetischen Kunstwelt gegenüber dürfte in der Regel einen freundlichen Gesprächston mitsichbringen. Nach der Unterhaltung über die aktuellen künstlerischen Entwicklungen kann sich der Besuch danach erkundigen, was die Arbeiten von sowjetischen Autoren wie Scholochow, Pasternak, Margarita Aliger, Fedin [...] so großartig macht, wie sie sind. Hat man über die Werke dieser Autoren gesprochen, lässt sich die Frage anschließen, welche Grenzen die Partei dem Kunstwerk gesetzt hat."

Maury schlägt weiter vor, der Tourist könne „argumentieren, dass ein wahrer Künstler ohne Einschränkungen frei von seinen Idealen und von den Ungerechtigkeiten jedweder Gesellschaft reden können muss, und er muss den Kapitalismus oder Kommunismus kritisieren dürfen. Kurz: Er muss sagen können, was er für die Wahrheit hält. Eine ganze Reihe von US-amerikanischen und europäischen Schriftstellern wie Steinbeck, John Dos Passos, Upton Sinclair, Sinclair Lewis, Sartre, Camus und andere haben unterschiedliche Aspekte des Lebens in ihren Heimatländern sowohl kritisiert als auch verteidigt."

Mitarbeiter der CIA lobten sich selbst dafür, dass sie „in der einen oder anderen Form, darunter auch ungekürzte und zusammenfassende Bücher sowie als Fortsetzungsroman, dieses Buch in den einheimischen Sprachen überall in der Welt verteilt haben, wobei es nur durch die Arbeit des Geheimdienstes gelungen ist, das Buch in einer Reihe von Gegenden bekannt zu machen, in der es ansonsten nicht besonders aufgefallen wäre." (Leider bleibt die CIA-Dokumentation an dieser Stelle genauere Belege für diese Bemühungen schuldig.) Die CIA prüfte zudem die Veröffentlichung

einer Anthologie von Pasternaks Werken, die auch eine russischsprachige Raubkopie seines Buches *Über mich selbst. Versuch einer
Autobiographie* umfassen sollte. Dieses war kurz zuvor in einer
Übersetzung in Frankreich erschienen, und die CIA war an das
russischsprachige Manuskript gelangt, von dem diese Übertragung ausging.

Sie entschied sich schließlich für eine weitere Ausgabe von *Doktor Schiwago*. Schon im August 1958, also noch bevor die erste russischsprachige Ausgabe des Romans veröffentlicht worden war,
erwog die CIA eine kleinformatige Taschenbuchausgabe auf „Bi-
belpapier" oder ähnlich dünnem Papier. Eine solche Ausgabe hätte
selbstverständlich den Vorteil, „leichter versteckt und geschmuggelt" werden zu können als die Mouton-Ausgabe oder die der University of Michigan. Während des Höhepunkts der Nobelpreis-
krise dachten CIA-Mitarbeiter auch über eine gekürzte Fassung
nach, die man sowjetischen Seeleuten mitgeben oder über Ostdeutschland abwerfen könnte. Im November 1958 konkretisierte
die Abteilung Sowjetrussland ihre Pläne einer Miniaturausgabe.
In einem Memorandum an den kommissarischen stellvertretenden Direktor für Planungen formulierte der Leiter der Abteilung
Sowjetrussland seine Überzeugung, dass es „eine enorme Nach-
frage vonseiten der Studenten und Intellektuellen nach diesem
Buch" gebe. Der Geheimdienst berichtete, der sowjetische Zoll sei
angewiesen, das Gepäck von Touristen „besonders sorgfältig nach
diesem gefragten Gut" zu durchsuchen. Tatsächlich hatte die
Sowjetunion Ende 1958 die Gepäckkontrolle für Touristen wieder
eingeführt, die nach Stalins Tod abgeschafft worden war. Eine der
beschlagnahmten Mouton-Ausgaben aus der CIA-Veröffentlichung
von *Doktor Schiwago* wurde 1959 in die verschlossene Sammlung
der Moskauer W.I. Lenin-Staatsbibliothek eingereiht. Nur hochrangige Parteifunktionäre und ausgesuchte Wissenschaftler durften
hier verbotene Publikationen studieren. Bücher, welche für die Regale in diesem speziellen Bereich der Bibliothek vorgesehen waren,
markierte man mit einem oder zwei sechseckigen Stempeln, dem
Zeichen des Zensors. Unterschiedliche Zensoren hatten unterschiedliche Zahlen; *Doktor Schiwago* bekam die Nummer „124" –
eine Einsortierung, die es noch einigen Personen erlaubt hätte, das

Buch zu lesen. Doch der Roman wurde vom KGB streng reglementiert und war sogar für staatstreue Wissenschaftler unzugänglich, wie eine ehemals für diesen besonderen Sammlungsbereich zuständige Mitarbeiterin erklärte.

Die CIA betrieb in Washington ihre eigene Druckerei, in der sie Miniaturausgaben von Büchern drucken konnte, und dort entstand im Laufe des Kalten Kriegs eine kleine Literaturbibliothek – Bücher, die „in die Jackett- oder Hosentasche jedes Mannes" passten. Mitarbeiter überprüften all die Schwierigkeiten, die es mit der Mouton-Ausgabe gegeben hatte, die in den Niederlanden gedruckt worden war, und argumentierten dann gegen jede fremde Beteiligung an einem neuen Druck. „In Hinblick auf die Sicherheit sowie die bekannten gesetzlichen und technischen Probleme wird empfohlen, eine schwarze Ausgabe von Dr. Schiwago im Hauptquartier zu veröffentlichen. Dabei sollte der erste Feltrinelli-Text verwendet und das Buch einem fiktionalen Herausgeber zugeschrieben werden."

Bis Juli hatte man mindestens 9 000 Exemplare der Miniaturausgabe von *Doktor Schiwago* in einer „ein- und zweibändigen Ausgabe" gedruckt, letztere vermutlich dünner und daher leicht aufzuteilen und zu verbergen. „Die Miniaturausgabe wurde im Hauptquartier auf Grundlage der russischsprachigen Mouton-Ausgabe hergestellt", informierte der Geheimdienst in einem internen Memorandum. Die CIA wollte die Illusion erzeugen, diese Ausgabe sei in Paris veröffentlicht worden. Man schrieb den Druck einem fiktiven Verlag mit Namen Société d'Edition et d'Impression Mondiale zu. Einige Exemplare wurde im Folgenden vom NTS (dem „Bund der russischen Solidaristen"), einem Zusammenschluss von militanten russischen Emigranten in Westdeutschland, verteilt, wodurch ebenfalls der Einfluss der CIA verschleiert werden sollte. Allerdings erwähnen die bekannten Unterlagen des Geheimdienstes diese Organisation nicht.

Bei einer Pressekonferenz am 4. November 1958 in Den Haag gab Jewgeni Garanin, Mitglied des Vorstand des NTS, bekannt, seine Gruppe plane die Veröffentlichung einer speziellen Ausgabe des Romans im Bibeldruck. Garanin ergänzte, der NTS habe ein Exemplar von *Doktor Schiwago* im Vatikan-Pavillon erhalten, es wären aber noch keine Entscheidungen darüber gefallen, wie hoch die Auflage ausfallen oder wo gedruckt werde. Seine Vereinigung habe vor, Exemplare an Seeleute und Besucher aus Russland zu verteilen. Ein neues, unsigniertes Vorwort dazu stammte von Boris Filippow, einem in Washington, D.C. wohnenden, prominenten russischen Emigranten, der zuvor bereits *Grani* herausgegeben hatte, die Zeitung des NTS. Im Briefwechsel mit einem Kollegen brüstete Filippow sich damit, diese Ausgabe von *Doktor Schiwago* „herausgegeben" zu haben. Ohne die CIA ausdrücklich beim Namen zu nennen, beschwerte er sich in dem Brief, dass seine Einleitung zu dem Buch „so heimtückisch und unwissend von dem Mann verstümmelt worden ist, der das Geld für diese Ausgabe zur Verfügung gestellt hat, dass ich meinen Namen von der Ausgabe und dem Artikel zurückzog."

CIA-Unterlagen bestätigen, dass die Miniaturbücher von „Agenten, die Kontakt hatten mit sowjetischen Touristen und Amtsträgern im Westen", verteilt wurden. 2 000 Exemplare legte man beiseite, um sie bei den Weltfestspielen der Jugend und Studenten für Frieden und Freundschaft, das 1959 in Wien stattfand, an sowjetische und osteuropäische Studenten weitergeben zu können.

Das Festival, das von kommunistischen Jugendorganisationen gesponsert wurde, fand vom 26. Juli bis 04. August statt. Der Kreml gab Millionen von Dollar für solche Veranstaltungen aus, und Alexander Schelepin, der Leiter des KGB, überwachte das Fest in Wien persönlich. Bis er 1958 in die Lubjanka zog, führte Schelepin als Erster Sekretär den Internationalen Studentenbund, eine der treibende Kräfte hinter diesem Festival. Nachdem er den Vorsitz des KGB übernommen hatte, leitete er noch ein weiteres Jahr den Internationalen Studentenbund, damit er das Wiener Festival, zu dem man Tausende junger Menschen aus der ganzen Welt erwartete, überwachen konnte. Die Sowjetunion bezahlte für die Teilnehmer aus den Entwicklungsländern. Da es das erste dieser Festivals war, das im Westen stattfand, suchte auch die CIA verdeckt nach Zielen, um den Ablauf zu stören – oder, wie die jungen Mitarbeiter des Dienstes dieses große Fest lieber bezeichneten, „das Werkzeug zur Verbreitung des weltweiten Kommunismus." Die Hälfte der nördlichen Hemisphäre war kommunistisch, und die Supermächte kämpften immer verbissener um die Loyalität von Lateinamerika, Afrika und Asien.

Mit einer weiteren, neu gegründeten Organisation, dem Independent Service for Information (ISI), rang die CIA um die weltweite Vorherrschaft. Dieser in Cambridge, Massachusetts, angesiedelte Dienst sollte US-amerikanische Studenten anwerben, die das Festival in Wien stören sollten. Gloria Steinem, frisch gebackene Absolventin der Hochschule, übernahm den Vorsitz des ISI. Sie wurde auf die Rolle der CIA in ihrer Organisation aufmerksam, als sie sich nach deren Finanzierung erkundigte. Als die CIA dann 1967 ihre Mitwirkung offiziell bekannt gab, erklärte Steinem, die Mitarbeiter des Geheimdienstes, mit denen sie gearbeitet habe, seien „liberal und weitsichtig und offen für jeden Gedankenaustausch [gewesen]. Ich hatte niemals das Gefühl, mir sei etwas diktiert worden."

Sie fuhr fort: „Nur die CIA hatte genug Mumm und Vorausschau, um zu erkennen, wie wichtig die Themen der Jugend und Studenten waren." Steinem betonte, kein Mitglied der ISI-Delegation hätte Informationen an den Geheimdienst weitergegeben. „Er wollte genau das, was wir auch wollten – ein gesundes, vielgestaltiges Bild der Vereinigten Staaten abgeben."

Der ISI installierte ein Pressebüro, um jene westlichen Korrespondenten mit Informationen zu versorgen, denen der Zutritt zum Festival versagt blieb. Sie schmuggelte eine ungenehmigte Zeitschrift an Veranstaltungsorte. Zeitungen in verschiedenen Sprachen versteckte man nachts auf Toiletten, denn der Festivalort wurde von einem Sicherheitsdienst bewacht, der Zugangsberechtigungen kontrollierte und nach Eindringlingen suchte. Der ISI schmierte Hotelportiers, die dann Zeitungen unter die Türen von hochrangigen Amtsträgern schoben, die am Festival teilnahmen.

Ein Großteil der Aktivitäten der Gruppe bestand aus studentischem Herumgealber. Zbigniew Brzezinski, der später nationaler Sicherheitsberater von US-Präsident Jimmy Carter werden sollte, versuchte dadurch Zwietracht zu säen, dass er sich zwischen russische Delegierte drängte und ihnen dann mit deutlich polnischem Akzent auf Russisch zurief: „Geht mir aus dem Weg, ihr russischen Schweine!". Brzezinski, Walter Pincus – später Korrespondent für nationale Sicherheit der *Washington Post* – und einer von Brzezinskis Studenten aus Harvard hielten sich auf dem Dach eines Hauses am Wiener Rathausplatz versteckt, als die Schlusszeremonie des Festivals begann. Die drei hissten ungarische und algerische Flaggen, aus denen sie die Mitte herausgeschnitten hatten – ein etwas angestrengter Versuch, Kommunismus mit Kolonialismus gleichzusetzen und Solidarität mit all denen auszudrücken, die sich gegen beide auflehnten. Zudem ließen sie zwei Betttücher herab, auf denen vertikal in Deutsch die Wort Frieden und Freiheit zu lesen waren. Über ein Brett flüchteten sie auf das nächste Häuserdach und entkamen somit dem Sicherheitspersonal, das das Licht über dem Platz gedimmt hatte und zum Dach eilte, um die Fahnen und Banner zu entfernen. Pincus beschrieb die ISI-Spielereien in Wien später als „Hochschulwochenende mit Russen". Damals wirkte alles jedoch unglaublich bedeutungsvoll. „Ich denke, das war in meiner kleinen Welt die Entsprechung dafür, sich der spanischen Revolution anzuschließen", ließ Steinem in einem Brief ihre Tante und ihren Onkel wissen.

Man unternahm gewaltige Anstrengungen, um in Wien Bücher zu verteilen – in vierzehn Sprachen wurden etwa 30 000 Exemplare von *1984*, *Farm der Tiere*, *The God that Failed*, einem Band mit sechs Essays von bekannten Ex-Kommunisten wie André Gide oder Arthur Koestler, sowie *Doktor Schiwago* ausgegeben. Ziel war es, „Abgesandte aus der sowjetischen Einflusssphäre mit revisionistischen Autoren zu konfrontieren" und „Abgesandte aus neutralen Gebieten mit Denkschriften zu versorgen, deren Ideen mit dem Kommunismus konkurrieren." Die Bücher konnte man an Kiosken bekommen und zu ermäßigten Preisen auch in Buchläden der Stadt kaufen. Junge Aktivisten aus dem Westen bemerkten, dass diese Orte „unter Beobachtung von kommunistischen Agenten standen". Die Überprüfung in und vor dem Festivalort waren so genau, dass die jungen Menschen den Delegierten auf ihren Besichtigungstouren folgten, um auf diesem Wege zum Beispiel in Museen zu gelangen, wo die Aufpasser nicht derart viel Kontrolle ausüben konnten. Hier konnte man sich Bücher übergeben. Alexei Adschubei, Chruschtschows Schwiegersohn und Chefredakteur der *Istwestija* und zugleich sowjetischer Botschafter in Österreich, „beschwerte sich vehement" über die ISI-Unternehmungen in Wien.

Die Pläne für das Wiener Bücherprogramm stammten von Samuel Walker, dem ehemaligen Herausgeber der von der CIA gegründeten Free Europe Press, und C.D. Jackson, einem Vorstandsmitglied von Time-Life, der zuvor die Regierung Eisenhower in Fragen der psychologischen Kriegsführung beraten hatte. Walker hatte mithilfe seiner „Freunde", wie er die CIA nannte, in New York eine Scheinfirma gegründet, die Publications Development Corporation, um das Wiener Jugendfestival mit Büchern versorgen zu können. Die Bücher dann in die Hände der Delegierten zu verteilen überließ man hauptsächlich den österreichischen Verbündeten. Als sich einer der europäischen Partner von Jackson, Klaus Dohrn, ein führender Time-Life-Mitarbeiter in Zürich, darüber sorgte, man müsse „besondere Anstrengungen [unternehmen] [...] um sicherzustellen, dass es sich um den russischen Originaltext von Dr. Schiwago handelt", gab Jackson zurück: „Machen Sie sich keine Sorgen um den ‚Dr. Schiwago'-Text. Wir haben einen authentischen, und genau den werden wir auch einsetzen."

Neben der russischen Ausgabe sahen die Pläne auch polnische, deutsche, tschechische, ungarische und chinesische *Doktor Schiwago*-Ausgaben für das Festival vor.

1958 war bereits in Taiwan eine chinesische Ausgabe erschienen, und *Doktor Schiwago* als Fortsetzungsroman in zwei Zeitungen aus Hongkong Ende des Jahres abgedruckt worden. Die chinesische Presse reagierte ablehnend auf den Roman, und Zang Keji, die leitende Sekretärin des chinesischen Schriftstellerverbands, erklärte in der Zeitschrift World Literature, dieses Buch sei ein Geschwür der Sowjetunion. Bei den Wiener Weltjugendfestspielen isolierte man die vierhundertköpfige chinesische Delegation noch rigoroser als ihre osteuropäischen Genossen; die Delegierten wurden angewiesen, mit Menschen aus dem Westen nicht zu kommunizieren, nicht einmal mit den Kellnern, die ihnen das Essen brachten. Der Bericht einer Gruppe polnischer Festivalgegner hielt fest, die Chinesen seien, im Gegensatz zu anderen Abordnungen kommunistischer Staaten, „absolut unkommunikativ". Die Abordnung des Free Europe Committee ließ 50 Exemplare von *Doktor Schiwago* zur Verbreitung aus Hongkong einfliegen.

Die *New York Times* berichtete, dass einige Mitglieder der russischen Delegation „eine große Neugier an Herrn Pasternaks Roman erkennen ließen, der hier erhältlich ist". Manchmal war er nicht nur erhältlich, sondern sogar unausweichlich. Die sowjetische Abordnung von Studenten und Künstlern, darunter auch der junge Balletttänzer Rudolf Nurejew, kam in vierzig Bussen aus Budapest im drückend heißen Wien an. Eine große Menge russischer Emigranten umschwärmten den sowjetischen Konvoi, als er die österreichische Hauptstadt erreichte, und warf Exemplare der CIA-Miniaturausgabe von *Doktor Schiwago* durch die offenen Fenster in die Busse.

Pasternaks Buch gehörte zu den gefragtesten bei den Delegationen, und Exemplare von diesem und anderen Romanen wurden in Tüten von Wiener Kaufhäusern getauscht, um den Inhalt zu verbergen. Auch die Dunkelheit von Kinosälen und eine wechselnde Liste von Verstecken, von denen man durch Mund-zu-Mund-Propaganda erfuhr, waren dafür beliebt. Für die Heimreise versteckten Delegierte Bücher in Campingausrüstungen, Bühnenequipment, Filmrollen und an anderen Orten.

Doch die anwesende Sicherheitspolizei ließ sich nicht in die Irre führen. Als polnische Studenten sich zur Abfahrt bereit machten, warnte sie einer der Gruppenleiter, es gebe an der Grenze eine gründliche Suche, daher wäre es am besten, verbotene Bücher gleich bei der Abfahrt abzugeben. Allerdings meldete sich daraufhin niemand aus seiner Delegation. Als Kompromiss bot er daraufhin an: „Nur *Dr. Schiwago* muss abgegeben werden."

Ein sowjetischer Besucher erinnerte sich, wie er zu seinem Bus kam, in dessen Innerem überall Miniaturausgaben von *Doktor Schiwago* auslagen. „Von uns hatte das Buch niemand gelesen, natürlich nicht, aber wir hatten Angst vor ihm". erklärte er. Sowjetische Studenten wurden vom KGB überwacht, was alle wussten, denn niemand glaubte der Erklärung der Männer, sie seien „Forscher". Die sowjetischen „Forscher" erwiesen sich jedoch toleranter als erwartet: „Nehmt es mit und lest es", schlugen sie vor, „aber bringt es auf keinen Fall nach Hause."

Im Sommer 1959 begann Pasternak mit der Arbeit an einem Drama mit dem Titel *Die Blinde Schönheit*. „Ich möchte die gesamte historische Ära, das 19. Jahrhundert in Russland mit seinem wichtigsten Ereignis, der Befreiung der Leibeigenen, neu erschaffen", erläuterte er einem Besucher seinen Plan. „Natürlich gibt es schon eine ganze Reihe von Texten über diese Zeit, doch es gibt keine moderne Behandlung des Stoffs. Ich möchte einen Rundumblick schreiben, etwas wie Gogols Tote Seelen." Er stellte sich das Drama als ambitionierte Trilogie vor, deren ersten beiden Teile auf einem Landgut in den 1840ern und dann in den 1860ern spielt, bevor sich die Handlung im letzten Teil dann nach Sankt Petersburg in den 1880ern verschiebt. Hauptfigur solle eine Leibeigene sein, die ihr Augenlicht verliert, doch die blinde Schönheit ist Russland selbst, ein Land, „das für so lange Zeit sich seiner eigenen Schönheit, seiner eigenen Schicksale nicht bewusst war."

„Ich weiß nicht, ob ich es jemals fertigstellen werde", gestand Pasternak einem Besucher. „Doch ich weiß, dass ich, sobald ich eine einzige Zeile vollendet habe, die sich völlig richtig anhört, besser in der Lage bin, diejenigen zu lieben, die mich lieben und diejenigen zu verstehen, die mich nicht lieben."

Der Schriftsteller schob seine umfangreiche Korrespondenz beiseite, um sich auf seine „frohe Bemühung" fokussieren zu können. Je mehr er sich in die Recherche und das Schreiben vertiefte, umso enthusiastischer wurde er für seine neue Aufgabe. „Ich war eifrig beschäftigt mit meinem neuesten Werk", teilte er seine Schwester im Juli mit. Und einem Journalisten in Paris schrieb er: „Seit der Zeit, als ich müßig mit dem Gedanken an dieses Stück spielte, ist diese Idee zu einem Stadium gereift, in dem sie zu einem drängenden Wunsch, zur Passion geworden ist ..." Er las Iwinskaja erste Szenen laut vor, und seine Geliebte empfand die Sprache „farbig" und in ihren Ohren klang jedes Wort lebendig. Sie spürte, das Stück würde „ein Werk, das ebenso mit seinem Leben und seinem Künstlertum verbunden ist wie der Roman."

In diesem Sommer ließen die offiziellen Feindseligkeiten aus Moskau etwas nach. Beim Dritten Kongress der sowjetischen Autoren im Mai schlug Chruschtschow vor, die Schriftsteller sollten ihre Fehden intern regeln und die Regierung nicht stören –

oder in Verlegenheit bringen. Pasternak wurde nicht namentlich erwähnt und war selbstverständlich auch nicht anwesend, dennoch war Chruschtschow mit der *Schiwago*-Affäre beschäftigt. Da ihn die weltweiten Reaktionen auf die Kampagne gegen Pasternak schmerzten, bat er seinen Schwiegersohn Alexei Adschubei, *Doktor Schiwago* zu lesen und ihm dann Bericht zu erstatten. Glaubt man der *New York Times*, dann kam Adschubei zu dem Schluss, das Buch sei keines, „das einen guten Jungkommunisten seine Mütze in die Luft werfen lässt", aber es sei auch keines, „das die Konterrevolution anstoßen" könne. Er fasste seine Lektüre zusammen mit dem Hinweis, nach dem Strich von nur rund 300 oder 400 Worten hätte man *Doktor Schiwago* veröffentlichen können. Chruschtschow explodierte vor Wut und entließ Surkow als Sekretär des Schriftstellerverbands; laut einem Bericht habe er gar Surkow am Kragen gepackt und ihn verärgert geschüttelt.

In seiner Rede vor dem Dritten Kongress sagte Chruschtschow vor den Delegierten: „Ihr könntet sagen: ‚Kritisiert uns, kontrolliert uns; wenn ein Werk fehlerhaft ist, druckt es nicht.' Doch ihr wisst, dass es nicht leicht ist, gleich zu entscheiden, was gedruckt und was nicht gedruckt wird. Das Leichteste wäre, nichts zu drucken, denn dann würde man keinen Fehler machen. [...] Doch das wäre eine Dummheit. Deshalb, Genossen, verlangt nicht von der Regierung die Lösung solcher Fragen, sondern entscheidet selbst in kameradschaftlicher Art und Weise." Gegen Ende des Jahres schlug der Schriftstellerverband vor, Pasternak könne beantragen, wieder aufgenommen zu werden, doch er lehnte das Ansinnen ab. „Damals haben sie sich alle bloßgestellt", erklärte er, „und nun denken sie, man könne das alles vergessen."

Pasternak wagte sich nun in Moskau wieder in die Öffentlichkeit. Gleich sein erstes Auftauchen, er hörte ein Konzert der New Yorker Philharmoniker unter Leitung von Leonard Bernstein, wurde von der Presse wahrgenommen. Die Philharmoniker spielten in Moskau, Leningrad und Kiew – die erste große Konzertreise US-amerikanischer Künstler nach der Unterzeichnung des Kulturaustauschabkommens zwischen den Vereinigten Staaten und der Sowjetunion 1958. Bernstein gelang eine Sensation, er riss das Publikum zu Beifallsstürmen hin, auch wenn einige kommunistische

Kritiker seinen Versuch bemängelten, den Eisernen Vorhang mit Musik zu lüften. Neben US-amerikanischen Komponisten spielte er auch Werke von Igor Strawinsky, die noch nie zuvor in der Sowjetunion zu hören gewesen waren. Auch richtete er sich vor den Stücken direkt an das Publikum; ein Verhalten, das sowjetische Konzertbesucher von Dirigenten überhaupt nicht kannten. Vor Strawinskys Stück Le Sacre du Printemps erkläre Bernstein, der Komponist habe damit „eine Revolution erschaffen noch vor Ihrer eigenen Revolution. Nach diesem Stück war die Musik nie wieder wie zuvor." Die New York Times berichtete: „Als die wilden Rhythmen und fremden Melodien ihren Höhepunkt erreicht hatten, gab es einen Moment der atemlosen Stille, bevor explosionsartig wilder Beifall ausbrach."

Bernstein hatte in Leningrad Pasternaks Adresse erhalten und ihn zum letzten Konzert der Tournee am 11. September nach Moskau eingeladen. Pasternak antwortete mit einem Brief und zwei Nachschriften: Zunächst nahm Pasternak die Einladung des Dirigenten an, dann ging es hin und her über eine Einladung von Bernstein und seiner Frau am Tag vor dem Konzert nach Peredelkino. Seine Meinungswechsel dürften Ausdruck von Sinaidas ablehnender Haltung gewesen sein, doch schließlich setzte er sich über sie hinweg und bat die beiden in seiner letzten Nachricht, in seine Datscha zu kommen. Als Bernstein und seine Frau in Peredelkino eintrafen, wurden sie zunächst im strömenden Regen vor der Tür stehen gelassen, während Pasternak und seine Frau sich ausgiebig stritten. Nachdem man sie hineingebeten hatte, erklärten die Pasternaks den Gästen, man sei sich nicht einig gewesen, durch welche Tür sie eintreten sollten; offensichtlich haben Leonard Bernstein und seine Frau nie erfahren, dass Sinaida den Gedanken an Besuch von Ausländern verachtete.

Bernstein und seine Gattin aßen mit Pasternak, und der Dirigent fand ihn „sowohl heilig als auch galant." Zunächst lautete sein Bericht, sie hätte stundenlang über Kunst und Musik sowie über die „Sicht des Künstlers auf die Geschichte" gesprochen, doch später korrigierte Bernstein sich und hielt fest, dass das Gespräch vielmehr „nahezu ein Monolog von ihm über ästhetische Fragen" gewesen sei. Als sich Bernstein über seine Schwierigkeiten mit dem

Kulturminister beklagte, erwiderte Pasternak: „Was haben denn Minister damit zu tun?"

„Der Künstler hält Zwiesprache mit Gott", erklärte er seinem US-amerikanischen Gast, „und Gott überträgt ihm verschiedene Vorstellungen, damit dieser etwas hat, wovon er schreiben kann. Das kann eine Farce sein, wie in Ihrem Falle, oder eine Tragödie – aber das ist nur zweitrangig."

Vor allem die Intelligenzija füllte den großen Konzertsaal im Moskauer Konservatorium. Auch Pasternak und seine Frau waren darunter und „jedes Auge im Saal schien sich auf diese beiden Menschen zu richten. [...] Ein gedämpftes Tuscheln war zu hören, als sich die Konzertbesucher gegenseitig auf die beiden aufmerksam machten und zu ihnen hinüberstarrten.

Die Anspannung, die in ihrer Intensität kaum auszuhalten war, zerfiel mit einem Schlag, als Mr. Bernstein auf der Bühne erschien, woraufhin lauter Beifall ausbrach. Einige der Anwesenden, darunter vermutlich auch Mr. Bernstein, waren sich sicher, dass zumindest ein Teil der enthusiastischen Begrüßung auch Boris Pasternak galt."

Nach dem Konzert trafen sich Pasternak und Bernstein hinter der Bühne; die beiden umarmten sich. „Sie haben uns in den Himmel geführt", sagte Pasternak. „Jetzt müssen wir zurück auf die Erde."

Kapitel 15

„Ein unerträglich blauer Himmel"

Am 10. Februar 1960 feierte Pasternak seinen siebzigsten Geburtstag. Als er zu diesem Anlass bei Iwinskaja erschien, war sein Gesicht vom eisigen Wind gerötet; Eisblumen blühten an den Fenstern, und Schneeflocken hingen in der Luft. Pasternak wärmte seinen Magen mit einem Cognac und ließ sich zwischen den Anwesenden nieder, zu denen auch der deutsche Journalist Heinz Schewe gehörte. Iwinskaja servierte Brathähnchen und selbstgemachten Krautsalat, und man spülte das Essen mit noch mehr Cognac und zwei Flaschen georgischem Rotwein hinunter. Pasternak war glücklich und gesprächig. Ausführlich sprach er über eine ganze Reihe deutscher Schriftsteller. Viele Geschenke waren eingetroffen ebenso wie Glückwünsche aus der ganzen Welt. Pasternaks Schwestern hatten ein Telegramm geschickt. Vom indischen Ministerpräsident Nehru bekam er einen Reisewecker in einem Lederetui geschenkt. Der Besitzer einer Tankstelle in Marburg schickte Töpferwaren.

„Wie spät ist doch alles zu mir gekommen", sagte er zu Iwinskaja. „Es sollte immer so bleiben."

Pasternak hatte da noch 109 Tage zu leben.

Wie im vorausgegangenen Jahr hatte er einem westlichen Korrespondenten geschrieben: „Seit kurzem bemerke ich hin und wieder eine Unruhe in der linken Seite meines Brustkastens. Das hat mit meinem Herzen zu tun – ich erzähle niemandem etwas davon, denn würde ich es erwähnen, müsste ich meinen alltäglichen Tagesablauf ändern. Meine Frau, meine Verwandten und Freunde würden mich bewachen. Ärzte, Sanatorien, Krankenhäuser vernichten das Leben, noch bevor jemand gestorben ist. Die Sklaverei des Mit-

gefühls beginnt." Schon Anfang des Winters hatte er Katia Krascheninnikowa, einer seinen jungen Verehrerinnen, bei einem Besuch
gestanden, er habe Lungenkrebs und nur noch ein bis zwei Jahre zu
leben. Er bat sie, dies niemandem zu verraten, sondern mit ihm zur
Kommunion zu gehen.

An seinem Geburtstag wirkte Pasternak noch immer lebhaft; er
verbarg den manchmal stechenden Schmerz in seiner Brust. Doch
in Briefen an entfernte Freunde finden sich von nun an immer
mehr Hinweise auf das vorhersehbare Ende, eine Zusammenfassung seines Lebens. „Ein paar gütige Kräfte haben mich nahe an
jene Welt herangebracht, in der es keine Freundeskreise gibt, keine
Treue zu jugendlichen Erinnerungen, keine weiblichen Gesichts-
punkte", schrieb er Tschukurtma Gudiaschwili, der jungen georgischen Ballerina, „eine Welt, die zu betreten sich der Künstler sein
ganzes Leben lang vorbereitet und in die er erst nach seinem Tod
hineingeboren wird, eine Welt posthumer Existenz für all die
Kräfte und Ideen, für die du einen Ausdruck gefunden hast."

Zu seinen eher exotischen Abschiedsgedanken gehörte die Überlegung, Feltrinelli sollte der Sowjetunion seinen Leichnam abkaufen, ihn dann in Mailand bestatten und Iwinskaja bitten, über das
Grab zu wachen. Seine Geliebte bemerkte, wie seine Kräfte immer
mehr schwanden. Er ermüdete schnell, wenn er an Übersetzungsaufträgen arbeitete, und wirkte bei ihren Spaziergängen weniger
lebhaft als früher. Sie fürchtete sich vor den grauen Schatten, die
immer öfter auf seinem Gesicht lagen.

An Ostern kam eine deutsche Bewunderin, Renate Schweitzer, zu
ihrem ersten und einzigen Besuch. Seit Schweitzer, eine Dichterin
mit dem Brotberuf einer Masseuse, ihm im Frühjahr 1958 zum ersten Mal geschrieben hatte, führten die beiden eine recht intime Korrespondenz. Das in einer Zeitung abgebildete Foto des Schriftstellers und dann sein Russisch in *Doktor Schiwago* hatten Schweitzer verzaubert. Sie war zu einem fanatischen Fan geworden, und
Pasternak wurde durch den Briefwechsel auf gewisse Art und
Weise in das Deutschland seiner Studentenzeit, nach Marburg,
transportiert. Die deutsche Dichterin rührte der zarte, fast geständ-
nisartige Ton von Pasternaks Briefen – in einem grübelte er etwa
über sein schwieriges Leben zwischen Sinaida und Olga nach – der-

art, dass sie überlegte, Sowjetbürgerin zu werden und nach Peredelkino zu ziehen. Pasternak war es lieber, sie nur als Gegenüber eines Briefwechsels zu haben, und stand ihrem Besuch zwiespältig gegenüber, zumal er sich so schwach fühlte.

In der Datscha angekommen, fiel Schweitzer beim österlichen Abendessen, das sie zusammen mit den Pasternaks und ein paar Freunden einnahm, die Blässe in seinem Gesicht auf und dass er so wenig aß. Später besuchte sie mit ihm zusammen Iwinskaja, wo sie, ermutigt durch reichlich Alkohol, ihren Helden vor den Augen ihrer Gastgeberin eher feurig denn leidenschaftlich küsste. Sie fragte die wenig begeisterte Iwinskaja, ob sie ihn einmal „für eine Woche haben" könne.

Nachdem sie Schweitzer zum Bahnhof gebracht hatten, beklagte sich Pasternak, sein Mantel sei „so schwer". Auch fühlte er sich verpflichtet, Iwinskaja um Verzeihung für den Vorfall in der Datscha zu bitten, doch sie war eher über seinen erschöpften Zustand – auf Knien schluchzend – besorgt als über den schamlosen Kuss mit Schweitzer. Wenige Tage später erzählte er Nina Tabidse, er glaube Lungenkrebs zu haben, ließ sie aber schwören, dies nicht weiterzusagen. Als der Schmerz in seiner Lunge immer deutlicher zutage trat, fragte er sich vor Iwinskaja, ob er „krank werde zur Strafe wegen dieser Renate?"

In der Zeit danach führte Pasternak Tagebuch über seinen Gesundheitszustand, indem er sich auf losen Blättern mit Bleistift Notizen machte. „Ich habe Stechen im Herz, Rückenschmerzen. Ich denke, ich habe mich über Ostern zu sehr beansprucht. Kann kaum auf den Beinen stehen. Werde müde, wenn ich an meinem Schreibtisch stehe. Musste aufhören, das Stück zu schreiben. Der linke Arm fühlt sich matt an. Muss mich hinlegen." Er schickte Iwinskaja einen Nachricht, dass er für ein paar Tage im Bett bleiben müsse. „Ich küsse dich fest. Alles wird bald in Ordnung sein."

Die Überraschung war groß, als Iwinskaja ihn am 23. April auf der Straße traf. Er trug eine alten Mappe in der Hand, denn er erwartete Bargeld von Feltrinelli, das ihm von Schewe oder einem italienischen Kurier gebracht werden sollte. Er sah „bleich, gedunsen, krank" aus.

„Ich weiß, dass du mich liebst, darauf vertraue ich, darin liegt unsere Stärke", sagte er ihr. „Ändere nichts an unserem Leben. Ich bitte dich."

Dies war das letzte Gespräch, das die beiden miteinander geführt haben.

Am 25. untersuchte ihn ein Arzt, der eine Angina diagnostizierte und absolute Bettruhe verordnete. Pasternak war nicht überzeugt. „Ich kann mir nicht vorstellen, dass so ein kompakter, wie einzementierter ständiger Schmerz lediglich vom – wenn auch behandlungsbedürftigem – Herzen herrührt."

Zwei Tage später fühlte Pasternak sich bereits besser, und die Ergebnisse eines Elektrokardiogramms waren ermutigend. „Es wird alles vorübergehen", notierte er in sein Tagebuch.

Ende April hatte Pasternak Mühen, die Treppen hinauf in sein Arbeitszimmer zu steigen, also richtete man ihm ein Bett im Musikzimmer im Erdgeschoss ein. Er schrieb Iwinskaja, sie solle nicht versuchen, ihn besuchen zu kommen. „Das würde einen Aufruhr geben, den ich bei dem schlechten Zustand meines Herzens nicht aushalten könnte. Es würde mich umbringen", hieß es in seiner Nachricht. „Sina, in ihrer Torheit, würde mir nichts ersparen. Ich habe in dieser Hinsicht das Terrain schon sondiert." Sie solle sich nicht aufregen, sie hätten schon weitaus Schlimmeres überstanden, teilte er ihr noch mit. Und doch ging es ihm auch jetzt schon nicht gut: „Die Reaktion des Herzens auf die leiseste Bewegung erfolgt augenblicklich und sehr schmerzhaft. Nur wenn ich flach auf dem Rücken liege, bin ich einigermaßen schmerzfrei."

Katia Krascheninnikowa, die junge Frau, mit der er zur Kommunion in die Kirche hatte gehen wollen, besuchte Pasternak am 1. Mai. „Ich sterbe", sagte er zu ihr. Er bat sie, mit ihm die Beichte zum heiligen Abendmahl durchzugehen; mit ruhigem Gesicht und kräftiger Stimme sprach er die Gebete. Pasternak bat Krascheninnikowa, die Tür zu öffnen, damit auch seine Frau zuhören könne, und beklagte sich dann laut, dass Sinaida sich weigere, einen Priester herbeizurufen oder eine kirchliche Bestattung vorbereiten zu lassen. Krascheninnikowa sagte Pasternak, sie werde seine Beichte an ihren eigenen Priester weitergeben, daraufhin sprach er das Gebet der Absolution. „So haben sie es immer in den Lagern gemacht", erklärte sie später Pasternaks Sohn.

Kurz darauf war Pasternak überzeugt, dass es ihm besser ginge. Er stand aus dem Bett auf und wusch sich, fühlte sich dann aber plötzlich wieder sehr schlecht. Wieder ließ er Iwinskaja wissen, sein Zustand sei nur vorübergehend so schlecht, und riet ihr, geduldig zu bleiben. „Wenn ich wirklich todkrank wäre, bestünde ich darauf, dass man dich ruft", erklärte er in einem weiteren Brief an sie. „Aber welches Glück, dass es nicht notwendig ist. Dass alles wahrscheinlich weitergehen wird wie bisher, erscheint mir unverdient, märchenhaft, unglaublich!!!"

In der Nacht des 7. Mai erlitt Pasternak einen Herzinfarkt. Das Krankenhaus des sowjetischen Literaturfonds sandte Dr. Anna Golodets und ein paar Krankenschwestern, die rund um die Uhr für seine Pflege sorgen sollten. Golodets fand ihren Patienten mit hohem Fieber und einem schweren Lungenödem vor. Sie war der Auffassung, das tiefe, sich neigende Bett, das man im Erdgeschoss aufgebaut hatte, müsste sehr unbequem sein, doch Pasternak beschwerte sich nicht, sondern bat sie, die Schwere seiner Erkrankung vor seiner Familie und seinen Freunden zu verbergen. Er liebte es, tagsüber vor dem geöffneten Fenster zu liegen; sein Garten draußen stand in voller Blüte.

Marina Rassochina, die mit sechzehn jüngste Krankenschwester in Pasternaks Haus, teilte alle Neuigkeiten Iwinskaja mit und verbrachte gelegentlich auch die Nacht bei ihr. Sie meldete Iwinskaja, wie unerträglich hässlich sich Pasternak ohne sein Gebiss fühlte. „Oljuscha würde mich nicht mehr lieben", hatte er der Schwester erklärt. „Das weiß ich bestimmt – ich sehe zu schrecklich aus." Es frustrierte ihn, dass er sich nicht mehr rasieren konnte, ließ es aber zu, dass sein Sohn Leonid dies für ihn übernahm. Eine der anderen Krankenpflegerinnen, Marfa Kusminitschna, die im Krieg an der Front gewesen war, bewunderte Pasternaks Mut im Angesicht des Todes. „Ich spüre bereits den Atem der anderen Welt auf mir", sagte er zu ihr. Er erzählte ihr von seinem „Doppelleben" und bat sie, ihn nicht zu verurteilen. Seinen Sinn für Humor hatte er noch nicht verloren: Als ihn die Schwester für eine Bluttransfusion vorbereitete, sagte er zu Marfa Kusminitschna, sie würde wie „ein tibetischer Lama [aussehen], der am Altar die Opferriten vollzieht."

Mitte Mai untersuchten vier neue Ärzte den Schriftsteller. Sie diagnostizierten einen Herzinfarkt und Magenkrebs. Man verabreichte ihm einige Infusionen, nach denen er ein wenig halluzinierte. Er war der Meinung, er habe mit dem Schriftsteller Leonid Leonow über den *Faust* gesprochen, und war sehr verärgert, als er verstand, dass dies nicht wirklich geschehen war. Ein Sauerstoffzelt schien seine Atmung zu erleichtern und die Albträume zu verringern.

Sinaida versicherte in einem Telegramm nach Oxford seinen Schwestern, er würde von den besten Ärzten Moskaus behandelt. Sie gab ihre Ersparnisse für einen Teil der Pflege aus. Westliche Korrespondenten in der Hauptstadt gaben sich Mühe, über ihre Botschaften an Antibiotika für den Schriftsteller zu kommen.

Inzwischen hatte sich die ausländische Presse vor der Datscha eingefunden, um rund um die Uhr nach Neuigkeiten zu recherchieren. Es kamen besorgte Besucher vorbei – unter anderem Achmatowa, die Iwanows, die Familie Neuhaus – doch Pasternak weigerte sich, sie zu empfangen. Er ließ ihnen ausrichten, dass er sie liebe, durch ihre Nähe gestärkt werde, doch gab er ihnen auch mit auf den Weg, der Pasternak, den sie kannten, sei nicht mehr da. Der Patient ließ nur seine Frau, seinen Sohn Leonid oder die Pflegerinnen in sein Krankenzimmer. Nicht einmal Ärzte durften an sein Bett treten, bevor er nicht frisch rasiert worden war und seine künstlichen Zähne eingesetzt hatte. Das Haus wurde immer stiller, und Sinaida, einsilbig und unsentimental, organisierte den Alltag, unterstützt nur von Pasternaks Bruder Alexander und dessen Frau, die zur Unterstützung nach Peredelkino gezogen waren.

Mehrfach bot Sinaida an, Iwinskaja könne Pasternak besuchen kommen, sie würde in dieser Zeit das Haus verlassen. In den vergangenen Monaten hatten sie die Gerüchte über das Verhältnis zu „der anderen Frau", die aufgrund von Pasternaks Berühmtheit erniedrigende Züge angenommen hatten, sehr gequält. Pasternak sagte, er könne es nicht aushalten, Sinaida wegen dieses Getuschels „in Tränen" zu sehen. Sina ist, so erklärte er, „für mich wie meine eigene Tochter, wie mein jüngstes Kind. Ich liebe sie so, wie ihre tote Mutter es tun würde."

Pasternak blieb unnachgiebig, dass seine Geliebte nicht vorbeikommen solle. Stattdessen kam sie weinend an das Gartentor der Datscha und sprach mit Pasternaks Bruder. Sinaida hielt es für „ungeheuerlich", dass Pasternak sie nicht sehen wollte. Sie fragte sich, ob ihr Mann von Iwinskaja enttäuscht und ob die Beziehung in die Brüche gegangen sei. Pasternaks Nachrichten an Iwinskaja zeigen, dass es nicht so war. Er konnte schlicht den Stress und die durch einen Besuch von ihr aufgewühlten Emotionen nicht ertragen. Sie sollte ihn nicht in diesem beklagenswerten Zustand sehen, außerdem wollte er das Drama, den ihr Besuch mit sich bringen könnte, seiner Familie nicht aufzwingen. Er war zu anständig, und seine Leben mit diesen beiden Frauen waren für ihn streng getrennt. Es war nicht die Frage, wen Pasternak liebte, sondern wie er sterben wollte, die Iwinskaja dazu brachte, sich in der Nähe der Datscha herumzutreiben, und Sinaida dazu, seinen sterben Körper zu pflegen.

Ende Mai brachte man einen tragbaren Röntgen-Apparat in sein Haus. Die Bilder zeigten Krebs in beiden Lungenflügeln, dessen Metastasen bereits andere Organe befallen hatten. Aussichten auf Heilung bestanden nicht. Pasternak wünschte sich, seine Schwester Lydia zu sehen. Alexander sandte ein Telegramm nach England: „SITUATION HOFFNUNGSLOS WENN DU KANNST KOMM". Trotz ihrer direkt an Chruschtschow gerichteten Bitten musste Lydia in London eine Woche lang auf die Entscheidung der sowjetischen Behörden warten. Als diese das Visa schließlich ausstellten, war es zu spät.

Am 27. setzte Pasternaks Puls aus, doch den Ärzten gelang es, ihn wiederzubeleben. Als er seine Augen erneut öffnete, erklärte er, er habe sich im Schlaf so wunderbar gefühlt und jetzt wären seine Sorgen wieder da. Er fühlte sich noch schwach und ungewöhnlich abgestumpft, als er am folgenden Tag mit seinem Sohn Jewgeni sprach.

„Wie unnatürlich alles ist. Letzte Nacht habe ich mich plötzlich so gut gefühlt, aber es stellte sich als schlecht und gefährlich heraus. Mit schnellen Injektionen haben sie versucht, mich zurückzuholen, was ihnen dann auch gelungen ist.

Und jetzt, vor gerade fünf Minuten, habe ich selbst nach dem Arzt gerufen, doch es war nur Blödsinn, Gerede. Insgesamt habe ich das Gefühl, dass alles von Scheiße durchdrungen ist. Sie sagen, ich soll essen, damit mein Magen etwas zu tun bekommt. Aber das tut weh. Und es ist das Gleiche mit Literatur, dem Erkennen, das überhaupt kein Erkennen ist, sondern Dunkelheit. Es schien, als wäre ich bereits einmal begraben worden, ein für alle Mal; genug. Keine Erinnerungen. Die Beziehung zu Menschen alle auf unterschiedliche Art ruiniert. Alles fragmentarisch, keine unversehrten Erinnerungen. Alles ist von Scheiße durchdrungen. Und nicht nur wir, sondern überall, die ganze Welt. Mein ganzes Leben ist ein einhändiger Kampf gegen die herrschende Banalität gewesen, für das menschliche Talent, frei und spielerisch."

Am Abend des 30. Mai war es für die Ärzte deutlich, dass der Tod kurz bevorstand. Sinaida ging zu Pasternak hinein. „Ich habe das Leben und dich sehr geliebt", sagte er mit einer Stimme, die kurz noch einmal sehr kräftig war. „Und doch verlasse ich dich ohne Bedauern. Um uns herum ist so viel Banalität, nicht nur um uns herum, sondern in der ganzen Welt, ich kann mich damit einfach nicht aussöhnen."

Gegen 23 Uhr traten seine Söhne an das Bett. „Borenka, Lydia wird bald hier sein, sie ist unterwegs", informierte Jewgeni seinen Vater. „Halte noch eine Weile durch."

„Lydia, das ist gut", erwiderte er.

Er bat alle, bis auf seine Söhne, den Raum zu verlassen. Ihnen erklärte er, sie sollten von dem Teil seines Erbes fernbleiben, der im Ausland liege – der Roman, das Geld und all die dazugehörigen Komplikationen. Lydia würde, so sagte er, sich darum kümmern.

Pasternaks Atem ging nun immer schwerfälliger. Die Krankenschwestern brachten das Sauerstoffzelt herein. Er flüsterte Marfa Kusminitschna zu: „Vergessen Sie morgen nicht, das Fenster aufzumachen."

Um 23:20 Uhr an diesem 30. Mai starb Boris Pasternak.

Sinaida und die Haushälterin wuschen den Körper und zogen ihn an. Die Familie blieb fast die ganze Nacht wach.

Um sechs Uhr am folgenden Morgen sah Iwinskaja auf der Straße vor Pasternaks Datscha Marfa Kusminitschna mit gesenktem Kopf von ihrem Dienst kommen. Ohne zu fragen wusste sie, dass Pasternak gestorben war. Ohne Ankündigung und weinend stolperte sie in das große Haus: „Und jetzt können Sie mich einlassen, jetzt müssen Sie mich nicht mehr fürchten."

Niemand störte sich an ihr. Sie trat an den Leichnam. „Borja war noch nicht kalt, seine Hände waren noch weich. Er lag in einem kleinen Zimmer, von der Morgensonne beschienen. Schattenstreifen lagen auf dem Fußboden. Sein Gesicht wirkte noch ganz lebendig, nicht zur Skulptur erstarrt".

In ihren Ohren klang seine Stimme, und sie konnte hören, wie er die letzten Strophen des Gedichts „August" aufsagte, eines der *Schiwago*-Gedichte.

„Leb wohl, azurene Verklärung,
Vergoldeter sechster August.
Verstreichele durch Frauenhände
Die Schmerzen dem, der scheiden muss.

Lebt wohl, ihr ungelebten Jahre.
Und du, mein unerschrockenes Weib,
Das widerstand den Höllenzaren.
Hör, dass ich dein Schlachtfeld bleib.

Leb wohl, du Wucht gespreizter Schwingen,
Des Fluges freie Willensmacht,
Und Bild der Welt, im Wort erschienen,
Und Schöpfertum und Wunderkraft."

Die Nachricht machte im Dorf die Runde. Als Lydia Tschukowskaja ihren Vater informierte, fingen dessen Hände zu zittern an. Ohne Tränen schluchzte er.

„Das Wetter war unglaublich schön: heiß und stabil", schrieb Tschukowski über diesen Tag in sein Tagebuch. „Die Apfel- und Kirschbäume stehen in voller Blüte. Noch nie zuvor habe ich so viele Schmetterlinge, Vögel, Bienen und Blumen gesehen. Ganze Tage lang habe ich auf dem Balkon verbracht. Jede Stunde gibt es ein Wunder, jede Stunde geschieht etwas Neues, während er, der Sänger, der von all diesen Wolken, Bäumen und Wegen erzählte, [...] nun feierlich auf einem mitleiderregenden Klappbett liegt, taub und blind, hilflos, und wir werden nie mehr seinen ungestümen, explosiven Bass hören."

In der sowjetischen Presse war nichts über Pasternaks Tod zu lesen, obwohl er rund um den Globus Thema auf den Titelseiten war. Ministerpräsidenten, Königinnen und einfache Menschen schickten Beileidsbekundungen. In Mailand erklärte Feltrinelli: „Der Tod Pasternaks ist ein derart harter Schlag, als hätte man seinen besten Freund verloren. Er war die Verkörperung meiner nonkonformistischen Ideale, vereint mit Weisheit und tiefer Bildung."

Moskau schwieg. Erst am 1. Juni erschien eine kurze Mitteilung, unten auf der letzten Seite des eher unbedeutenden Blattes *Literatura i Schisn* (Literatur und Leben): „Die Verwaltung des Literaturfonds der UdSSR gibt den Tod des Schriftstellers und Litfond-Mitglieds Boris Leonidowitsch Pasternak bekannt, der am 30. Mai im 71. Lebensjahr nach langer schwerer Krankheit starb, sie drückt der Familie des Verstorbenen ihr Beileid aus."

Dieser letzte Beleidigungsversuch enthielt nicht einmal die sonst übliche Floskel des Bedauerns. Ein Schriftsteller mit einem Bekanntheitsgrad wie Pasternak hätte normalerweise zahlreiche Nachrufe in allen führenden Zeitungen erhalten, zudem eine von vielen Autoren-Kollegen unterzeichnete Würdigung in der *Literaturnaja Gaseta*. Noch immer war Pasternak ein Paria und nur einer äußerst knappen Mitteilung würdig. Das Zentralkomitee hielt in einem internen Memorandum fest, dass diese Brüskierung „von Repräsentanten der künstlerischen Intelligenzija begrüßt wurde." Am 2. Juni wiederholte die Literaturzeitung die oberflächliche Notiz der *Literatura i Schisn* und widmete ihr ebenfalls nur den gleichen knappen Raum am Fuß der letzten Seite. Ebenfalls auf dieser Seite fand sich jedoch genügend Platz für eine lange Würdigung des tschechischen Dichters Vítězslav Nezval unter der Überschrift „Ein Zauberer der Poesie". Für manchen Leser dürfte diese Nebeneinanderstellung kein Zufall, sondern die clevere Ehrung eines unbekannten Redakteurs gewesen sein.

Über Pasternaks Tod gab es weitere Nachrichten, handgeschrieben und an die Mauer neben dem Fahrkartenschalter im Kiewer Bahnhof in Moskau geklebt. Von hier aus fuhren die Züge Richtung Peredelkino ab. „Um 3 Uhr am Nachmittag des 2. Juni, Donnerstag, findet die letzte Verabschiedung von Boris Leonidowitsch Pasternak statt, des größten Dichters des heutigen Russlands." Andere Versionen dieser Botschaft hingen an verschiedenen Orten in der Stadt. Dort, wo die Polizei sie herunterriss, tauchten wenig später neue auf.

Wie die vorangegangenen Tage herrschte auch an dem Nachmittag der Bestattung heißes Wetter, darüber ein „unerträglich blauer Himmel". Die Apfelbäume und Fliederbüsche in Pasternaks Garten leuchteten rosa und weiß und lila, der Boden war ein Teppich aus frisch ausgetriebenen Wildblumen, die zwischen den zum Schutz des jungen Rasens ausgelegten, abgeschnittenen Kieferästen hervorschauten.

Als die US-amerikanische Journalistin Priscilla Johnson, die gegen 13 Uhr den Zug bestieg, viele schwarzgekleidete Passagiere sah, die kleine Fliederzweige in den Händen hielten, war sie sicher, dass all diese Menschen zur Beerdigung fuhren.

Und tatsächlich leerte sich der Zug fast vollständig, als er in Peredelkino hielt. Die Passagiere, die er ausspuckte, schienen entweder sehr alt oder sehr jung zu sein. Die Behörden beschrieben sie als „vorwiegend aus der Intelligenzija stammend", dazu kamen junge Menschen, Studenten des Literaturinstituts und der staatlichen Moskauer Universität. In einer lockeren Prozession machten sie sich auf den Weg zur Datscha. Die an jeder Kreuzung stationierten Polizisten wiesen alle Autofahrer an, darunter auch die ausländische Presse, hier zu parken und den Rest des Wegs zu Fuß zurückzulegen.

Die Behörden hegten die Hoffnung, sowohl den Ablauf der Bestattung als auch deren Außenwirkung kontrollieren zu können. Am Vorabend der Beerdigung hatte der örtliche Leiter der Kommunistischen Partei ausländische Korrespondenten durch das Dorf geführt und ihnen dabei auch den Friedhof gezeigt, auf dem man im Schatten von drei großen Kiefern und in Sichtweite zu Pasternaks Datscha ein Grab frisch ausgehoben hatte. Auf dem Friedhof konkurrierten die großen Ideen miteinander: Kreuze oder rote Sterne markierten die unterschiedlichen Gräber. „Pasternak wird an der besten Stelle des Friedhofs bestattet werden", brüstete sich der Funktionär.

Abgesandte des Literaturfonds der UdSSR hatten nach Pasternaks Tod die Familie besucht und erklärt, sie würden für die Bestattung aufkommen und bei den Vorbereitungen dazu helfen. Der KGB richtete ein provisorisches Büro vor Ort ein und sandte Agenten aus, die sich unter die Menge mischen sollten, um das in Erfahrung zu bringen, was man sich dort erzählte. Es hatte sich unter den

Mitgliedern der Moskauer Sektion des sowjetischen Schriftstellerverbands bereits herumgesprochen, dass es gewünscht sei, sich nicht bei der Beerdigung sehen zu lassen. Also schlüpften in den Tagen vor der Beisetzung immer wieder Schriftsteller durch die Hintertür der Datscha ein und aus, um ihr Beileid zu bekunden, ohne von den allgegenwärtigen Informanten gesehen zu werden.

Nur wenige Autoren gingen das Risiko ein, an der Beerdigung teilzunehmen. Als der Dramatiker Alexander Schtein gefragt wurde, warum er nicht zu Beisetzung gehe, antwortete er: „Ich nehme nicht an Demonstrationen gegen die Regierung teil."

Die Vorhänge bei Pasternaks Nachbarn, bei Konstantin Fedin, der Surkow als Sekretär des Schriftstellerverbands gefolgt war, blieben zugezogen. Fedin war krank, und doch wurde seine Abwesenheit als Affront verstanden. Zwei Teilnehmer an der Beerdigung gerieten bei Pasternaks Sarg über Fedins Fernbleiben in Streit. Während der eine behauptete, Fedin sei so krank, er wisse sicher nichts von Pasternaks Tod, gab der zweite wütend zurück: „Durch seine Fenster kann er ganz genau sehen, was hier vor sich geht."

Der Romancier Weniamin Kawerin war derart erzürnt, dass er Fedin später einen Brief schrieb: „Zum Beispiel kann niemand die unsinnige und tragische Affäre um den Roman vergessen, die unserem Lande so sehr geschadet hat. Dein Anteil in dieser Gelegenheit ging so weit, dass du den Kranken mimtest, der vom Tode des Dichters nichts erfahren hat, des Dichters, der einmal dein Freund war, und der 23 Jahre lang neben dir wohnte. Konnte man etwa aus deinem Fenster nicht sehen, dass Tausende ihm das letzte Geleit gaben, dass sein Sarg an deinem Hause vorübergetragen wurde?"

Schnell war der Garten übervoll. Westliche Pressevertreter standen an den Eingangstüren der Datscha auf Kisten; manche kletterten für eine bessere Aussicht gar in die Bäume. Die Trauergäste warteten schweigend an der Seitentür des Hauses, bevor sie an dem Leichnam vorbeigingen und dann durch die Vordertür die Datscha wieder verließen. Pasternak trug den dunkelgrauen Anzug seines Vaters und ein weißes Hemd. „Er hätte ebensogut in einem Feld liegen können statt in seinem eigenen Wohnzimmer, denn der Sarg war mit wilden Blumen über und über bedeckt, mit Kirsch- und Apfelblüten, außerdem mit roten Tulpen und Fliederzweigen." Je mehr Trauernde ihre eigenen Zweige ablegten, umso höher wuchs der Berg der Blüten. Eine in schwarz gekleidete Gruppe von Frauen – darunter Sinaida und Jewgenia, Pasternaks erste Frau – standen am Kopfende des Sargs.

Die Journalistin Priscilla Johnson erschrak, als sie den Toten erblickte, denn „das Gesicht hatte all seine Ehrlichkeit und Stärke verloren." Weniamin Kawerin hatte das Gefühl, Pasternaks so vertrautes Gesicht sei nun „in weißer Unbeweglichkeit geformt", und er glaubte, ein „kleines Lächeln, das in seinem linken Mundwinkel hing", bemerkt zu haben. Am 31. Mai war der Körper einbalsamiert worden, zuvor hatte der Künstler Juri Wasiljew eine Totenmaske abgenommen. Am 01. Juni hatte ein örtlicher Priester eine private Requiems-Feier für die Familie und ein paar enge Freunde in der Datscha gestaltet.

Als Johnson Pasternaks Schwägerin fragte, ob denn vor der Beerdigung noch ein Gottesdienst in der nahe gelegenen, aus dem 15. Jahrhundert stammenden russisch-orthodoxen Kirche der Verklärung stattfände, studierte diese die US-Journalistin von oben bis unten und gab dann zurück: „Sie sind sehr naiv."

Iwinskaja ging ebenfalls an dem Körper vorbei, war jedoch wegen des Andrangs hinter ihr nicht in der Lage, länger dort zu verweilen. „Drinnen, hinter dem Fenster, ging die Abschiedsprozession weiter. Mein Liebster war schon weit weg von all denen, die noch einmal zu ihm gekommen waren. Und ich saß auf dem Bänkchen an der Tür, die für mich so lange verboten gewesen war."

Konstantin Paustowski beugte sich zu ihr hinunter, der achtzigjährige Doyen der sowjetischen Literatur, und Iwinskaja begann zum ersten Mal an diesem Tag zu weinen. Paustowski musste annehmen, dass sie wegen der schwierigen Familiensituation nicht ins Haus gehen durfte. „Ich möchte mit Ihnen zusammen zu ihm gehen", sagte er und nahm ihren Arm.

Paustowski ließ eine Bemerkung darüber fallen, wie „echt russisch derartige Beerdigungen" seien – eine Offenbarung dessen, was Menschen wirklich empfänden. Er sagte, man komme nicht umhin, sich an die Beerdigung von Puschkin und die kaiserlichen Hofschranzen zu erinnern – „ihre jämmerliche Scheinheiligkeit, ihren eitlen Hochmut."

Die Geheimpolizei bewegte sich durch die Menschenmasse, belauschte die Trauernden und machte Fotos. Für viele der Besucher waren sie eindeutig zu erkennen und das „einzig fremde Element in der Menge, die trotz ihrer Vielfältigkeit durch ein gemeinsames Gefühl vereint war."

„Wie viele waren insgesamt gekommen?", fragte sich Pasternaks alter Freund Alexander Gladkow. „Zwei- oder dreitausend oder vielleicht viertausend? Es war schwer zu sagen, aber es waren ganz sicher mehrere tausend." Westliche Korrespondenten schätzten vorsichtiger auf eintausend, während die Behörden fünfhundert Besucher zählten. Dabei war sogar eine Versammlung von mehreren hundert Menschen schon etwas Außergewöhnliches. Gladkow hatte sich zuvor noch Sorgen gemacht, die Bestattung würde „eher dürftig besucht und armselig werden".

„Wer hätte erwartet, dass so viele kommen würden, da doch niemand verpflichtet oder, wie es so oft der Fall ist, gezwungen worden war, nur der Form halber zu erscheinen", staunte Gladkow. „Für jeden Anwesenden war es ein Tag von enormer Bedeutung – und diese Tatsache ließ ihn zu einem weiteren Triumph Pasternaks werden."

Im Vorgarten trafen viele ihre alten Freunde wieder – Kameraden, manchmal auch aus den Lagern. Gladkow begegnete zwei früheren Häftlingen, die er seit Jahren nicht mehr getroffen hatte. Es schien ihnen ganz selbstverständlich, dass man sich bei dieser Gelegenheit wieder begegnete, und Gladkow fielen dabei Pasternaks Zeilen aus „Meine Seele" ein:

> O Seele mein, die Kummer trägt
> Um meine ganze Welt,
> In dir zum letzten Schlummer legt
> Man die zu Tod gequält.

Auf der Rückseite der Datscha saß eine Gruppe von Menschen im Gras und lauschte einigen der besten russischen Pianisten, deren Spiel auf dem Klavier im Musikzimmer durch das offene Fenster nach außen wehte. Stanislaw Neuhaus, Andrei Wolkonski, Marija Judina und Swjatoslaw Richter wechselten sich ab und spielten langsame Trauerlieder und einige der Melodien, die Pasternak besonders geliebt hatte, vor allem solche von Chopin.

Kurz nach 16 Uhr beendete Richter die Musik mit Chopins „Marche Funèbre". Die Familie bat all diejenigen, die noch im Haus waren, sich im Vorgarten einzufinden, damit sie noch einen letzten Moment alleine mit dem Verstorbenen verbringen könnten. Iwinskaja, die draußen auf der Veranda stand, versuchte, einen Blick hineinzuwerfen, und stieg dabei sogar auf eine Bank, um durchs Fenster zu sehen. Eine Beobachterin hielt fest, dass sie „in ihrer gedemütigten Position überwältigend schön aussah."

Nach einer kurzen Weile trat Sinaida, in Schwarz gekleidet und mit hennagetönten Haaren, auf die Veranda. Die Prozession setzte sich in Gang.

Durch die geöffneten Fenster reichte man der Menschenmenge die Kränze und Blumen hinaus. Die Organisatoren des Litfonds hatten einen blauen Kleinbus organisiert, der den Sarg zügig und noch vor den Trauergästen zum Friedhof bringen sollte, wo man dann Pasternaks Leichnam eilig begraben wollte. Die Sargträger, darunter Pasternaks zwei Söhne, weigerten sich jedoch, den Sarg in das Fahrzeug zu legen. Sie hoben die offene Kiste auf ihre Schultern, und die Menge wich zur Seite, als sie sich aus dem Garten auf den Weg machten, rechts auf die Pawlenko-Straße abbogen und über die „melancholisch schmutzige Straße" liefen, die „schmerzlich Staub aufwirbelte", als die Menschenmenge dem Friedhof entgegenstrebte.

Die jungen Schriftsteller Andrei Sinjawski und Juli Daniel, beide Verehrer Pasternaks, folgten dem Zug mit dem Sargdeckel. Nach russischer Tradition wird dieser erst im letzten Moment vor der Beisetzung aufgesetzt. Die Sargträger liefen dem Pulk derart eilig voraus, dass es schien, als würde der Körper auf einem menschlichen Ozean hin und her schaukeln. Junge Männer aus dem Trauerzug halfen beim Tragen des Sarges, wenn die Leichenträger müde zu werden schienen. Einige der Wartenden nahmen von Pasternaks Datscha aus eine Abkürzung über ein frisch abgeerntetes Feld. Dieser Weg führte direkt zum Friedhof, der sich auf einem kleinen Hügel befand und damit ganz in der Nähe zu den farbig leuchtenden Kuppeln der Dorfkirche. Der Friedhof war bereits voller Menschen, als die Prozession dort anlangte. Als die Leichenträger das Grab erreicht hatten, hoben sie den Sarg für einen Augenblick über die Köpfe der Menschen, bevor sie ihn abstellten.

„Zum letzten Mal sah ich das eingefallene und großartige Gesicht von Boris Leonidowitsch Pasternak", erinnerte sich Gladkow.

Der Philosoph Walentin Asmus, Professor an der Moskauer Staatlichen Universität und ein alter Freund Pasternaks, trat einen Schritt vor. Ein junger Mann wandte sich an Priscilla Johnson und erklärte ihr, wer das war. „Kein Parteimitglied", fügte er hinzu.

„Wir haben uns hier versammelt, um uns von einem der größten russischen Schriftsteller und Poeten zu verabschieden, einem Mann, der mit vielen Talenten gesegnet war, sogar mit dem der Musik. Man mag seine Überzeugungen ablehnen oder annehmen, doch solang russische Dichtung in dieser Welt eine Bedeutung hat, solange wird Boris Leonidowitsch Pasternak zu den größten dieser Gattung gehören.

Sein Widerspruch zu unserer Gegenwart hat nicht mit einem Regime oder einem Staat zu tun. Er strebte eine Gesellschaft höherer Ordnung an. Nie hat er daran geglaubt, das Böse mit Gewalt zu bekämpfen, und das war sein Fehler.

Ich habe nie mit einem anderen Menschen gesprochen, der so viel, so schonungslos etwas von sich verlangte. Nur wenige können sich mit ihm vergleichen, wenn es um die Ehrlichkeit seiner Überzeugungen geht. Er war ein Demokrat im wahrsten Sinne des Wortes, einer, der wusste, wie man seine Autorenfreunde kritisieren konnte. Er wird immer ein Beispiel dafür bleiben, wie man seine Überzeugungen gegenüber seinen Zeitgenossen verteidigen kann, da er fest überzeugt war, im Recht zu sein. Er hatte die Fähigkeit, Menschlichkeit in allerhöchsten Worten auszudrücken.

Er hatte ein langes Leben. Doch es ist so schnell vorübergegangen, er war noch immer so jung und hatte noch so viel zu schreiben vor sich. Sein Namen wird für immer unter den edelsten genannt werden."

Der Schauspieler Nikolai Golubenzow rezitierte anschließend Pasternaks Gedicht „O hätte ich gewusst" aus der 1932 veröffentlichten Sammlung „Zweite Geburt".

Wenn das Gefühl eine Zeile diktiert,
so schickt es den Sklaven auf die Bühne,
und da endet die Kunst,
und es atmen Erdgrund und Schicksal.

Ein junger Mann, vor Nervosität stotternd, las „Hamlet" aus dem *Schiwago*-Gedichtzyklus. Weder das Gedicht noch der Roman waren bis dahin in der Sowjetunion veröffentlicht worden, doch „tausend Lippenpaare bewegten sich in schweigendem Einklang", und in der Masse schien sich die Stimmung aufzuladen. Jemand rief: „Wir danken dir im Namen der Arbeiter. Wir haben auf dein Buch gewartet. Leider ist es nicht erschienen, aus Gründen, die wir alle kennen. Doch du hast den Namen der Schriftsteller höher erhoben als irgendjemand sonst."

Die Litfond-Offiziellen wollten die Beerdigung rasch zu einem Ende bringen, da sie die aufsteigende Feindseligkeit in der Menschenmenge spürten. Jemand brachte den Sargdeckel an das Grab. Die Trauergäste, die dem Sarg am nächsten standen, küssten Pasternaks Körper ein letztes Mal zum Abschied. Zu ihnen gehörte auch Iwinskaja, die unbeherrscht weinte. Während der Zeremonie auf dem Friedhof hatten sie und Sinaida nur wenige Meter voneinander getrennt am Kopfende des Sargs gestanden. Sinaida war irritiert darüber, dass Iwinskaja und ihre Tochter sich nach ganz vorne geschoben hatten. In dem Moment, in dem Iwinskaja sich verabschiedete, stand Sinaida „rauchend an einem Zaun, keine sechs Meter vom Sarg entfernt [...] und warf hin und wieder unheilvolle Blicke auf den Mann, dessen Körper nun gleich in das Grab hinabgelassen werden sollte."

Aus der Reihe der Trauergäste wurden spontan Rufe laut.

„Gott zeichnet den Weg der von ihm Ausgewählten mit Dornen. Und Pasternak war von Gott auserwählt."

„Ruhm sei Pasternak!"

Jemand rief: „Der Dichter wurde ermordet!", und die Menge antwortete mit „Schande! Schande! Schande!"

Einer der Litfond-Mitarbeiter brüllte: „Die Feier ist beendet, keine weiteren Reden mehr."

Pasternaks langjährige Hausgehilfin legte eine Abschrift des Sterbegebets auf seine Stirn, dann nagelte man der Sarg zu. Es gab noch mehr Rufe, während der Sarg hinabgelassen wurde und die ersten Handvoll Erde auf das Holz hinunterpolterten – „matt, dumpf und furchteinflößend."

Der Himmel bewölkte sich. Ein Großteil der Menge zerstreute sich schnell, nur etwa fünfzig junge Leute blieben am Grab stehen und rezitierten Gedichte von Pasternak. Auch als die Sonne unterging, standen sie noch dort – „die Stimme mal des einen, dann des anderen in eloquentem Singsang aufsteigend und fallend." Der KGB entschied sich, nicht einzugreifen, doch das Zentralkomitee wies den Kulturminister und den sowjetischen Schriftstellerverband später an, bei der Erziehung der Studenten mehr Sorgfalt walten zu lassen, denn „einige von ihnen (und ihre Zahl ist unbedeutend) wurden mit ungesunden, oppositionellen Ideen vergiftet und versuchen, Pasternak als einen großen Künstler und Schriftsteller zu etablieren, den seine Epoche nicht verstanden hat."

Den ganzen langen, anstrengenden Tag über hatte Lydia Tschukowskaja trotz ihres Kummers das „merkwürdige Gefühl eines Triumphs, eines Sieges.

Was gesiegt hat? Ich weiß es nicht. Vielleicht seine Dichtung? Oder die russische Dichtung? Oder die unzerbrechliche Bindung an ihn?"

Kapitel 16

„Es ist zu spät für mein Bedauern,
dass dieses Buch nicht veröffentlicht wurde."

Olga Iwinskaja wurde am 16. August in Peredelkino verhaftet. Es hing Nebel über der Siedlung, und sie war gerade dabei, mit ihrer Mutter und ihrem Stiefvater Tee zu trinken, als mehrere Männer durch den Garten auf sie zukamen. „Sie haben uns natürlich längst erwartet?", begrüßte sie einer der KGB-Offiziere mit einem selbstzufriedenen Lächeln. Sein Gesicht leuchtete rosig. „Sie konnten ja wohl nicht annehmen, dass Ihre verbrecherischen Handlungen unbestraft bleiben würden?"

In den vorangegangenen 18 Monaten hatte die Geheimpolizei all jene Ausländer beobachtet, die für Pasternak Geld ins Land brachten – und Iwinskaja hatte die Aufgabe übernommen, die illegalen Währungen in Rubel zu tauschen. Zunächst hielt man ihre Verhaftung geheim, doch dann entschieden sich die Behörden, ihr den Sündenbock zuzuschieben und damit auf eine geschmacklose Art und Weise den frühen Pasternak, also nicht den Verfasser des *Doktor Schiwago*, wieder zu einem großen sowjetischen Schriftsteller zu machen. Surkow ließ es so aussehen, als sei Pasternak von einer „Abenteurerin" auf den falschen Weg geführt worden, „die ihn veranlasst hat, *Doktor Schiwago* zu schreiben und ins Ausland zu schicken, um sich persönlich zu bereichern."

In seinem letzten Lebensjahr besaß Pasternak ein großes Vermögen, das sich jedoch auf frustrierende Art und Weise seiner Kontrolle entzog. Er autorisierte Feltrinelli, 100 000 Dollar aus seinen Tantiemen an D'Angelo zu zahlen, nachdem der Italiener Pasternak brieflich versichert hatte, er kenne „zuverlässige" Freunde, die das Geld in die Sowjetunion schmuggeln könnten.

Zunächst war Pasternak misstrauisch: „Oljuscha, wohin sollen wir all das Geld packen?"

„Wie wäre es mit dem Koffer da?", schlug Iwinskaja vor.

Der Schriftsteller ließ sich überzeugen, und so überwies Feltrinelli im März 1960 von einem Konto im Steuerparadies Liechtenstein aus Geld an D'Angelo. Dieser begann augenblicklich, in Westeuropa Rubel zu kaufen, und sorgte dann dafür, dass italienische Freunde das Bargeld heimlich in die Sowjetunion brachten und es über Iwinskaja oder deren Tochter an Pasternak übergaben. D'Angelo sprach selbst davon, eine „Operation durchzuführen", und hatte eigene Sicherheitsregeln erstellt.

Der KGB jedenfalls nahm den Italiener nicht ins Visier.

Die Geheimpolizei sah nur zu, wie Guiseppe Garritano, der Moskau-Korrespondent der italienischen kommunistischen Zeitung *L'Unità* den Transfer einer großen Summe Rubel organisierte, die D'Angelo gekauft hatte. Im März 1960 rief Garritanos Frau Mirella bei Iwinskaja an, deren Apartment sicherlich verwanzt worden war und unter strenger Beobachtung stand. Mirella bat Iwinskaja, zum Postamt zu kommen und ein Paket mit Büchern für Pasternak abzuholen. Iwinskaja lag mit einem eingegipsten Bein im Bett, und Pasternak widerstrebte es, sich mit einer unbekannten Ausländerin zu treffen. Sie verständigten sich darauf, Irina, Iwinskajas Tochter, zu schicken, die noch ihren jüngeren Bruder mitnahm. Mirella übergab den beiden ein schäbiges schwarzes Köfferchen, und als Iwinskaja und Pasternak es in der Wohnung öffneten, „japsten [sie] nach Luft: Statt der erwarteten Bücher lagen, in säuberlichen Reihen nebeneinandergeschichtet, sowjetische Banknoten."

Pasternak überließ Iwinskaja ein Banknotenbündel und nahm den Koffer mit nach Peredelkino.

Das italienische Ehepaar Garritano erklärte sich einverstanden, im Gegenzug einige Papiere zurück zu Feltrinelli zu bringen. Guiseppe Garritano verlor allerdings bei einem Urlaub im Kaukasus die Unterlagen, zu denen auch eine unterschriebene Erklärung gehörte, mit der Pasternak Iwinskaja Vollmacht über seine Einkünfte erteilt hatte. Als Mirella Garritano bemerkte, dass die Papiere verloren gegangen waren, nahm sie an, bei einem starken Regen sei der „Korb" durchnässt worden und anschließend die Papiere „abhanden" gekommen. Ihr Ehemann vermutete, sie würden überwacht und man habe die Dokumente in dem Moment gestohlen, in dem sie die Tasche auf einer Party abgestellt hatte. Im August sandte Iwinskaja daher eine eigene Vollmacht an Feltrinelli, die Pasternak im Dezember 1956 unterschrieben hatte und die es ihr erlaubte, „alle im Zusammenhang mit dem Roman *Doktor Schiwago* stehenden Aufträge auszuführen."

Allerdings versetzte dieses Papier sie nicht in die Lage, seine posthumen Angelegenheiten zu regeln.

Dass die Garritanos die Unterlagen verloren hatten, stellte sich später als schwerwiegender Verlust heraus. Denn Pasternak hatte kein Testament hinterlassen, und die häufig unziemlichen Bemühungen, die Kontrolle über alle Teile seines Erbes zu erlangen, begannen unmittelbar nach seinem Tod. Bis in die 1990er Jahre hinein prozessierten Freunde und Familie deswegen.

Ende 1959 hatte Feltrinelli Pasternak einen neuen Vertrag geschickt. Dieser erlaubte es dem Mailänder Verleger, die Filmrechte an *Doktor Schiwago* zu verkaufen, die Kontrolle über weitere Werke Pasternaks zu erlangen, und stellte de Proyart als zweite, gesetzlich geregelte Beraterin im Westen kalt. Mehrere Monate lang schob Pasternak die Unterschrift hinaus, vor allem da er seine französische Freundin nicht derart brüskieren wollte. Doch sowohl Iwinskaja als auch der deutsche Journalist Heinz Schewe, Feltrinellis erfahrener Moskau-Kurier, drängten ihn dazu, so dass Pasternak die Papiere schließlich noch im April 1960 unterschrieb.

In der Woche nach der Bestattung schickte Iwinskaja Feltrinelli einen Brief, in dem sie ihm von ihrem „furchtbaren Leid" schrieb und ihn aufforderte, dringend mit ihr anstehende, praktische Fragen zu erörtern. „Im April, als Boris sich ausschließlich seinem Drama widmen wollte und sich bereits schwach fühlte, stellte er mir eine Vollmacht für Sie aus", ließ sie ihn wissen und bezog sich dabei auf die Unterlagen, die sie den Garritanos mitgegeben hatten. „Darin heißt es, dass es seinem Wunsch entspricht, meine Unterschrift möge denselben Wert wie die seine haben, ganz gleich ob es um finanzielle Angelegenheiten oder andere Arten von Dokumenten geht." Sie teilte Feltrinelli mit, dass D'Angelos Freund das entsprechende Papier mitbringen werde, und sicherte ihm zu, ihn bei allen möglichen Konflikten zu unterstützen, die sich mit Pasternaks Familie, auch mit seinen Schwestern in England, ergeben könnten. „Die Pasternak-Familie hat keinen Anspruch auf die Veröffentlichungsrechte", schrieb Iwinskaja. „Die letzte Vollmacht ist die Vereinbarung, von denen ich Ihnen eben berichtet habe."

Der italienische Verleger ließ Iwinskaja daraufhin wissen, er halte D'Angelos Methoden für „zu gefährlich", sie solle nur dem deutschen Journalisten Schewe vertrauen. Wie um seine eigenen Fähigkeiten zur Geheimdienstarbeit unter Beweis zu stellen, legte Feltrinelli seinem Umschlag die Hälfte einer 1 000-Lira-Note bei und wies Iwinskaja an, nur mit der Person zu verhandeln, die die andere Hälfte des Geldscheins vorweisen könne. Iwinskaja vermutete, die Idee mit der Banknote stamme aus „einem schlechten Krimi", für die sie noch eine gepfefferte Rechnung würde bezahlen müssen.

Sie habe keinen „ruhigen Moment" gehabt, seit sie erfahren habe, dass die Unterlagen verschwunden seien, und fürchten müsse, dass sie in die falschen Hände geraten könnten, schrieb sie ihm: „Mein lieber, lieber Giangiacomo. Lassen Sie uns hoffen, dass es nicht zu dem Furchtbarsten kommt und ich meine Freiheit behalten kann, so lange es eben dauert."

Nachdem der Schriftsteller verstorben war, hoffte Feltrinelli darauf, dass Iwinskaja ihn weiterhin mit Pasternaks Angelegenheiten betrauen werde. Bis dahin hatte der Verleger keinen Kontakt zu Pasternaks Frau oder Kindern, und sein Berater Schewe hatte sich auf Iwinskaja festgelegt, nicht auf die Witwe Sinaida. „Ich werde immer sicherstellen, dass ein substantieller Teil der Einnahme für Sie und Irina übrig bleibt", versprach Feltrinelli. Er schrieb Iwinskaja zudem, seine Verträge mit Pasternak „sollten niemals in die Hände der Behörden oder von Pasternaks Familie gelangen."

Pasternaks Familie auszuschließen war ein Bestechungsvorschlag, und zwar einer, den die Sowjetunion ausnutzen konnte. Doch damit ist Feltrinellis Haltung nicht umfassend beschrieben. Er zeigte sich einverstanden, ausschließlich Iwinskaja als Pasternaks Nachlassverwalterin anzusehen, warnte sie aber zugleich, sich „nicht in eine Auseinandersetzung in Moskau einzumischen", und bat sie, „mit Geld großzügig zu sein", denn es könnten sonst „gefährliche Feinde" auf den Plan treten.

Da er von Feltrinellis Befürchtungen nichts wusste, verfolgte D'Angelo weiterhin seine eigenen Pläne. Im Juli übergab er einem weiteren italienischen Ehepaar, den Benedettis, ein zweites großes Bargeldpaket, mit dem sie von Berlin aus mit einem Käfer nach Moskau fuhren. Das Geld war in der Verkleidung des Wagens versteckt. In Moskau angekommen, trug das Pärchen das Geld in einem großen Rucksack in Iwinskajas Wohnung. Die Benedettis hatten 500 000 Rubel dabei, was nach offiziellem Wechselkurs etwa 125 000 Dollar entsprach, wobei man die Summe auf dem Schwarzmarkt in Westeuropa auch schon für 50 000 Dollar kaufen konnte.

Iwinskaja lehnte das Geld zunächst ab, vor allem auch weil ihre Tochter es für zu gefährlich hielt. Doch die Benedettis hatten zu viel auf sich genommen, um diese Ablehnung zu verstehen. „Sie haben gar nicht das Recht, dieses Geld zurückzuweisen", sagten sie. „Es ist eine private Schuld." Iwinskajas Bedenken waren nur kurzlebig. Sie nahm das Geld an und kaufte ihrem Sohn davon ein Motorrad, und noch wenige Stunden vor ihrer Verhaftung erstand sie eine hochglanzpolierte Garderobe. Eine solche Einkaufstour musste bei einer Frau, die über kein geregeltes Einkommen verfügte, unweigerlich Aufmerksamkeit erregen. Ein Teil des eiligen Geldausgebens mag auch auf die anstehende Währungsreform zurückzuführen sein, bei der die Sowjetbürger aufgefordert wurden, am Ende des Jahres alte gegen neue Rubel einzutauschen. Auch die Pasternaks machten bei diesen schwindelerregenden Einkaufstouren mit. Im April, kurz vor seinem Tod, hatte Pasternak ein neues Auto, einen Wolga, für 45 000 Rubel gekauft – ein auffällig großer Bargeld-Einkauf für einen Autoren, der nach der Nobelpreis-Affäre angeblich einen großen Teil seiner Einkünfte verloren hatte.

Schon wenige Tage nach Pasternaks Bestattung verstärkte der KGB seinen Druck auf Iwinskaja. Ein „schwarzäugiger dicklicher Mensch" besuchte sie und hielt ihr den roten Ausweis eines KGB-Beauftragten hin. Er verlangte das Manuskript von Pasternaks letztem Werk, *Die Blinde Schönheit*. Ein weitere KGB-Mann machte ihr dann deutlich, dass, sollte sie den Agenten nicht das Original des

Dramas aushändigen, man sie an einen anderen Ort begleiten müsste, „den aufzusuchen für Sie viel quälender sein würde als dies Gespräch hier in Ihrer Wohnung." Iwinskaja übergab ihnen den Text, konnte es aber wenig später einrichten, dass Schewe eine Kopie des Stückes aus dem Land schmuggelte. Feltrinelli sagte zu, das Drama nicht ohne Iwinskajas Erlaubnis zu publizieren.

Der KGB isolierte auch Iwinskajas Familie. Irina war mit einem französischen Studenten, Georges Nivat, verlobt. Kurz vor der für den 20. August geplanten Hochzeit brach bei ihm eine merkwürdige Krankheit aus. Sein Körper war vollständig von Bläschen bedeckt, er bekam hohes Fieber und musste ins Krankenhaus eingeliefert werden. Zwar erholte er sich bald, doch da sein Visum nicht verlängert wurde, blieb ihm nichts anderes übrig, als am 10. August nach Frankreich zurückzukehren. Alle Appelle, auch der des französischen Botschafters direkt an Chruschtschow, blieben ungehört. Im Rückblick vermutete Irina, dass Nivats ansteckende Krankheit und sein Krankenhausaufenthalt nicht zufällig zustande gekommen, sondern organisiert worden waren, um die Hochzeit zu verhindern.

Die alltägliche Schikanen, denen Iwinskaja und ihre Familie ausgesetzt waren, nahmen zu. „Merkwürdige junge Leute" hatten vor ihrer Haustür herumgelungert, und wenn Olga oder ihre Tochter unterwegs waren, folgten ihnen Männer, die nicht einmal versuchten, ihre Gegenwart zu verschleiern – eine Taktik, die sie schon bei der Nobelpreis-Kontroverse angewandt hatten.

Am 16. August, dem Tag von Iwinskajas Verhaftung, wurden ihr Mietshaus in Peredelkino, das Apartment in Moskau sowie Wohnungen von einigen Freunden durchsucht. Sie hatte das noch übrig gebliebene Geld und ein paar von Pasternaks Unterlagen in einem Koffer im Haus von Nachbarn versteckt, wo der KGB schließlich alles fand. Zwei Geheimpolizisten durchsuchten auch Pasternaks Haus. Sie gaben an, Iwinskaja hätte zugegeben, der Schriftsteller habe einhundert Paar Stiefel und fünfzig Mäntel aus dem Ausland erhalten, dazu Bargeld. Die Spur zu den Kleidungsstücken war offenkundig falsch, und es bleibt fraglich, ob es überhaupt einen derartigen „Tipp" von Iwinskaja gegeben hat. Vermutlich konzentrierte sich die Suche auf Bargeld und Unterlagen.

Eingeklemmt zwischen zwei „Genossen" fuhr man Iwinskaja in die Lubjanka – das Hauptquartier des KGB, in dem sie schon 1949 einmal festgehalten worden war.

Sie erinnerte sich später, wie sie nach der Verhaftung eine „seltsame Gleichgültigkeit [überkam]. Borja war tot, und vielleicht war es das Beste, mit einem Schlag aus der hoffnungslosen Sackgasse dieses Vegetierens ohne ihn herausgerissen und auf den Weg neuer Qualen gestoßen zu werden."

Die zweiundzwanzigjährige Irina wurde am 5. September verhaftet. Man verhörte sie jeden Tag, allerdings nie länger als zwei Stunden. „Schließlich bist du noch eine winzig kleine Kriminelle", erklärte ihr ein Ermittler.

Anfang September erfuhr auch Feltrinelli von Iwinskajas Inhaftierung. „Wir haben alle Ihre Briefe auf einen Schlag gelesen, sobald wir aus dem Urlaub zurück waren, und sind absolut erschüttert", schrieb er Schewe. „Die Abfolge der Ereignisse – mit dem Höhepunkt in Ihrem letzten Brief – ist wirklich furchtbar. Leider hängt dies mit der Nachlässigkeit unserer Freundin und ihrem zeitweiligen Argwohn uns gegenüber zusammen, denn sie hat, trotz aller Vorsichtsmaßnahmen und Warnungen, die andere Seite ausgenutzt, deren Ziele jedoch sehr zwielichtig sind." Offenbar bezog er sich damit auf die Kuriere von D'Angelo.

„Was D'Angelo angeht, so tappe ich im Dunkeln.", fuhr er fort „Entweder haben wir es hier mit einem Provokateur zu tun oder mit einem Idioten."

Zu Beginn hielt man die Verhaftung von Mutter und Tochter noch geheim; es gab keine Nachricht über ihr Schicksal. D'Angelo und seine Frau reisten im September nach Moskau, ohne zu wissen, was geschehen war. Sie bezogen ein Zimmer im Hotel Ukraine, dem stalinistischen Hochhaus in der Nähe ihrer alten Wohnung an der Moskwa. Als er Iwinskaja anrief, meldete sich eine fremde, weibliche Stimme, die ihm erklärte, Iwinskaja sei nicht zu Hause. Er rief am nächsten Tag erneut an und erfuhr von einer Frau, die er für Irina hielt, dass „Mama in den Süden in Urlaub gefahren ist. Sie kommt erst gegen Ende des Monats zurück."

„Nun, vielleicht könnten wir uns nur mit dir und Mitja treffen", schlug D'Angelo vor.

Die falsche Irina erklärte sich schlussendlich einverstanden, dass sie zum Apartment kommen sollten. Als sie vor der Tür standen, war nur Mitja, Iwinskajas Sohn, zu Hause. Er entschuldigte seine Schwester, denn „sie musste ziemlich plötzlich abreisen.

Sie hatte die Möglichkeit, von ein paar Freunden, die ebenfalls in den Süden fahren, mitgenommen zu werden, und sie wollte ihre Mutter besuchen."

Der junge Mann schien nervös und fühlte sich offenbar nicht wohl in seiner Haut. Die Unterhaltung wurde überwacht. D'Angelo und seine Frau gingen wieder.

Währenddessen vernahm man Iwinskaja in der Lubjanka jeden Tag. Dabei befragte sie auch Wadim Tikunow, der stellvertretende Staatssicherheitschef. Dass Tikunow eingeschaltet wurde, zeigt, welche Bedeutung die Behörden diesem Fall beimaßen. Iwinskaja beschreibt, dass Tikunow aus drei Teilen bestand: „einem gewaltigen Hinterteil, einem riesigen Bauch und einem Kopf."

Bei diesem Verhör lag eine Ausgabe von *Doktor Schiwago* auf dem Tisch, zusammen mit einigen Briefen Pasternaks an sie.

„Sie haben sich ja ziemlich gerissen maskiert", sagte Tikunow. „Trotzdem wissen wir, dass der Roman nicht von Pasternak, sondern von Ihnen geschrieben worden ist. Sehen Sie, er schreibt es selbst."

Tikunow wies auf ein Zitat aus einem Brief Pasternaks an Iwinskaja: „Das bist alles du, Oljuscha! Niemand weiß es, dass du es bist. Du hast mir die Hand geführt, du standest hinter mir. In allem, in allem bin ich dir verpflichtet, habe ich dir zu danken."

„Sie haben wahrscheinlich noch nie eine Frau geliebt", erwiderte Iwinskaja. „Sonst wüssten Sie, wie Liebende empfinden und was sie einander schreiben."

Am 10. November 1960 erhob man Anklage gegen Olga Iwinskaja.

Der Prozess begann und endete am 7. Dezember, einem Tag mit Graupelregen. Iwinskaja und ihre Tochter wurden in Polizeiwagen zum Moskauer Gerichtszentrum in der Kalantschewskaja-Straße gebracht. Sie waren überglücklich, sich wiederzusehen, und „hatten unendlich viel zu bereden."

Es gab keine weiteren Zeugen, Familienangehörigen oder Pressevertreter im Gerichtssaal – nur der Richter, die Anwälte, das Gerichtspersonal und die Fahnder. Einige von Irinas Freunden hatten, vermutlich von den Verteidigern, vom Prozess erfahren. Sie standen vor der Tür und winkten den beiden Frauen zu, als sie hineingebracht wurden.

Der Staatsanwalt legte dem Gericht dar, wie er aus dem Briefwechsel zwischen Iwinskaja und Feltrinelli zu der Überzeugung gekommen war, dass Olga den Roman ins Ausland geschickt habe, obwohl auch Pasternak sich an „den Militaristen verkauft habe". Der Staatsanwalt führte aus, ihm sei nicht bekannt, wer der Verfasser des Romans sei – Pasternak oder Iwinskaja – doch dieser Punkt sei auch irrelevant, da die Anklage auf Geldschmuggel und Währungshandel lautete. Die zweite Hälfte von Feltrinellis 1 000-Lira-Note wurde vorgelegt sowie eine ausführliche Liste der Kuriere mit den von ihnen illegal eingeführten Summen präsentiert.

Iwinskajas Anwälte argumentierten, sie und ihre Tochter hätten nichts geschmuggelt und niemals fremde Währungen in Rubel umgetauscht. Außerdem wären Feltrinelli und seine Sendboten nur den Anweisungen Pasternaks gefolgt. Schließlich stellten sie die Frage, warum die Kuriere, die man ja überwacht hatte, nie festgenommen worden waren.

An einer Verurteilung bestand von vorneherein kein Zweifel, doch als der Richter die Höhe der Haftstrafe verkündete, herrschte große Fassungslosigkeit über die Härte – acht Jahre Zwangsarbeit für Iwinskaja, drei für Irina.

Die beiden Frauen wurden im Januar mit dem Zug in ein Lager nach Taischet, Sibirien, gebracht, fast 4 500 Kilometer östlich von Moskau. Die am nächsten gelegene Stadt war Krasnojarsk. Zusammen mit gewöhnlichen Kriminellen und Nonnen, die unablässig Kirchenlieder sangen, saßen sie in Boxen im Zug ostwärts. Die Kälte war schrecklich, und Irina trug nur einen leichten Übergangsmantel. Den letzten Teil der Strecke legten sie nachts bei minus 25 Grad Celsius zu Fuß zurück. Iwinskaja erinnerte sich: „Uns Moskauer [Irina und sie], an diese bittere Kälte nicht gewöhnt, durchdrang sie bis auf die Knochen."

Das Leben im Lager, in dem vor allem Frauen, die für politische Vergehen verurteilt worden waren, einsaßen, erwies sich als nicht allzu streng. Die Baracken waren geheizt, es gab eine banja (Sauna), und ohne Schwierigkeiten konnte man Pakete aus Moskau in Empfang nehmen. Die anderen Insassen nannten Olga und Irina bald die „Pasternakis". Doch Olga blieb nur kurz in diesem Lager. Noch während man sie nach Taischet brachte, wurden die Gulags – das System von Zwangsarbeitslagern, die unter Stalin einen Höhepunkt erlebten – offiziell abgeschafft. Nach einigen Wochen brachte man sie westwärts nach Potma – in jenes Lager, in dem Iwinskaja zwischen 1950 und 1953 schon einmal inhaftiert gewesen war und einen Teil ihrer Haftstrafe abgesessen hatte.

Nur langsam drang die Nachricht von der Verhaftung und Verurteilung nach außen. Zunächst schrieben Autoren und Wissenschaftler aus dem Westen wie Graham Greene, François Mauriac, Arthur M. Schlesinger Jr. und Bertrand Russell private Appelle an die sowjetischen Behörden, ohne jedoch eine Antwort zu bekommen. Russell, ein schon etwas älterer Philosoph, der sich stark für die unilaterale Abrüstung von Atomraketen eingesetzt hatte, schrieb Chruschtschow in einem Brief, dass die sowjetische Verfolgung von Olga und Irina zu „der Art von Dingen gehört, die meine Bemühungen um bessere Beziehungen zu Russland extrem schwer machen."

Am 18. Januar wurden die Neuigkeiten dann öffentlich bekannt gemacht: Die *New York Times* nannte die Strafe einen „reinen Akt der Rache" gegen „Boris Pasternaks engste Mitarbeiterin und innige Freundin, die ihn zum Roman *Doktor Schiwago* inspirierte und als Vorbild für dessen Heldin Larissa diente."

Radio Moskau gab am 21. Januar eine Antwort: Der englischsprachige Rundfunk beschrieb den Bargeldschmuggel und zitierte aus Feltrinellis Brief vom Juli, in dem dieser Iwinskaja davor warnte, die Verträge mit Pasternak dürften nicht in die Hände der Behörden fallen. Iwinskaja habe gestanden, hieß es weiter. Der Bericht endete mit einem Kommentar, der auf Hamlets Beschreibung seiner Mutter anspielte: „Schwachheit, dein Name ist Weib!" Eine Woche später folgte der internationale Rundfunk mit einem ausführlichen Kommentar auf Italienisch: „Der Traum von fantastischen Reichtümern hat sie zu Verbrechen verführt, und sie fing an, in Pasternaks Namen zu handeln, im Großen wie im Kleinen. Je schwächer die Gesundheit des Autoren wurde, um so stärker wurden ihre Geschäfte; und sogar der Tod beendete ihr Bestrebungen nicht."

Der Beitrag führte dann sogar eine ganze Reihe von Details an, die beschrieben wurden als „ein komplettes, konspiratives System, das denen ähnelte, von welchen man normalerweise nur in Thrillern liest. Sie hatten alles: eine Geheimsprache, heimliche Treffen, Decknamen und sogar Erkennungszeichen: Eine italienische Banknote, die entzwei geteilt worden war, diente als Identifizierung."

Die Radiosendung endete mit der Feststellung, dass „die letzte Seite dieser erbärmlichen Geschichte geschrieben ist: Das Moskauer Stadtgericht hat, im Namen von Millionen Sowjetbürgern, deren Heimat von diesem gesellschaftlichen Abschaum beschmutzt worden ist, der sich von Dollar, Lira, Francs und Mark kaufen ließ, ein Urteil gesprochen."

Im Westen war die Geschichte alles andere als vorbei. Die Verfolgung Iwinskajas verstand man dort als Fortsetzung der Nobelpreis-Affäre um Pasternak. „Die Menschen im Westen fragen zu Recht danach, was man, auf der Ebene der staatlichen Beziehungen, von einem Regime erwarten kann, das so wenig Mut und Großzügigkeit seinen eigenen Bürgern gegenüber zeigt und so wenig Respekt vor der großen Kultur hat, deren Verwahrer sie – auf vielfältige Art und Weise – selbst ist", bemerkte der in den Ruhestand versetzte US-Diplomat George Kennan in einem Brief an die *New York Times*. Die in London erscheinende *Times* schlussfolgerte, der Radiobeitrag sei „viel zu rachsüchtig in seiner Formulierung und zu melodramatisch, als dass man ihn einfach so im Ganzen schlucken könnte."

Die Grundlagen der sowjetischen Anklage gegen Iwinskaja wurden nun angefochten. Feltrinelli veröffentlichte am 28. Januar folgende Erklärung: „Als Verleger von Boris Pasternak habe ich es bisher vorgezogen, keine Stellungnahme abzugeben, da ich der Meinung bin, dass eine Kontroverse in diesem Fall den Personen, die es betrifft, nicht hilft – nicht einmal der Familie des verstorbenen Autoren. So plump sind allerdings die Ungereimtheiten, die von den unterschiedlichsten Quellen in Umlauf gebracht werden, dass ich es als meine Pflicht ansehe, heute eine Tatsache festzustellen, von der ich persönlich Kenntnis habe.

Ich weiß sehr genau, dass die 100 000 Dollar, die, zum Teil oder in Gänze, in Rubel gewechselt und nach Moskau gebracht wurden, aus Finanzmitteln stammten, die Boris Pasternak im Westen zur

Verfügung standen. Der fragliche Betrag wurde auf eine schriftliche Anweisung abgehoben, die in der Handschrift des Autors auf den 6. Dezember 1959 datiert war."

Feltrinelli gab an, diese Anweisung im März 1960 erhalten zu haben.

„Daraus folgt, dass Olga Iwinskaja weder für den Transfer der Summe noch für deren schlussendliche Bestimmung verantwortlich gemacht werden kann. Zum einen, da, hier wiederhole ich mich, die Anweisung von Pasternak selbst gekommen ist; zum zweiten, da Pasternak selbst wünschte, dass die Summe nach dem Umtausch in Rubel an ihn oder, völlig gleichberechtigt, an Frau Iwinskaja geschickt werden sollte.

Niemand kann daher ausschließen, dass es der Wunsch des Autors gewesen sein mag, Olga Iwinskaja als seine Erbin anzusehen. Aus diesen Gründen vertraue ich darauf, dass die sowjetischen Gerichtsinstanzen die hier von mir öffentlich gemachten Umstände anerkennen, die sich alle durch unwiderlegbare Dokumente bestätigen lassen."

D'Angelo veröffentlichte eine Reihe von Artikeln, in denen er auch ausschnittsweise aus Pasternaks Briefen an ihn zitierte sowie „unwiderlegliche Beweise [erbrachte], dass es der Autor selbst war, der das Geld angefordert und erhalten hat." In Paris erklärte Nivat gegenüber Journalisten: „Da ich die Beziehung zwischen Boris Pasternak und Madame Iwinskaja kenne, bin ich sicher, dass sie nie etwas unternommen hätte ohne seine Initiative." Über einen Freund bat Nivat Königin Elisabeth von Belgien, die als erste europäische Monarchin 1958 die Sowjetunion besuchte, das Thema anzusprechen. „Würde Boris Pasternak, den ich wie einen Vater liebte, noch leben, wäre all das nicht geschehen", schrieb er ihr.

Surkow stieg in die Auseinandersetzung ein, als er der französischen kommunistischen Tageszeitung L'Humanité ein Interview gab. Er gab sich erstaunt darüber, dass er von Schriftstellern wie Graham Green Briefe bekam. „Was, Sie mischen sich ein und verlangen die Freilassung von Schurken, von denen Sie nichts wissen? Dies ist ganz allein eine Frage eines illegalen Währungsgeschäfts und hat mit Pasternak, der ein großer Dichter war, nichts zu tun. Es muss auch gesagt werden, dass seine Familie nichts mit dieser

elenden Geschichte zu tun hat. All diese Gerüchte schaden dem An-
denken des Autors. Wenn die Menschen im Ausland die Erinnerung an ihn hochhalten wollen, dann sollten sie keinen Dreck um
ihn herum aufwühlen, nur weil unter seinen Freunden eine Abenteurerin war."

Surkow sandte auch an David Carver, den Generalsekretär des
internationalen PEN, ein Schreiben, um zu betonen, Iwinskaja habe
mit „ihrem intimen Verhältnis zu Pasternak" geprahlt und „trotz
ihres fortgeschrittenen Alters (48) nicht aufgehört, parallel dazu
zahlreiche intime Verhältnisse zu anderen Männern zu pflegen."

Im darauffolgenden Monat besuchten Surkow und Alexei
Adschubei Großbritannien. Sie legten dabei Unterlagen vor, die sie
dokumentarische Beweise nannten und die Iwinskajas Schuld belegen sollten. Darunter befanden sich Fotos von Rubel-Geldbündeln;
ein Foto des inzwischen berühmt gewordenen halben Lira-Geld-
scheins von Feltrinelli, ein Brief von Feltrinelli an Iwinskaja sowie
eine Kopie der handschriftlich verfassten Erklärung Iwinskajas an
den KGB.

„Wir haben Dokumente und Briefe mitgebracht, die Ihnen den
absoluten Beleg dafür liefern werden, dass sie in ein sehr schmutzi-
ges Geschäft verwickelt war, das den Namen von Boris Pasternak
nur beschmutzen kann", offenbarte Adschubei bei einer Pressekonferenz in London.

Die sowjetischen Abgesandten in London hatten wenig Ahnung
davon, wie das angebliche Geständnis Iwinskajas im Westen verstanden werden würde: „Alles in der Anklageschrift entspricht
völlig der Wahrheit", schrieb sie darin. „Soweit es mich angeht, be-
streite ich nichts davon. (Vielleicht mit Ausnahme einiger Details,
über die ich wegen meines nervösen Zustands etwas verunsichert
bin.) Zum einen möchte ich dem Ermittler für sein Taktgefühl und
seine Korrektheit danken, und zwar nicht nur im Zusammenhang
mit mir, sondern auch was meine Archive angeht, die sorgfältig ge-
ordnet teilweise an mich zurückgegangen sind, teilweise dem [Lite-
raturarchiv] übergeben wurde und von denen nichts, das ich be-
wahren wollte, verloren ging." Adschubei forderte, die britischen
Zeitungen mögen die Dokumente „ohne jeglichen Kommentar" abdrucken, und warf der Presse in Großbritannien Zensur vor, als ihn

Redakteure darauf hinwiesen, dass Zeitungen im Westen nicht in dieser Art arbeiteten. Die britische Presse betonte zudem, dass keines der Dokumente in der Sowjetunion publiziert worden sei, und merkte an, dass der Prozess gegen Iwinskaja fast vollständig von der Öffentlichkeit und der Presse abgeschirmt worden war.

Surkow fuhr dessen ungeachtet fort in seinen Bemühungen, Pasternak als den großen Dichter darzustellen, der im hohen Alter von Iwinskaja ausgenutzt worden war. Und der Staat veröffentlichte erste Texte von Pasternak, allerdings natürlich ohne *Doktor Schiwago*. Ein literarisches Komitee „wurde einen Monat nach dem Tod des Autors gebildet, um die Herausgabe seines Werkes, auf das alle Russen sehr stolz sind, vorzubereiten", ließ Surkow wissen. Diese Gruppe bestand aus Freunden und Familie, darunter Wsewolod Iwanow, Ehrenburg, Sinaida und Pasternaks Söhne, aber auch einigen Offiziellen. Ein paar Monate später traf Surkow eine Auswahl an Gedichten, die Goslit, der Staatsverlag, veröffentlichte. Einige von Pasternaks Freunden und aus seinem Familienkreis waren mit der Auswahl der Gedichte und der geringen Anzahl unzufrieden, Sinaida Pasternak dagegen freute sich, dass überhaupt etwas veröffentlicht wurde und sie daraus ein Einkommen beziehen konnte. „Mir ist es egal, wie es aussieht", sagte sie, „solange sie es nur schnell herausbringen."

Nach Pasternaks Tod geriet Sinaida immer mehr in eine Notlage. Sie hatte eine große Summe in die speziellen Behandlungen während der letzten Lebenswochen ihres Mannes gesteckt, verfügte aber über keine Möglichkeiten, an die Tantiemen zu gelangen, die im Westen auf Bankkonten lagen. Ihr Vorschlag lautete, die Sowjetunion dürfe das gesamte Honorar ins Land holen und einziehen, wenn man ihr dafür eine Rente zahlen würde. „Ich bin eine Almosenempfängerin", beklagte sie sich bei Tschukowski.

Im August 1961 bat sie Surkow um die Erlaubnis, ob die Familie jenen Teil des Honorars ins Land einführen dürfte, den Pasternak für seine Gedichte und anderen Arbeiten erhalten hatte, ohne die für *Doktor Schiwago*, die sie „aus moralischen Gründen" ablehnen würde. Surkow unterstützte ihr Anliegen und notierte in einem Memorandum an seine Kollegen, sie habe „praktisch keinerlei Geld mehr für den Lebensunterhalt" und sei früher „der Sowjetmacht immer loyal gegenüber gewesen" und sei es auch jetzt noch. Sie habe Pasternaks Roman „nie gutgeheißen", fügte er noch hinzu.

Polikarpow, der Bürokrat des Zentralkomitees, der für kulturelle Belange verantwortlich war, lehnte jedes Ansinnen, Geld von im Ausland befindlichen Konten einzuführen, grundsätzlich ab, denn dies könne zu „einer weiteren antisowjetischen Kampagne in der reaktionären Presse" führen.

„Es scheint angemessen, die Diskussion über dieses Thema zu beenden", schrieb er.

1966 wand sich eine Reihe von Schriftstellern und Künstlern an das Politbüro und bat um eine Rente für Sinaida, die seit dem Tod ihres Ehemanns einige Herzinfarkte erlitten hatte. Polikarpow blockte ab, offenbar da er „eine langjährige Abneigung gegen Sinaida hegte [...], die er als allzu plump empfand und ohne ausreichend kulturelle Raffinesse."

Sinaida sah nie einen einzigen Rubel von diesem Vermögen und starb am 28. Juni 1966. Sie fand ihre letzte Ruhestätte neben ihrem Mann. Leonid, der Sohn von Sinaida und Boris Pasternak, starb zehn Jahre später an einem Herzinfarkt, während er in seinem Auto saß, in der Nähe der Manege im Moskauer Stadtzentrum. Er wurde nur 38 Jahre alt.

Das Geld türmte sich in Westeuropa währenddessen weiter auf. 1964 verkaufte Feltrinelli die Filmrechte an Doktor Schiwago für 450000 Dollar an Metro-Goldwyn-Mayer. Feltrinelli bestand darauf, dass das Drehbuch „die Ideen des Autors [weder entstellte noch störte] in einer Weise, die dazu führen könnte, dass man in ihnen eine Meinung oder politische Orientierung erkennt, die nicht [mit seinen Intentionen] in Übereinstimmung stehen." In Hollywood hielt man dies für Wichtigtuerei, und der Produzent des Films, Carlo Ponti, war der Überzeugung, Feltrinelli sei „das alles egal, er wollte nur das Geld." Die Regie des Films, in dem Omar Sharif den Schiwago und Julie Christie die Lara spielte, führte David Lean. Die wichtigsten Szenen drehte man in Spanien und Finnland. Der Streifen wurde zu einem riesigen Erfolg und machte bei sehr vielen Menschen, die das Buch nicht gelesen hatten, den Stoff von Doktor Schiwago bekannt. In der Sowjetunion war der Film verboten. Der sowjetische Außenminister beschwerte sich bei der US-Botschaft, da US-amerikanische Diplomaten den Film privat in ihren Apartments zeigten. Das Ministerium bezeichnete die Vorführungen als „offene Provokation" und erklärte, der Film würde, genau wie das Buch, „die sowjetische Geschichte und das Leben des sowjetischen Volkes verfälschen."

Wie bei den meisten Leinwandadaptionen war der Film der Romanvorlage nicht ganz treu und wurde daher auch für seine naive Wiedergabe der Geschichte und seine Melodramatik kritisiert. Doch genau wie das Buch hatte der Film großen Einfluss auf die Populärkultur. Omar Sharif und Julie Christie sind in ihren Rollen noch heute bekannt, die Kameraführung war atemberaubend und die Melodie von „Laras Thema", die Maurice Jarre komponierte, hat noch immer hohen Wiedererkennungswert. Berücksichtigt man die Inflation, bleibt *Doktor Schiwago* einer der Filme mit den höchsten Einspielergebnissen.

Ein russischer Leser des Romans, der seine Meinung über das Buch änderte, war Chruschtschow. Der sowjetische Politiker war im Oktober 1964 von seinen Kollegen von der Spitze verdrängt worden, darunter auch von Wladimir Semitschastny, dem früheren Jugendführer, der Pasternak mit einem Schwein verglichen hatte und später zum Leiter des KGB befördert worden war. Chruschtschows Sohn gab seinem pensionierten Vater eine maschinengeschriebene Samisdat-Kopie des Romans, der sich dann viel Zeit für die Lektüre nahm. „Wir hätten es nicht verbieten sollen", sagte er dann. „Ich hätte es selbst lesen sollen. Es gibt nichts Antisowjetisches darin."

In seinen Memoiren reflektierte Chruschtschow die Vorgänge: „In Zusammenhang mit *Doktor Schiwago* mögen einige sagen, es sei zu spät dafür, sein Bedauern darüber auszudrücken, dass das Buch nicht veröffentlicht wurde. Ja, vielleicht ist es zu spät. Aber besser spät als nie."

Im Oktober 1965 wurde bekannt, dass Michail Scholochow, der lange Zeit vom Kreml favorisierte Kandidat, den Nobelpreis für Literatur erhalten werde. Die Schwedische Akademie erklärte, er erhalte den Preis für „die künstlerische Kraft und Integrität, mit der er, in seinen Werken über den Don, einer historischen Phase im Leben des russischen Volkes Ausdruck verliehen hat."

Scholochow erwies sich als undankbarer Gewinner. „Ich bin der erste russische Schriftsteller, der erste sowjetische Schriftsteller, dem der Nobelpreis verliehen wird", erklärte er auf einer Pressekonferenz in Moskau. „Natürlich bin ich darauf stolz. Auch wenn diese Auszeichnung eher spät kommt."

Pasternak, so sagte er, „war nur ein innerer Emigrant", und „ich werde meine Meinung über Pasternak nicht nur deshalb ändern, weil er tot ist."

Allerdings änderte Scholochow seine Meinung über die Schwedische Akademie, der er vorgeworfen hatte, „nicht objektiv im Urteil über den individuellen Wert eines Autors" zu sein, als Pasternak den Preis erhielt. 1965 nahm er jedoch „dankbar" die Ehre an.

Auch in Moskau hielt man die Akademie nicht länger für die Handlanger des Westens. „Die Tatsache, dass dieses große Talent die Anerkennung der Welt erhalten hat, wird von den sowjetischen Schriftstellern als Sieg der sowjetischen Literatur verstanden", gab Leonid Leonow bekannt, ein Sprecher des sowjetischen Schriftstellerverbands. „Dies ist die Rehabilitation des Nobelpreises als objektive und edle Anerkennung literarischen Talents."

Diese Rehabilitation der Schwedischen Akademie war nicht von langer Dauer. 1970 erhielt Alexander Solschenizyn, der das alltägliche Leben im Gulag festgehalten hatte, den Literaturnobelpreis. In diesem Fall erklärte der sowjetische Schriftstellerverband: „Es ist bedauerlich, dass sich das Nobelpreiskomitee in ein ungehöriges Spiel hineinziehen lässt, in dem es nicht um die Entwicklung geistiger Werte und Traditionen der Literatur geht, sondern das von spekulativen politischen Überlegungen angetrieben wird."

Olga Iwinskaja durfte Ende 1964 das Lager verlassen; Irina war bereits zwei Jahre zuvor entlassen worden, nachdem sie ebenfalls die Hälfte ihrer Strafe abgebüßt hatte. Noch aus Potma heraus hatte Iwinskaja ein Gnadengesuch an Chruschtschow gerichtet, vor allem für ihre Tochter, von der sie schrieb, dass sie „mir direkt vor den Augen langsam wegstirbt." Die New York Times hatte 1961 berichtet, Iwinskaja und ihre Tochter seien ernsthaft erkrankt und hätten ins Krankenhaus gebracht werden müssen. Ein Magengeschwür solle Irina quälen.

„Ich behaupte nicht, dass ich unschuldig bin, weil ich Pasternak für schuldig halte", begann Iwinskaja ihren Brief, der auf den 10. März 1961 datiert ist. Sie gab ihm nicht die Schuld, auch wenn sie ganz offen beschrieb, wie Pasternak sich darum bemüht hatte, sein Honorar nach Russland zu transferieren. „Man kann [Pasternak] einfach nicht als Unschuldslamm darstellen", führte sie aus und legte die Fakten deutlich offen. „Damit wird über nichts hinweggetäuscht, wie auch meine ‚Strafsache' niemanden täuscht."

In dem langen, ausschweifenden Brief, der 16 handschriftliche Seiten umfasst, legte Iwinskaja dar, ihr Fall sei fehlerhaft, wenn nicht gar lächerlich. Und sie drückte ihr Unverständnis darüber aus, dass ihre Tochter, „dieses Mädchen", inhaftiert wurde – „für was? Nur weil sie den Koffer in der Hand hatte ... ?"

Iwinskaja behauptete, sie habe erst im KGB-Hauptquartier gelernt, dass der Erhalt von Geld aus dem Ausland – auch wenn solche Transaktionen nicht besonders erstrebenswert waren – dem Staat Schaden zufügten. Sie hielt fest, wie es schon ihre Anwälte und Pasternaks Verteidiger im Westen getan hatten, dass der Autor eine ganze Weile lang Honorare aus dem Ausland erhalten hat und dieses Geld half, Pasternak und seine Familie zu unterstützen. Iwinskaja erwähnte auch, dass Pasternak seiner Familie ein neues Auto gekauft habe. „Es war unmöglich, nicht zu wissen, dass dieses Geld aus dem Ausland stammen musste", stellte sie klar.

„14 Jahre lang habe ich mit Boris Pasternak das Leben geteilt, und in den meisten Fällen habe ich mit ihm nicht die Tantiemen, sondern all die Unglücke und Launen seines Schicksals geteilt, was sehr oft nicht zu meinen Überzeugungen passte", fuhr sie fort. „Aber ich habe ihn geliebt und habe mein Bestes gegeben, um ihn, wie meine Freunde im Scherz sagten, mit meinem ‚breiten Hinterteil' abzuschirmen. Und er hat immer geglaubt, dass ich die ihm am nächsten stehende und liebste Person bin, die Person, die er am meisten brauchte."

Sie hielt weiter fest – wie sie es später auch in ihren Memoiren tat – dass sie zusammen mit D'Angelo eingeschritten war, um die Veröffentlichung von *Doktor Schiwago* herauszuzögern, und dass das Zentralkomitee sie aufgefordert hatte, dafür zu sorgen, dass Pasternak sich nicht mit Ausländern treffe. Mit Sinaida Pasternak hatte sie dabei eine noch strengere Verbündete.

Iwinskaja schloss ihren Brief mit der Feststellung, Pasternak würde sich „im Sarg umdrehen, fände er heraus, dass mein Leben seinetwegen so furchtbar endet.

Bitte lassen Sie mich und meine Tochter zurück ins Leben. Ich verspreche, dass ich den Rest meines Lebens so verbringen werde, dass es für mein Land gut sein wird."

Dem Brief lag ein Bericht des Lagerleiters bei, in dem das „Verhalten der Inhaftierten" beschrieben wird. Iwinskaja erscheint hierin als gewissenhaft, bescheiden und höflich, und man hielt fest, sie verstehe die Politik der kommunistischen Partei und der sowjetischen Regierung „richtig". Der Lagerleiter bemerkte aber auch, sie habe das Gefühl, „dass sie zu Unrecht verurteilt wurde und dass sie für ein Verbrechen verurteilt wurde, das sie nicht begangen habe."

Eine Moskauer Zeitung veröffentlichte 1997 aus dem Zusammenhang gerissene Zitate aus diesem Brief Iwinskajas an Chruschtschow, als Iwinskajas Erben mit dem Zentralen Staatsarchiv für Literatur und Kunst über einige von Pasternaks Papieren im Streit lagen. Der Artikel setzte die tendenziösen Zitate ein, um Iwinskaja als KGB-Informantin darzustellen. Der vollständige Brief wurde nicht veröffentlicht. Leider hatten die Bemühungen, Iwinskajas Ruf zu beschädigen, großen Erfolg, auch da man im Westen die Behauptungen des Artikels ungeprüft übernahm. Die Lektüre des gesamten Schreibens, das im Staatsarchiv der russischen Föderation in Moskau vorliegt, erlaubt es keinesfalls, Iwinskaja als Informantin zu beschreiben. Der Brief ist das Flehen einer verzweifelten Frau, die versucht, sich beim Regierungschef der Sowjetunion einzuschmeicheln – wie es zahllose andere Häftlinge, die ebenfalls den Kreml um Gnade ersuchten, auch getan haben.

Nach ihrer Freilassung nahm Iwinskaja ihre Karriere als Literaturübersetzerin wieder auf und fing an, über ihr Leben zu schreiben. Ihre Memoiren wurden 1976 von Jewtuschenko aus der Sowjetunion gebracht und zwei Jahre nach der englischen Ausgabe 1978 unter dem Titel *Lara. Meine Zeit mit Pasternak* auf Deutsch veröffentlicht.

Sie verstarb 1995 im Alter von 83 Jahren. Ihre Tochter, Irina Jemeljanowa, lebt in Paris und hat selbst zwei autobiographische Bücher veröffentlicht.

Sergio D'Angelo lebt im italienischen Viterbo und schreibt weiterhin über die *Schiwago*-Affäre. Gäste erliegen seinem Charme noch genauso wie Pasternak. Ohne Erfolg versuchte er, in den 1960ern Feltrinelli auf die Hälfte von Pasternaks Honoraren zu verklagen. Dazu glaubte er das Recht zu haben, da Pasternak eine Notiz hinterlassen hat, in der er darum bat, D'Angelo für seine Mühen zu entlohnen. D'Angelo hatte gehofft, diese Tantiemen für die Gründung eines Literaturpreises verwenden zu können, der Pasternaks Namen tragen und „an die Schriftsteller vergeben werden soll, die sich für die Freiheit einsetzen." Der Gerichtsprozess zog sich hin, bis D'Angelo schließlich seine Bemühungen nach einer erstinstanzlichen Entscheidung aufgab.

1966 begann Pasternaks Familie, unterstützt durch die sowjetischen Behörden, mit Feltrinelli über die Honorare und den Transfer von Pasternaks Geld in die Sowjetunion zu verhandeln. „Es scheint mir, die Zeit für Offenheit und Loyalität ist gekommen, umso mehr dies eine Möglichkeit ist, dem verstorbenen Dichter die Ehre zu erweisen", schrieb Feltrinelli an Alexander Woltschkow, der Präsident des sowjetischen Auslandsjustizkollegiums in Moskau und zugleich Vertreter der Familie Pasternak war. „Meiner Meinung nach ist daher die Zeit reif, dass wir uns alle öffnen und einen Schritt nach vorne machen, auch die, die damals der edlen Gestalt des verstorbenen Dichters gegenüber keine Gnade kannten."

Erst nach mehreren Jahren kam es zu einer Übereinkunft – die Verhandlungen dauerten derart lange, dass die Sowjets bei ihren Besuchen in Mailand „gelernt haben, Spaghetti mit ihren Gabeln aufzuwickeln", wie es Feltrinellis Sohn formulierte. Schewe berichtete, dass Iwinskaja „kriegerisch und kompromisslos wie immer" sei und, obwohl sie keinerlei rechtliche Grundlage dafür hatte, eine Übereinkunft abzuändern, sich standhaft weigerte, ihr Grundstück zu teilen. Als Anerkennung für ihre Rolle als Pasternaks „treue Begleiterin" erhielt sie den Rubel-Gegenwert von 24 000 Dollar, nachdem 1970 eine endgültige Einigung erzielt worden war.

In eben diesem Jahr begannen Feltrinellis politische Überzeugungen ihn aufzuzehren. Er hatte zuvor mit der Kommunistischen Partei Italiens gebrochen und dann das Gefühl bekommen „nicht länger an irgendetwas glauben zu können. An keine Art von Überzeugung, weder eine ideologische noch eine politische." Doch zwei Reisen nach Kuba, 1964 und 1965, bei denen er lange mit Fidel Castro sprechen konnte, dessen Lebenserinnerungen er gerne herausgeben wollte, wirkten verjüngend auf ihn. Hier fand er ein politisches Experiment, das er bewundern konnte. Die Gegner des Kalten Krieges erwiesen sich in seinen Augen über die 1960er Jahre hin immer mehr als korrupt – die US-Amerikaner töteten in Vietnam, die sowjetischen Panzer begruben den Prager Frühling unter sich. Und in Italien befürchtete Feltrinelli einen faschistischen Staatsstreich. Erst schrittweise, dann vollständig tauchte der Verleger in einen radikalen, antiimperialistischen Kampf ein. Seine Ansichten verhärteten sich derart, dass er für „den Einsatz systematischer und progressiver Gegengewalt" plädierte, um sicherzustellen, dass die italienische Arbeiterklasse erfolgreich sein könne. In den Augen des italienischen Geheimdienstes war er damit zum Staatsfeind geworden. Als in Mailand in der Banca Nazionale dell'Agricultura eine Bombe explodierte, die 16 Menschen tötete und 84 verletzte, war Feltrinellis Name als Verdächtiger bei der Polizei im Umlauf. Er hätte sich den Anschuldigungen widersetzen können, doch er zog es vor, in den Untergrund abzutauchen – sich um „Unauffindbarkeit" zu bemühen, wie er es nannte. „Das ist der einzige Zustand, der es mir erlaubt, der Sache des Sozialismus zu dienen", schrieb er in einem Brief an seine Belegschaft. Er zog zwischen Italien, der Schweiz, Frankreich und Österreich hin und her. Für ein Leben auf der Flucht war er untauglich und schien daher immer ausgezehrter und orientierungsloser. „Er ist verloren", notierte seine Frau, Inge Schönthal-Feltrinelli, in ihr Tagebuch. Als sie sich im April 1970 mit ihm in Innsbruck traf, hätte sie ihn beinahe nicht wiedererkannt. „Er sah aus wie ein Obdachloser." Ein Jahr später wurde der Botschafter Boliviens – ein regimetreuer Gangster – in Hamburg erschossen, die Spur der Pistole führte zu Feltrinelli. Er war wohl an der Verschwörung nicht beteiligt, doch hatte er die Mörderin über seine lateinamerikanischen Kontakte kennen gelernt und ihr die Waffe, einen .38er Colt Cobra, an der Côte d'Azur übergeben. Nun gab es für ihn keinen Weg mehr zurück. Er war ein revolutionärer Gesetzloser. Den Roten Brigaden, einer gewalttätigen marxistisch-leninistischen paramilitärischen Gruppe, schlug er eine

Zusammenarbeit in einer „politischen, strategischen und taktischen Plattform" vor. 1971 schrieb er ein neues Manifest, *Klassenkampf oder Klassenkrieg?*, mit dem er die revolutionäre Bewegung dazu aufrief, sich der politischen und militärischen Macht ihrer Gegner entgegenzustellen, sie abzunutzen und zu entwaffnen.

Am 15. März 1972 fand man die Leiche eines Mannes unter einem Starkstrommast in einem Vorort von Mailand. Es war Feltrinelli. Die Bombe, mit der er und einige Mitverschwörer einen Stromausfall herbeiführen wollten, war vorzeitig explodiert.

„Ereignete sich die Explosion wegen starken Drucks auf die Querstange (das Material der Tasche, das gegen den Timer drückt, die Nadel, die den Kontakt herstellt) oder weil jemand anstelle von Stunden nur Minuten eingestellt hat?", fragte Feltrinellis Sohn Carlo in einer Erinnerung an seinen Vater. „Die Antwort auf diese Frage könnte die Geschichte abschließen, aber sie würde nicht jene Probleme lösen, die wirklich drängend sind."

Als er 1988 und 1989 die Moskauer U-Bahn nutzte, staunte der Journalist David Remnick nicht schlecht über diesen überraschenden Anblick: „Normale Menschen lasen Pasternak in der himmelblauen *Nowy Mir*-Ausgabe." Die Intelligenzija hatte schon seit längerer Zeit *Doktor Schiwago* und andere Werke von Autoren gelesen, die in der siebzigjährigen Herrschaft der Zensur verboten worden waren. Nun waren die normalen Bürger an der Reihe, die freudige Erfahrung dessen zu machen, was man ihnen so lange vorenthalten hatte.

Anfang der 1980er schwächte sich die offizielle Haltung Pasternak gegenüber langsam ab – noch bevor der Reformer Michail Gorbatschow die Staatsführung übernahm und mit seiner Glasnost-Politik die Veröffentlichung bis dato verbotener Bücher ermöglichte. Pasternaks ehemalige Protegés, darunter die Dichter Andrei Wosnessenski und Jewgeni Jewtuschenko, setzten sich nun für die Publikation von *Doktor Schiwago* ein. Wosnessenski nannte die Veröffentlichung einen Lackmustest für die Zeit, einen notwendigen Schritt, um die Vergangenheit aufzuspießen: „Dies wird ein Triumph über die Hexenjagd gegen alles Antisowjetische."

Er fuhr fort: „Sie zerstören damit den Mythos der schwarzen Magie. Die Lügen über Pasternak werden sterben. Es wird einer Revolution gleichkommen."

Die Zeitschrift *Ogonjok* (Kleines Feuer) druckte im Dezember 1987 kürzere Auszüge aus *Doktor Schiwago* ab. Zwischen Januar und April 1988 war in *Nowy Mir*, jener Zeitung, die das Buch zunächst abgelehnt hatte, *Doktor Schiwago* als Fortsetzungsroman zu lesen. Damit konnten sowjetische Bürger zum ersten Mal offen den vollständigen Roman lesen. Die erste legale russische Buchausgabe erschien im Jahr darauf, in der Copyright-Zeile stand: „Giangiacomo Feltrinelli Editore Milano."

In der staatlichen W.I. Lenin-Bibliothek, die später in Russische Staatsbibliothek umbenannt werden sollte, wurde ein Exemplar der CIA-Edition von *Doktor Schiwago*, das seit 1959 versteckt worden war, aus dem Spetskhran (der speziellen Sammlung) in den öffentlichen Bereich umsortiert. Allerdings ist dieses Buch nur eingeschränkt verfügbar, da man es für sehr wertvoll hält. In Büchereien überall im Land tauchten aus geheimen Regalen Tausende von Titeln und „eine Fülle von nichtkommunistischer Philosophie, Politikwissenschaft, Geschichte, Wirtschaft und eine Fundgrube von Memoiren und Literatur [auf], die von russischen Emigranten geschrieben worden waren."

Gerade zu der Zeit, in der *Doktor Schiwago* in Moskau erschien, war auch Olga Carlisle dort, jene Journalistin, die Pasternak kurz vor seinem Tod interviewt hatte. Sie war mit einem Freund an einem Frühlingsabend in der Gorki-Straße unterwegs, als sie auf eine Schlange von 200 bis 300 Menschen stießen. Carlisles Begleiter, ein Moskauer, stellte sich aus reiner Gewohnheit und ohne zu wissen, was es zu kaufen gab, hinten an. Dieser alte sowjetische Instinkt reagierte noch immer auf die Möglichkeit, dass seltene Produkte oder begehrte Lebensmittel ihren Weg auf die abgenutzten Regale der städtischen Geschäfte gefunden haben könnten. Die Schlange endete in einem Buchgeschäft, und die Menge wartete, wie Carlisle und ihr Freund bald verstanden, auf eine Lieferung von *Doktor Schiwago*-Ausgaben, die für den nächsten Morgen erwartet wurde.

Im gleichen Jahr noch, 1989, lud die Schwedische Akademie Jewgeni Pasternak zusammen mit seiner Frau Jelena, die unermüdlich das Gesamtwerk von Boris Pasternak zusammengestellt und herausgegeben hatten, nach Stockholm ein. Bei einer kurzen Zeremonie verlas am 9. Dezember der ständige Sekretär der Akademie, Sture Allén, im großen Saal des Hauses jene Telegramme, mit denen der Dichter den Nobelpreis im Oktober 1958 zunächst angenommen und dann später wieder abgelehnt hatte. Jewgeni wurde von Gefühlen überwältigt, als er nach vorne trat und im Namen seines Vaters die Goldmedaille für den Literaturnobelpreis entgegennahm.

Nachwort

„$\mathbf{D}$as war ein erfolgreiches Kunststück, meinen Sie nicht?",
wollte der niederländische Geheimdienstoffizier C.C. (Kees)
van den Heuvel wissen, der mit der CIA an der Erstausgabe von
Doktor Schiwago gearbeitet hatte.

Sie hatten durchaus etwas von Gaunereien, die *Schiwago*-Opera-
tion und insgesamt dieses Buch-Programm. Emigranten, Priester,
Sportler, Studenten, Geschäftsleute, Touristen, Soldaten, Musiker
und Diplomaten – sie alle schleusten Bücher unter dem Eisernen
Vorhang hindurch und in die Sowjetunion. Man schickte Bücher an
russische Kriegsgefangene in Afghanistan, zwang sie russischen
Lastwagenfahrern im Iran auf und bot sie russischen Seeleuten auf
den Kanaren an, drückte sie aber auch Besuchern des Vatikanischen Pavillons in Brüssel und beim Weltjugendfestival in Wien in
die Hand.

Die *Schiwago*-Operation hinterließ bei dem CIA-Offizier Walter
Cini und seinem niederländischen Kollegen Joop van der Wilden
einen derart tiefen Eindruck, dass sie noch in den 1990ern davon
sprachen und die Chancen ausloteten, ein Pasternak gewidmetes Museum zu eröffnen. Die CIA hatte ganz im Ernst hochfliegende Ambitionen für ihre große Bibliothek an Büchern, die sie in den Osten verschickt hatte. In einer der wenigen Verlautbarungen über die verdeckten Buch-Kampagnen, die die CIA öffentlich gemacht hat, heißt
es, dieses geheimdienstliche Programm sei „bewiesenermaßen effizient" gewesen, weshalb man daraus schließen könne, es habe „Haltun-
gen beeinflusst und Neigungen für intellektuelle und kulturelle Freiheit und die Unzufriedenheit über deren Abwesenheit verstärkt."

Auch nachdem in den späten 1960ern zahlreiche seiner Operationen im kulturellen Kalten Krieg durch die Presse offengelegt

wurden, was den Geheimdienst zwang, einige seiner Maßnahmen in diesem politischen Feldzug einzustellen, so blieb die geheime Verteilung von Büchern zum Großteil unentdeckt und wurde bis weit ins Jahr 1991 hinein fortgesetzt. Vom Anbeginn des Bücherprogramms in den 1950ern bis zum Zusammenbruch der UdSSR verteilte die CIA zehn Millionen Bücher und Zeitschriften in Osteuropa und der Sowjetunion. Entweder flossen Geldmittel der CIA an kleine Verlage oder der Geheimdienst führte in Einzelfällen selbst Operationen durch, wie es bei *Doktor Schiwago* der Fall gewesen war. In den letzten Jahren des Programms, als Gorbatschow an der Macht war, erreichten jährlich mindestens 165 000 Bücher die Sowjetunion. In Taschen und Koffern schmuggelte man nicht nur belletristische Werke, sondern auch „Wörterbücher und Sachbücher zu Themen wie Sprache, Kunst und Architektur, Religion, Wirtschaft, Management sowie neben Autobiographien und Katalogen auch Bücher über Landwirtschaft und Geschichte."

Stück für Stück erfuhr die Öffentlichkeit von Teilen dieser außergewöhnlichen Geschichte, als ehemalige Mitarbeiter von CIA-gesponserten Organisationen darüber berichteten oder durch Wissenschaftler wie Alfred A. Reisch, der aus Unterlagen von Universitäten und Privatpersonen die Geschichte dieses Osteuropa-Programms zusammengesetzt hat. „Millionen von Menschen waren auf die eine oder anderer Art und Weise von diesem Projekt betroffen, ohne überhaupt von dessen Existenz zu wissen", schlussfolgerte er. Für diese Menschen zeigte sich das Programm in einem zerlesenen Roman oder einem Geschichtsbuch, das man heimlich von einem vertrauenswürdigen Freund überreicht bekam und dann selbst nach der Lektüre weitergab.

Ein Großteil der offiziellen Berichte über diese Anstrengungen, darunter alle Aufzeichnungen zur Bedford Publishing Company, deren Ziel die Sowjetunion war, ist weiter geheim. Es gibt Gründe zu befürchten, dass ein hoher Prozentsatz des reichen Erbes des Geheimdienstes – und der Öffentlichkeit – nicht mehr existiert. Ein früherer CIA-Offizier erklärte gegenüber den Autoren, der Geheimdienst habe lange Zeit eine Sammlung der Miniatur-Bibeldruckausgaben aufbewahrt, doch inzwischen seien viele der Bücher zerstört worden, um Platz für neues Material zu schaffen.

Bei der Schlacht um die Veröffentlichung von *Doktor Schiwago* bemühte sich die CIA zum ersten Mal, Bücher bei der politischen Auseinandersetzung zu instrumentalisieren. Man mag diese Formulierung für geschmacklos und zynisch halten, und die Kritiker der CIA verstehen deren Rolle im kulturellen Kalten Krieg und dieses Geheimprojekt ohnehin als unmoralisch und zerstörerisch. Doch die CIA und ihre Auftragnehmer waren zutiefst von der noblen Gesinnung ihre Anstrengungen überzeugt. Und da es gegen eine autoritäre Macht ging, die über eine eigene Propagandamaschinerie verfügte, war die Geheimhaltung unvermeidlich. Heutzutage, in einem Zeitalter des Terrors, der Drohnen und gezielten Tötung, erscheint der Glaube der CIA – und auch der Glaube der Sowjetunion – an die Kraft von Literatur, die Gesellschaft umzuformen, beinahe kurios.

Das internationale Ansehen der Sowjetunion wurde durch die schlechte Behandlung Pasternaks in Mitleidenschaft gezogen. „Wir haben der Sowjetunion großen Schaden zugefügt", urteilte auch Chruschtschow. Er sagte, die Art und Weise, wie mit Pasternak umgegangen worden war, täte ihm „wirklich leid". Als Chruschtschow diese Sätze für seine Lebenserinnerungen diktierte, stand er in seinem eigenen Haus unter Arrest. Pasternak hätte über die Ironie ganz sicher gelächelt: Ausgerechnet Chruschtschow ließ es zu, dass seine Memoiren aus der Sowjetunion hinausgeschmuggelt und im Westen publiziert wurden.

Noch viele würden dem Weg, den Pasternak beispielhaft beschritten hatte, folgen. Er wurde zum Vorbild für eine Reihe mutiger sowjetischer Schriftsteller, die seinem Beispiel nacheiferten und im Ausland veröffentlichten. Alexander Solschenizyn dürfte einer der prominentesten sein. Zu ihnen zählen aber auch Andrei Sinjawski und Juli Daniel, die beiden jungen Männer, die Pasternaks Sargdeckel getragen haben, sowie ein weiterer russischer Nobelpreisträger, der Dichter Joseph Brodsky.

In Folge von Pasternaks Tod bildete sich eine neue Gemeinschaft, die die gleiche „intellektuelle und künstlerische Emanzipation [anstrebte] wie der verstorbene Dichter", so der Historiker Vladislav Zubok. „Sie verstanden sich selbst als Nachfolger der großen kulturellen und moralischen Tradition, die Pasternak, sein Protagonist

Juri Schiwago und sein Milieu verkörperten. Daher waren sie Schiwagos Kinder, im geistigen Sinne."

Brodsky sagte, dass, beginnend mit *Doktor Schiwago*, Pasternak eine Welle von Konvertierungen zum russisch-orthodoxen Glauben ausgelöst habe, vor allem unter der jüdischen Intelligenzija. „Wenn man zur russischen Kultur gehört und in diesen Kategorien denkt, dann weiß man sehr genau, dass diese Kultur von der Orthodoxie genährt wird. Deshalb wendet man sich auch der orthodoxen Kirche zu. Ganz abgesehen davon, dass dies eine Form der Opposition ist."

Pasternaks Grab wurde zu einem Pilgerort, einer Stelle, um „all den gejagten und gequälten Dichtern" Ehre zu erweisen, wie es ein Autor anlässlich eines Besuchs in Peredelkino in den 1970ern formulierte. Die jungen Leute, die nach der Bestattung des Dichters lange an seinem Grab stehen geblieben waren und seine Gedichte rezitierten, kamen immer wieder, Jahr für Jahr. Neue Gesichter und neue Generationen fuhren fort, die Zeilen aus Pasternaks Gedicht „Hamlet" aufzusagen:

> Doch die Akte folgen aufeinander
> unaufhaltsam, wie es eingeteilt.
> Bin allein. Um mich nur Pharisäer.
> Das Leben hat noch keiner leicht durcheilt.

Danksagungen

Viele großzügige Menschen haben uns geholfen, dieses Buch Wirklichkeit werden zu lassen. Herzlichen Dank.

Paul Koedijk stellte uns einander vor und initiierte unser Gespräch über *Doktor Schiwago*. Diese Unterhaltungen haben uns zu dem Entschluss geführt, gemeinsam dieses Buch zu schreiben. Raphael Sagalyn, unser Literaturagent, geleitete uns sicher durch die Verlagswelt. Kris Puopolo, unser Lektor, glaubte vom ersten Moment an an diese Geschichte.

Wir danken Sonny Mehta, dem Chefredakteur bei Knopf Doubleday, und Dan Frank, dem Verleger von Pantheon Books, dass sie uns in den gleichen Verlag aufgenommen haben, der 1958 auch *Doktor Schiwago* in den USA veröffentlichte; Daniel Meyer von Doubleday; sowie Ellie Steel und Matthew Broughton von Harvill Secker in London.

Ken Kalfus, Patrick Farrelly, Kate O'Callaghan und Paul Koedijk haben uns früh Wichtiges über das Buch zurückgemeldet.

Wir möchten Natascha Abbakumowa vom Moskauer Büro der *Washington Post* herausheben, deren Unterstützung außerordentlich war.

Eine Reihe von Menschen waren entscheidend für unser Verständnis dieser Geschichte. Carlo Feltrinelli und Inge Schönthal-Feltrinelli in Doktor Schiwagos erstem Zuhause, in Mailand; Sergio D'Angelo in Viterbo; der verstorbene Jewgeni Pasternak; Natalja Pasternak, Jelena Schukowskaja und Dmitri Schukowski in Moskau; Irina Kozowoi (Jemeljanowa) und Jacqueline de Proyart in Paris (1998); Roman Bernaut und Alexis Bernaut in Reclos, Frankreich; Gerd Ruge in München; und Megan Morrow in San Francisco.

Wir sind dankbar für die Unterstützung von Joe Lambert, Mary Wilson, Bruce Barkan, Debbie Lebo, Marie Harf und Preston Golson bei der CIA, und wir danken allen Mitarbeitern der Historical Collections Division der CIA. Nachdem wir zunächst mit einem freundlichen Nein verabschiedet worden waren, als wir uns nach den *Schiwago*-Unterlagen des Geheimdienstes erkundigten, half uns Bruce van Vorst, ehemaliger CIA-Offizier und Journalist, über verschiedene Vermittler unser Projekt vor die entscheidenden Mitarbeiter des Geheimdienstes zu bringen. Unterwegs vermittelten uns die früheren CIA-Mitarbeiter Burton Gerber und Benjamin Fischer weitere Einsichten. Auch Dirk Engelen half uns, Historiker des niederländischen Geheimdienstes, des AIVD (früher BVD). Die Unterstützung durch den verstorbenen BVD-Offizier C.C. (Kees) van den Heuvel war ebenso wertvoll wie die der ehemaligen MI6-Offizierin Rachel van der Wilden, der Witwe des BVD-Offiziers Joop van der Wilden. Alle weiteren ehemaligen CIA-Offiziere, die uns weitergeholfen haben, wollten nicht namentlich genannt werden.

Viele Bibliothekare und Forscher aus den USA und Europa haben uns zur Seite gestanden. Unser Dank gilt: Ron Basich, der die Forschungen in den Hoover Institution Archives leitete; Janet Crayne und Kate Hutchens von der University of Michigan Library; Valoise Armstrong im Dwight D. Eisenhower Presidential Museum and Library; David A. Langbart und Miriam Kleiman von den National Archives in College Park, Maryland; Tanja Schebotarow vom Columbia University's Bakmeteff Archive; Koos Couvée Jr., der die Forschungen in den National Archives in London leitete; Jan Paul Hinrichs, Joke Bakker, Bryan Beemer von der Universitätsbibliothek Leiden; Willeke Tijssen vom Internationalen Institut für Sozialgeschichte in Amsterdam; Professor Gustaaf Janssens vom Archiv des königlichen Palasts in Brüssel; Patricia Quaghebeur vom KADOC (Dokumentations- und Forschungszentrum für Religion, Kultur und Gesellschaft) in Löwen, Belgien; Johanna Couvée für ihre Forschungen in den Wissenschaftsbibliotheken in Brüssel; Delfina Boero, Paola Pellegatta, Wladimir Kolupaow bei der Fondazione Russia Christiana, Villa Ambiveri in Seriate, Italien; Lars Rydquist von der Nobel-Bibliothek; Magnus Ljunggren in Stockholm; Elisabet Lind für ihre große Gastfreundschaft in Stockholm; Linda

Örtenblad, Odd Zschiedrich und Ulrika Kjellin für ihre Unterstützung bei der Schwedischen Akademie; den Mitarbeitern des Staatsarchivs der russischen Föderation (GARF); Jelena Makareki von der russischen Staatsbibliothek in Moskau; Anne Qureshi von der Frankfurter Buchmesse und Rainer Laabs vom Axel Springer AG Unternehmensarchiv in Berlin.

Wir möchten uns bedanken bei Swetlana Prudnikowa, Wolodja Alexandrow, Maria Lipman und Anna Masterowa in Moskau; Shannon Smiley in Berlin; Leigh Turner in London; Theo Maarten van Lint von der Oxford University; Pieter Claerhout in Ghent; Maghiel van Crevel und Jinhua Wu von der Universität Leiden und Mark Gamsa von der Universität Tel Aviv.

In den USA möchten wir uns bedanken für die Unterstützung von Denise Donegan, Max Frankel, Edward Lozansky, Gene Sosin, Gloria Donen Sosin, Manon van der Water, Jim Critchlow, Alan Wald, Anton Troianovski, Jack Masey, Ulf und Ingrid Roeller, Ansgar Graw und der Isaac Patch-Familie.

In den Niederlanden nahm uns der inzwischen verstorbene Peter de Ridder immer gastfreundlich auf und half uns. Wir sind seiner Familie und besonders seinem Sohn, Rob de Ridder, dankbar. Wir möchten zudem unseren Dank aussprechen an Cornelius van Schooneveld; Dorothy van Schooneveld; Barbara und Edward van der Beek und der Starink-Familie. Wir danken Roelf van Til dafür, dass er Petra Couvées Artikel über die *Schiwago*-Affäre im Januar 1999 einem breiten niederländischen TV-Publikum vorgestellt hat, und Bart Jan Spruyt dafür, dass er uns Kees van den Heuvel vorstellte. Unser Dank geht auch an Brigitte Soethout; Michel Kerres und Edith Loozen; Igor Cornelissen; Rob Hartmans; Elisabeth Spanjer; Kitty van Densen; Han Vermeulen und Dick Coutinho.

*P*eter Finn: Es war ein Privileg, 18 Jahre lang für die Graham-Familie arbeiten zu dürfen: Ich möchte Don Graham und Katherine Weymouth für das wunderbar professionelle Haus, das sie geschaffen haben, danken. Die Herausgeber der *Washington Post* haben mir erlaubt, mir für die Arbeit an diesem Buch freizunehmen. Ein Dank an Marty Baron, Kevin Merida, Cameron Barr, Anne Kornblut und Jason Ukman. Ich habe in den letzten Jahren mit vielen großartigen Redakteuren und Reportern gearbeitet, darunter auch meinen Kollegen in der National Security-Gruppe, doch ich bin besonders Joby Warrick, David Hoffman, Scott Higham, Jean Mack, Walter Pincus, Robert Kaiser, Anup Kaphle und Julie Tate für ihre Hilfe und Ermutigung bei diesem Buch dankbar.

Ich habe meine freie Zeit am Woodrow Wilson International Center for Scholars verbracht, einer wunderbaren Institution, die Zeit zum Nachdenken und Schreiben ermöglicht. Ich danke Peter Reid dafür, dass er mich dort eingeführt hat, sowie der Leitung und den Mitarbeitern des Zentrums, unter anderem Jane Harman, Michael Van Dusen, Robert Litwak, Blair Ruble, Christian Osterman, William Pomeranz, Alison Lyalikow, Janet Spikes, Michelle Kamalich und Dagne Gizaw. Aber auch meinen anderen Mit-Stipendiaten im Wilson International Center: Jack Hamilton, Steve Lee Myers, Mark Mazetti, Michael Adler und Ilan Greenberg. A. Ross Johnson bin ich für das ausdauernde Interesse an meiner Arbeit sehr dankbar. Ich hatte das Glück, mit zwei wunderbaren Assistenten am Wilson International Center arbeiten zu können, Chandler Grigg und Emily Olsen, die die Forschungen an den National Archives und der Library of Congress leiteten.

Für die Hilfe folgender Personen möchte ich mich ebenfalls bedanken: Walter und Stephanie Dorman; John und Sheila Haverkampf; Barry Baskind und Eileen FitzGerald; Joseph FitzGerald Jr. sowie die verstorbenen Joseph und Deirdre FitzGerald.

In Irland möchte ich meinen Brüdern Greg und Bill und ihren Familien danken. Es ist sehr schade, dass meine Eltern, Bill und Pat, dieses Buch nicht mehr lesen können. Und noch einen Gruß an alte Freunde: Jeremy und Mary Crean sowie Ronan und Grainne Farrell.

Ich danke Rachel, Liam, David und Ria Finn, die mit Stolz und Geduld beobachtet haben, wie dieses Buch Formen annahm. Nora FitzGerald ist eine Partnerin für alles. (Ich liebe dich!)

Petra Couvée: In Moskau durfte ich die Ermutigung von Thymen Kouwenaar genießen, dem Kulturattaché der Botschaft des Königreichs der Niederlande sowie die kluge Unterstützung von Menno Kraan. Das Niederländische Institut in Sankt Petersburg hat vielfältige Hilfe und technische Unterstützung geleistet. Danken möchte ich Mila Chevalier, Anna Wiborowa, Aai Prins und Gerard van der Wardt vom Niederländischen Institut in Sankt Petersburg; meinen russischen Kollegen, vor allem Wladimir Belousow, von der Staatlichen Lomonossow Universität in Moskau sowie Irina Michailowa von der Staatlichen Universität in Sankt Petersburg; außerdem all meinen russischen Studenten. Ich danke der Niederländischen Sprachunion (Nederlandse Taalunie), Ingrid Degraeve und meinen Kollegen und Studenten vom Sommerkurs 2013 in Zeist dafür, dass ich mir für die Fertigstellung des Buches frei nehmen durfte.

Ich bin meiner Familie und meinen Freunden Manon van der Water, Harco Alkema, Kees de Kock, Arie van der Ent, Maarten Mous, Nony Verschoor unablässig dankbar; Maghiel van Crevel für die Erläuterungen und Henk Maier für die lebenslange liebende Loyalität, auch zur Literatur. Meinen Eltern, Koos Couvée Sr. und Paula van Rossen, die zusammen, aber auch beide alleine, für mich eine ganz eigene Inspiration sind.

Einige Anmerkungen
zu den Quellen

Wir waren beide schon eine ganze Weile an der *Schiwago*-Geschichte interessiert. Petra Couvée, die an der Staatlichen Universität von Sankt Petersburg unterrichtet, schrieb 1999 zum ersten Mal über die Rolle, die der niederländische Geheimdienst BVD bei der geheimen Veröffentlichung von *Doktor Schiwago* gespielt hat. Einer der ehemaligen leitenden BVD-Offiziere, Kees van den Heuvel, bestätigte Couvée nach Rücksprache mit seinen früheren Geheimdienstkollegen, dass der BVD dabei behilflich war, den Roman auf Bitten der CIA in Den Haag zu drucken. Diese Nachricht war das erste half-offizielle Zugeständnis einer Beteiligung der CIA. Couvée veröffentlichte ihre Erkenntnisse in der Amsterdamer Literaturzeitschrift *De Parelduiker* (*Der Perlentaucher*). Peter Finn schrieb 2007 als Bürochef der *Washington Post* in Moskau einen Artikel über die Theorie, die CIA habe sich um den Nobelpreis für Pasternak bemüht. Nachdem uns der niederländische Historiker des Kalten Krieges und Journalist Paul Koedijk miteinander bekannt gemacht hatte, führte uns diese Geschichte dazu, über die *Schiwago*-Affäre zu diskutieren.

Schließlich waren wir so weit, über ein Buch zur neuen Geschichte von *Doktor Schiwago* im Kalten Krieg nachzudenken. Wir waren jedoch der Auffassung, dieses Buch könne nur geschrieben werden, wenn wir genau klären könnten, was die CIA nun tatsächlich getan hat und was nicht. Die CIA hatte bis dahin ihre Rolle bei der geheimen Publikation von *Doktor Schiwago* nie öffentlich gemacht. 2007 erzählte Peter Finn Jewgeni Pasternak, Boris Pasternaks Sohn, er würde versuchen, an die CIA-Unterlagen über diesen

Vorgang zu kommen. Jewgeni Pasternak blieb skeptisch. Er glaubte nicht an die Veröffentlichung von Material und sah die gesamte Verbindung zur CIA als betrüblich und „billige Sensation" an, wie er Finn gestand. Sein Vater hätte dem ganz sicher zugestimmt. Pasternak war enttäuscht darüber, wie sein Roman für Propagandazwecke des Kalten Kriegs missbraucht wurde. Er hat nie davon erfahren, dass die CIA mitgeholfen hatte, den Roman heimlich auf Russisch zu drucken; er hatte Grund zur Annahme, es wären russische Emigranten gewesen, auch wenn ihm klar gewesen sein dürfte, dass diese in einer trüben Welt lebten, in der auch westliche Geheimdienste agierten.

Finn beantragte die Veröffentlichung aller Dokumente, die die CIA über die Veröffentlichung von *Doktor Schiwago* besitzt. Die erste Anfrage an die Abteilung für Öffentlichkeitsarbeit des Geheimdienstes stammt aus dem Jahr 2009. Erhalten haben wir die Unterlagen dann schließlich im August 2012. Die CIA gab rund 135 ehemals geheime interne Dokumente frei, die ihre Rolle bei dem Druck zweier russischsprachiger Ausgaben des Buchs, der gebundenen Ausgabe, die in Brüssel verteilt wurde, und der Taschenbuchausgabe, die im Jahr darauf im CIA-Hauptquartier gedruckt wurde, beleuchteten. Die CIA-Historiker fanden und überprüften die Dokumentation des Geheimdienstes und begleiteten den internen Prozess, der zu der Herabstufung ihrer Geheimhaltungsstufe führte. Wir konnten diese Dokumente noch vor ihrer Veröffentlichung einsehen. Die CIA hat keine Bedingungen für die Verwendung dieser Dokumente gestellt und auch keinen Teil dieses Buches vor der Veröffentlichung eingesehen.

Die Unterlagen enthüllen eine Reihe von Fehlleistungen, die um ein Haar den Erstdruck des Buches verhindert hätte und dazu führte, dass die CIA den zweiten Druck der Taschenbuch-Ausgabe zu einer gänzlich geheimen Operation machte. Die CIA hat im April 2014 rund 100 Dokumente dazu auf ihrer Webseite veröffentlicht. Darüber hinaus gibt es zweifelsohne noch weitere als geheim eingestufte Dokumente bei der CIA, die zu diesem Thema gehören, doch ein US-Offizieller erklärte, der bei weitem größte Teil der Dokumente, die bei der internen Suche in den Unterlagen gefunden wurden, sei nun veröffentlicht, und alle weiteren Dokumente würden nichts Neues zum Verständnis der CIA-Operationen rund um *Doktor Schiwago* beitragen. Die CIA hatte die meisten Namen und die ihrer Verbündeten und Institutionen in ihren Dokumenten redigiert, doch durch andere Quellen war es uns möglich, die wichtigsten Akteure in diesem Drama zu identifizieren. Noch immer geheim ist beispielsweise der Name der Quelle, die den Briten das Manuskript zugespielt hat. Die Anmerkungen zu den Kapiteln 8 und 9 verraten Details über die Argumentation hinter unseren Schlussfolgerungen. Wir hoffen, diese Veröffentlichung bewegt die CIA dazu, noch weiteres Material über den kulturellen Kalten Krieg freizugeben, den sie unter anderem mit einem über Jahrzehnte forcierten, großangelegten Buchprogramm gegen die Sowjetunion geführt hat.

Eine Fülle neuen Materials ist seit dem Untergang der Sowjetunion aufgetaucht, darunter auch die Unterlagen des Kreml und zahlreiche Memoiren und Briefe. Die Autoren bezogen die sowjetischen Dokumente aus dem Staatlichen Archiv der russischen Föderation (GARF) bzw. die Dokumente des Zentralkomitees der Kommunistischen Partei der Sowjetunion aus dem 2001 in Moskau veröffentlichten Buch „A sa mnoin schum pogoni ..." Boris Pasternak i Vlast'. Dokumenty 1956-1972. („Hinter mir der Lärm der Verfolgung ..." Boris Pasternak und die Macht. Dokumente 1956-1972) (in den Anmerkungen als *Pasternak i Vlast'*). Die sowjetischen Dokumente in *Pasternak i Vlast'* liegen nicht auf Deutsch oder Englisch vor, aber sie wurden auf Französisch veröffentlicht als *Le Dossier de l'affaire Pasternak, Archives du Comité central et du Politburo.*

Fast das gesamte Werk Pasternaks, darunter seine Prosa, die Gedichte, autobiographische Texte, der Briefwechsel und biographische Essays von Familienmitgliedern und Freunden – einiges davon noch nicht übersetzt – findet sich in der elfbändigen Ausgabe, die Jewgeni und Jelena Pasternak, sein Sohn und seine Schwiegertochter, herausgegeben haben: *Polnoe Sobranie Sochinenii, s priloscheniyami, i odinnadtsati tomakh* (Vollständige gesammelte Werke mit Anhängen, in elf Bänden). Band 11, „Boris Pasternak in den Erinnerungen seiner Zeitgenossen" ist eine Zusammenstellung von Memoiren und Ausschnitten aus Memoiren; aus diesem Grund zitieren wir die Autoren dieser Memoiren, wenn wir uns in der Bibliografie auf *Polnoe Sobranie Sochinenii* beziehen. Im Anhang und der Bibliografie werden deutsche Übersetzungen der Werke aufgeführt, sofern sie vorliegen, ansonsten neben den Originalen auch englischsprachige Bücher oder Artikel.

Die Korrespondenz zwischen Boris Pasternak und Giangiacomo Feltrinelli veröffentlichten Jelena und Jewgeni Pasternak im Jahr 2001 in *Kontinent*, den Nummern 107 und 108. Sie liegt auf Englisch vor in *Feltrinelli. A Story of Riches, Revolution and Violent Death*, den Erinnerungen von Carlo Feltrinelli an seinen Vater und in Paolo Mancosus Buch *Inside the Zhivago Storm. The Editorial Adventures of Pasternak's Masterpiece.*

Wir konnten darüber hinaus mit einer Reihe von Mitwirkenden und Zeitzeugen des Dramas sprechen sowie mit einigen Verwandten und Nachkommen, so etwa Jewgeni Pasternak, Carlo Feltrinelli, Sergio D'Angelo, Andrei Wosnessenski, Irina Jemeljanowa, Jelena Tschukowskaja, Dmitri Tschukowski, Gerd Ruge, Max Frankel, Walter Pincus, Roman Bernaut, Peter de Ridder, Rachel van der Wilden, Kees van den Heuvel, Cornelis H. van Schooneveld und Jacqueline de Proyart. Einige dieser Gespräche fanden auch bereits statt, bevor wir dieses Buch schreiben wollten, etwa während wir an Artikeln über verschiedene Aspekte der *Schiwago*-Affäre arbeiteten.

Auch eine große Anzahl von Memoiren aus dieser Zeit sind in den Text eingeflossen, viele davon sind erst nach dem Untergang der Sowjetunion erschienen. Carlo Feltrinelli erlaubte uns, das Manuskript von *Doktor Schiwago*, das D'Angelo herausgeschmuggelt hatte, in die Hände zu nehmen und sorgfältig durchzusehen – ein Moment, der uns ein mulmiges Gefühl im Bauch machte und zugleich elektrifizierte. Megan Morrow, die Tochter des New Yorker Verlegers Felix Morrow, stellte uns die relevanten Stellen aus den noch immer versiegelten Erinnerungen ihres Vaters zur Verfügung, die dieser mündlich aufgezeichnete hatte und in denen er seine Arbeit an *Doktor Schiwago* für die CIA beschreibt. Seine Oral History wird in der Columbia University aufbewahrt. Peter de Ridder, einer der Mouton-Lektoren, war einverstanden, dass der Allgemeine Auskunfts- und Sicherheitsdienst (AIVD) der Niederlande, der Nachfolger des BVD, uns alle Dokumente über ihn aushändigte. Wir haben diese Unterlagen im September 2009 erhalten; sie enthalten nur die Aufzeichnung seiner Reise in die Sowjetunion und nach Osteuropa als Vertreter von Mouton.

Wir haben in Russland, den USA, Italien, Großbritannien, den Niederlanden, Deutschland, Belgien und Schweden Archive und persönliche Unterlagen zu Rate gezogen. Sie werden alle in der Bibliografie erwähnt. Alle Zeitungen, Zeitschriften, Magazine und Periodika, die wir für diese Arbeit genutzt haben, sind in den Anmerkungen zitiert.

Anmerkungen

Prolog

7 **Der Italiener war in Peredelkino, um einen Dichter zu bezirzen:** Die Schilderung der Ereignisse vom 20. Mai 1956 sowie der Begegnung D'Angelos mit Pasternak fußt – einschließlich der Zitate – auf D'Angelos Buch *Delo Pasternaka* (Die Pasternak-Affäre), auf Interviews, die die Autoren mit D'Angelo im September 2007 in Moskau und im Mai 2012 in Viterbo/Italien führten, sowie auf zahlreichen E-Mails, die sie mit D'Angelo wechselten. D'Angelo stellte den Autoren zudem eine unveröffentlichte englischsprachige Version von *Delo Pasternaka* zur Verfügung. D'Angelos Buch ist auf Englisch über http://www.pasternakbydangelo.com zugänglich. D'Angelo bestätigt, dass er in seinem Buch die Sendung, die Radio Moskau über *Doktor Schiwago* ausstrahlte, fälschlicherweise auf April statt auf Mai datiert hat. Der 20. Mai sei das korrekte Datum.

8 **die Frauen trugen Kopftücher:** „Boris Pasternak: The Art of Fiction No. 25", Interview durch Olga Carlisle, in *The Paris Review* 24 (1960), S. 61–66.

8 **Im Dorf ging die Kunde:** Lobow und Vasiljewa: „Peredelkino: Sakzanie o pisatel'skom grododke."

8 **Schriftsteller in einem Kokon aus Komfort zu fangen:** Carlisle, *Under a New Sky*, S. 13.

9 **die Produktion von Seelen:** K. Zelinsky, „Odna vstrecha u M. Gor'kogo. Zapis' iz dnevnika" (Ein Treffen bei M. Gorki. Tagebucheintrag), *Voprosy literatury* 5 (1991), S. 166; Ruder, *Making History for Stalin*, S. 44.

10 **wie ein Araber *und* sein Pferd:** Zwetajewa, *Art in the Light of Conscience*, S. 22.

10 **kniff seine schräg stehenden braunen Augen zusammen:** „Boris Pasternak: The Art of Fiction No. 25", a.a.O.

10 **als spräche ich zu den Opfern einer Schiffskatastrophe:** Berlin, *Persönliche Eindrücke*, S. 340.

11 **wie ein schmelzender Gletscher:** Boris Pasternak, *Safe Conduct*, S. 71.

11 **„Er sprach in herrlichen, bedächtigen langen Sätzen ...":** Berlin, *Persönliche Eindrücke*, S. 220.

13 **„[M]it seiner Veröffentlichung im Ausland ...":** Boris Pasternak, *Eine Brücke aus Papier*, S. 376.

13 das Seitentor zwischen ihren Gärten: Schentalinski, *The KGB's Literary Archive*, S. 145.

13 „Für mich ist ein vollendetes literarisches Werk wie eine Waffe": ebd., S. 141.

14 Pasternak erinnerte sich, dass Pilnjak ständig aus dem Fenster schaute: Berlin, *Persönliche Eindrücke*, S. 332.

14 „Bist du das wirklich?": Schentalinski, *The KGB's Literary Archive*, S. 139.

14 bat das Militärgericht in einem Schlusswort aber um „Papier": ebd., S. 156.

14 Sämtliche Werke Pilnjaks: ebd., S. 157.

14 24 138 799 Exemplare „politisch schädlicher" Werke: Westerman, *Engineers of the Soul*, S. 188.

14 „Es war schrecklich": Sinaida Pasternak, *Vospominaniya*, in Boris Pasternak, *Vtoroe Rozhdenie*, S. 293.

15 wie ein „Nachtwandler": Tschukowski, *Diary*, 10. Dezember 1931, S. 262.

15 „letzte[s] Glück" und letzten „Wahn": Boris Pasternak, Brief an Olga Freudenberg, 24. Januar 1947, in Boris Pasternak/Olga Freudenberg, *Korrespondenz*, S. 327.

16 Eine frühe offizielle Rezension konstatierte einen „zoologischen Glaubensabfall": Brief des Vorstands von *Nowy Mir* an Pasternak, September 1956, publiziert am 25. Oktober 1958 in *Literaturnaja Gaseta*. Siehe Conquest, *Courage of Genius*, Anhang II, S. 136–163.

16 „Jeder, der möchte, soll ihn lesen": Iwinskaja, *Lara*, S. 195.

17 „Schreien Sie mich nicht an": Conquest, *Courage of Genius*, S. 37–38.

18 „eine weite weiße Fläche...": „Boris Pasternak: The Art of Fiction No. 25", a.a.O., S. 61–66.

18 Das Manuskript bestand aus 433 eng mit der Maschine beschriebenen Seiten: Das Originalmanuskript, das D'Angelo erhielt, wird in der Biblioteca della Fondazione Giangiacomo Feltrinelli in Mailand aufbewahrt.

18 „Hiermit sind Sie zu meiner Hinrichtung eingeladen": D'Angelo, *Delo Pasternaka*, S. 13.

19 Nach 1917 wurden fast 1 500 Schriftsteller in der Sowjetunion: Schentalinski, *The KGB's Literary Archive*, S. 6.

20 „Die Kunst gehört dem Volk": Garrard/Garrard: *Inside the Soviet Writers' Union*, S. 27.

20 „rettungslos zweitklassig": Caute, *Politics and the Novel During the Cold War*, S. 150.

21 Im Zwangsarbeitslager Oboserka: Gladkow, *Meetings with Pasternak*, S. 172.

21 „der Himmel größer ...": Victor Frank, „The Meddlesome Poet: Boris Pasternak's Rise to Greatness", in *The Dublin Review* (Frühjahr 1958), S. 52.

22 „Treue zur poetischen Wahrheit": Fjodor Dostojewski: *Dnevnik Pisatelya* (Tagebuch eines Schriftstellers), zit. nach: Wachtel, *An Obsession with History*, S. 13.

22 „abstumpfende und gnadenlose" Ideologie: Boris Pasternak, *Doktor Shiwago*, S. 429.

23 Es hieß, der britische Geheimdienst: Brief von Felix Morrow an Carl R. Proffer, 20. Oktober 1980, aufbewahrt in der University of Michigan Special Collections Library: Box 7 der Ardis Collection Records, Titel des Ordners: Ardis Author/Name Files – Morrow, Felix.

23 Einige von Pasternaks französischen Freunden: Boris Pasternak, *Lettres à mes amies françaises* (1956–1960), S. 41.

23 Auch diese Theorie wurde immer wieder aufgewärmt: Mitarbeiter des holländischen Geheimdienstes glaubten, die CIA habe das Buch drucken lassen, weil es ihr um den Nobelpreis ging. Petra Couvée: Interview mit C. C. van den Heuvel, 22. Februar 1999. Siehe auch Chris Vos: *De Geheime Dienst: verhalten over de BVD*. Der russische Autor Iwan Tolstoi verbreitete diese These jüngst in *Otmytyi roman Pasternaka, „Doctor Zhivago" mezhdu KGB i TsRU* (Pasternaks weichgespülter Roman: Zwischen dem KGB und der CIA). Zu der Malta-Geschichte siehe „A Footnote to the Zhivago Affair, or Ann Arbor's Strange Connections with Russian Literature" in Carl R. Proffer: *The Widows of Russia*.

23 gemutmaßt, dass russische Emigranten: Lazar Fleishman von der Stanford University brachte diese These in *Vstrecha russkoi emigratsii s „Doktorom Zhivago": Boris Pasternak i „kholodnaya voina"* vor.

Kapitel 1

24 Kugeln krachten: Alexander Pasternak, *A Vanished Present*, S. 204.

25 „Geschrei kreisender Mauersegler und Schwalben": ebd., S. 205.

25 „Die Luft wurde wieder klar ...": ebd., S. 206.

25 Kibitka: Boris Pasternak, *Über mich selbst*, S. 63–64.

26 ein Meer aus Blut und Schmutz: Barnes, *Boris Pasternak*, Band 1, S. 224; Konstantin Loks, „Povest' ob odnom desyatiletii 1907–1917" (Erzählung über das Jahrzehnt 1907–1917), in Boris Pasternak: *Ponoe Sobranie Sochinenii*, Band 11, S. 56.

26 „überwältigt" und „berauscht": Josephine Pasternak: *Tightrope Walking*, S. 82.

26 „Gestern habe ich das nächtliche Treffen beobachtet ...": Boris Pasternak, *Doktor Shiwago*, S. 198.

26 „Eine großartige Chirurgie!": ebd., S. 266.

27 „jede Ausbeutung des Menschen durch den Menschen zu beseitigen ...": Manfred Hellmann (Hrsg.), *Die russische Revolution 1917. Von der Abdankung des Zaren bis zum Staatsstreich der Bolschewiken*. München: dtv 1964, S. 341, zit. n.: Dirk Hoffmann, Sylvia Hoffmann-Masolf, *Russland und Sowjetunion im 20. Jahrhundert – Von der Großmacht zur Weltmacht*. Braunschweig: Schroedel 2009, S. 36.

27 „Aber erstens, die Ideen der allgemeinen Vervollkommnung ...": Boris Pasternak, *Doktor Shiwago*, S. 462.

27   „Von mir aus, ihr seid Fackeln und Befreier ...": ebd., S. 464.

28   „einen Mann von verträumtem, sanftem Charakter ...": Mark, *The Family Pasternak*, S. 110.

28   „[...] dort in der Ecke lag kein Berg ...": Boris Pasternak, *Über mich selbst*, S. 51.

28   „Von Kindesbeinen an hatte ich Kunst ...": Barnes, *Boris Pasternak*, Band 1, S. 20; Brief von Boris Pasternak an M. A. Froman, 17. Juni 1927, in Boris Pasternak, *Polnoe Sobranie Sochinenii*, Band 8, S. 42.

29   „Mutter war Musik": Mark, *The Family Pasternak*, S. 111.

29   Die „Neigung zu improvisieren ...": Boris Pasternak, *Über mich selbst*, S. 22.

29   seine natürlichen Begabungen: Barnes, *Boris Pasternak*, Band 1, S. 82; Alexander Pasternak, *Vanished Present*, S. 135.

30   „Ich verachtete alles Unschöpferische ...": Boris Pasternak, *Über mich selbst*, S. 24.

30   „beschwipste Gesellschaft": Boris Pasternak, *Safe Conduct*, S. 23.

30   „Sie ahnten nicht, dass ein großer Dichter vor ihnen saß ...": Barnes, *Boris Pasternak*, Band 1, S. 94; Konstantin Loks, „Povest' ob odnom desyatiletii 1907–1917, in Boris Pasternak, *Polnoe Sobranie Sochinenii*, Band 11, S. 37.

30   Er „sprach mit einer tonlosen Stimme ...": Zwetajewa, *Art in the Light of Conscience*, S. 22.

30   „nicht von dieser Welt": Boris Pasternak/Olga Freudenberg, *Korrespondenz*, S. 8.

30   „Er redete gewöhnlich stundenlang": ebd., S. 16.

30   „Versuche einfach, normal zu leben": Barnes, *Boris Pasternak*, Band 1, S. 140; Brief von Boris Pasternak an A. Stikh, in Boris Pasternak, *Polnoe Sobranie Sochinenii*, Band 7, S. 125.

31   „Gott, wie erfolgreich meine Reise ...": Brief von Boris Pasternak an A. Stikh, 29. Juni/11. Juli 1912, in Boris Pasternak, *Polnoe Sobranie Sochinenii*, Band 7, S. 122.

31   Verse „nicht vereinzelt ...": Boris Pasternak, *Über mich selbst*, S. 57.

31   „Einstimmung": Andrei Sinjawski, „Boris Pasternak" (1965), in Davie/Livingstone, *Pasternak: Modern Judgements*, S. 157.

31   „Die Beziehung blieb platonisch ...": Christopher Barnes, „Notes on Pasternak", in Fleishman, *Boris Pasternak and His Times*, S. 402.

32   „keinem Dichter nach Puschkin ...": Fleishman, *Boris Pasternak and His Times*, S. 109.

32   „Recht haben Sie, warum sollten Sie sich solchen Unsinn anhören?": „O, kak ona byla smela" (Oh, wie kühn sie war), in Jewgeni Pasternak, *Ponyatoe i obretyonnoe, stat'i i vospominaniya*, S. 517.

32   „Es ist wie eine Unterhaltung mit dir ...": Barnes, *Boris Pasternak*, Band 1, S. 299; Brief von Boris Pasternak an Jewgenia Lurié, 22. Dezember 1921, in Boris Pasternak, *Polnoe Sobranie Sochinenii*, Band 7, S. 376–377.

32   „Schenja und Borja": „O, kak ona byla smela", a.a.O., S. 520.

32   „Da ich von allen Seiten von Lärm umgeben bin ...": Jewgeni Pasternak, *Boris Pasternak: The Tragic Years*, S. 12.

Kapitel 2

38   „Über diese Verse": Boris Pasternak, *Gedichte und Poeme*, S. 8.

38   „Aristokratengewächs ...": Barnes, *Boris Pasternak*, Band 1, S. 286.

39   „Es ist lächerlich, unsinnig und äußerst dumm ...": Trotzki, *Literatur und Revolution*, S. 23–24, zit. n.: https://books.google.de/books?id=3HM 2t1baCoUC&pg=PA13&lpg=PA13&dq=leo+trotzki+literatur+und+revolut ion+klassenlose+kultur&source=bl&ots=9Xow0ZfinG&sig=tjMSRP12-_ M7dT1xeC1s4DPDCyU&hl=de&sa=X&ved=0CDcQ6AEwBG0VChMIi62 TwOn9xwIVQZxyChoyVg2H#v=onepage&q=leo%20trotzki%20litera-tur%20und%20revolution%20klassenlose%20kultur&f=false.

39   „Trotzki war in Kulturangelegenheiten kein Liberaler": Service, *Trotzky*, S. 315.

39   Pasternak erholte sich gerade: Zu diesem Treffen siehe Vil'mont, *O Borise Pasternake, vospominaniya i mysli*, S. 93–95, und Boris Pasternak, Brief an V. F. Brjussow, 15. August 1922, in Boris Pasternak, *Polnoe Sobranie Sochinenii*, Band 7, S. 398.

41   „eine bemerkenswerte Eigenschaft unserer Führer ...": Nadeschda Mandelstam, *Das Jahrhundert der Wölfe*, S. 186.

41   den schwarzen, mit Zwiebeltürmchen geschmückten Leichenwagen: Montefiore, *Stalin*, S. 108.

41   sein Vater sei aufgewühlt gewesen: Jewgeni Pasternak, *Sushchestvova-n'ya tkan' skvoznaya, Boris Pasternak. Perepiska s. Yev. Pasternak*, S. 379.

42   „an einer ernsthaften Geisteskrankheit ...": Montefiore, *Stalin*, S. 12.

42   Für den Abend bei Woroschilow: ebd., S. 3–22; Chuev, *Molotov Remembers*, S. 172–175.

43   „Am Abend zuvor ...": Boris Pasternaks Nachricht an Stalin in der *Literaturnaja Gaseta*, 17. November 1932.

43   „Ab diesem Moment ...": Gerstein, *Moscow Memoirs*, S. 348.

44   Der leidenschaftliche, eigensinnige Mandelstam: Achmatowa, *My Half-Century*, S. 85.

44   *Wir Lebenden spüren den Boden nicht mehr:* Ossip Mandelstam, „Stalin-Epigramm", Zit. nach: www.deutschlandfunk.de/gestorben-fuer-16-zeilen-kritik.700.de.html?dram:article_id=84223.

44   In der Version: Schentalinski, The KGB's Literary Archive, S. 172.

44   „Ich habe das nicht gehört ...": Iwinskaja, *Lara*, S. 86.

45   Es war so still, dass sie einen Nachbarn Ukulele spielen hörten: Achmatowa, *My Half-Century*, S. 101.

45   Mandelstam dachte, er wäre verloren: *Schentalinski, The KGB's Literary Archive*, S. 175.

45   „Wir tischen eine erstaunlich monotone ideologische Kost auf": *Cohen, Bukharin and the Bolshevik Revolution*, S. 238.

45   „Pasternak ist völlig fassungslos ...": *Bucharin in einem Brief an Stalin, Juni 1932, im russischen Staatsarchiv der sozial-politischen Geschichte, Col. 558, I. 11, F. 709, S. 167.*

46   „Isolieren, aber erhalten": *Schentalinski, The KGB's Literary Archive*, S. 182.

46   „Wenn ich ein Dichter wäre ...": *Laut Benedikt Sarnows Ausführungen in Stalin and the Writers gibt es mindestens elf Versionen dieser Unter-*

haltung. *Wir legen den Bericht von Ossips Witwe Nadeschda Mandestam zugrunde, die mit Pasternak sprach, nachdem er mit Stalin telefoniert hatte. Siehe Nadeschda Mandelstam, Das Jahrhundert der Wölfe, S. 171.*

47 „**Er hatte vollkommen recht ...**“: *ebd., S. 173–174.*

47 „**Wie viele andere Leute bei uns ...**“: *ebd., S. 172.*

48 „**den Herrschern Russlands etwas zu sagen zu haben ...**“: *Berlin, Persönliche Eindrücke, S. 330.*

48 „**Dichtung, Poetik und die Aufgaben des dichterischen Schaffens in der UdSSR**“: Vortrag von Nikolai Bucharin, in Schmitt/Schramm: *Sozialistische Realismuskonstruktionen*, S. 286–345.

48 „**Das riesige Talent B. L. Pasternaks ...**“: De Mallac, *Boris Pasternak*, S. 145.

49 „**Ihre Zeilen über ihn ...**“: Clark et. al., *Soviet Culture and Power: A History in Documents*, S. 322–323.

49 „**Ich bin nie ganz sicher, wo Bescheidenheit ...**“: Gladkow, *Meetings with Pasternak*, S. 119.

49 „**ehrliche[n] Versuch ...**“: Iwinskaja, *Lara*, S. 81.

49 „**Koba, warum ist es für dich erforderlich ...**“: Service, *Stalin*, S. 592.

50 **unterzeichnete Stalin 1937 und 1938 persönlich Hinrichtungslisten**: Conquest, *Stalin: Breaker of Nations*, S. 203.

50 **Anatoli Tarasenkow, Herausgeber der Zeitschrift** *Snamja*: Anatoli Tarasenkow, „Pasternak, Chernovye zapisi, 1934–1939“ (Pasternak, Entwürfe), in Boris Pasternak, *Polnoe Sobranie Sochinenii*, Band 11, S. 178–179.

51 „**wurde jedesmal eine Platte mit der Kamarinskaja oder einem Hopak aufgelegt ...**“: Boris Pasternak/Olga Freudenberg, *Korrespondenz*, S. 222.

51 „**Die Übereinstimmung mit der Epoche ...**“: Iwinskaja, *Lara*, S. 106.

51 „**Keine Kraft wird mich von Ihrem Verrat überzeugen**“: Barnes, *Boris Pasternak*, Band 2, S. 138.

51 **In der 1937 angelegten Akte**: Eduard Shneiderman, „Benedikt Livshits: Arest, sledstvie, rasstres“ (Benedikt Livshits: Verhaftung, Untersuchung, Hinrichtung), *Zvezda* 1 (1996), S. 115.

51 „**Ich weiß nichts über sie ...**“: Barnes, *Boris Pasternak*, Band 2, S. 148.

52 „**In diesen schrecklichen, grausamen Jahren ...**“: *ebd., S. 144.*

52 „**[A]nscheinend fürchtete er ...**“: Berlin, *Persönliche Eindrücke*, S. 333.

52 „**Warum zum Beispiel verschonte Stalin ...**“: Ehrenburg, *Post-War Years*, S. 277.

53 „**in den Flammen verzehrt zu werden**“: Gladkow, *Meetings with Pasternak*, S. 127.

53 „**Ich bin bei sehr schlechter Gesundheit ...**“: Schentalinski, *The KGB's Literary Archive*, S. 192.

53 „**Der einzige Mensch, der mich besucht hatte ...**“: Nadeschda Mandelstam, *Das Jahrhundert der Wölfe*, S. 155.

Kapitel 3

54 er hoffe, seine Prosa werde sich des Papiers ihres Mannes als würdig erweisen: Boris Pasternak, Brief an Nina Tabidse, 24. Januar 1946, in Boris Pasternak, *Polnoe Sobranie Sochinenii*, Band 9, S. 438.

54 zahlreiche Quittungen für Zahlungsanweisungen: Jewgeni Pasternak, *Boris Pasternak: The Tragic Years*, S. 178.

55 „Er war ein zu großer, zu außergewöhnlicher Mann ...": Boris Pasternak, *Letters to Georgian Friends*, S. 151.

55 drehte er sich zu Nina Tabidse um: Nina Tabidse, „Raduga na rassvete" (Regenbogen bei Tagesanbruch), in Boris Pasternak, *Polnoe Sobranie Sochinenii*, Band 11, S. 333.

55 „Echte künstlerische Prosa ...": Boris Pasternak, Brief an E. D. Romanowna, 23. Dezember 1959, zit. n. Iwinskaja, *Lara*, S. 186.

55 „bedeutende Werke der Literatur ...": Gladkow, *Meetings with Pasternak*, S. 87.

55 „Lebt wohl, meine Verse ...": Boris Pasternak, *Gedichte und Poeme*, S. 156.

55 Roman „mit einer Liebesgeschichte und einem Helden": Iwinskaja, *Lara*, S. 215.

55 „verträumt, langweilig und auf tendenziöse Weise selbstgerecht": Barnes, *Boris Pasternak*, Band 1, S. 269.

55 „Schon in seiner Gymnasiastenzeit ...": Boris Pasternak, *Doktor Shiwago*, S. 90.

56 „übliche, ausgeprägte Unzufriedenheit ...": Gladkow, *Meetings with Pasternak*, S. 113.

56 General Alexander Gorbatow: Tamara Iwanowa, „Boris Leonidovich Pasternak", in Boris Pasternak, *Polnoe Sobranie Sochinenii*, Band 11, S. 281.

56 „Ich lese Simonow ...": Gladkow, *Meetings with Pasternak*, S. 115.

57 Ständig nage das Gefühl an ihm, „ein Blender zu sein": ebd., S. 87.

57 „Shakespeare, der alte Mann von Tschistopol ...": Barnes, *Boris Pasternak*, Band 2, S. 213.

57 Mandelstam, der Pasternak gegenüber einst die Befürchtung geäußert hatte: Achmatowa, *My Half-Century*, S. 99

57 „Ich möchte, dass Ihre Gedichte ...": Ossip Mandelstam, *Critical Prose and Letters*, S. 562.

57 „vor Scham darüber vergehen": Boris Pasternak in einem Brief an seine Schwestern, Ende Dezember 1945, in Boris Pasternak, *Eine Brücke aus Papier*, S. 413.

57 „tiefgreifenden inneren Wandel": Gladkow, *Meetings with Pasternak*, S. 124.

57 Schriftlich erwähnte er den Roman erstmals: Boris Pasternak, Brief an Nadeschda Mandelstam, in Boris Pasternak, *Polnoe Sobranie Sochinenii*, Band 9, S. 421.

58 Pasternak sagte, er arbeite an einem Roman: Gladkow, *Meetings with Pasternak*, S. 125.

58 „Ich habe mich darangesetzt ...": Boris Pasternak in einem Brief an seine Schwestern, Ende Dezember 1945, in Boris Pasternak, *Eine Brücke aus Papier*, S. 419.

58 „Aber ich fühle mich wie vor mehr als dreißig Jahren ...": Boris Pasternak, Brief an Olga Freudenberg, 24. Februar 1946, in Boris Pasternak/ Olga Freudenberg, Korrespondenz, S. 312.

58 Tage und Wochen vergingen wie im Flug: Jewgeni Pasternak, *Boris Pasternak: The Tragic Years*, S. 162.

58 „Ich habe es mit großer Leichtigkeit geschrieben ...": De Mallac, *Boris Pasternak*, S. 181.

58 „Das sind die Konzertsäle ...": Boris Pasternak in einem Brief an seine Schwestern, Ende Dezember 1945, in Boris Pasternak, *Eine Brücke aus Papier*, S. 416–417.

58 schlug ein Bekannter ihm vor: Barnes, *Boris Pasternak*, Band 2, S. 252.

58 kam Pasternak verspätet: Jewgeni Pasternak, *Boris Pasternak: The Tragic Years*, S. 163.

59 „Lyrikabend über das Thema: Nieder mit den Kriegshetzern! ...": Max Hayward, Einführung zu Gladkow, *Meetings with Pasternak*, S. 20–24; De Mallac, *Boris Pasternak*, S. 194.

59 Und Kunst geknebelt durch die Übermacht: Shakespeare, Sonett Nr. 66, zit. n.: http://gutenberg.spiegel.de/buch/sonette-2186/66.

60 „Wer hat dieses Aufstehen organisiert?": Nadeschda Mandelstam, *Generation ohne Tränen*, S. 295.

60 Tod dem Faschismus!: Dalos, *The Guest from the Future*, S. 54.

60 Ein westlicher Reporter: Gerd Ruge, „Conversations in Moscow", *Encounter* 11, Nr. 4 (Oktober 1958), S. 20–31.

60 „Um eine Gestalt wie Surkow ...": Dalos, *The Guest from the Future*, S. 95.

60 „KGB-Mann": Aussage von Juri Krotkow alias George Karlin vor dem Unterausschuss des US-Senats zur Untersuchung der Verwaltung des Internal Security Act. 13. November, Committee on the Judiciary, Karlin Testimony, at 171, U.S. Government Printing Office, pt. 3 (1969).

60 „Ich bemerkte dabei ...": Nadeschda Mandelstam, *Generation ohne Tränen*, S. 341.

61 „er setzte sich mit Herz und Seele für ein System ein ...": Dalos, *The Guest from the Future*, S. 95.

61 Surkow habe ihn einfach gehasst: Iwinskaja, *Lara*, S. 205.

61 „Ja, wirklich, seien Sie nicht überrascht ...": Walentin Berestow, „Srazu posle voiny" (Direkt nach dem Krieg), in Boris Pasternak, *Polnoe Sobranie Sochinenii*, Band 11, S. 485.

61 „Dies alles sind sehr ernst zu nehmende Arbeiten ...": Boris Pasternak, Brief an Olga Freudenberg, 5. Oktober 1946, in Boris Pasternak/Olga Freudenberg, Korrespondenz, S. 314.

62 „auf Messers Schneide ...": Boris Pasternak in einem Brief an Lydia Pasternak-Slater, 26. Juni 1945, in Boris Pasternak, *Eine Brücke aus Papier*, S. 423–424.

62 „schreibt lauter Lügengeschichten ...": Mitschrift eines Orgbüro-Treffens in Moskau, 9. August 1946, in Clark et al., *Soviet Culture and Power: A History in Documents*, S. 412.

62 „geistloser, inhaltsleerer und vulgärer Dinge": Resolution, veröffentlicht in der *Prawda* vom 21. August 1946, in Clark et al., *Soviet Culture and Power: A History in Documents*, S. 421.

62 eines kolossalen Säufers: Service, *Stalin*, S. 437–438.

63 „kriecherische Beiträge aus dem Publikum ...": Dalos, *The Guest from the Future*, S. 56.

63 „Anna Achmatowas Themen ...": ebd., S. 56–57.

63 „ideologischen Umschwung in Richtung auf das große russische Volk ...": Boris Pasternak/Olga Freudenberg, *Korrespondenz*, S. 313.

63 „Rühmens der amerikanischen Demokratie": Conquest, *Stalin*, S. 277.

63 „keiner von uns": Hingley, *Pasternak*, S. 166.

64 „Ja, ja, [kein Zugang zum] Volk ...": Barnes, *Boris Pasternak*, Band 2, S. 233.

64 „Trotz allen Zaubers bestimmter Passagen": Tschukowski, *Diary*, 10. September 1946, S. 359.

64 „Genieversagen": Michail Poliwanow, „Tainaya Svoboda" (Stille Freiheit), in Boris Pasternak, *Polnoe Sobranie Sochinenii*, Band 11, S. 471.

65 „in dem Roman bemühe ...": Boris Pasternak, „Three Letters", *Encounter* 15, Nr. 2 (August 1960), S. 3–6.

65 Der Roman solle von allen „verschlungen" werden: Tamara Iwanowa, „Boris Leonidovich Pasternak", in Boris Pasternak, *Polnoe Sobranie Sochinenii*, Band 11, S. 285.

65 „Russland gehört" zu haben: Emma Gerstein, Kommentar zu *Doktor Schiwago*, in Boris Pasternak, *Polnoe Sobranie Sochinenii*, Band 4, S. 653.

65 „Ein Schwall ursprünglicher kreativer Energie ...": Jewgeni Pasternak, *Boris Pasternak: The Tragic Years*, S. 181.

65 Pasternak betrat das Zimmer: Muravina, *Vstrechi s Pasternakom*, S. 46–52.

66 Dem Priestersohn und Schriftsteller Warlam Schalamow: Warlam Schalamow, „Pasternak", in Boris Pasternak, *Polnoe Sobranie Sochinenii*, Band 11, S. 645–646.

66 Am 6. Februar 1947 drängte sich das Publikum in der Wohnung der Pianistin Maria Judina: Zur Beschreibung dieses Abends siehe Iwinskaja, *Lara*, S. 209–210; Tschukowskaja, „Otryvki iz dnevnika" (Tagebuchauszüge), in Boris Pasternak, *Polnoe Sobranie Sochinenii*, Band 11, S. 407–408; und Jelena Berkowskaja, „Mal'chiki i devochki 40-kh godov" (Knaben und Mädchen der 1940er-Jahre), in ebd., S. 540–541.

66 Judina sagte zu Pasternak, sie und ihre Freunde freuten sich: Maria Judina, in A. M. Kusnetsowa, „„Vysikii stoikii dukh': Perepiska Borisa Pasternaka i Marii Yudinoi" („Unverwüstlicher Geist": Korrespondenz zwischen Boris Pasternak und Maria Judina), *Nowy Mir*, Nr. 2 (1990), S. 171.

67 „Und er begann aus der Erinnerung Verse von Pasternak zu rezitieren ...": Iwinskaja, *Lara*, S. 167.

67 Fadejew ihm persönlich „wohlgesinnt war ...": Gladkow, *Meetings with Pasternak*, S. 75.

68 „Alexander Alexandrowitsch hat sich rehabilitiert!": Iwinskaja, *Lara*, S. 167.

68 „Massengrab": Nikolai Ljubimow, Boris Pasternak iz knigi „Neuvyadaemyi tsvet", in Boris Pasternak, *Polnoe Sobranie Sochinenii*, Band 11, S. 620.

68 noch kein Aufruf zur Isolierung und Vernichtung: Siehe Max Haywards Anmerkungen in Gladkow, *Meetings with Pasternak*, S. 188.

68 „Trotz aller Verlogenheit ...": ebd., S. 132.

68 „Zumindest werden sie mich nicht verhungern lassen": ebd.

68 „der Zeiten Spott und Geißeln": Shakespeare, *Hamlet*, S. 55

69 „Wer könnte die falsche Größe der Herrscher ertragen ...": Wladimir Markow, „An Unnoticed Aspect of Pasternak's Translations", *Slavic Review* 20, Nr. 3 (Oktober 1961), S. 503–508.

69 „Ich begann wieder an meinem Roman zu arbeiten ...": Gladkow, *Meetings with Pasternak*, S. 136–137.

69 „Ich schreibe absolut niemandem ...": Boris Pasternak in einem Brief an Olga Freudenberg, 26. März 1947, in Boris Pasternak/Olga Freudenberg, *Korrespondenz*, S. 334.

Kapitel 4

70 „Der leidenschaftliche Fleiß meiner Frau ...": Boris Pasternak in einem Brief an Renate Schweitzer, zit. n.: Iwinskaja, *Lara*, S. 213.

70 „großen Hände": Interview mit Ljusja Popowa, *Komsomol'skaya Pravda*, 19. August 1999.

70 „nicht so leicht und glatt ...": Boris Pasternak in einem Brief an seine Eltern, 1. Oktober 1937, in Boris Pasternak, *Eine Brücke aus Papier*, S. 377–378.

70 „Borjas Kind" unbedingt gewollt: Sinaida Pasternak, *Vospominaniya*, a.a.O., S. 295.

70 Sinaida hatte wenig Interesse: Barnes, *Boris Pasternak*, Band 2, S. 27.

71 „Drachen auf acht Beinen": Feinstein, *Anna of All the Russias*, S. 242.

71 1942 wurde dem Jungen in einem Versuch: Barnes, *Boris Pasternak*, Band 2, S. 189.

71 „wie eine Streichholzschachtel": Sinaida Pasternak, *Vospominaniya*, a.a.O., S. 330.

71 „ihre eheliche Pflicht erfüllen": ebd., S. 340.

71 „Boris Leonidowitsch, erlauben Sie mir ...": Die Schilderung von Iwinskajas Begegnung mit Pasternak und der sich daraus entwickelnden Liebesbeziehung in diesem Kapitel fußt auf Iwinskajas Lebenserinnerungen *Lara*. Auch der Wortlaut der Verhöre ist diesem Buch entnommen,

es sei denn, es ist eine andere Quelle genannt. Siehe *Lara*, S. 31–32, 28, 33, 37, 43, 116, 121–133, 135.

72 die „wenigen Frauen, die eine Affäre mit mir hatten": Boris Pasternak in einem Brief an Nina Tabidse, 30. September 1953, in Boris Pasternak, *Letters to Georgian Friends*, S. 154.

72 bekannt für seine Affären: Wjatscheslaw Iwanow, „Perevvornutoe nebo. Zapisi o Pasternake (Der nach oben gewandte Himmel. Anmerkungen zu Pasternak), *Zvezda* 8 (August 2009), S. 107.

72 Laut Sinaida bekam er nach dem Krieg: Sinaida Pasternak, *Vospominaniya*, a.a.O., S. 344.

72 „Die arme Mama trauerte": Jemeljanowa, *Legendy Potapovskogo pereulka*, S. 16.

73 seine Geburtstage waren ein Anlass zur Trauer: Wosnessenski, *An Arrow in the Wall*, S. 270.

74 „ihre Gesichter Seite an Seite ...": Lydia Tschukowskaja, „Otryvki iz dnevnika" (Tagebuchauszüge), 6. Januar 1948, in Boris Pasternak, *Polnoe Sobranie Sochinenii*, Band 11, S. 426.

74 „hübsche, aber schon leicht dahinwelkende Blondine": Emma Gerstein, „O Pasternake i ob Anne Akhmatovoi" (Über Pasternak und Anna Achmatowa), in Boris Pasternak, *Polnoe Sobranie Sochinenii*, Band 11, S. 392.

74 „eine Schönheit": Jewgeni Jewtuschenko, „Bog stanovitsya chelovekom" (Gott wird Mensch), in Boris Pasternak, *Polnoe Sobranie Sochinenii*, Band 11, S. 721.

74 Sinaida kam im Winter 1948 hinter die Affäre: Sinaida Pasternak, *Vospominaniya*, a.a.O., S. 340–342.

74 „Mama versucht hat, sich zu vergiften": Jemeljanowa, *Legendy Potapovskogo pereulka*, S. 21.

75 dass er „erneut eine tiefe Leidenschaft erlebt" habe: Boris Pasternak in einem Brief an Olga Freudenberg, 7. August 1949, in Boris Pasternak/ Olga Freudenberg, *Korrespondenz*, S. 363.

75 Einmal stellte er sich vor: Interview mit Ljusja Popowa, *Komsomol'skaya Pravda*, 19. August 1999.

75 hatte Pasternak 1946 für den Literaturnobelpreis vorgeschlagen: Pamela Davidson, „C. M. Bowra's ‚Overestimation' of Pasternak and the Genesis of Doctor Zhivago", in Fleishman, *The Life of Boris Pasternak's Doctor Zhivago*, S. 42.

76 „größten russischen Dichter": Conquest, *Courage of Genius*, S. 86.

76 „Es besteht unserer Ansicht überhaupt kein Zweifel daran ...": International Conference of Professors of English, *The National Archives*, London 1950, FO 954/881.

76 „Lasst ihn, er lebt in den Wolken": Liwanow, *Mezhdu dvumya Zhivago vospominaniya i vpechatleniya, p'esy*, S. 177.

76 Fast ein Dutzend Agenten in Uniform: Siehe hierzu Iwinskaja, *Lara*, S. 110–111. Manche Autoren behaupten, Iwinskaja sei verhaftet worden, weil gegen einen Redakteur, für den sie arbeitete, wegen Betrugs ermit-

telt wurde, und mutmaßen, dass sie in die Sache verwickelt war. Diese Behauptungen entbehren jeder Grundlage. In dem langen Verhör ging es ausschließlich um Pasternak, und Iwinskaja wurde nicht des Betrugs, sondern eines politischen Verbrechens beschuldigt.

76 **einer Leibesvisitation unterzog:** Zur Schilderung der Haft in der Lubjanka siehe ebd., S. 114–136, es sei denn, es ist eine andere Quelle genannt.

77 **einen blutbefleckten Teppich ausrollte:** Montefiore, *Stalin*, S. 539.

78 **laut Aufzeichnungen des KGB:** Jemeljanowa, *Pasternak i Ivinskaya: provoda pod tokom*, S. 97–107.

81 **„Nun ist alles zu Ende ...":** Iwinskaja, Lara, S. 111.

81 **„Herbst":** Boris Pasternak, Doktor Shiwago, S. 726.

81 **„Das über den Schlafrock ...":** Lydia Tschukowskaja, Zapiski ob Anne Akhmatovoi, Band 2, S. 173.

83 **„Ich habe gezögert ...":** Der Brief ist abgedruckt in Iwinskaja, *Lara*, S. 132. Dort heißt es weiter, dass Iwinskaja ihm vergab und ihre Mutter ihm nach seiner Entlassung aus dem Gefängnis und seiner Rückkehr nach Moskau Englischschüler verschaffte. Nikiforows wirklicher Name war Jepischkin. Er war nach der Oktoberrevolution von 1917 aus Australien nach Russland heimgekehrt und als ehemaliger Händler von vornherein verdächtig. Daher hatte er den Namen seiner Frau angenommen.

83 **„Dort nahm man mir mein und Borjas Kind ...":** Ein Biograf stellt infrage, ob Iwinskaja damals tatsächlich schwanger war. Die Leidenschaftlichkeit ihrer Liebesbeziehung und die Tatsache, dass Pasternak und sie sich mehrmals getrennt und wieder versöhnt zu haben scheinen, lässt es plausibel erscheinen, dass Pasternak und Iwinskaja vor Iwinskajas Verhaftung noch einmal miteinander schliefen. Auch Pasternaks ständige Unzufriedenheit mit seinem Leben zu Hause spricht dafür. Ein Dokument aus dem Gefängnis, aus dem Iwinskajas Tochter Irina in ihrem Buch zitiert, bestätigt eine Schwangerschaft zwar nicht eindeutig, untermauert aber den Bericht der Mutter. Ein Arzt hatte festgehalten, dass Iwinskaja „wegen Blutungen aus der Gebärmutter" im Gefängniskrankenhaus gewesen war und gesagt habe, dass sie schwanger sei. (Siehe Jemeljanowa, *Pasternak i Ivinskaya: provoda pod tokom*, S. 103.) Das Staatsarchiv besitzt keine weiteren Arztberichte.

83 **„Ich habe Sina gesagt ...":** Bericht von Ljusja Popowa, in Iwinskaja, *Lara*, S. 133.

Kapitel 5

84 **„auf einem mit Schwerkranken überfüllten Krankenhausflur":** Boris Pasternak in einem Brief an Olga Freudenberg, 20. Januar 1953, in Boris Pasternak/Olga Freudenberg, *Korrespondenz*, S. 380–381.

84 „Herr, ich danke dir ...": Boris Pasternak in einem Brief an Nina-Tabidse, 17. Januar 1953, in Boris Pasternak, *Letters to Georgian Friends*, S. 149–159.

84 Vor seinem Klinikaufenthalt hatte er ständig an Zahnweh und Mundgeschwüren gelitten: Sinaida Pasternak, *Vospominaniya*, a.a.O., S. 347.

84 „hervorragend" aussah: Lydia Tschukowskaja, *Zapiski ob Anne Akhmatovoi*, Band 2, S. 57.

84 „Es ist eine Krankheit der jüngsten Zeit ...": Boris Pasternak. *Doktor Shiwago*, S. 661.

85 „Meine liebste Olja, mein Herz! ...": Iwinskaja, *Lara*, S. 143.

85 „Ohne ihn hätten meine Kinder ...": ebd., S. 145.

85 „Ich arbeite schrecklich viel": Boris Pasternak, Brief an Olga Freudenberg, 9. Dezember 1949, in Boris Pasternak/Olga Freudenberg, Korrespondenz, S. 371.

85 „Wann sie ihn drucken ...": Barnes, *Boris Pasternak*, Band 2, S. 273.

86 Lydia Tschukowskaja schrieb ihm: Lydia Tschukowskaja in einem Brief an Boris Pasternak, 28. August 1952, in Lydia Tschukowskaja, *Sochineniya*, Band 2, S. 438–439.

86 Der großartige Schauspieler Boris Liwanow: Wosnessenski, *An Arrow in the Wall*, S. 258–261.

86 war auch Juri Krotkow dabei: Zeugenaussage von Juri Krotkow alias George Karlin vor dem Unterausschuss des US-Senats zur Untersuchung der Verwaltung des Internal Security Act. 3. November, Committee on the Judiciary, Karlin Testimony, at 6, U.S. Government Printing Office, pt. 1 (1969).

86 Wildeintopf: Ein typisches Essen beschreibt Olga Carlisle in „Boris Pasternak: The Art of Fiction No. 25", a.a.O., S. 61–66.

87 „Von denen, die meinen Roman gelesen haben ...": Boris Pasternak in einem Brief an S. I. und M. N. Tschikowani, 14. Juni 1952, in Boris Pasternak, *Letters to Georgian Friends*, S. 142–143.

87 Wowsi gestand: Brent und Naumow, *Stalin's Last Crime*, S. 212.

88 „Ich bin jetzt glücklich und frei ...": Boris Pasternak in einem Brief an W. F. Asmus, 3. März 1953, in Boris Pasternak, *Selected Writings and Letters*, S. 409.

88 ihre Söhne liebten Stalin mehr als ihre Mutter: Barnes, *Boris Pasternak*, Band 2, S. 10.

88 Stalin habe die Intelligenzija auf dem Gewissen: Sinaida Pasternak, *Vospominaniya*, a.a.O., S. 351.

88 „Mischung aus kindlichem Charme und Herzlosigkeit": Iwinskaja, *Lara*, S. 48.

88 „in einen Palast verwandelt": Boris Pasternak in einem Brief an Olga Freudenberg, 12. Juli 1954, in Boris Pasternak/Olga Freudenberg, Korrespondenz, S. 404.

89 Sie stellte ein großes Bett in die verglaste Veranda: Iwinskaja, *Lara*, S. 59.

89 **Das Mittagessen und die Nachmittage:** Matthews, *Stalin's Children*, S. 157.

89 **„Verkommenheit, Verantwortungslosigkeit ...":** Siehe hierzu Lydia Tschukowskaja, *Zapiski ob Anne Akhmatovoi*, Band 2, S. 658–661; und Nadeschda A. Joffe, Brief an Tschukowskaja, in Mansurow, *Lara Moego Romana*, S. 266–268.

90 **„So etwas ist mir noch nicht einmal unter Verbrechern zu Ohren gekommen":** Reeder, *Anna Akhmatova*, S. 357.

90 **„schmerzhaftes moralisches Trauma":** Jesipow, *Shalamov*, S. 226–229.

90 **„Für Frau Iwinskaja war Pasternak nur das Objekt ...":** Warlam Schalamow, Brief an Nadeschda Mandelstam, September 1965, http://shalamov.ru/library/24/36.html.

91 **Und alles sieht recht wirklich aus:** Frankel, *Nowy Mir: A Case Study*, S. 22.

91 **„ein Schriftsteller kein Apparat ...":** ebd., S. 30.

91 **„Ein neues Zeitalter bricht an ...":** Tschukowski, *Diary*, Eintrag vom 20. Oktober 1953, S. 379.

91 **„Der Roman wird in diesem Sommer wahrscheinlich fertig werden ...":** Zit. n. Iwinskaja, *Lara*, S. 242.

92 **„bis zu seinem Abschluß bin ich auf aberwitzige, manische Weise nicht Herr meiner Zeit":** Boris Pasternak in einem Brief an Olga Freudenberg, 20. März 1954, in Boris Pasternak/Olga Freudenberg, Korrespondenz, S. 320.

92 **„Die Partei hat sowjetische Schriftsteller immer daran erinnert ...":** Siehe hierzu „The Official Intervention in the Literary Battle", in *Soviet Studies* 6, Nr. 2 (Oktober 1954), S. 179–186.

92 **„reich und träge":** Ruge, Pasternak: *Eine Bildbiografie*, S. 92.

92 **„Ich persönlich hebe weder Familienerbstücke ...":** Boris Pasternak/ Olga Freudenberg, *Correspondence*, S. XII.

93 **halbkranken Gefangenen:** Lydia Tschukowskaja, *Zapiski ob Anne Akhmatovoi*, Band 2, S. 105.

93 **„ihre Lippen gekränkt zum Amorbogen geschürzt":** Wosnessenski, *An Arrow in the Wall*, S. 260.

93 **„Sicherlich ist Brecht klar ...":** Barnes, Boris Pasternak, Band 2, S. 296; Ruge, *Pasternak: Eine Bildbiografie*, S. 91.

93 **„schwierige und komplizierte Passagen ...":** Barnes, *Boris Pasternak*, Band 2, S. 298.

93 **„Glaub mir – um nichts in der Welt ...":** Iwinskaja, *Lara*, S. 244.

94 **„Sie können sich nicht vorstellen ...":** Boris Pasternak in einem Brief an Nina Tabidse, in Zubok, *Zhivago's Children*, S. 1.

Kapitel 6

95 **Seine Vorfahren:** Zum familiären Hintergrund Feltrinellis siehe Carlo Feltrinelli, *Senior Service*, S. 7–48.

95 „Zuerst nämlich bestraft sie die Kinder ...": ebd., S. 36.

96 „[e]benso bereitwillig aber ließ er eine Sache auch abrupt fallen ...": ebd., S. 78.

96 „Aus gutunterrichteter Quelle haben wir erfahren ...": ebd., S. 44.

97 Massenbewegung: De Grand, *The Italien Left in the Twentieth Century*, S. 100.

97 feministischen Unione Donne Italiane: ebd.

97 „kleine große Welt": Calvino, *Hermit in Paris [Eremit in Paris. Autobiografische Blätter*, München/Wien 1997], S. 128.

97 „Ich lernte, meine Impulsivität ...": Carlo Feltrinelli, *Senior Service*, S. 64–65.

97 „Es war einfach so, daß wir Träume hatten ...": Anna Del Bo Boffino, *L'Unità*, März 1992, zit. n. Carlo Feltrinelli, *Senior Service*, S. 58.

98 „Moskowiter Pasionaria": Carlo Feltrinelli, *Senior Service*, S. 50.

98 ein Stalin-Porträt zwischen die Werke befreundeter Künstler: ebd., S. 70.

98 „Kaderschmiede": ebd., S. 76.

99 „Jaguar": ebd., S. 90.

99 „Massenverhaftungen und Deportationen ...": Nikita Chruschtschow, „Über den Personenkult und seine Folgen", zit. n. http://www.1000dokumente.de/index.html?c=dokument_ru&dokument=0014_ent&object=translation&st=CHRUSCHTSCHOW%20%C3%BCBER%20DEN%20PERSONENKULT&l=de.

99 Den Delegierten im Großen Saal des Kreml: Medwedew, *Khrushchev*, S. 86–88.

100 D'Angelo ... rief in Mailand an: D'Angelo, *Delo Pasternaka*, S. 5–6.

100 „Einen solchen Roman nicht zu veröffentlichen ...": Carlo Feltrinelli, *Senior Service*, S. 127.

100 „Was ist denn das für ein Unsinn?": Wjatscheslaw Iwanow in *Zvezda* 1 (2010), S. 152.

101 „[D]as kann ... den Gedichtband zum Scheitern bringen!": Iwinskaja, *Lara*, S. 247.

101 „Vor Kurzem habe ich mein wichtigstes Werk vollendet ...": Jewgeni Pasternak, Boris Pasternak, *The Tragic Years*, S. 215.

102 „Wie kann jemand sein eigenes Land so wenig lieben! ...": Iwinskaja, *Lara*, S. 251.

102 „Wenn sich die von verschiedenen Zeitschriften in Aussicht gestellte Veröffentlichung verzögern sollte ...": Carlo Feltrinelli, *Senior Service*, S. 129.

103 In einem langen Schreiben informierte Serow die kommunistische Führung: ebd., S. 130–131.

103 Das Buch wurde als Angriff auf die Oktoberrevolution ... gewertet: 31. August 1956, Notiz des stellvertretenden Außenministers und Anhang des Berichts der Kulturabteilung des ZK, in Afiani und Tomilina, *Boris Pasternak i Vlast'*, S. 63.

104 sprachen an ihrem Arbeitsplatz bei Radio Moskau offen darüber: D'Angelo, *Delo Pasternaka*, S. 13.

104 **dass sie den Roman Wjatscheslaw Molotow zeigen wolle:** Iwinskaja, *Lara*, S. 250.

104 **„Sie nimmt mir die ärgerlichen Verhandlungen mit den Behörden ab ...":** Boris Pasternak in einem Brief an Lydia Pasternak-Slater, 1. November 1957, in Boris Pasternak, *Eine Brücke aus Papier*, S. 440.

104 **In einer streng geheimen Aktennotiz bezeichnete der Vorsitzende des KGB ihre Einstellung:** 1997 veröffentlichte die Moskauer Zeitung *Moskovsky Komsomolets* eine Reihe von Zitaten aus einem Brief, den Iwinskaja von einem sibirischen Arbeitslager aus am 10. März 1961 an den sowjetischen Regierungschef Nikita Chruschtschow geschrieben hatte. (Siehe auch Alessandra Stanley, „Model for Dr. Zhivago's Lara Betrayed Pasternak to KGB", in *The New York Times*, 27. September 1997.) Der Brief wurde nicht vollständig abgedruckt, und die auszugsweise Wiedergabe führte dazu, dass Iwinskaja beschuldigt wurde, eine KGB-Spionin gewesen zu sein. Um ihrem Gnadengesuch mehr Gewicht zu verleihen, hatte Iwinskaja Chruschtschow geschrieben, dass sie versucht habe, Pasternaks Kontakte mit Ausländern zu unterbinden, und mit dem ZK zusammengearbeitet habe, um die Publikation von *Doktor Schiwago* im Westen zu verhindern. Bei allem, was geschehen sei, sei Pasternak kein „unschuldiges Lamm" gewesen. Als Ganzes liest sich Iwinskajas Brief wie der Hilfeschrei einer Mutter, die die ganze Familie über Wasser halten muss (ihre eigene Mutter lebte zu diesem Zeitpunkt noch). Er enthält nichts, was Iwinskajas Titulierung als „KGB-Spionin" rechtfertigen würde (siehe hierzu auch das Nachwort). Tatsächlich verhandelte sie meist auf Drängen Pasternaks mit den sowjetischen Behörden. Der KGB hielt sie vielleicht für beeinflussbar, nicht aber für verlässlich (siehe hierzu die nächste Anmerkung). Der komplette Brief ist im Godudarstvennyi arkhiv Rossiiskoi Federatsii (Staatsarchiv der russischen Föderation) einsehbar, Col.: 8131, I. 31, F. 89398, S. 51–58. Die Autoren befinden sich im Besitz einer Kopie.

104 **„sehr antisowjetisch":** KGB an den Ministerrat; Aktennotiz über Pasternaks Beziehungen zu sowjetischen und ausländischen Individuen, 16. Februar 1959, in Afiani und Tomilina, *Boris Pasternak i Vlast'*, S. 181.

105 **„wir müssen unter allen Umständen das Manuskript zurückhaben ...":** Iwinskaja, *Lara*, S. 253.

105 **Polikarpow wurde in Literaturkreisen „djadja Mitja" – „Onkel Mitja" – genannt:** Benedikt Sarnow, „Tragicheskaya figura" (Eine tragische Figur), in *Lekhaim* (Oktober 2003), http://www.lechaim.ru/ ARHIV/138/sarnov.htm; Jewtuschenko; *Shestidesantnik, memuarnaya proza*, S. 162–192.

105 **„Der Lektor soll genau und gründlich darüber nachdenken ...":** Iwinskaja, *Lara*, S. 254.

105 **Pasternak fand Kotows Vorschlag absurd:** D'Angelo, *Delo Pasternaka*, S. 31.

105 „als Sieger aus dieser großen [Publikations]schlacht": Warlam Schalamow in einem Brief an Boris Pasternak, 12. August 1956.

106 der ihr eine Manuskriptkopie von *Doktor Schiwago* zum Lesen gab: Boris Pasternak, Brief an Hélène Peltier, 14. September 1956, in Boris Pasternak, *Lettres à mes amies françaises* (1956–1960), S. 58.

106 „Sollten Sie je einen Brief in irgendeiner anderen Sprache als Französisch erhalten ...": Der Papierstreifen wird in der Biblioteca della Fondazione Giangiacomo Feltrinelli in Mailand aufbewahrt.

106 Das sei „wichtig, womöglich eine Sache auf Leben und Tod": Berlin, *Persönliche Eindrücke*, S. 335–337.

107 Sinaida war fest davon überzeugt: Boris Pasternak in einem Brief an seine Schwestern, 14. August 1956, Boris Pasternak, *Eine Brücke aus Papier*, S. 430.

107 war Pasternaks ältester Sohn Jewgeni: Michail Poliwanow, „Tainaya Svoboda", a.a.O., S. 469.

107 Pasternak wurde wütend: Berlin, *Persönliche Eindrücke*, S. 338.

107 dass Pasternak sein Anliegen mit „offenen Augen" verfolgte: Isaiah Berlin in einem Brief an David Astor, 27. Oktober 1958, in Berlin: *Enlightening: Letters*, 1946–1960, S. 652–653.

107 „Vielleicht wird er euch gar nicht gefallen ...": Boris Pasternak in einem Brief an seine Schwestern, 14. August 1956, in Boris Pasternak, *Eine Brücke aus Papier*, S. 431–432.

108 „großen, schnauzbärtigen, höchst beeindruckenden russischen Intellektuellen alter Schule": Patricia Blake, Einleitung zu Hayward, *Writers in Russia*, 1917–1978, S. XLVII.

108 Der KGB bezeichnete ihn verächtlich als „Weißen Emigranten": KGB an den Ministerrat; Aktennotiz über Pasternaks Beziehungen zu sowjetischen und ausländischen Individuen, 16. Februar 1959, in Afiani und Tomilina, *Boris Pasternak i Vlast'*, S. 183.

108 „Das wird nicht gehen ...": Patricia Blake, Einleitung zu Hayward, *Writers in Russia*, 1917–1978, S. L.

108 „Seine Lyrik ist konvex ...": Barnes, *Boris Pasternak*, Band 1, S. 308.

108 „*Doktor Schiwago* ist ein jämmerliches Ding ...": Boyd, *Vladimir Nabokov: The American Years*, S. 372.

108 Pasternaks Geliebte müsse den Roman geschrieben haben: Schiff, *Vera (Mrs. Vladimir Nabokov)*, S. 243.

108 Katkov versprach Pasternak in die Hand: Patricia Blake, Einleitung zu Hayward, *Writers in Russia*, 1917–1978, S. L.

109 Max Hayward, der sich innerhalb von sechs Wochen selbst Ungarisch beigebracht hatte: ebd., S. XLIX.

109 „offensichtlich ein Märtyrer sein": Isaiah Berlin in einem Brief an James Joll, 25. November 1958, in Berlin, *Enlightening Letters*, 1946–1960, S. 658.

Kapitel 7

110 „Was uns an Ihrem Roman gestört hat ...": Der Brief wurde am 25. Oktober 1958 in der *Literaturnaja Gaseta* publiziert. Er ist vollständig wiederabgedruckt in Conquest, *Courage of Genius*, Anhang II, S. 136–163.

111 „Liebe Freunde ...": Boris Pasternak, *Doktor Shiwago*, S. 659.

111 „ketzerischste Unterstellung": Barnes, *Boris Pasternak*, Band 2, S. 316.

111 „brillant, extrem egozentrisch ...": Tschukowski, *Diary*, Eintrag vom 1. September 1956, S. 286–287.

112 Er bat Fedin, die Sache nicht zu erwähnen: Jewgeni Pasternak, *Boris Pasternak: The Tragic Years*, S. 221.

112 „sehr höflich und behutsam formuliert": Barnes, *Boris Pasternak*, Band 2, S. 317.

112 D'Angelo besuchte dort mit seiner Frau zwei alte Freunde: D'Angelo, *Delo Pasternaka*, S. 23.

112 trotz Verhaftung und Folter: Urban, *Moscow and the Italian Communist Party*, S. 139.

113 „Das Problem mit Pasternaks Manuskript ...": 24. Oktober 1956, Mitteilung der Abteilung „Beziehungen zu ausländischen kommunistischen Parteien" des ZK der KPdSU, in Afiani und Tomilina, *Pasternak i Vlast'*, S. 71.

113 Die unter Druck gesetzten Verlagslektoren waren sich nicht einig: Mancosu, *Inside the Zhivago Storm*, S. 44; Valerio Riva, „La vera storia del dottor Zivago" (Die wahre Geschichte von Doktor Schiwago), *Corriere della Sera*, Kulturbeilage, 14. Januar 1987.

113 Chruschtschow behauptete später: McLean und Vickery, *The Year of Protest 1956*, S. 25.

114 doch ein Viertel der insgesamt eine Million zählenden Mitglieder: De Grand, *The Italian Left in the Twentieth Century*, S. 125.

114 „die Bewegung in Ungarn in ihrer Entstehung ...": Carlo Feltrinelli, *Senior Service*, S. 112.

114 „der Verlust einiger Intellektueller": ebd., S. 118.

114 „Diese Genossen": ebd., S. 119.

114 „auf bitten des verlages goslitisdat ...": In ebd., S. 135.

115 „Blendwerk": Puzikow, *Budni i prazdniki*, S. 202.

115 „Er versichert mir ...": D'Angelo, *Delo Pasternaka*, S. 75.

116 „stellt Rußland, seine Natur, seine Seele und seine Geschichte in vollkommener Weise dar ...": Carlo Feltrinelli, *Senior Service*, S. 137–138.

116 „Hier wird der Roman niemals erscheinen ...": ebd., S. 139.

117 „selten, in Abständen und nur zaghaft": Boris Pasternak in einem Brief an Andrei Sinjawski, 29. Juni 1957, in Boris Pasternak, *Polnoe Sobranie Sochinenii*, Band 10, S. 235.

117 Chruschtschow sprach fast zwei Stunden lang: Taubman, *Khrushchev*, S. 307–308.

117 „auf verschlungene Weise das Schicksal der russischen Intelligenzija ...": Conquest, *Courage of Genius*, S. 54.

117 „feindlichen Einstellung": 30. August 1957 und 18. September 1957, Mitteilung der Kulturabteilung des ZK zu *Opinie*, in Afiani und Tomilina, *Pasternak i Vlast'*, S. 81–82, 83–84.

118 **eine Stunde vorher sei eine blonde Frau aufgetaucht:** Sinaida Pasternak, *Vospominaniya*, a.a.O., S. 364.

118 **Chruschtschow höchstpersönlich:** D'Angelo, *Delo Pasternaka*, S. 95.

118 **„eine Auswahl der inakzeptabelsten Teile des Romans":** Boris Pasternak in einem Brief an Nina Tabidse, 21. August 1957, in Boris Pasternak, *Polnoe Sobranie Sochinenii*, Band 10, S. 249–250.

119 **„Ich habe den Roman geschrieben …":** Boris Pasternak in einem Brief an Pietro Zveteremich, Juli 1957, in Valerio Riva, *Corriere della Sera*, 14. Januar 1987.

119 **Briefe an seine Schwester Lydia:** Boris Pasternak, *Eine Brücke aus Papier*, S. 443. Einer dieser Briefe wird in einer Mitteilung des KGB vom 18. Februar 1959 erwähnt, zit. n. Afiani und Tomilina, *Pasternak i Vlast'*, S. 184.

119 **„mit der Spontaneität eines Kindes":** Iwinskaja, *Lara*, S. 267. Iwinskaja datierte dieses Treffen fälschlicherweise auf 1958.

119 **„Ja, ja", sagte Surkow:** ebd.

119 **„Sie haben hier sowieso nichts verloren …":** ebd., S. 269.

119 **„Wie geprügelte Hunde zogen wir ab …":** Alexander Pusikow, in Boris Pasternak, *Polnoe Sobranie Sochinenii*, Band 10, S. 249; und Pusikow, *Budni i prazdniki*, S. 206.

120 **Pasternak glaubte sich in das Jahr 1937 zurückversetzt:** Boris Pasternak in einem Brief an Nina Tabidse, 21. August 1957, in Jewgeni Pasternak, *Boris Pasternak: The Tragic Years*, S 228–229.

120 **„Menschen, die moralisch skrupellos sind …":** ebd.

120 **„sehr unschöne Konsequenzen":** D'Angelo, *Delo Pasternaka*, S. 90.

120 **„Ich habe die Arbeit am Manuskript meines Romans wiederaufgenommen …":** Carlo Feltrinelli, *Senior Service*, S. 141.

121 **„Wenn Sie hier sind, um mir zur Kapitulation zu raten …":** D'Angelo, *Delo Pasternaka*, S. 90–91.

121 **Er wedelte ärgerlich mit Pasternaks Telegramm vor Feltrinellis Gesicht herum:** Carlo Feltrinelli, *Senior Service*, S. 142.

122 **„Es ist egal, was mit mir passiert …":** Miriam H. Berlin, „A Visit to Pasternak", in *The American Scholar* 52, Nr. 2 (Sommer 1983), S. 327–335.

122 **„Vittorio, übermittle dies Feltrinelli …":** Carlo Feltrinelli, *Senior Service*, S. 140.

122 **„Dem Aussehen nach …":** Jewtuschenko, *A Precocious Autobiography*, S. 104.

122 **Pasternak und Jewtuschenko tranken:** Jewtuschenko, *Shestidesantnik, memuarnaya proza*, S. 386.

123 **Sowjetische Handelsvertreter in Paris und London:** The International Book Association an das ZK der KPdSU, 3. Oktober 1957, in Afiani und Tomilina, *Pasternak i Vlast'*, S. 84–85.

123 **Die sowjetische Botschaft in London:** Philip de Zulueta, britisches Außenministerium, Brief an den britischen Botschafter in Moskau, 8. März 1958, Titel: „Vetting and Translation of Dr. Zhivago" (Überprüfung und Übersetzung von Doktor Schiwago), im Nationalarchiv London, Dokumente des Premierministers. Gruppensignatur, PREM 11/2504.

123 **die „wegen des Buchs entstandene Atmosphäre":** Carlo Feltrinelli, *Senior Service*, S. 142.

123 **Man übergab ihm einen maschinengeschriebenen und vorgeblich von Pasternak unterzeichneten Brief:** D'Angelo, *Delo Pasternaka*, S. 98.

123 **„Es kam zu einer regelrechten Schlägerei":** Mancosu, *Inside the Zhivago Storm*, S. 76.

124 **„P. empfiehlt Dir, nicht darauf einzugehen ...":** Carlo Feltrinelli, *Senior Service*, S. 143.

124 **„In mir reifte die Überzeugung ...":** Mancosu, *Inside the Zhivago Storm*, S. 241.

124 **„Verzeihen Sie mir die Vorwürfe ...":** Carlo Feltrinelli, *Senior Service*, S. 143.

124 **„Um in den literarischen Kreisen des Westens ...":** ebd., S. 144.

124 **„Ich weiß sehr wohl, wie man solche Dokumente bekommt":** ebd.

125 **„freier Verleger in einem freien Land":** Giangiacomo Feltrinelli, zit. n. „Pubblicato in URSS il libro di Borghese sulla ‚X Mas' mentre si proibisce la stampa dell'ultimo romanza di Pasternak" (Publikation von Borgheses Buch in der UdSSR um Weihnachten, während der Druck von Pasternaks letztem Roman verboten wird), in *Corrispondenza Socialista*, 27. Oktober 1957.

125 **„mit Sirup übergossene Hyäne":** Carlo Feltrinelli, *Senior Service*, 143.

125 **„Der Kalte Krieg greift auf die Literatur über":** Gino Pagliarani, „Boris Pasternak e la cortina di ferro" (Boris Pasternak und der Eiserne Vorhang), *L'Unità*, 22. Oktober 1957, in Conquest, *Courage of Genius*, S. 66.

125 **„Ich habe gesehen, wie meine Freunde, Schriftsteller, vor meinen Augen verschwanden ...":** Alexei Surkow, *Mladost*, 2. Oktober 1957, in ebd.

126 **„*Time* und *Newsweek* sollten etwas unternehmen":** Mancosu, *Inside the Zhivago Storm*, S. 91.

126 **Er sei verwundert:** 16. November 1957, Brief von Boris Pasternak, Anhang zu einer Mitteilung des ZK der KPdSU, in Afiani und Tomilina, *Pasternak i Vlast'*, S. 86.

126 **Lieber Herr Feltrinelli:** Carlo Feltrinelli, *Senior Service*, S. 146.

126 **am 15. November 1957 gedruckt:** Die Druck- und Erscheinungstermine teilte uns Carlo Feltrinelli per E-Mail mit.

127 **„Si cerca il libello politico e si trova un'opera d'arte":** Giorgio Zampa, Besprechung von *Doktor Schiwago* im *Corriere della Sera*, 22. November 1957.

Kapitel 8

128 **in Form von zwei Filmrollen:** CIA, Depesche für den Leiter, WE [West-europa], „Transmittal of Film of Pasternak Book", 2. Januar 1958. Der Name des Absenders sowie Angaben zur Herkunft der Filme wurden entfernt. Standardmäßig legt die CIA Daten zur Zusammenarbeit mit verbündeten Geheimdiensten nicht einmal in Dokumenten offen, die mehr als 50 Jahre alt sind. Dennoch geht aus dem Dokument klar hervor, dass die Filme aus London kamen. Auch wollte der Absender über die Pläne der CIA informiert werden, um seine Aktivitäten mit denen der Agency koordinieren zu können. Es kann sich nur um den MI6 gehandelt haben. Zudem bestätigte ein US-Beamter, der mit einem der beiden Autoren dieses Buches sprach, dass das Manuskript aus Großbritannien stammte. Ein Sprecher der britischen Regierung teilte den Autoren mit, dass nach der Publikation von *MI6: The History of the Secret Intelligence Service 1909–1949*, der offiziellen Geschichte des MI6, im Jahr 2010 beschlossen wurde, die Archive nicht wieder zu öffnen.

128 **In einer Mitteilung an Frank Wisner:** CIA, Mitteilung des Leiters an den stellvertretenden Direktor (Plans), SR Division, „Request for Authorization to Obligate up to [redacted] from AEDINOSAUR", 9. Juli 1958.

128 **stellvertretender Marineattaché:** Trento, *The Secret History oft he CIA*, 497, Anmerkung 4. Maurys Name und die Namen anderer Personen wurden aus den CIA-Dokumenten entfernt, doch Maury wurde in zahlreichen Büchern als Leiter der Soviet Russia Division identifiziert, und frühere CIA-Mitarbeiter haben seine Identität im Gespräch mit den Autoren bestätigt.

129 **„Er hielt das Sowjetregime für die Fortsetzung des Zarenreichs …":** Chawchawadse, Crown and Trenchcoats, S. 224.

129 **„Unsere Spezialität war das *charochka* …":** ebd.

129 **die Briten drängten auf eine Veröffentlichung außerhalb der USA:** CIA, Mitteilung für PP Notes, „Publication of Pasternak's Dr. Zhivago", 8. September 1958. Dass die Briten keine Veröffentlichung in den USA wollten, ergibt sich aus dem Verhalten der CIA infolge dieses Memorandums und kommt darin auch ausdrücklich zur Sprache, obwohl alle Hinweise auf die Briten, wie bereits erwähnt, entfernt wurden.

129 **„möglichst viele ausländische Ausgaben":** CIA, Memorandum, „Pasternak's Dr. Zhivago", 12. Dezember 1957. Diese Mitteilung wurde wahrscheinlich vom Psychological and Paramilitary Staff verfasst.

130 **überließ der CIA die ausschließliche Kontrolle über die „Ausbeutung" des Romans:** CIA, Aktenvermerk, „Exploitation of Dr. Zhivago", 27. März 1959. Dieser Aktenvermerk lässt sich den Richtlinien des OCB nicht zuordnen. Die Bibliothekare der Eisenhower Presidential Library konnten keine schriftliche Anweisung an die CIA finden, wahrscheinlich, weil sie mündlich erteilt wurde. Das Protokoll eines OCB-Treffens am 7. November 1958, an dem auch DCI Allen Dulles teilnahm, enthielt dazu einen einzigen Satz: „Diskutierte und festgehaltene Aktionen, die

in Bezug auf den Fall Pasternak ergriffen werden." Eisenhower Presidential Library. Whithe House Office, Office of the Special Assistant for National Security Affairs: Records, Reihe OCB, Unterreihe Administration, Box 4: OCB Minutes of Meetings 1958 (6).

131 „die Chancen für eine graduelle gesellschaftliche Öffnung im Laufe der Zeit schrittweise verbessern könnte": Meyer, *Facing Reality*, S. 114.

131 „erschien natürlich und richtig": Wilford, *The Mighty Wurlitzer*, S. 147.

131 dass der Kalte Krieg auch ein kultureller war: Weitere Ausführungen hierzu und unterschiedliche Positionen zu den Verdiensten und zur Wirksamkeit von Operationen der CIA finden sich in Saunders, *The Cultural Cold War*, und Wilford, *The Mighty Wurlitzer*.

132 „die Vielfalt und Unterschiedlichkeit von Sichtweisen zum Ausdruck bringen ...": Michael Warner, „Sophisticated Spies: CIA Links to Liberal Anticommunists, 1947–1967", in *Journal of Intelligence and Counterintelligence* 9, Nr. 4 (1996), S. 425–433.

132 „einer der weltweit größten Förderinstitutionen": ebd.

132 „zentralisierte Herumspionieren": Jeffreys-Jones, *The CIA and American Democracy*, S. 35.

132 auch wenn der Justiziar der CIA zunächst unsicher war: Thorne et al.; *Foreign Relations of the United States*, 1945–1950, S. 622.

133 „Dinge zu tun, die getan werden mussten ...": Gaddis, *George F. Kennan*, S. 317.

133 „The Inauguration of Organized Poltical Warfare": Emergence of the Intelligence Establishment, S. 668–672.

133 Er hatte 1944 und 1945 sechs Monate lang in Bukarest gedient: Thomas, *The Very Best Men*, S. 21–23.

133 „Es schockierte die OSS-Spione gewaltig ...": Dobbs, *Six Months in 1945*, S. 14.

133 Wisner gliederte seine geplanten Geheimoperationen: Thorne et al., *Foreign Relations of the United States*, 1945–1950, S. 730–731.

134 1949 waren 302 Mitarbeiter der CIA in verdeckte Operationen involviert: US-Senat, *Final Report of the Select Committee to Study Government Operations with Respect to Intelligence Activities*, Buch 1, S. 107.

134 „Atmosphäre eines Tempelritterordens": Colby und Forbath, *Honorable Men*, S. 73.

134 „jungenhaft charmant und kühl, aber stets unter Spannung": Tom Braden, „I'm Glad the CIA Is Immoral", in *The Saturday Evening Post*, 20. Mai 1967.

134 „zusätzlichen Dimension": Winks, *Cloak & Gown*, S. 54.

135 „Vielleicht schicke ich Ihnen unter einem passenden Pseudonym sogar eine Geschichte": Cord Meyer in einem Brief an Robie Macauley, 19. September 1996, Cord Meyer Papers, Box 1, Ordner 8, Manuscript Division, Library of Congress.

135 seinen Roman *Partisans*: Saunders, *The Cultural Cold War*, S. 246.

135 „Im Frühling 1951 ging ich nach Washington ...": Meyer, *Facing Reality*, S. 63–64.

135 Zu seinen Mitgliedern gehörten Dwight D. Eisenhower: Saunders, *The Cultural Cold War*, S. 131; Wilford, *The Mighty Wurlitzer*, S. 31.

135 Tatsächlich erwirtschaftete das FEC nur etwa zwölf Prozent seines Budgets: Johnson, *Radio Free Europe and Radio Liberty*, S. 15.

135 den die CIA durch eine Bank an der Wall Street schleuste: Wilford, *The Mighty Wurlitzer*, S. 31.

136 genossen sie eine Menge Autonomie: Siehe Meyer, *Facing Reality*, S. 115. Dies ist auch A. Ross Johnsons These.

137 keinen „einzigen Heizer oder Kehrer ...": Critchlow, *Radio Hole-in-the-Head*, S. 15.

137 Der KGB nannte München: ebd.

137 Etwa ein Drittel der erwachsenen Sowjetbürger: Johnson, *Radio Free Europe and Radio Liberty*, S. 184.

137 „mächtige nichtmilitärische Kraft ...": Solschenyzin, *The Mortal Danger*, S. 129.

137 1958 gab die Sowjetunion mehr Geld für die Störung: Simo Mikkonen, „Stealing the Monopoly of Knowledge? Soviet Reactions to U.S. Cold War Broadcasting", in *Kritika: Explorations in Russian and Eurasian History* 11, Nr. 4 (2010), S. 771–805.

137 „Es weht ein neuer Wind ...": „Propaganda: Winds of Freedom", in *Time*, 27. August 1951.

138 In den nächsten fünf Jahren ließ das FEC 600 000 Ballons fliegen: Hixon, *Parting the Curtain*, S. 65–66.

138 Die tschechoslowakische Luftwaffe versuchte die Ballons abzuschießen: Reisch, *Hot Books in the Cold War*, S. 10.

138 „extrem beunruhigende Verletzung der Luftraumsouveränität vom Gebiet der Bundesrepublik aus": Johnson, *Radio Free Europe and Radio Liberty*, S. 72.

138 „Lasst es uns machen": John P. Matthews, „The West's Secret Marshall Plan for the Mind", in *Journal of Intelligence and Counterintellgence* 16, Nr. 3 (2003), S. 409–427.

139 „Es sollte keinen Totalangriff auf den Kommunismus geben ...": Reisch, *Hot Boots in the Cold War*, S. 15.

139 „Wir verschlingen [die Bücher] ...": Alfred A. Reisch, „The Reception and Impact of Western and Polish Émigré Books and Periodicals in Communist-Ruled Poland Between July 1, 1956, and June 30, 1973", in *American Diplomacy*, November 2012, http://www.unc.edu/depts/diplomat/item/2012/0712/comm/reisch_reception.html.

139 „Ihre unschätzbaren Publikationen ...": Reisch, *Hot Books in the Cold War*, S. 251.

140 „Wir hofften, mit unserem Buchprogramm die Leere zu füllen ...": Patch, *Closing the Circle*, S. 255–262.

140 in den Regalen des berühmten Kaufhauses Stockmann in Helsinki: Burton Gerber, früherer CIA-Verbindungsbeamter in Moskau, im Gespräch mit Finn in Washington D. C. am 20. November 2012.

140 **Mitglieder der Moskauer Philharmoniker:** Ludmilla Thorne, Brief, in *The New Yorker*, 21. November 2005, S. 10.

140 **in Konservendosen und Tamponschachteln:** Reisch, *Hot Books in the Cold War*, S. 515.

141 **„die Hauptursache für feindselige Gefühle":** Mark Kramer, Einführung zu Reisch, a.a.O., S. XXIII.

141 **„die CIA die christlichen Traditionen des Westens ...":** Richard Elman, „The Aesthetics of the CIA", in Richard Elman Papers, Box 1, (Zugang 1992), „Writings – Essays", Special Collection Research Center, Syracuse University Library.

141 **„im Ausland Bücher publizieren oder verteilen lassen":** Leiter der Covert Action, CIA, in US-Senat, *Final Report of the Select Committee to Study Governmental Operations with Respect to Intelligence Activities*, Buch 1, S. 192–195.

142 **Penkovsky Papers:** John M. Crewdson/Joseph B. Treaster, „The CIA's 3-Decade Effort to Mold the World's Views", in *The New York Times*, 25. Dezember 1977.

142 **„Sowjetliteratur als ein einheitliches und kollektives Ganzes, als mächtige Waffe der sozialistischen Kultur ...":** Hans-Jürgen Schmitt/ Godehard Schramm (Hrsg.), *Sozialistische Realismuskonzeptionen*, S. 80.

Kapitel 9

143 **Er habe Informationen:** Der amerikanische Generalkonsul in München an das Department of State, Foreign Service Dispatch, 7. März 1958, Department of State Central File, 1955–1959, 961.63: „Ceonsorship in the USSR", The National Archives, College Park, Maryland.

144 **„Lassen Sie die Gelegenheit nicht ungenutzt verstreichen ...":** Boris Pasternak in einem Brief an Jacqueline de Proyart, 7. Januar 1958, in Boris Pasternak, *Lettres à mes amies françaises (1956–1960)*, S. 81.

144 **Pasternak wusste, dass Mouton:** Jewgeni Pasternak, „Perepiska Borisa Pasternaka s Elen Pel't'e-Zamoiskoi" (Boris Pasternak/Hélène Peltier-Zamoiska, Korrespondenz), in *Snamja* 1 (1997), S. 118.

144 **Codenamen AEDINOSAUR:** CIA, Memorandum, 29. Oktober 1957.

144 **AE stand für:** Ein früherer CIA-Mitarbeiter, der sich bereiterklärte, anonym über die Agency und ihre Praktiken zu sprechen; Interview durch Finn.

145 **„drucken wir schwarz":** CIA, „Notes on PASTERNAK'S novel Dr. Zhivago", 13. Januar 1958.

145 **rund 18 Millionen Besucher:** Pluvings, *Expo 58: Between Utopia and Reality*, S. 11.

145 **Belgien gab 16 000 Visa an sowjetische Besucher aus:** Travel by Soviet Officials to Belgium, RG 59, 1955–1959, 033.6155, National Archives, College Park, MD.

145 „Dieses Buch hat großen Propagandawert": CIA, Memorandum für SR Division Branch Chiefs, „Availabilty of Dr. Zhivago in English", 24. April 1958.

146 „Stalinphobie": Les Evans, Einführung zu Cannon, *The Struggle for Socialism*, S. 14.

146 „war der organisierte Antikommunismus ...": Jason Epstein, „The CIA and the Intellectuals", in *The New York Review of Books*, 20. April 1967.

146 stand Hook nun als Berater bei der CIA unter Vertrag: Saunders, *The Cultural Cold War*, S. 157.

146 und verhandelte mit deren Direktor ... direkt: ebd., Seite 443, Anmerkung 4.

146 „Sie können mich nicht ausschließen ...": Wald, *The New York Intellectuals*, S. 287.

146 Morrow ... war ebenso charmant wie brillant: Alan M. Wald, der Morrow mehrmals interviewte, in einem Telefonat mit Finn, 12. November 2012.

147 mit einer Flasche Whiskey und einer Schachtel Pralinen: Auszug aus dem mündlichen Bericht Felix Morrows, Oral History Project, Columbia University. (Die komplette Mitschrift bleibt unter Verschluss, doch Morrows Tochter erlaubte uns, den Abschnitt, in dem es um Morrows Tätigkeit für die CIA geht, zu lesen und zu paraphrasieren.)

147 „gemeinsam mit antistalinistischen Gewerkschaftlern ...": Felix Morrow, Brief an Carl Proffer, 6. Oktober 1980, in Correspondence of Felix Morrow and Carl and Ellendea Proffer, University of Michigan Special Collections Library, Ann Arbor, Box 7 der Ardis Collection Records, Titel des Ordners: Ardis Author/Name Files – Morrow, Felix. Morrows Name ist in den CIA-Dokumenten gelöscht, doch er beschrieb seine Rolle 1980 und 1986 in mehreren Briefen an Carl Proffer von Ardis Publishers sowie in seinem mündlichen Bericht (siehe vorausgehende Anmerkung).

147 „erstaunliche und attraktive Aufgabe": ebd.

147 „angesichts des Zeitfaktors aber wahrscheinlich gerechtfertigt": CIA, Contact Report, 20. Juni 1958.

147 Am 23. Juni 1958 unterschrieb Morrow einen Vertrag: CIA, Aktennotiz, 20. Juni 1958.

147 Er erhielt eine Manuskriptkopie: CIA, Vertragskopie, 19. Juni 1958.

147 Die CIA wollte das Vorwort von einer „herausragenden Schriftstellerpersönlichkeit": CIA, Soviet Russia Division Memorandum „Background Information and Outstanding Problems on the Publication of Doctor Zhivago", 26. Juni 1958.

148 „sowohl das Original als auch die Repros von russischen Wissenschaftlern hatte prüfen lassen": Felix Morrow in einem Brief an Carl Proffer, 6. Oktober 1980, in Correspondence of Felix Morrow and Carl and Ellendea Proffer, University of Michigan Special Collections Library, Ann Arbor, Box 7 der Ardis Collection Records, Titel des Ordners: Ardis Author/Name Files – Morrow, Felix.

148 wurden die Repros für die CIA von der New Yorker Druckerei Rausen Bros. erstellt: Felix Morrow in einem Brief an Ellendea Proffer, 4. November 1986, in Correspondence of Felix Morrow and Carl and Ellendea Proffer, University of Michigan Special Collections Library, Ann Arbor.

149 „Ich kann veröffentlichen, wo ich will": CIA, Brief vom 7. Juli 1958. Auch Hinweise auf die University of Michigan Press wurden entfernt, doch aus Morrows Aussagen, anderen Dokumenten der CIA und den folgenden Ereignissen geht klar hervor, dass sie gemeint ist.

149 dass die University of Michigan Press die Publikation einer russischsprachigen Ausgabe von *Doktor Schiwago* plane: CIA, Aktennotiz, „AEDINOSAUR Meeting of July 17, 1958", 17. Juli 1958.

149 Sie argwöhnten, dass Morrow seinem Freund Fred Wieck ein Exemplar gegeben hatte: Auszug aus dem mündlichen Bericht Morrows (s.o.).

149 „das Interesse der CIA an dem Buch": CIA, Aktennotiz, „AEDINOSAUR – Recent Developments", 28. Juli 1958.

150 sagte der Vertreter der Soviet Russia Division, der University of Michigan Press müsse untersagt werden: CIA, Aktennotiz, „AEDINOSAUR – Events of 15–20 August"

150 um sich mit Harlan Hatcher ... zu treffen: CIA, „Report of Trip to [the University of Michigan] Regarding Publication of Doctor Zhivago", 2. September 1958. Die Namen des Universitätspräsidenten und der Name Fred Wieck (Verlagsleiter der University of Michigan Press) wurden entfernt. Morrow schrieb in seinem Brief an Proffer, dass die „CIA einen Unterhändler nach dem anderen zu Wieck und Hatcher" geschickt habe.

150 aus einer Reihe von Behelfsbauten: Burton Gerber, früherer CIA-Verbindungsbeamter in Moskau, im Gespräch mit Finn am 20. November 2012 in Washington D. C.

151 erklärte sich die University of Michigan Press bereit: CIA, Mitteilung des Commercial Staff an den Leiter der Soviet Russia Division, „Chronology of AEDINOSAUR", 14. Oktober 1958.

151 „Es ist unser Wunsch, [Morrow] gegenüber unmissverständlich klarzustellen ...": CIA, Aktennotiz, 10. September 1958.

151 ging sie bereits Gerüchten nach: CIA, Telex, 24. Februar 1958; CIA, Mitteilung, 28. Februar 1958; CIA, Aktennotiz, 3. März 1958.

151 ebenfalls von diesen Gerüchten gehört: Mancosu, *Inside the Zhivago Storm*, S. 112–113.

151 Die CIA finanzierte 1958: Bob de Graaff/Cees Wiebes, „Intelligence and the Cold War Behind the Dikes: The Relationship between the American and Dutch Intelligence Communities, 1946–1994", in Jeffreys-Jones/Andrew, *Eternal Vigilance? 50 years of the CIA*, S. 46.

152 beschloss die Soviet Russia Division, „in dieser Richtung" fortzufahren: CIA, Aktennotiz, AEDINOSAUR – Recent Developments", 28. Juli 1958. Alle Hinweise auf Mouton und den BVD sind in dieser und in den meisten anderen Mitteilungen und Aktennotizen der CIA getilgt, doch die folgenden Ereignisse und andere Dokumente der CIA lassen keinen Zweifel daran, dass die CIA diesen Weg eingeschlagen hatte. Eine Mit-

teilung für den stellvertretenden Director of Plans vom 28. November 1958 lässt darauf schließen, dass Mouton sich auf die Bedingungen der CIA einließ und sich bereiterklärte, die ersten 1 000 gedruckten Exemplare an die CIA zu liefern.

152 **Am 1. August wurden die von Morrow hergestellten Reproduktionsvorlagen:** CIA, Mitteilung des Acting Chief der Soviet Russia Division an den Acting Deputy Director (Plans), „Publication of the Russian edition of Dr. Zhivago", 25. November 1958.

152 **Der BVD entschloss sich, nicht direkt mit Mouton zu verhandeln:** Details über die Involvierung des BVD basieren auf Interviews mit Kees van den Heuvel in Leidschendam/Niederlande (1999–2000), mit Rachel van der Wilden, Witwe des BVD-Offiziers Joop van der Wilden in Den Haag (6. August 2012), mit Barbara und Edward van der Beek, den Kindern von Rudy van der Beek, in Voorburg/Niederlande (4. Januar 2012), auf der Korrespondenz mit dem pensionierten Historiker des BVD Dirk Engelen (E-Mail vom 9. Februar 2010) und auf Diskussionen mit dem auf den Kalten Krieg spezialisierten Historiker Paul Koedijk (in den letzten Jahren). Siehe auch Petra Couvée, „Leemten in het lot. Hoe Dokter Zjivago gedrukt wird in Nederland", in *De Parelduiker* 2 (1998), S. 28–37; Petra Couvée, „Een geslaagde stund, Operatie Zjivago de ontknoping", in *De Parelduiker* 1 (1999), S. 63–70; und Vos, *De Geheime Dienst*.

152 **Die drei Männer unterhielten sich 20 Minuten lang:** Peter de Ridder, Interview durch Couvée in Lisse/Niederlande, Oktober 2008.

152 **Noch im selben Jahr äußerte er gegenüber einem Zeitungsreporter:** Peter de Ridder, „Geheimzinnige uitgave van Pasternak. Door Russen verbannen roman in Nederland – clandestien? – gedrukt?", *Haagsche Post*, 4. Oktober 1958, S. 5–6.

153 **„Ich war der Meinung, dass das Buch publiziert werden müsse":** Peter de Ridder, Interviews in Lisse/Niederlande: durch Couvée am 13. August 1997 und durch Finn und Couvée am 29. Juli 2008.

153 **In der ersten Septemberwoche:** CIA, Memorandum für PP Notes, „Publication of Pasternak's Dr. Zhivago", 8. September 1958.

153 **Die Bücher wurden in braunes Papier gewickelt:** Rachel van der Wilden, Witwe von Joop van der Wilden und selbst ehemalige Mitarbeiterin des MI6, im Gespräch mit Couvée in Den Haag (16. August 2012). Joop van der Wilden hatte eins der Bücher, so wie es war – in braunes Papier gewickelt und auf den 6. September datiert – aufgehoben. Rachel van der Wilden besitzt dieses Exemplar noch heute. Auch in der CIA-Mitteilung vom 25. November 1958 (s.o.) wird behauptet, dass der Roman „Anfang September" gedruckt wurde.

153 **200 Exemplare gingen an das CIA-Hauptquartier in Washington:** CIA, Mitteilung an den Leiter PRD, „Distribution of Russian Copies of Dr. Zhivago", 31. Oktober 1958.

154 **Sputnik-Satelliten, landwirtschaftliche Maschinen:** Zur Beschreibung der Expo siehe *The New York Times*, 27. April 1958, und 11. Mai 1958; *The Washington Post*, 25., 26. und 27. Mai 1958.

154 „Die sozialistischen Wirtschaftsprinzipien werden dafür sorgen ...": Pluvinge, *Expo 58: Between Utopia and Reality*, S. 93.

154 „Soweit wir die sowjetischen Pläne kennen ...": Rydell, *World of Fairs*, S. 200.

155 „schwere, zu Tode gerittene, ermüdende Propaganda": ebd., S. 197.

155 entschied er sich für Abraham Lincoln: Mitteilung von Betty Rose, die Besucher über die Expo führte, an William Buell, Travel by Soviet Officials to Belgium RG 59, 1955–1959, 033.6155, National Archives, College Park MD.; „2 Red Leaders Visit U.S. Pavilion at Fair", *The Washington Post*, 5. Juli 1958.

155 „Das sind alles Lügen ...": Boris Agapow, „Poezdka v Bryussel'" (Eine Reise nach Brüssel), *Nowy Mir* (Januar 1959), S. 162.

156 Angehörige „der führenden, privilegierten Klassen": Joos, *Deelneming van de H. Stoel aan de algemene Wereldtentoonstelling van Brussel 1958*, S. 627.

156 Ihm verdanken wir einen der wenigen Berichte: Boris Agapow, „Poezdka v Bryussel'" (Eine Reise nach Brüssel), *Nowy Mir* (Januar 1959), S. 155–159.

158 „Ist es wahr, dass *Doktor Schiwago* im Original erschienen ist?": Kosowoi, *Poet v katastrofe*, S. 250.

158 „Dieser Abschnitt kann als rundum gelungen betrachtet werden": CIA, Aktennotiz, „Status of AEDINOSAUR as of 9 September 1958", 9. September 1958.

158 „In Dankbarkeit für Ihren Mut ...": Rachel van der Wilden, die im Besitz dieses Exemplars ist, im Gespräch mit Couvée in den Haag am 16. August 2012.

158 „Soeben habe ich gesehen ...": Mancosu, *Inside the Zhivago Storm*, S. 131–136.

158 Der *Spiegel* verfolgte die Berichte: *Der Spiegel*, 29. Oktober 1958, S. 63–64, zit. n. http://magazin.spiegel.de/EpubDelivery/spiegel/pdf/41759503.

159 Pasternak, der den *Spiegel*-Artikel offenbar gelesen hatte: Boris Pasternak, Brief an Waleria Prischwina, 12. Dezember 1958, in *Polnoe Sobranie Sochinenii*, Band 10, S. 408.

159 „kurz vor dem Ende der Brüsseler Weltausstellung ...": Lewis Nichols, „In and Out of Books", in *The New York Times*, 2. November 1958.

159 „lediglich einem bedauerlichen Missverständnis geschuldet": Eine solche Anzeige erschien am 22. Januar 1959 in der *New York Times Book Review*, S. 22.

160 „kostenlose Exemplare von *Doktor Schiwago*" zugestellt: Entwurf einer Stellungnahme Antoine Ilcs von der Organisation Pro Russia Cristiana für eine Pressekonferenz im Foyer Oriental Chrétien, Brüssel, 10. November 1958. Life with God Papers, Ordner I. 6.3, Fondazione Russia Cristiana, Seriate/Italien.

160 „Dieser bizarre Verein von Amateurspionen ...": Quincy (Pseudonym), *National Review Bulletin*, 15. November 1958.

160 Das niederländische Verlagshaus erklärte sich bereit, weitere 5000 Exemplaren von *Doktor Schiwago* zu drucken: Cornelius van Schooneveld, Brief an Roman Jakobson, 11. November 1958, in der Sammlung C. H. van Schooneveld, Universität Leiden/Niederlande.

160 ließ den Vertrieb überwachen: CIA, Memorandum, 21. November 1958.

160 „die 12 oder 14 Russisch-Experten unter den Kritikern ...": *The New York Times*, 2. November 1958.

160 ein Exemplar der Ausgabe, die Mouton für die CIA gedruckt hatte: Mancosu, *Inside the Zhivago Storm*, S. 165–166; Couvée, *De Parelduiker* 2 (1998), S. 28–37.

160 „Ihre schöne russische Ausgabe ist voller Druckfehler": Carlo Feltrinelli, *Senior Service*, S. 194.

160 „Es ist fast ein anderer Text ...": Boris Pasternak in einem Brief an Jacqueline de Proyart, 30. März 1959, in Boris Pasternak, *Lettres à mes amies françaises (1956–1960)*, S. 152. (Proyart gab schließlich eine redigierte, korrekte Version bei der University of Michigan Press heraus.)

161 „Es ist unsere Pflicht, Sie darauf hinzuweisen ...": Giangiacomo Feltrinelli, Brief an die University of Michigan Press, 8. Oktober 1958, in University of Michigan Press Papers, University of Michigan Special Collections Library, Ann Arbor, Box 1, Titel des Ordners: University of Michigan Press Pasternak Records – Dr. Zhivago – Pre-Publication Records – Copyright Negotiations.

161 „Wir wären interessiert daran, zu erfahren ...": Fred Wieck, Brief an Giangiacomo Feltrinelli Editore, 20. Oktober 1958, in University of Michigan Press Papers, University of Michigan Special Collections Library, Ann Arbor.

161 „werden wir Zeugen des erstaunlichen Spektakels ...": Kurt Wolff, Brief an Harlan Hatcher, 13. November 1958, in University of Michigan Press Papers, University of Michigan Special Collections Library, Ann Arbor.

161 „Es ist also offensichtlich, warum wir uns darüber ärgern ...": Harlan Hatcher, Brief an Kurt Wolff, 21. November 1958, in University of Michigan Press Papers, University of Michigan Special Collections Library, Ann Arbor.

162 der ganze Ärger mit dem Druck „sich angesichts des offensichtlichen Effekts auf die Sowjets" letztlich gelohnt habe: CIA, Telegramm des Direktors, 5. November 1958.

162 „Auf dem Schwarzmarkt sollen sie für 200–300 Rubel gehandelt werden": „From the Other Shore", *Encounter* 11 Nr. 6 (Dezember 1958), S. 94.

Kapitel 10

163 **Gut ein Dutzend Freunde:** So Max Frankel in einem Gespräch mit Finn am 5. März 2013 in New York.

163 **„Dieses Buch ist das Ergebnis einer unglaublichen Zeit.":** Frankel, The Times of My Life, S. 169.

163 **„mehr als alles andere":** Blokh, *Sovetskii Soyuz v Inter'ere Nobelevskikh premii*, S. 407, Anm. 11. Anna Achmatowa bemerkte dies 1962 einem Mitglied der Schwedischen Akademie gegenüber.

163 **„Sie werden mich für unbescheiden halten":** Max Frankel, „Author Hoped for Prize" in: *The New York Times*, 25. Oktober 1958.

164 **„die im Bereich der Literatur das Vorzüglichste in idealistischer Richtung geschaffen hat":** Espmark, *Der Nobelpreis für Literatur*, S. 1.

164 **„um für die Reinheit, die Kraft und die Majestät der schwedischen Sprache zu arbeiten":** Svensén, *The Swedish Academy and the Nobel Prize in Literature*, S. 44.

164 **214 599,40 schwedischen Kronen:** *Haagsche Courant*, 11. Oktober 1958.

165 **da er den Autoren als häufig zu unzugänglich für den durchschnittlichen Leser empfand:** Kjell Strömberg, Der Preis 1958 in der Nobelpreis-Bibliothek: Pasternak, S. 375.

165 **„neben Hemingway zu stehen":** Boris Pasternak, Brief an Olga Freudenberg vom 12. November 1954, in: Boris Pasternak / Olga Freudenberg: *Briefwechsel 1910–1954*, S. 414f.

165 **„Wenn man mir, wie einige glauben":** Boris Pasternak in einem Brief an Lydia Pasternak Slater vom 18. Dezember 1957, in: Johanna Renate Döring-Smirnov (Hrsg.), Boris Pasternak: Eine Brücke aus Papier. Die Familienkorrespondenz 1921–1960, S. 443.

166 **„nach dem Vorbild von *Krieg und Frieden* geformt":** Renato Poggioli in einem Brief an die Schwedische Akademie vom 20. Januar 1958, im Pasternak-Dossier, Archiv der Schwedischen Akademie.

166 **„frischen, erfindungsreichen, schwierigen Stil":** Ernest Simmons in einem Brief an die Schwedische Akademie vom 14. Januar 1958, im Pasternak-Dossier, Archiv der Schwedischen Akademie.

166 **„In einer Welt":** Harry Levin in einem Brief an die Schwedische Akademie vom 15. Januar 1958, im Pasternak-Dossier, Archiv der Schwedischen Akademie.

167 **„Ein starker patriotischer Akzent leuchtet hier auf":** zitiert in Kjell Strömberg, Der Preis 1958 in der Nobelpreis-Bibliothek: Pasternak, S. 375.

167 **Diese Zeitungsartikel wurden zwar für das Zentralkomitee ins Russische übersetzt:** Die Übersetzungen aus dem November 1957 in Afiani und Tomilina, *Pasternak i Vlast'*, S. 101–104.

167 **Polikarpow behauptete in einer Mitteilung:** 20. Februar 1958, Mitteilung der Abteilung für Kultur im Zentralkomitee, in Afiani und Tomilina, *Pasternak i Vlast'*, S. 101–105.

168 „nach der Hälfte des zwanzigsten Jahrhunderts": Calvino, *Warum Klassiker lesen?*, S. 192.

168 „Was den Roman so seltsam erscheinen lässt": Victor Frank, „A Russian Hamlet", in *The Dublin Review* (Herbst 1958), S. 212.

168 „in einer offensichtlich zensierten Fassung": Boris Pasternak in einem Brief an Jelena Blaginina vom 16. Dezember 1957, in Jewgeni Pasternak, *Boris Pasternak: The Tragic Years*, S. 230f.

169 Versuche, Pasternak „kanonisieren" zu wollen: *Literaturnaja Gaseta*, 28. November 1957.

169 „Die Kritiken waren begeistert": Piotr Suwtschinski in einem Brief an Boris Pasternak vom 28. Januar 1958, in Kosowoi, *Poet v katastrofe*, S. 219f.

169 „Ich bedauere den Lärm, der [um mein Buch] gemacht wird": Gerd Ruge, „A Visit to Pasternak", in Encounter 10, Nr. 3 (März 1958), S. 22–25. Ruge besuchte Pasternak Ende 1957 zum ersten Mal. Vgl. dazu auch Ruge, *Pasternak. Eine Bildbiographie*, S. 98ff.

169 „eines Bettes im Kreml-Krankenhaus nicht würdig": Tschukowski, *Diary*, Eintrag vom 1. Februar 1958.

170 „Niemande und Speichellecker": ebd., Eintrag vom 3. Februar 1958.

170 Den sorgenvollen Freunden am Wegrand: ebd., Eintrag vom 7. Februar 1958.

170 „Mehr und mehr zieht mich das Schicksal an einen unbekannten Ort": Boris Pasternak in eine Brief an G.W. Bebutow vom 24. Mai 1958, in Boris Pasternak, *Letters to Georgian Friends*, S. 170.

170 „Mein erster Eindruck war": Lydia Tschukowskaja, „Otryvki iz dvevnika" (Tagebuch-Fragmente), Eintrag vom 22. April 1958, in Boris Pasternak, *Polnoe Sobranie Sochinenii*, Band 11, S. 433.

171 „geformt wie eine tragische Figur": Kornei Tschukowski, *Diary*, Eintrag vom 22. April 1958, S. 431.

171 „Genug zu sagen": Kurt Wolff in einem Brief an Boris Pasternak vom 12. Februar 1958, in Wolff, *Im Meer der Hingabe. Briefwechsel 1958–1960*, S. 31f.

171 brach er in Tränen aus: Hingley, *Pasternak*, S. 235.

171 Er schrieb de Proyart: Boris Pasternak in einem Brief an Jacqueline de Proyart vom 9. Juli 1958, in Boris Pasternak, *Lettres à mes amies françaises (1956–1960)*, S. 102.

171 „Ich wäre nichts ohne das Russland des neunzehnten Jahrhunderts": Albert Camus in einem Brief an Boris Pasternak vom 9. Juni 1958, in *Canadian Slavonic Papers / Revue Canadienne Des Slavistes* 22, Nr. 2 (Juni 1980), S. 276–278.

171 „All jene, die mit dem sowjetischen Roman der letzten 25 Jahre vertraut sind": *The New York Times*, 7. September 1958.

172 dass „uns dieses Buch wie ein Flüchtling erreicht hat": *Frankfurter Allgemeine Zeitung*, 4. Oktober 1958, in Sieburg, *Zur Literatur 1957–1963*, S. 92.

339

Kapitel 11

179 **Iwanowa war begeistert:** Tamara Iwanowa, „Boris Leonidovich Pasternak", in Boris Pasternak, *Polnoe Sobranie Sochinenii*, Bd. 11, S. 289.

180 **„Ich kenne Pasternak als einen wahren Poeten":** UPI, 23. Oktober 1958.

180 **Doch Fedin ignorierte sie:** Sinaida Pasternak, *Vospominaniya*, in Boris Pasternak, *Vtoroe Rozhdenie*, S. 369.

181 **„Ich werde dir nicht gratulieren":** Kornei Tschukowski, *Diary,* Eintrag vom 27. Oktober 1958, S. 435.

181 **‚Ihr könnt mit mir machen, was immer ihr wollt.':** Dmitri Polikarpow, Notiz an Michail Suslow vom 24. Oktober 1958, in Afiani und Tomilina, *Pasternak i Vlast'*, S. 146f.

181 **„Tu das, was dir richtig erscheint":** Tamara Iwanowa, „Boris Leonidovich Pasternak", in Boris Pasternak, *Polnoe Sobranie Sochinenii*, Bd. 11, S. 290.

182 **Er sagte ihnen, dass er Sinaida nicht mit nach Stockholm nehmen werde:** Jelena Tschukowskaja, „Nobelevskaya premiya" (Der Nobelpreis), in Boris Pasternak, *Polnoe Sobranie Sochinenii*, Bd. 11, S. 738f.

182 **Man diagnostizierte einen möglichen Gehirnschlag:** Tamara Iwanowa, „Boris Leonidovich Pasternak", in Boris Pasternak, *Polnoe Sobranie Sochinenii*, Bd. 11, S. 290f.

182 **wurde das Gesicht des Dichters „dunkel":** Tschukowski, *Diary*, Eintrag vom 27. Oktober 1958, S. 435.

182 **als sei „er amputiert worden":** Tamara Iwanowa, „Boris Leonidovich Pasternak", in Boris Pasternak, *Polnoe Sobranie Sochinenii*, Bd. 11, S. 291f.

183 **„Es würde keine Gnade geben, das war klar":** Tschukowski, *Diary*, Eintrag vom 27. Oktober 1958, S. 435.

183 **Pasternak erkundigte sich bei Tamara Iwanowa:** Tamara Iwanowa, „Boris Leonidovich Pasternak", in Boris Pasternak, *Polnoe Sobranie Sochinenii*, Bd. 11, S. 291f.

183 **Liebe Jekaterina Alexejewna:** Boris Pasternaks Brief an Jekaterina Furzewa vom 24. Oktober 1958, in ebd , Bd. 10. S. 398.

184 **„Was glaubst du":** Iwinskaja, *Lara*, S. 273.

184 **Das verachtete Radio Liberation kündigte an:** UPI, 23. Oktober 1958.

184 **„Sie und all jene, die diese Entscheidung getroffen haben":** 26. Oktober 1958, Anweisung an die sowjetische Botschaft in Schweden, in Afiani und Tomilina, *Pasternak i Vlast'*, S. 147–149; Pasternak-Dossier, Archiv der Schwedischen Akademie.

185 **Schon um 6 Uhr bildeten sich Schlangen:** Michel Tatu, „En dépit des attaques du congrès des écrivains Russes, «L'Affaire Pasternak» semble terminée" (Trotz der Angriffe auf den Kongress des russischen Schriftsteller scheint die „Affäre Pasternak" zu ihrem Ende gekommen zu sein), *Le Monde*, 11. Dezember 1958.

185 **Die 880 000 Exemplare der Zeitschrift:** Koslow, *The Readers of Nowyi Mir*, S. 112.

185 **„Der innere Emigrant Schiwago":** Vorwort, *Literaturnaja Gaseta*, 25. Oktober 1958. Vgl. Conquest, *Courage of Genius*, Anhang II, S. 136–163 für eine vollständige Übersetzung des Vorworts.

186 Drei Studenten in Leningrad: Koslow, *The Readers of Nowyi Mir*, S. 128.
186 Nur 110 von 300 Literatur-Studenten: Jemeljanowa, *Legendy Potapovskogo pereulka*, S. 106f.
186 „mit gierig gekrümmten Fingern [...] nach einem prall gefüllten Dollar-Sack [grapschte].": Iwinskaja, *Lara*, S. 275.
187 rund 45 Schriftsteller: 28. Oktober 1958, Notiz für das Zentralkomitee, in Afiani und Tomilina, *Pasternak i Vlast'*, S. 155.
187 Zu dieser Zeit lag Surkow im Sanatorium: Memorandum von Polikarpow vom 28. Oktober 1958, in ebd., S. 157.
187 „moralische Unterstützung": *Le Monde*, 26. und 27. Oktober 1958.
188 „Zaslawski hat nur als Skandaltreiber gewirkt": Koslow, *The Readers of Nowyi Mir*, S. 128.
188 Im Mai 1929 begann Zaslawskis Karriere: Kemp-Welsh, *Stalin and the Literary Intelligentsia*, S. 289.
188 „eine besonders düstere Nuance": Fleishman, *Boris Pasternak: The Poet and his Politics*, S. 289.
188 „Reaktionärer Propaganda-Eklat": *Prawda* vom 26. Oktober 1958. Vgl. Conquest, *Courage of Genius*, Anhang III, S. 164–172 für die vollständige Übersetzung des Artikels.
189 „Das Radio, von fünf Uhr morgens": Kadare, *Le Crépuscule des dieux de la steppe*, S. 138.
189 „Jeder hörte schweigend zu": Gladkow, *Meetings with Pasternak*, S. 166.
189 doch tatsächlich litt er darunter: Iwinskaja, *Lara*, S. 276.
190 Drum finden in Vorfrühlingstagen: Boris Pasternak, *Die Erde*, in Boris Pasternak, *Gedichte und Poeme*, S. 397f. Nachgedichtet von Richard Pietraß.
190 „Dumme Frage!": Ebd., S. 277.
190 seinen Lehrer genannt hatte: Gladkow, *Meetings with Pasternak*, S. 167.
190 „Die Meinung der Partei zu ignorieren": Iwinskaja, *Lara*, S. 281.
191 „Warum? Das Schlimmste ist": Vitale, *Shklovsky: Witness to an Era*, S. 29f.
191 „ergriffen von dem krankmachenden, feuchtkalten Gefühl": Gladkow, *Meetings with Pasternak*, S. 167.
192 „Ich glaube auch jetzt noch": Boris Pasternaks Brief an den Vorstand des Schriftstellerverbands vom 27. Oktober 1958, in Afiani und Tomilina, *Pasternak i Vlast'*, S. 153.
192 „den kalten Augen eines pflichtgetreuen Angestellten": Wjacheslaw Iwanow, *Zvezda*, 2 (2010), S. 113.
192 Pasternaks Brief wurde verlesen: Polikarpows Bericht an das Zentralkomitee vom 28. Oktober 1958, in ebd., S. 157.
193 „der Verräter verdient die Kugel": Iwinskaja, *Lara*, S. 325.
193 „harsch, sehr direkt, feindselig": Konstantin Wanschenkin, „Kak isklyuchali Pasternak" (Wie Pasternak ausgestoßen wurde), in Boris Pasternak, *Polnoe Sobranie Sochinenii*, Bd. 11, S. 740–747.
193 In ihrem Tagebuch: Lydia Tschukowskaja, *Zapiski ob Anne Akhmatovoi*, Bd. 2, S. 311.

193 Tschukowski hatte erst kurz zuvor die Abteilung für Übersetzung: Dmitri Tschukowski im Gespräch mit Finn und Couvée im Mai 2012 in Moskau.

194 **Eine lange, sehr formale Resolution:** Tass, 28. Oktober 1958. Vgl. die vollständige Resolution in Conquest, *Courage of Genius*, Anhang IV, S. 173–175.

195 **„Schönen guten Tag, Mikrophönchen!":** Iwinskaja, *Lara*, S. 284.

195 **erwartete sie jeden Augenblick einen „Stopp!"-Ruf:** Lydia Tschukowskaja: *Zapiski ob Anne Akhmatovoi*, Bd. 2, S. 316–319.

196 **„Es ist nun genug":** Iwinskaja, *Lara*, S. 284ff.

197 **„einen Brief an wen auch immer zu schreiben":** Fedins Brief an Polikarpow vom 28. Oktober 1958, in Afiani und Tomilina, *Pasternak i Vlast'*, S. 160.

197 **„Natürlich werden sie dir nichts antun":** Jewgeni Pasternak, „Poslednie gody" (Die letzten Jahre), in Boris Pasternak, *Polnoe Sobranie Sochinenii*, Bd. 11, S. 684.

198 **Erst zum dritten Mal:** „Three Rejections of Nobel Prize Preceded Pasternak's", *The New York Times*, 31. Oktober 1958.

198 **„Ich habe diese Entscheidung ziemlich alleine getroffen":** Conquest, *Courage of Genius*, S. 93.

198 **„Mein Vater war nicht wiederzuerkennen":** Jewgeni Pasternak, Boris Pasternak: The Tragic Years, S. 237.

198 **„nicht auf dumme Gedanken":** Iwinskaja, *Lara*, S. 288.

199 **„Dies ist eine noch schmutzigere Provokation":** „Judgement on Pasternak: The All-Moscow Meeting of Writers, Oct 31, 1958, Stenographic Report", *Survey* (Juli 1966), S. 134–163.

Kapitel 12

200 **„Wir werden schon eine geeignete Stelle finden":** Semitschastny, *Bespokoynoe serdtse*, S. 72–74.

200 **vor 12 000 jungen Menschen:** Max Frankel, „Young Communist Head Insists Writer Go to ‚Capitalist Paradise'", *The New York Times*, 30. Oktober 1958.

200 **„Wie es im russischen Sprichwort heißt":** *Komsomolskaja Prawda* vom 30. Oktober 1958. Für den vollständigen Text der Pasternak-Passage vgl. Conquest, *Courage of Genius*, Anhang V, S. 176f und Iwinskaja, *Lara*, S. 289.

201 **„Nie im Leben":** Siniaida Pasternak, *Vospominaniya*, in Boris Pasternak, *Vtoroe Rozhdenie*, S. 372f.

202 **„Ich muss mit meinen Birken leben":** Iwinskaja, *Lara*, S. 289.

202 **„Sagen Sie mir, was wir tun sollen":** ebd., S. 290.

202 **das Haus in Peredelkino würde von einem Mob:** ebd., S. 292.

203 **eine Gruppe örtlicher Rowdys:** Gladkow, *Meetings with Pasternak*, S. 168.

203 **Unmittelbar nach Semitschastnys Rede:** Britische Botschaft an das Außenministerium in einem vertraulichen Memorandum vom 8. Dezember 1958, in Nobel Prize for Pasternak Classmark FO 371/135422, National Archives, London.

203 **er würde wohl auch nicht schaden:** Jemeljanowa, *Pasternak i Ivinskaya: provoda pod tokorn*, S. 212.

203 **„Was denkt ihr":** Wjacheslaw Iwanow, *Zvezda*, 2 (2010), S. 120.

204 **„Von wem ist der Brief?":** Jemeljanowa, *Legendy Potapovskogo pereulka* (Legenden der Potapow-Straße), S. 136f.

205 **„Er hat sein Manuskript an den italienischen Verleger Feltrinelli geschickt":** „Judgement on Pasternak: The All-Moscow Meeting of Writers, October 31, 1958, Stenographic Report", *Survey* (Juli 1966), S. 134–163.

205 **seinen Versuch, Pasternaks Art zu reden zu imitieren:** Iwinskaja, *Lara*, S. 312.

206 **„Keine Bange":** ebd., S. 313.

206 **„junge Literatur":** Wjacheslaw Iwanow, *Zvezda*, 2 (2010), S. 119.

206 **„Ich schäme mich dafür":** Lipkin, *Kvadriga*, S. 510f.

206 **„Einigen wir uns darauf":** Wladimir Solouchin, „Time to Settle Acounts", *Sowetskaja Kultura* (Sowjetische Kultur), 6. Oktober 1988.

207 **dreißig Jahre lang diese Ihre Sünde:** Jewgeni Jewtuschenko, „Execution by One's Own Conscience", *Sowetskaja Kultura* (Sowjetische Kultur), 13. Oktober 1988.

207 **„ausgesprochen gemeine" Rede:** Kornei Tschukowski, *Dvevnik*, Eintrag vom 14. Januar 1967, S. 518.

207 **„genialen Datscha-Bewohner":** De Mallac, *Boris Pasternak*, S. 161.

207 **„für immer zur russischen Dichtung":** ebd., S. 130.

208 **Nach seiner Rede trat Zelinski:** Tschukowski, *Dvevnik*, Eintrag vom 6. Dezember 1965.

208 **„Das stimmt nicht! Nicht einstimmig!":** Konstantin Wanschenkin, „Kak isklyuchali Pasternaka" (Wie Pasternak ausgestoßen wurde), in Boris Pasternak, *Polnoe Sobranie Sochinenii*, Bd. 11, S. 747.

208 **„An der Raserei, der Giftigkeit und Intensität":** „Pasternak and the Pygmies", *The New York Times*, 27. Oktober 1958.

209 **„ein intellektuelles Budapest":** „Pasternak Fate Studied", *The Washington Post*, 3. November 1958.

209 **Drei Mitglieder der Schwedischen Akademie:** Britische Botschaft an das Außenministerium in einem vertraulichen Memorandum, Nobel Prize for Pasternak Classmark FO 371/135422, National Archives, London.

209 **westliche Korrespondenten waren eingeladen:** Max Frankel, „Young Communist Head Insists Writer Go to ‚Capitalist Paradise'", *The New York Times*, 30. Oktober 1958.

209 **„die Anerkennung der Schwedischen Akademie":** *Prawda*, 29. Oktober 1958. Vgl. Conquest, *Courage of Genius*, S. 81.

210 **Feltrinelli hielt sich gerade in Hamburg auf:** Carlo Feltrinelli und Inge Schönthal-Feltrinelli, Interview durch Finn und Couvée am 2. Juni 2012 in Mailand.

210 **„Wir sind in Sorge":** Conquest, *Courage of Genius*, S. 97.

210 „Ich werde ihm die erforderlichen Bedingungen verschaffen": Iwinskaja, *Lara*, S. 329.

211 „Das ist phantastisch": Kurt Wolff, Brief an Boris Pasternak vom 25. Oktober 1958, in Pasternak/Wolff, *Im Meer der Hingabe*, S. 76.

211 „Sie sind über die Literaturgeschichte hinaus": Kurt Wolff, Brief an Boris Pasternak vom 14. Dezember 1958, in Pasternak/Wolff, *Im Meer der Hingabe*, S. 82.

211 „Das System des internationalen Kommunismus": Associated Press, 29. Oktober 1958.

211 „die Art, wie die Kommunisten Pasternak behandeln": Notiz aus dem Treffen vom 4. November 1958, Albert Washburn Papers, Box 16. Eisenhower Presidential Library.

212 „Reaktionen der Abscheu und des Schreckens": CIA, Memorandum für den Director of Central Intelligence, 30. Oktober 1958.

212 „erheblichen Diskussionen": CIA, Akten-Memorandum, 5. November 1958.

212 „Zünder" für antisowjetische Berichterstattung: CIA, geheime Nachricht an den Direktor, 28. Oktober 1958.

213 „freie Gedanken und dialektischer Materialismus": CIA, Current Intelligence Weekly Review, 6. November 1958.

213 Der brasilianische Autor Jorge Amado: Conquest, *Courage of Genius*, S. 99.

213 Die brasilianische Zeitung *Última Hora:* CIA, Current Intelligence Weekly Review, 6. November 1958.

213 „Seit 1917 bin ich ein Freund Ihres wunderbaren Landes": Sean O'Casey, Brief an O.Prudkow vom 7. November 1958, in O'Casey, *The Letters of Sean O'Casey*, Bd. 3, S. 645.

213 Der isländische Romancier Halldór Laxness: Britische Botschaft in Reykjavik an das Außenministerium, 31. Oktober 1958, Nobel Prize for Boris Pasternak. Classmark FO371/135422, National Archives, London.

214 „Island?": Associated Press, 31. Mai 1959.

214 die indische Öffentlichkeit dieser tägliche Missbrauch schmerze: „Nehru Regrets Soviet Stand", *The New York Times*, 8. November 1958.

214 „Ein renommierter Autor": Conquest, *Courage of Genius*, S. 100.

214 Auch die kulturelle Diplomatie der Sowjetunion: CIA, Current Intelligence Weekly Review, 6. November 1958.

214 „Genug. Er hat seine Fehler eingestanden": Sergei Chruschtschow, *Khrushchev on Khrushchev*, S. 209.

214 „Olga Wsewolodowna, meine Liebe": Iwinskaja, *Lara*, S. 314. (Die folgenden Gespräche mit Polikarpow und dessen Treffen mit Boris Pasternak am 31. Oktober sind alle, bis auf gekennzeichnete Ausnahmen, Iwinskaja, S. 314–321, entnommen.)

215 brach er weinend zusammen: Maslenikowa, *Portret Borisa Pasternaka*, S. 118.

215 „Auch darum bin ich auf der Welt": Boris Pasternak, *Die Erde*, in Boris Pasternak, *Gedichte und Poeme*, S. 397f. Nachgedichtet von Richard Pietraß.

Kapitel 13

219 „Zorn und Empörung": „Gnev i vozmushchenie. Sovetskie lyudi osuz-
hdayut deistviya B. Pasternaka" (Zorn und Empörung. Das sowjetische
Volk verurteilt B. Pasternaks Verhalten), *Literaturnaja Gaseta*, 1. November 1958.

219 „ein Mädchen aus der Redaktion": Lydia Tschukowskaja, *Zapiski ob
Anne Akhmatovoi*, Bd. 2, S. 331.

219 Die Zeitung war tatsächlich mit Briefen überschwemmt worden:
Koslow, *The Readers of Nowyi Mir*, S. 116.

220 „Die Revolution blieb zentraler Bestandteil": ebd., S. 125.

220 „Es gab weiterhin den eindeutigen Beweis": Bargoorn, *The Soviet Cultural Offensive*, S. 156.

220 Es gibt Hinweise darauf: Koslow, *The Readers of Nowyi Mir*, S. 126.

220 „Von Judas an Pasternak": Hinweis darauf aus Boris Pasternaks Brief
an O. Gontscharjow vom 18. Februar 1959, in Boris Pasternak, *Polnoe
Sobranie Sochinenii*, Bd. 10, S. 430.

221 Der deutsche Journalist Gerd Ruge: Iwinskaja, *Lara*, S. 328.

221 „Kehr ich heim mit dem Bündel von Briefen": Boris Pasternak, *Gottes
weite Welt*, in Boris Pasternak, *Gedichte und Poeme*, S. 492. Nachgedichtet von Rolf-Dietrich Keil.

221 „Die große und unverdiente Freude": Boris Pasternaks Brief an N.B.
Sologub vom 29. Juli 1959, in Boris Pasternak, *Polnoe Sobranie Sochinenii*,
Bd. 10, S. 509.

221 Bis zwei oder drei Uhr morgens blieb er wach: Sinaida Pasternak,
Vospominaniya, in Boris Pasternak, *Vtoroe Rozhdenie*, S. 375.

221 „Ich bin vom Umfang dieser Briefwechsel überrascht": „Boris Pasternak, The Art of Fiction No. 25", Interview durch Olga Carlisle, *The Paris
Review* 24 (1960), S. 61–66.

221 „eins würde mit dem Privaten": Gladkow, *Meetings with Pasternak*, S. 171.

221 „Es ist für mich unsagbar traurig": Boris Pasternaks Brief an George
Reavy vom 10. Dezember 1959, in „Nine Letters of Boris Pasternak",
Harvard Library Bulletin 15, Nr. 4 (Oktober 1967), S. 327.

222 „Ist es des Doktors nicht genug?": Boris Pasternaks Brief an Kurt Wolff
vom 12. Mai 1959, in Pasternak/Wolff, *Im Meer der Hingabe*, S. 105.

222 Zusammen mit dem Erscheinen der Briefe: Reuters, 1. November 1958.

222 „Ich werde für ihn kochen so gut ich kann": UPI, 2. November 1958.

222 „Kastellanin seiner friedlichen Zurückgezogenheit": Boris Pasternak,
Doktor Schiwago, S. 54. Aus dem Russischen von Reinhold von Walter.

222 „Wir ‚arbeiteten' an ihm": Iwinskaja, *Lara*, S. 331f.

223 „das Ausmaß der politischen Kampagne": *Prawda*, 6. November 1958.
Vgl. Conquest, *Courage of Genius*, Anhang VII, S. 180f.

223 Ein gewisser Lehrer: Solschenizyn, *Die Eiche und das Kalb*, S. 315.

223 „Die Geschichte von Boris": Reeder, *Anna Akhmatova*, S. 365.

224 „Boris hat die ganze Zeit nur über sich selbst gesprochen": ebd.,
S. 366.

224 Im Gegenzug für Pasternaks Unterschrift: Iwinskaja, *Lara*, S. 332.
225 Feltrinelli deponierte die Zahlungen: Carlo Feltrinelli, *Feltrinelli*, S. 151.
225 sowohl die CIA als auch der Kreml spekulierten: CIA, Akten-Memorandum vom 2. April 1959; Memorandum für das Zentralkomitee vom 20. Januar 1959, in Afiani und Tomilina, *Pasternak i Vlast'*, S. 179f.
225 „Die Tatsache, dass es mir völlig an Interesse für all die Details": Carlo Feltrinelli, *Feltrinelli*, S. 146.
225 „Der Wunsch mich zu ertränken": D'Angelo, *Delo Pasternaka*, S. 143.
225 „Habe ich in meinem Leben wirklich nicht genug getan": Jewgeni Pasternak, *Boris Pasternak: The Tragic Years*, S. 228.
225 zunächst von seiner Haushälterin: Jemeljanowa, *Pasternak i Ivinskaya: provoda pod tokom*, S. 240.
225 3000 Rubel: Boris Pasternaks Brief an Valeria Prischwina vom 27. Dezember 1958, in der Bemerkung 1 zum Brief vom 12. Dezember 1958, in Boris Pasternak, *Polnoe Sobranie Sochinenii*, Bd. 10, S. 409.
226 „Seine Wangen sind eingefallen": Tschukowski, *Diary*, Eintrag vom 7. Januar 1959, S. 437.
226 „Wir müssen unsere Finanzen ordnen": Boris Pasternaks Brief an Olga Iwinskaja vom 24. Februar 1959, in Iwinskaja, *Lara*, Anhang, S. 434.
226 Ruge organisierte rund 8000 Dollar: Gerd Ruge, Gespräch mit Finn und Couvée am 29. Mai 2012 in München. Ruge konnte kein genaues Datum für den Transfer mehr nennen, doch das Einsammeln des Geldes und dessen Übergabe fand vermutlich im März 1959 statt. In einem Brief an Feltrinelli vom 2. Februar bat Pasternak seinen Verleger, Bargeld-Geschenke für seine Freunde, Übersetzer und seine Familie im Westen auszulegen. Die Liste der zu Beschenkenden erreichte Feltrinelli nicht gleich, also überarbeitete Pasternak im April diese Aufstellung und fügte noch einmal 5000 bis 10000 Dollar an, die an Ruge gezahlt werden sollten. Die neu hinzugefügte Summe, mit der er seine Schulden bezahlen wollte, erwähnte Pasternak auch in einem Brief vom 30. März an Jacqueline de Proyart.
226 Er ließ seine französische Übersetzerin: Boris Pasternaks Brief an Jacqueline de Proyart vom 3. Februar 1959, in Boris Pasternak, *Lettres à mes amies françaises (1956–1960)*, S. 141.
226 Im April fragte er bei Polikarpow nach: Memorandum des Zentralkomitees vom 16. April 1959, mit Anhängen, in Afiani und Tomilina, *Pasternak i Vlast'*, S. 251.
226 „Um Pasternak zu beruhigen": Iwinskaja, *Lara*, S. 394.
227 „Brötchen": Giangiacomo Feltrinellis Brief an Heinz Schewe vom 13. November 1959, in Heinz Schewes Papieren, Nachlass Heinz Schewe, Unternehmensarchiv, Axel Springer AB, Berlin.
227 Das durchschnittliche Einkommen: Barnes, *Boris Pasternak*, Bd. 2, S. 364.
228 „Es ist eine unerwartete und zudem sehr schmerzvolle Überraschung": Carlo Feltrinelli, *Feltrinelli*, S. 149.

229 „einem der großen Ereignisse in der literarischen und moralischen Geschichte": Edmund Wilson, „Doctor Life and His Guarding Angel", *The New Yorker*, 15. November 1958, S. 213–237.

229 in einem berühmten Foto: Fotografie enthalten in „Sightseeing in Washington", *The New York Times*, 5. Januar 1959.

229 „Leiden Sie an Wahnvorstellungen": Barbara Thompson, „Locked-in Guests Dine on Steak with Mikoyan", *The Washington Post*, 6. Januar 1959.

229 850 000 Exemplare: CIA, Akten-Memorandum vom 2. April 1959.

229 „Pasternak ist so angesagt": Memorandum für das sowjetischen Außenministerium vom 12. Februar 1959, in Afiani und Tomilina, *Pasternak i Vlast'*, S. 242.

229 „eine Fotomontage": *The New York Times*, 8. März 1959.

230 „eines der verabscheuungswürdigsten Bücher": *Haagsche Courant*, 7. Februar 1959.

230 verbeugte sich derart tief vor dem König: „Pasternak Cited at Nobel Session", *The New York Times*, 11. Dezember 1958.

230 „Sturm noch nicht vorbei": Boris Pasternaks Telegramm an seine Schwestern vom 10. November 1958, in Boris Pasternak, *Eine Brücke aus Papier*, S. 461. Das Telegramm ist im Original in Englisch.

230 „Das Beste wäre es": Barnes, *Boris Pasternak*, Bd. 2, S. 352.

230 „übelriechender Haltung eines inneren Emigranten": Conquest, *Courage of Genius*, S. 95.

231 „einige fortschrittliche Schriftsteller irritiert hat": CIA, Memorandum vom Leiter der Abteilung Sowjetrussland vom 9. April 1959.

231 „Ich verstehe, dass ich um nichts bitten kann": KGB-Memorandum über Pasternak vom 18. Januar 1958.

231 genau wie so viele radioaktive Isotope: Conquest, *Courage of Genius*, S. 96.

231 „in jeder Generation": „Pasternaks Stands on ‚Zhivago Views'", *The New York Times*, 19. Februar 1959.

231 „betrüblich, todgefährlich": Carlo Feltrinelli, *Feltrinelli*, S. 144. (Feltrinelli hat diesen Brief nie erhalten, der zwar an Jacqueline de Proyart ging, den diese aber nicht weitergeleitet hat.)

231 „Was willst du denn noch?": Iwinskaja, *Lara*, S. 352.

232 Bin umstellt, verloren, Beute: Diese Übersetzung stammt aus Iwinskaja, *Lara*, S. 353. Andere Übersetzungen ins Deutsche unterscheiden sich von dieser Version.

232 „Ich bin ein weißer Kormoran": Anthony Brown, „Pasternak on My Life Now", *Daily Mail* vom 12. Februar 1959.

232 „Das Gedicht hätte nicht gedruckt werden sollen": 13. Februar 1959, Memorandum über westliche Berichterstattung in den Medien zu Pasternaks Geburtstag [10. Februar], in Afiani und Tomilina, *Pasternak i Vlast'*, S. 243.

Kapitel 14

241 „leichter versteckt und geschmuggelt": CIA, Memorandum für den kommissarischen stellvertretenden Direktor (Plans) vom kommissarischen Leiter der Abteilung Sowjetrussland, 19. November 1958.

241 über Ostdeutschland abwerfen: CIA, geheime Nachricht an den Direktor, 5. November 1958.

241 „besonders sorgfältig nach diesem gefragten Gut": CIA, Memorandum vom Leiter der Abteilung Sowjetrussland, 17. Dezember 1959.

241 die Gepäckkontrolle für Touristen wieder eingeführt: Barghoorn, *The Soviet Cultural Offensive*, S. 119.

242 Doch der Roman wurde vom KGB streng reglementiert: Jelena Makareki, frühere Mitarbeiterin in der W.I. Lenin-Staatsbibliothek, zuständig für diese besondere Sammlung, im Gespräch mit Couvée am 8. Mai 2011 in Moskau.

242 Die CIA betrieb in Washington ihre eigene Druckerei: Der frühere Leiter des CIA-Büros in Moskau, Burton Gerber, im Gespräch mit Finn am 20. November 2012 in Washington, D.C.

242 „in die Jackett- oder Hosentasche jedes Mannes": CIA, Memorandum, 16. Juli 1959.

242 „In Hinblick auf die Sicherheit": Memorandum für den kommissarischen stellvertretenden Direktor (Plans), 19. November 1958.

242 mindestens 9 000 Exemplare: CIA, Memorandum, „Publication of the Miniature Edition of *Dr. Zhivago*", 16. Juli 1959.

242 Société d'Edition et d'Impression Mondiale: Exemplare dieser Bücher finden sich im CIA-Museum in Langley, Virginia.

242 Bei einer Pressekonferenz am 4. November 1958: 4. November 1958, Ausgaben der Zeitungen *Haagsche Courant* und *Vaderland*.

243 brüstete Filippow sich damit: Boris Filippows Brief an Gleb Struwe vom 24. November 1977, zitiert in Iwan Tolstoi, *Otmytyi Roman Pasternak*, S. 331.

243 Alexander Schelepin, der Leiter des KGB, überwachte das Fest: Kotek, *Students and the Cold War*, S. 213.

243 „das Werkzeug zur Verbreitung des weltweiten Kommunismus": Independent Service for Information, *Report on the Vienna Festival*, S. 19.

244 „liberal und weitsichtig und offen für jeden Gedankenaustausch": Roert G. Kaiser, „Work of CIA with Youths at Festivals Is Defended", *The Washington Post*, 18. Februar 1967.

244 Zeitungen in verschiedenen Sprachen versteckte man nachts auf Toiletten: Walter Pincus im Gespräch mit Finn, am 24. April 2013 in Washington, D.C.

244 „Geht mir aus dem Weg, ihr russischen Schweine!": Stern, *Gloria Steinem*, S. 119f.

245 „Hochschulwochenende mit Russen": Walter Pincus im Gespräch mit Finn, am 24. April 2013 in Washington, D.C. (Pincus verwendete diese Formulierung mehrfach in verschiedenen Interviews.)

245 „sich der spanischen Revolution anzuschließen": Heilbrun, *The Education of a Woman*, S. 89.

245 **etwa 30000 Exemplare:** Independent Service for Information, *Report on the Vienna Festival*, S. 93.

245 **„Abgesandte aus der sowjetischen Einflusssphäre":** Youth Festival, Vienna, General Correspondence 1959, C.D. Jackson Papers, Box 115, Folder 4, Eisenhower Presidential Library.

245 **Die Bücher konnte man an Kiosken bekommen:** Reisch, *Hot Books in the Cold War*, S. 297.

245 **„unter Beobachtung von kommunistischen Agenten standen":** „Final Report of the Activities of the Person-to-Person (Polish) Program at the 7th World Youth Festival", Samuel S. Walker Papers, Box 8, Hoover Institution Archives.

246 **„beschwerte sich vehement":** Samuel S. Walkers Brief an C.D. Jackson vom 31. Juli 1959, Samuel S. Walker Papers, Box 1, Hoover Institution Archives.

246 **mithilfe seiner „Freunde":** Samuel S. Walker an C.D. Jackson, Status-Bericht über das Wiener Jugendfestival vom 25. Juni 1959, C.D. Jackson Papers, Box 110, Eisenhower Presidential Library.

246 **Die Bücher dann in die Hände der Delegierten zu verteilen:** Saumuel S. Walkers Brief an C.D. Jackson vom 2. Februar 1959, C.D. Jackson Papers, Box 115, Folder 5, Eisenhower Presidential Library.

246 **„besondere Anstrengungen [unternehmen]":** Klaus Dohrns Brief an C.D. Jackson vom 8. Dezember 1958, C D. Jackson Papers, Box 115, Folder 5, Eisenhower Presidential Library.

246 **„Machen Sie sich keine Sorgen um den ‚Dr. Schiwago'-Text":** C.D. Jacksons Brief an Klaus Dohrn vom 5. Januar 1959, C.D. Jackson Papers, Box 115, Folder 5, Eisenhower Presidential Library.

246 **polnische, deutsche, tschechische, ungarische und chinesische *Doktor Schiwago*-Ausgaben:** „Vienna Youth Festival: Book Program", 20. Februar 1959 und C.D. Jacksons Brief an Fritz Molden vom 5. Januar 1958, C.D. Jackson Papers, Eisenhower Presidential Library; George Trutnowskis Brief an Samuel S. Walker inkl. Anhang vom 4. Mai 1959, Samuel S. Walker Papers, Box 1, Hoover Institution Archives.

246 **1958 war bereits in Taiwan:** *„Doctor Zhivago* in China", Ph.D. Diss., Jinan Universität, 2006.

246 **als Fortsetzungsroman in zwei Zeitungen aus Hongkong:** CIA, Akten-Memorandum, „Editions for Dr. Zhivago", 23. März 1959.

246 **ein Geschwür der Sowjetunion:** Zang Keija, „Ulcer or Treasure: Why the Nobel Prize Was Awarded to Pasternak", *World Literature* 1 (1959), zitiert in *„Doctor Zhivago* in China", Ph.D. Diss., Huang Wei.

246 **die vierhundertköpfige chinesische Delegation:** Zusammenfassung vom 23. April 1959 nach einem Artikel der *Volksstimme*, in Samuel S. Walker Papers, Box 8, Hoover Institution Archives.

246 **„absolut unkommunikativ":** „Final Report of the Activities of the Person-to-Person (Polish) Program at the 7th World Youth Festival", Samuel S. Walker Papers, Box 8, Hoover Institution Archives.

247 ließ 50 Exemplare von *Doktor Schiwago*: George Trutnowskis Brief an Samuel S. Walker, „Progress Report on Preparations for The World Youth Festival", Anhang vom 4. Mai 1959, Samuel S. Walker Papers, Box 1, Hoover Institution Archives.

247 **durch die offenen Fenster in die Busse:** Kavanagh, *Nureyev*, S. 74.

247 **Tüten von Wiener Kaufhäusern:** „Final Report of the Activities of the Person-to-Person (Polish) Program at the 7th World Youth Festival", Samuel S. Walker Papers, Box 8, Hoover Institution Archives.

247 **„Von uns hatte das Buch niemand gelesen":** Armen Medwedew, „Tol'ko o kino" (Nur im Kino), Kapitel 4, in *Iskusstvo kino* (Filmkunst) 4 (1999), http://kinoart.ru/archive/1999/04/n4-article22.

248 **„Ich möchte die gesamte historische Ära":** „Boris Pasternak: The Art of Fiction No. 25", Interview mit Olga Carlisle, *The Paris Review* 24 (1960), S. 61–66.

248 **„Ich weiß nicht, ob ich es jemals fertigstellen werde":** Jhan Robbins, „Boris Pasternak's Last Message to the World", *This Week*, 7. August 1960.

248 **„Ich war eifrig beschäftigt":** Boris Pasternaks Brief an Lydia Pasternak Slater vom 31. Juli 1959, in Boris Pasternak, *Eine Brücke aus Papier. Die Familienkorrespondenz 1921–1960.*, S. 466.

248 **„Seit der Zeit, als ich müßig mit dem Gedanken an dieses Stück spielte":** Iwinskaja, *Lara*, S. 367.

249 **„das einen guten Jungkommunisten seine Mütze in die Luft werfen lässt":** Harrison E. Salisbury, „Khrushchev's Russia", *The New York Times*, 14. September 1959.

249 **habe er gar Surkow am Kragen gepackt:** Dewhirst und Farrell, *The Soviet Censorship*, S. 13.

249 **‚Kritisiert uns, kontrolliert uns':** Max Hayward, „The Struggle Goes On", in Brumberg, *Russia under Khrushchev*, S. 385.

249 **„Damals haben sie sich alle bloßgestellt":** Barnes, *Boris Pasternak*, Bd. 2, S. 366.

249 **Bernstein gelang eine Sensation:** Für einen Bericht über die Tournee und das Treffen mit Pasternak vgl. Burton, *Leonard Bernstein*, S. 304–310.

250 **wurden sie zunächst im strömenden Regen vor der Tür stehen gelassen:** Briggs, *Leonard Bernstein: The Man, His Work and His World*, S. 233f.

251 **„Der Künstler hält Zwiesprache mit Gott":** Barnes, *Boris Pasternak*, Bd. 2, S. 366.

251 **„jedes Auge im Saal":** Hans N. Tuch, „A Nonperson Named Boris Pasternak", *The New York Times*, 14. März 1987.

Kapitel 15

252 **Pasternak wärmte seinen Magen mit einem Cognac:** Schewe, *Pasternak privat*, S. 17f.

252 „eine Unruhe in der linken Seite meines Brustkastens": De Mallac, *Boris Pasternak*, S. 256.

253 er habe Lungenkrebs: Jekaterina Krascheninnikowa, „Krupitsy o Pasternake" (Krümel von Pasternak), *Nowy Mir* 1 (1997), S. 210.

253 „Ein paar gütige Kräfte": Barnes, *Boris Pasternak*, Bd. 2, S. 368.

253 Feltrinelli sollte der Sowjetunion seinen Leichnam abkaufen: Boris Pasternaks Brief an Jacqueline de Proyart vom 14. November 1959, in Boris Pasternak, *Lettres à mes amies françaises* (1956–1960), S. 206.

253 Sie fürchtete sich: Iwinskaja, *Lara*, S. 371f.

253 Das in einer Zeitung abgebildete Foto: Schweitzer, *Freundschaft mit Boris Pasternak*, S. 6.

254 „für eine Woche haben": Maslenikowa, *Portret Borisa Pasternaka*, S. 247.

254 „so schwer": Sinaida Pasternak, *Vospominaniya*, in Boris Pasternak, *Vtoroe Rozhdenie*, S. 386.

254 „krank werde zur Strafe": Iwinskaja, *Lara*, S. 373.

254 führte Pasternak Tagebuch: Boris Pasternak, *Pasternak privat*, S. 43–46.

255 „Ich kann mir nicht vorstellen": Iwinskaja, *Lara*, S. 441. (Die Briefe aus dieser Zeit werden im Anhang ihrer Memoiren wiedergegeben.)

255 „Ich sterbe": Jewgeni Pasternak, „Poslednie gody" (Die letzten Jahre), in Boris Pasternak, *Polnoe Sobranie Sochinenii*, Bd. 11, S. 710.

256 Golodets fand ihren Patienten: Anna Golodets, „Poslednie dni" (Die letzten Tage), in Boris Pasternak, *Polnoe Sobranie Sochinenii*, Bd. 11, S. 747–762.

256 „Oljuscha würde mich nicht mehr lieben": Iwinskaja, *Lara*, S. 376f.

257 Antibiotika: Priscilla Johnson, „Death of a Writer", *Harper's* (Mai 1961), S. 140–146.

257 Mehrfach bot Sinaida an: Sinaida Pasternak, *Vospominaniya*, in Boris Pasternak, *Vtoroe Rozhdenie*, S. 388.

257 sehr gequält: ebd., S. 362.

257 „wie meine eigene Tochter, wie mein jüngstes Kind": Boris Pasternaks Brief an Jacqueline de Proyart vom 21. September 1959, in Boris Pasternak, *Lettres à mes amies françaises* (1956–1960), S. 197.

257 Sinaida hielt es für „ungeheuerlich": Sinaida Pasternak, *Vospominaniya*, in Boris Pasternak, *Vtoroe Rozhdenie*, S. 388.

258 „SITUATION HOFFNUNGSLOS": Alexander Pasternak, Telegramm an Lydia Pasternak Slater vom 27. Mai 1960, in Boris Pasternak, *Eine Brücke aus Papier*, S. 475.

258 „Wie unnatürlich alles ist": Jewgeni Pasternak, „Poslednie gody" (Die letzten Jahre), in Boris Pasternak, *Polnoe Sobranie Sochinenii*, Bd. 11, S. 712.

259 „Ich habe das Leben und dich sehr geliebt": Sinaida Pasternak, *Vospominaniya*, in Boris Pasternak, *Vtoroe Rozhdenie*, S. 391.

259 „Borenka, Lydia wird bald hier sein": Anna Golodets, „Poslednie dni" (Die letzten Tage), in Boris Pasternak, *Polnoe Sobranie Sochinenii*, Bd. 11, S. 761.

259 „Vergessen Sie morgen nicht, das Fenster aufzumachen": Iwinskaja, *Lara*, S. 381.

259 „Und jetzt können Sie mich einlassen": Anna Golodets, „Poslednie dni" (Die letzten Tage), in Boris Pasternak, *Polnoe Sobranie Sochinenii*, Bd. 11, S. 762.

259 „Borja war noch nicht kalt": Iwinskaja, *Lara*, S. 381.

260 „Leb wohl, azurene Verklärung": Boris Pasternak, *August*, in Boris Pasternak, *Gedichte und Poeme*, S. 381f. Nachgedichtet von Richard Pietraß.

260 fingen dessen Hände zu zittern an: Reeder, *Anna Akhmatova*, S. 366.

260 „Das Wetter war unglaublich schön": Tschukowski, *Diary*, Eintrag vom 31. Mai 1960, S. 444.

261 „Der Tod Pasternaks": Carlo Feltrinelli, *Feltrinelli*, S. 177.

261 Brüskierung: Memorandum des Zentralkomitees über die Beisetzung Pasternaks vom 4. Juni 1960, in Afiani und Tomilina, *Pasternak i Vlast'*, S. 289.

261 „Ein Zauberer der Poesie": Dewhirst und Farrell, *The Soviet Censorship*, S. 61.

261 „die letzte Verabschiedung von Boris Leonidowitsch Pasternak": Priscilla Johnson, „Death of a Writer", *Harper's* (Mai 1961), S. 140–146, Iwinskaja, *Lara*, S. 383.

262 ein „unerträglich blauer Himmel": Wosnessenski, *An Arrow in the Wall*, S. 285.

262 „vorwiegend aus der Intelligenzija stammend": Memorandum des Zentralkomitees über die Beisetzung Pasternaks vom 4. Juni 1960, in Afiani und Tomilina, *Pasternak i Vlast'*, S. 287.

262 „Pasternak wird an der besten Stelle des Friedhofs bestattet werden": Associated Press, „1 000 at Rites for Pasternak", 2. Juni 1960.

262 Der KGB richtete ein provisorisches Büro vor Ort ein: Krotkow, „Pasternaki" (Die Pasternaks), *Grani* 63 (1967), S. 84–90.

263 Also schlüpften in den Tagen vor der Beisetzung: Kawerin, *Epilog*, S. 390.

263 „Ich nehme nicht an Demonstrationen gegen die Regierung teil": Tschukowski, *Diary*, Eintrag vom 16. Juni 1960, S. 446.

263 „Zum Beispiel kann niemand die unsinnige und tragische Affäre um den Roman vergessen": Iwinskaja, *Lara*, S. 383.

263 „Er hätte ebensogut in einem Feld liegen können": Priscilla Johnson, „Death of a Writer", *Harper's* (Mai 1961), S. 140–146.

264 „Ich möchte mit Ihnen zusammen zu ihm gehen": Iwinskaja, *Lara*, S. 385.

265 das „einzig fremde Element in der Menge": Gladkow, *Meetings with Pasternak*, S. 176.

265 während die Behörden fünfhundert Besucher zählten: Memorandum des Zentralkomitees über die Beisetzung Pasternaks vom 4. Juni 1960, in Afiani und Tomilina, *Pasternak i Vlast'*, S. 287.

265 Gladkow fielen dabei Pasternaks Zeilen aus „Meine Seele" ein: Gladkow, *Meetings with Pasternak*, S. 176.

265 **O Seele mein:** Boris Pasternak, *Meine Seele*, in Boris Pasternak, *Gedichte und Poeme*, S. 415. Nachgedichtet von Rolf-Dietrich Keil.

266 **„in ihrer gedemütigten Position":** Orlowa, *Memoirs*, S. 147.

266 **eilig begraben:** Kaminskaja, *Final Judgment*, S. 163.

266 **„melancholisch schmutzige Straße":** Wosnessenski, *An Arrow in the Wall*, S. 286.

267 **„Wir haben uns hier versammelt":** Es gibt mehrere, leicht unterschiedlich Fassungen dieser Grabrede von Asmus. Diese hier wird zitiert nach Priscilla Johnson, „Death of a Writer", *Harper's* (Mai 1961), S. 140–146.

268 **„Wenn das Gefühl eine Zeile diktiert":** „O hätte ich gewusst" in der Übersetzung von Kay Borowsky, in Boris Pasternak, *Ljuvers Kinderheit. Erzählung, Briefe, Gedichte*, S. 207.

268 **„tausend Lippenpaare":** Priscilla Johnson, „Death of a Writer", *Harper's* (Mai 1961), S. 140–146.

268 **„Der Dichter wurde ermordet!":** De Mallac, *Boris Pasternak*, S. 271.

268 **„Die Feier ist beendet":** Iwinskaja, *Lara*, S. 389.

269 **„matt, dumpf und furchteinflößend":** Lydia Tschukowskaja, *Zapiski ob Anne Akhmatovoi*, Bd. 2, S. 401.

269 **„die Stimme mal des einen, dann des anderen":** Priscilla Johnson, „Death of a Writer", *Harper's* (Mai 1961), S. 140–146.

269 **„wurden mit ungesunden, oppositionellen Ideen vergiftet":** Memorandum des Zentralkomitees über die Beisetzung Pasternaks vom 4. Juni 1960, in Afiani und Tomilina, *Pasternak i Vlast'*, S. 289.

269 **„Was gesiegt hat?":** Lydia Tschukowskaja, *Zapiski ob Anne Akhmatovoi*, Bd. 2, S. 397.

Kapitel 16

270 **„Sie haben uns natürlich längst erwartet?":** Iwinskaja, *Lara*, S. 397f.

270 **„Abenteurerin":** ebd., S. 398.

271 **„Oljuscha, wohin sollen wir all das Geld packen?":** Jemeljanowa, *Legendy Potapovskogo pereulka*, S. 211.

271 **im Steuerparadies Liechtenstein:** D'Angelo, *Delo Pasternaka*, S. 154.

271 **„Operation durchzuführen":** ebd., S. 162.

271 **einer großen Summe Rubel:** Carlo Feltrinelli, *Feltrinelli*, S. 191.

271 **„japsten [sie] nach Luft":** Iwinskaja, *Lara*, S. 395.

271 **Garritano verlor allerdings:** ebd., S. 351.

271 **Als Mirella Garritano bemerkte:** a.a.O.; D'Angelo, *Delo Pasternaka*, S. 201–202.

272 **„alle im Zusammenhang mit dem Roman":** Mancosu, *Inside the Zhivago Storm*, S. 216.

272 **„stellte er mir eine Vollmacht für Sie aus":** Olga Iwinskajas Brief an Giangiacomo Feltrinelli, in Schewe, *Pasternak privat*, S. 54–57.

273 **D'Angelos Methoden:** D'Angelo, *Delo Pasternaka*, S. 183.

273 **„einem schlechten Krimi":** Iwinskaja, *Lara*, S. 409.

273 „Mein lieber, lieber Giangiacomo": Olga Iwinskajas Brief an Giangiacomo Feltrinelli vom 28. Juli 1960, in Heinz Schewes Papieren, Nachlass
Heinz Schewe, Unternehmensarchiv, Axel Springer AB, Berlin.

273 „nicht in eine Auseinandersetzung in Moskau einzumischen": Gian-
giacomo Feltrinellis Brief an Olga Iwinskaja vom 24. Juni 1960, in Heinz
Schewes Papieren, Nachlass Heinz Schewe, Unternehmensarchiv, Axel
Springer AB, Berlin.

273 125 000 Dollar: vgl. „Publisher Backs Pasternak Ally", The New York
Times, 28. Januar 1961.

274 „Sie haben gar nicht das Recht, dieses Geld zurückzuweisen":
Iwinskaja, Lara, S. 395f.

274 Für ihren Sohn kaufte sie ein Motorrad: Schewe, Pasternak privat,
S. 78.

274 hatte Pasternak ein neues Auto: Sinaida Pasternak, Vospominaniya, in
Boris Pasternak, Vtoroe Rozhdenie, S. 384.

274 „schwärzäugiger dicklicher Mensch": Iwinskaja, Lara, S. 391.

275 Im Rückblick vermutete Irina: Jemeljanowa, Legendy Potapovskogo
pereulka, S. 209.

275 Zwei Geheimpolizisten durchsuchten auch Pasternaks Haus: Sinaida
Pasternak, Vospominaniya, in Boris Pasternak, Vtoroe Rozhdenie,
S. 406f.

276 Sie erinnerte sich: Iwinskaja, Lara, S. 399.

276 „eine winzig kleine Kriminelle": Jemeljanowa, Legendy Potapovskogo
pereulka, S. 232.

276 „Wir haben alle Ihre Briefe auf einen Schlag gelesen": Giangiacomo
Feltrinellis Brief an Heinz Schewe vom 3. September 1960, in Heinz
Schewes Papieren, Nachlass Heinz Schewe, Unternehmensarchiv, Axel
Springer AB, Berlin.

276 „Mama in den Süden in Urlaub": D'Angelo, Delo Pasternaka, S. 165.

277 „Sie haben sich ja ziemlich gerissen maskiert": Iwinskaja, Lara, S. 402.

277 Am 10. November 1960 erhob man Anklage gegen Olga Iwinskaja:
Staatsarchiv der Russischen Föderation, Col.: 8131, I.: 31, F.: 89398, S.: 35.

278 „den Militaristen verkauft habe": Für eine Beschreibung des Prozesses
gegen Iwinskaja vgl. Iwinskaja, Lara, S. 407–412.

278 „Uns Moskauer": ebd., S. 413.

278 Die Baracken waren geheizt: Jemeljanowa, Legendy Potapovskogo
pereulka, S. 276.

279 „Pasternakis": Jemeljanowa, Pasternak i Ivinskaya: provoda pod tokorn,
S. 309.

279 private Appelle an die sowjetischen Behörden: Conquest, Courage of
Genius, S. 108.

279 „der Art von Dingen gehört": „Khrushchev Gets Inquiry in Jailing",
The New York Times, 20. Januar 1961.

279 „reinen Akt der Rache": Harry Schwartz, „Woman Friend of Pasternak
Said to Be Imprisioned by Soviet", The New York Times, 18. Januar 1961.

279   Radio Moskau gab am 21. Januar eine Antwort: Für den vollständigen Wortlaut vgl. Conquest, *Courage of Genius*, Anhang VIII, S. 182–186.

279   der internationale Rundfunk: Für den vollständigen Wortlaut vgl. ebd., Anhang IX, S. 187–191.

280   „Die Menschen im Westen fragen zu Recht danach": „Pasternak's Collaborator's Arrest", Leserbriefe, *The New York Times*, 26. Januar 1961.

280   der Radiobeitrag sei „viel zu rachsüchtig": *The Times*, 23. Januar 1961.

280   Feltrinelli veröffentlichte am 28. Januar: Conquest, *Courage of Genius*, S. 111.

280   In Paris erklärte Nivat: W. Granger Blair, „Frenchman, Who Studied in Moscow, Denies Mme. Ivinskaya Accepted Smuggled Foreign Royalties", *The New York Times*, 25. Januar 1961.

281   „Würde Boris Pasternak, den ich wie einen Vater liebte": Georges Novat an Königin Elisabeth von Belgien, Brief vom 21. Januar 1960, im Archiv des Privatsekretariats von Königin Elisabeth, Archiv des königlichen Palasts, Brüssel.

281   „Was, Sie mischen sich ein?": Conquest, *Courage of Genius*, S. 116.

282   „ihrem intimen Verhältnis zu Pasternak": Stephen S. Rosenfeld, „Soviet see ‚Honest' Pasternak Misled by ‚Evil' Woman", *The Washington Post*, 15. Oktober 1961.

282   „Wir haben Dokumente und Briefe mitgebracht": „Russian Backs Jailing", *The New York Times*, 21. Februar 1961.

282   „Alles in der Anklageschrift entspricht völlig der Wahrheit": Conquest, *Courage of Genius*, S. 120.

283   „Mir ist es egal, wie es aussieht": Tschukowski, *Diary*, Eintrag vom 1. Mai 1961, S. 454.

283   „aus moralischen Gründen": Alexei Surkows Brief an Michail Suslow vom 19. August 1961, in Afiani und Tomilina, *Pasternak i Vlast'*, S. 289f.

284   „einer weiteren antisowjetischen Kampagne": Memorandum auf Anfrage von Pasternaks Witwe, 20. September 1961, in ebd., S. 291.

284   „eine langjährige Abneigung gegen Sinaida": De Mallac, *Boris Pasternak*, S. 276.

284   1964 verkaufte Feltrinelli die Filmrechte: Carlo Feltrinelli, *Feltrinelli*, S. 196.

285   „offene Provokation": *The New York Times*, 16. April 1977.

285   „Wir hätten es nicht verbieten sollen": Taubman, *Khrushchev*, S. 628.

285   „In Zusammenhang mit Doktor Schiwago": Nikita Chruschtschow, *Khrushchev Remembers: The Last Testament*, S. 77.

286   „Ich bin der erste russische Schriftsteller": Peter Grose, „Sholokhov Proud of Role as ‚Soviet' Nobel Winner", The New York Times, 1. Dezember 1965.

286   „dankbar": Tass, 16. Oktober 1965.

286   „Die Tatsache, dass dieses große Talent": Associated Press, 15. Oktober 1965.

286   „Es ist bedauerlich": James F. Clarity, „Soviet Writers Union Critizes Nobel Prize Given Solzhenitsyn", *The New York Times*, 10. Oktober 1970.

286 „mir direkt vor den Augen langsam wegstirbt": Olga Iwinskajas Brief an Nikita Chruschtschow vom 10. März 1961. Der vollständige Brief ist einsehbar im Staatsarchiv der Russischen Föderation, Col.: 8131, I.: 31, F.: 89398, S.: 51.

286 **Ein Magengeschwür solle Irina quälen**: „Pasternaks Friend Now Seriously Ill", *The New York Times*, 17. Juni 1961.

287 „**Ich behaupte nicht, dass ich unschuldig bin**": Olga Iwinskajas Brief an Nikita Chruschtschow vom 10. März 1961, Staatsarchiv der Russischen Föderation, Col.: 8131, I.: 31, F.: 89398, S.: 51.

288 „**Verhalten der Inhaftierten**": ebd., S.: 50.

289 „**Es scheint mir, die Zeit für Offenheit und Loyalität ist gekommen**": Carlo Feltrinelli, *Feltrinelli*, S. 198.

289 „**Spaghetti mit ihren Gabeln aufzuwickeln**": ebd., S. 199.

289 „**kriegerisch und kompromisslos wie immer**": Heinz Schewes Brief an Giangiacomo Feltrinelli vom 27. Januar 1965, in Heinz Schewes Papieren, Nachlass Heinz Schewe, Unternehmensarchiv, Axel Springer AB, Berlin.

289 **Pasternaks „treue Begleiterin**": Feltrinellis Presseerklärung, abgedruckt am 1. März 1970 im *Corriere della Sera* und zitiert in D'Angelo, *Delo Pasternaka*, S. 238.

289 **den Rubel-Gegenwert von 24 000 Dollar**: Schewe, *Pasternak privat*, S. 94.

289 „**nicht länger an irgendetwas glauben zu können**": Für einen Bericht über Feltrinellis letzte Lebensjahre, inklusive dieser Zitate, vgl. Carlo Feltrinelli, *Feltrinelli*, S. 235–334.

292 **in der Copyright-Zeile stand**: Carlo Feltrinelli, *Feltrinelli*, S. 200.

292 **In der staatlichen W.I. Lenin-Bibliothek**: Jelena Makareki, frühere Mitarbeiterin in der W.I. Lenin-Staatsbibliothek, zuständig für diese besondere Sammlung, im Gespräch mit Couvée am 8. Mai 2011 in Moskau. An diesem Tag besuchte Petra Couvée auch die Bibliothek.

292 „**eine Fülle von nichtkommunistischer Philosophie**": Zubok, *Zhivago's Children*, S. 343.

292 **an einem Frühlingsabend in der Gorki-Straße**: Olga Carlisle, *Under a New Sky*, S. 74.

293 **Jewgeni wurde von Gefühlen überwältigt**: Linda Örtenblad, Archivarin der Schwedischen Akademie, in einer E-Mail an die Autoren, 1. März 2013.

Nachwort

294 „**Das war ein erfolgreiches Kunststück**": Kees van den Heuvel im Gespräch mit Petra Couvée am 22. Februar 1999 in Leidschendam.

294 **Kriegsgefangene in Afghanistan**: Reisch, *Hot Books in the Cold War*, S. 515.

294 **ein Pasternak gewidmetes Museum**: Rachel van der Wilden im Gespräch mit Couvée am 16. August 2012 in Den Haag.

294 „bewiesenermaßen effizient": „Foreign Relations of the United States, 1969–1976", *Soviet Union* 12 (Januar 1969 – Oktober 1970), S. 463.

295 verteilte die CIA zehn Millionen Bücher: „ILC: A Short Description of Its Structure and Activities", George C. Minden Papers, Box 3, Hoover Institution Archives.

295 „Wörterbücher und Sachbücher": Reisch, *Hot Books in the Cold War*, S. 525.

296 „Wir haben der Sowjetunion großen Schaden zugefügt": Nikita Chruschtschow, *Khrushchev Remembers: The Glasnost Tapes*, S. 196.

296 „Sie verstanden sich selbst als Nachfolger": Zubok, *Zhivago's Children*, S. 20.

297 eine Welle von Konvertierungen: Adam Miknik in einem Interview mit Joseph Brodsky 1995, in *Kniga Interv'yu* (Buch der Interviews), S. 713.

297 „all den gejagten und gequälten Dichtern": Bachrit Kenschejew in einer E-Mail an Couvée vom 10. Mai 2006.

297 Doch die Akte folgen aufeinander: Boris Pasternak, „Hamlet", in der Übersetzung von Kay Borowsky.

Bibliografie

ARCHIVE

VEREINIGTE STAATEN VON AMERIKA

The National Archives, College Park, Maryland:
General Records of the Department of State, 1955–1959:
>   Travel by Soviet Officials to Belgium
>   Awards by Sweden to Citizens of the USSR Internal Political Affairs of
>   the USSR
>   Literature in the USSR
>   Censorship in the USSR
>   Assistant Secretary of State for Public Affairs, Records Relating to the
>   Brussels Universal and International Exhibition, 1956–1959
>   Intelligence Reports on the USSR and Eastern Europe, 1942–1974, IR
>   7871

Eisenhower Presidential Library, Abilene, Kansas:
>   C. D. Jackson Papers
>   Abbott Washburn Papers
>   White House Office, Office of the Special Assistant for National Secu-
>   rity Affairs Records, Operations Control Board

Hoover Institution Archives, Stanford, California:
>   Samuel S. Walker Papers
>   George C. Minden Papers

University of Michigan Special Collections Library, Ann Arbor:
>   University of Michigan Press Papers
>   Correspondence of Felix Morrow and Carl and Ellendea Proffer

University of California, Irvine:
>   Guy de Mallac Papers

Syracuse University Library, Special Collections Research Center:
>   Richard Elman Papers

Columbia University, Bakhmetoff Archives of Russian and East European History and Culture:
S. L. Frank Papers

ITALIEN

La Biblioteca della Fondazione Giangiacomo Feltrinelli, Milan:
Doktor Schiwago-Manuskript
Briefwechsel Pasternak-Feltrinelli

Fondazione Russia Cristiana, Seriate:
Unterlagen der Organisation La vie avec Dieu

RUSSLAND

Staatliches Archiv der Russischen Föderation (GARF)·
Akte zu Olga Iwinskaja

Russisches Staatsarchiv für sozio-politische Geschichte (RGASPI):
Bucharin-Stalin-Brief, Juni 1934

SCHWEDEN

Archiv der Schwedischen Akademie, Stockholm:
Akte zu Boris Pasternak

VEREINIGTES KÖNIGREICH

The National Archives, London:
Foreign Office Files:
Nobel Prize for Boris Pasternak
International Conference of Professors of English
Persia: Persian edition of Dr. Zhivago
Prime Minister's Files: Vetting and Translation of Dr. Zhivago by Boris
Pasternak

BELGIEN

Archiv des Königlichen Palasts, Brüssel:
Archiv des privaten Sekretariats von Königin Elisabeth

Universität Löwen, Kadoc (Dokumentations- und Forschungszentrum für Religion, Kultur und Gesellschaft):
Unterlagen Jan Joos

361

NIEDERLANDE

Universität Leiden:
Die Sammlung C. H. van Schooneveld

Den Haag:
Archive des Niederländischen Geheimdienstes (AIVD):
Akte zu Peter de Ridder

Den Haag Stadtarchiv (Haags gemeente archief):
Stadt- und Baupläne

DEUTSCHLAND

Unternehmensarchiv Axel Springer AG, Berlin:
Nachlass Heinz Schewe
Briefwechsel Schewe-Feltrinelli
Briefwechsel Pasternak-Feltrinelli

Afiani, V. Yu und N. G. Tomilina (Hg.). „A za mnoyu shum pogoni ..." Boris Pasternak i Vlast': Dokumenty 1956–1972 (Hinter mir der Lärm der Verfolgung ... Boris Pasternak und die Macht. Dokumente 1956–1972). Moskau: Rosspen, 2001.

Achmatowa, Anna. My Half-Century: Selected Prose. Evanston, IL: Northwestern University Press, 1997.

Allilujewa, Svetlana. Twenty Letters to a Friend. New York: Harper & Row Publishers, 1967.

Barghoorn, Frederick C. The Soviet Cultural Offensive: The Role of Cultural Diplomacy in Soviet Foreign Policy. Princeton, NJ: Princeton University Press, 1960.

Barnes, Christopher. Boris Pasternak: A Literary Biography. Vol. 1, 1890–1928. Cambridge: Cambridge University Press, 1989.

Barnes, Christopher. Boris Pasternak: A Literary Biography. Vol. 2, 1928–1960. Cambridge: Cambridge University Press, 1998.

Berghahn, Volker R. America and the Intellectual Cold War in Europe. Princeton, NJ: Princeton University Press, 2001.

Berlin, Isaiah. Enlightening: Letters 1946–1960. London: Chatto & Windus, 2009.

Berlin, Isaiah. Persönliche Eindrücke. Berlin: Berlin-Verlag, 2001.

Berlin, Isaiah. The Soviet Mind: Russian Culture under Communism. Washington, DC: Brookings Institution Press, 2004.

Bloch, Abram. Sovetskii Soyuz v Inter'ere Nobelevskikh premii (Die Sowjetunion im Kontext des Nobelpreises). Sankt Petersburg: Gumanistika, 2001.

Boyd, Brian. Vladimir Nabokov: The American Years. Princeton, NJ: Princeton University Press, 1991.

Brent, Jonathan und Vladimir P. Naumov. Stalin's Last Crime: The Plot Against the Jewish Doctors. New York: HarperCollins, 2003.

Briggs, John. Leonard Bernstein: The Man, His Work and His World. Cleveland, OH: The World Publishing Co., 1961.

Brodsky, Iosif (Joseph). Kniga Interv'yu (Buch der Interviews). Herausgegeben von V. Polukhina. Moskau: Zakharov, 2005.

Brumberg, Abraham (Hg.). Russia Under Khrushchev. London: Methuen & Co., 1962.

Burton, Humphrey. Leonard Bernstein. New York: Doubleday, 1994.

Bykov, Dmitri. Boris Pasternak. Moskau: Molodaya Gvardiya, 2011.

Calvino, Italo. Hermit in Paris: Autobiographical Writings. New York: Vintage Books, 2003.

Calvino, Italo. Warum Klassiker lesen? München: Hanser, 2003

Cannon, James. P. Writings and Speeches, 1945–47: The Struggle for Socialism in the "American Century." New York: Pathfinder Press, 1977.

Carlisle, Olga Andreyev. Under a New Sky: A Reunion with Russia. New York: Ticknor & Fields, 1993.

Caute, David. Politics and the Novel During the Cold War. New Brunswick, NJ: Transaction Publishers, 2010.

Chavchavadze, David. Crowns and Trenchcoats: A Russian Prince in the CIA. New York: Atlantic International Publications, 1990.

Chruschtschow, Nikita. „Über den Personenkult und seine Folgen." Zit. Nach: www.1000dokumente.de/index.html?c=dokument_ru&dokument =0014_ent&object=translation&st=CHRUSCHTSCHOW%20%C3%BCBER %20DEN%20PERSONENKULT&l=de. Zugriff: 28.10.15.

Chuev, Felix. Molotov Remembers: Inside Kremlin Politics, Conversations with Felix Chuev. Chicago: Ivan R. Dee, 1993.

Chukovskaya, Lydia. The Akhmatova Journals. Bd. 1, 1938–1941. New York: Farrar Straus and Giroux, 1994.

Chukovskaya, Lydia. Iz dnevnika, Vospominaniya (Aus dem Tagebuch, Erinnerungen). Moskau: Vremya, 2010.

Chukovskaya, Lydia. Zapiski ob Anne Akhmatovoi (Bemerkungen zu Anna Achmatowa). 3 Bde. Moskau: Soglasie, 1997.

Chukovskaya, Lydia. Sochineniya v 2 tomakh (Werke in zwei Bänden). Moskau: Gudyal Press, 2000.

Chukovsky, Kornei. Diary, 1901–1969. New Haven, CT: Yale University Press, 2005.

Chukovsky, Kornei. Dnevnik, v 3 tomakh (Tagebuch, in 3 Bänden). Moskau: ProzaiK, 2011.

Clark, Katerina und Evgeny Dobrenko (Hg.). Soviet Culture and Power: A History in Documents, 1917–1953. Zusammengestellt von Andrei Artizov und Oleg Naumov. New Haven, CT: Yale University Press, 2007.

Cohen, Stephen. F. Bukharin and the Bolshevik Revolution. New York: Alfred A. Knopf, 1973.

Colby, William und Peter Forbath. Honorable Men: My Life in the CIA. New York: Simon and Schuster, 1978.

Coleman, Peter. The Liberal Conspiracy: The Congress for Cultural Freedom and the Struggle for the Mind of Postwar Europe. New York: The Free Press, 1989.

Conquest, Robert. Courage of Genius: The Pasternak Affair. London: Collins and Harvill Press, 1961.

Conquest, Robert. Stalin: Breaker of Nations. New York: Penguin Books, 1991.

Critchlow, James. Radio Hole-in-the-Head: Radio Liberty. Washington, DC: The American University Press, 1995.

Dalos, György. The Guest from the Future. New York: Farrar, Straus and Giroux, 1998.

Dalos, György. Olga, Pasternaks letzte Liebe. Hamburg: Europäische Verlags-anstalt/Rotbuch Verlag, 1999.

D'Angelo, Sergio. Delo Pasternaka: Vospominaniya Ochevidtsa (Die Paster-nak-Affäre: Erinnerungen eines Zeugen). Moskau: Novoe Literaturnoe Obozrenie, 2007.

Davie, Donald und Angela Livingstone (Hg.). Pasternak: Modern Judgments. London: Macmillan, 1969.

De Grand, Alexander. The Italian Left in the Twentieth Century: A History of the Socialist and Communist Parties. Bloomington: Indiana University Press, 1989.

De Mallac, Guy. Boris Pasternak: His Life and Art. London: Souvenir Press, 1983.

Dewhirst, Martin und Robert Farrell (Hg.). The Soviet Censorship. Metuchen, NJ: The Scarecrow Press, 1973.

Dobbs, Michael. Six Months in 1945. New York: Alfred A. Knopf, 2012.

Ehrenburg, Ilya. Post-War Years, 1945–54. Cleveland, OH: The World Publishing Co., 1967.

Espmark, Kjell. Der Nobelpreis für Literatur. Prinzipien und Bewertungen hinter den Entscheidungen. Göttingen: Vandenhoeck und Ruprecht, 1988.

Feinstein, Elaine. Anna of All the Russias: The Life of Anna Akhmatova. London: Weidenfeld & Nicolson, 2005.

Feltrinelli, Carlo. Senior Service. Das Leben meines Vaters. München/Wien: Hanser, 2001.

Fleishman, Lazar. Boris Pasternak, The Poet and His Politics. Cambridge, MA: Harvard University Press, 1990.

Fleishman, Lazar. Vstrecha russkoi emigratsii s "Doktorom Zhivago": Boris Pasternak i "kholodnaya voina" (Begegnung der russischen Emigration mit „Doktor Schiwago": Boris Pasternak und „Der Kalte Krieg"). Stanford Slavic Studies, 2009.

Fleishman, Lazar (Hg.). Boris Pasternak and His Times: Selected Papers. Berkeley: Berkeley Slavic Specialties, 1989.

Fleishman, Lazar (Hg.). Eternity's Hostage: Stanford International Conference on Boris Pasternak. 2 Bde. Berkeley: Berkeley Slavic Specialties, 2006.

Fleishman, Lazar (Hg.). The Life of Boris Pasternak's Doctor Zhivago. Berkeley: Berkeley Slavic Specialties, 2009.

Frankel, Edith. Nowy Mir: A Case Study in the Politics of Literature, 1952–1958. Cambridge: Cambridge University Press, 1981.

Frankel, Max. The Times of My Life and My Life with The Times. New York: Random House, 1999.

Gaddis, John Lewis. George F. Kennan: An American Life. New York: The Penguin Press, 2011.

Garrand, John und Carol Garrand. Inside the Soviet Writers' Union. New York: The Free Press, 1990.

Gerstein, Emma. Memuary (Erinnerungen). Sankt Petersburg: Inapress, 1998.

Gerstein, Emma. Moscow Memoirs. Woodstock, NY und New York: The Overlook Press, 2004.

Gladkov, Alexander. Meetings with Pasternak: A Memoir. New York und London: Harcourt Brace Jovanovich, 1977.

Grose, Peter. Gentleman Spy: The Life of Allen Dulles. New York: Houghton Mifflin, 1994.

Hayward, Max. Writers in Russia, 1917–1978. Herausgegeben und mit einer Einleitung von Patricia Blake. San Diego: Harcourt Brace Jovanovich, 1983.

Heilbrun, Carolyn G. The Education of a Woman: The Life of Gloria Steinem. New York: Ballantine Books, 1995.

Hingley, Ronald. Pasternak, a Biography. New York: Alfred A. Knopf, 1983.

Hinrichs, Jan Paul. The C. H. van Schooneveld Collection in Leiden University Library. Leiden: Leiden University Library, 2001.

Hixson, Walter L. Parting the Curtain: Propaganda, Culture and the Cold War. New York: St. Martin's Griffin, 1998.

Independent Service for Information. Report on the Vienna Youth Festival (with a foreword by Senator Hubert H. Humphrey). Cambridge, MA: Independent Service for Information, 1960.

Iwinskaja, Olga. Lara. Meine Zeit mit Pasternak. Hamburg: Hoffmann und Campe, 1978.

Jeffreys-Jones, Rhodri. The CIA and American Democracy. New Haven: Yale University Press, 2003.

Jeffreys-Jones, Rhodri und Christopher Andrew (Hg.). Eternal Vigilance? 50 Years of the CIA. London und Portland, OR: Frank Cass, 1997

Johnson, A. Ross. Radio Free Europe and Radio Liberty: The CIA Years and Beyond. Washington, DC: Woodrow Wilson Center Press, 2010.

Johnson, Ian. A Mosque in Munich: Nazis, the CIA, and the Rise of the Muslim Brotherhood in the West. New York: Houghton Mifflin Harcourt, 2010.

Joos, Jan. Deelneming van de H. Stoel aan de algemene Wereldtentoonstelling van Brussel 1958 (Teilnahme des Heiligen Stuhls an der Weltausstellung in Brüssel 1958). Brüssel: Commissariaat van de Heilige Stoel, 1962.

Kadare, Ismail. Le Crépuscule des dieux de la steppe (Dämmerung der Steppengötter). Paris: Fayard, 1981.

Kaminskaya, Dina. Final Judgment: My Life as a Soviet Defense Attorney. New York: Simon and Schuster, 1982.

Kavanagh, Julie. Nureyev. New York: Pantheon Books, 2007.

Kaverin, Veniamin. Epilog (Epilogue). Moskau: Vagrius, 2006.

Kemp-Walsh, Anthony. Stalin and the Literary Intelligentsia 1928–39. London: Macmillan, 1991.

Khrushchev, Nikita. Khrushchev Remembers: The Glasnost Tapes. New York: Little, Brown, 1990.

Khrushchev, Nikita. Khrushchev Remembers: The Last Testament. New York: Little, Brown, 1974.

Khrushchev, Sergei. Khrushchev on Khrushchev. Boston: Little, Brown, 1990.

Kotek, Joël. Students and the Cold War. New York: St. Martin's Press, 1996.

Kozlov, Denis. The Readers of Nowyi Mir: Coming to Terms with the Stalinist Past. Cambridge, MA: Harvard University Press, 2013.

Kozovoi, Vadim. Poet v katastrofe (Dichter in der Katastrophe). Moskau: Paris Institut d'Études Slaves, Gnozis, 1994.

Lamphere, Robert J. und Tom Shachtman. The FBI-KGB War. Macon, GA: Mercer University Press, 1995.

Lipkin, Semyon. Kvadriga (Quadriga). Moskau: Agraf, 1997.

Livanov, Vasili. Mezhdu dvumya Zhivago, vospominaniya i vpechatleniya, p'esy, Sobranie Sochinenii (Zwischen zwei Schiwagos, Erinnerungen und Eindrücke, Stücke. Gesammelte Werke). Bd. 2. Sankt Petersburg: Azbuka, 2010.

Lobov, Lev und Kira Vasilyeva. "Peredelkino. Skazanie o pisatel'skom gorodke" (Peredelkino: Die Geschichte des Schriftstellerdorfes). Moskau, 2011, http://www.peredelkino-land.ru.

Mancosu, Paolo. Inside the Zhivago Storm: The Editorial Adventures of Pasternak's Masterpiece. Mailand: Fondazione Giangiacomo Feltrinelli, 2013.

Mandelstam, Nadeschda. Das Jahrhundert der Wölfe. Eine Autobiographie. Frankfurt: S. Fischer, 1971.

Mandelstam, Nadeschda. Generation ohne Tränen. Erinnerungen. Frankfurt: S. Fischer, 1975.

Mandelstam, Nadezhda. Hope Against Hope. New York: Modern Library, 1999.

Mandelstam, Osip. Critical Prose and Letters. Woodstock, NY und New York: Ardis, 2003.

Mandelstam, Ossip. „Stalin-Epigramm". Zit. nach: www.deutschlandfunk.de/gestorben-fuer-16-zeilen-kritik.700.de.html?dram:article_id=84228, Zugriff: 13.11.15.

Mansurov, Boris. Lara, moego romana, Boris Pasternak i Ol'ga Ivinskaya (Die Lara meines Romans: Boris Pasternak und Olga Iwinskaja). Moskau: Infomedia, 2009.

Mark, Paul J. (Hg.). The Family Pasternak–Reminiscences, Reports. Genua: Éditions Poésie Vivante, 1975.

Masey, Jack und Conway Lloyd Morgan. Cold War Confrontations: U.S. Exhibitions and Their Role in the Cultural Cold War. Zürich: Lars Müller Publishers, 2008.

Maslenikova, Zoya. Portret Borisa Pasternaka (Porträt von Boris Pasternak). Moskau: Sovietskaya Rossiya,1990.

Matthews, Owen. Stalin's Children: Three Generations of Love, War and Survival. New York: Walker & Co., 2008.

McLean, Hugh und Walter N. Vickery (Hg.). The Year of Protest 1956: An Anthology of Soviet Literary Materials. New York: Vintage Books, 1961.

Medvedev, Roy. Khrushchev. Oxford: Basil Blackwell, 1983.

Merton, Thomas. The Literary Essays of Thomas Merton. New York: New Directions, 1985.

Meyer, Cord. Facing Reality: From World Federation to the CIA. Lanham, MD: University Press of America, 1980.

Montefiore, Simon Sebag. Stalin. The Court of the Red Tsar. New York: Alfred A. Knopf. 2004.

Muravina, Nina. Vstrechi s Pasternakom (Treffen mit Pasternak). Tenafly, NJ: Ermitazh, 1990.

O'Casey, Sean. The Letters of Sean O'Casey, 1955–1958. Herausgegeben von David Krause. Washington, DC: The Catholic University of America Press,1989.

Orlova, Raisa. Memoirs. New York: Random House, 1983.

Pasternak, Alexander. A Vanished Present: The Memoirs of Alexander Pasternak. New York: Harcourt Brace Jovanovich, 1985.

Pasternak, Boris. Doktor Schiwago. Frankfurt: S. Fischer, 1958.

Pasternak, Boris. Doktor Shiwago. Frankfurt: S. Fischer, 1993.

Pasternak, Boris. Eine Brücke aus Papier. Die Familienkorrespondenz 1921–1960. Herausgegeben von Johanna Renate Döring-Smirnov. Frankfurt: S. Fischer, 2000.

Pasternak, Boris. Gedichte und Poeme. Berlin: Aufbau, 1996.

Pasternak, Boris. Lettres à mes amies françaises (1956–1960). Einleitung und Anmerkungen von Jacqueline de Proyart. Paris: Gallimard, 1994.

Pasternak, Boris. Letters to Georgian Friends. New York: Harcourt, Brace & World, 1967.

Pasternak, Boris. Ljuvers Kinderheit. Erzählung, Briefe, Gedichte. Berlin: Oberbaum, 1990.

Pasternak, Boris. Polnoe Sobranie Sochinenii (Gesammelte Werke). 11 Bde. Herausgegeben von Jewgeni and Jelena Pasternak. Moskau: Slovo, 2003–5.

Pasternak, Boris. Safe Conduct. New York: New Directions, 1959.

Pasternak, Boris. Über mich selbst. Versuch einer Autobiografie. Frankfurt: S. Fischer, 1959.

Pasternak, Boris. Vtoroe Rozhdenie. Pis'ma k Z.N. Pasternak. Z.N. Pasternak, Vospominaniya. Sostavlenie i podgotovka teksta, N. Pasternak, M. Feinberg (Zweite Geburt. Briefe an S. N. Pasternak. S. N. Pasternak, Erinnerungen). Herausgegeben von N. Pasternak und M. Feinberg. Moskau: Dommuzei Borisa Pasternaka, 2010.

Pasternak, Boris und Olga Freudenberg. Briefwechsel 1910-1954. Frankfurt/M.: S. Fischer , 1986.

Pasternak, Boris und Kurt Wolff. Im Meer der Hingabe: Briefwechsel 1958–1960. Frankfurt am Main: Peter Lang, 2007.

„Pasternak. Ausgabe linker Hand". In: Der Spiegel, 29. Oktober 1958. Zit. nach: http://magazin.spiegel.de/EpubDelivery/spiegel/pdf/41759503, Zugriff: 12.10.15.

Pasternak, Josephine. Tightrope Walking: A Memoir by Josephine Pasternak. Bloomington, IN: Slavica, 2005.

Pasternak, Leonid. The Memoirs of Leonid Pasternak. New York: Harcourt Brace Jovanovich, 1985.

Pasternak, (Jewgeni) Evgeny. Boris Pasternak: The Tragic Years, 1930–1960. London: Collins Harvill, 1991.

Pasternak, (Jewgeni) Evgeny. Sushchestvovan'ya tkan' skvoznaya, Boris Pasternak: Perepiska s Yev. Pasternak (Der transparente Stoff des Daseins, Boris Pasternak: Briefwechsel mit Jewgeni Pasternak). Moskau: Novoe Literaturnoe Obozrenie, 1998.

Pasternak, (Jewgeni) Evgeny. Ponyatoe i obretyonnoe, stat'i i vospominaniya (Selbstverständliches und Gefundenes, Artikel und Erinnerungen). Moskau: Tri Kvadrata, 2009.

Pasternak, Zinaida. Vospominaniya. In: Pasternak, Boris. Vtoroe Rozhdenie.

Patch, Isaac. Closing the Circle: A Buckalino Journey Around Our Time. Self-published.

Pluvinge, Gonzague. Expo 58: Between Utopia and Reality. Tielt: Lannoo, 2008.

Poretsky, Elizabeth K. Our Own People: A Memoir of "Ignace Reiss" and His Friends. Ann Arbor: The University of Michigan Press, 1969.

Proffer, Carl R. The Widows of Russia. Ann Arbor: Ardis, 1987.

Puzikov, Alexander. Budni i prazdniki: Iz zapisok glavnogo redaktora (Wochentage und Ferien: Aus den Notizen eines Chefredakteurs). Moskau: Khudozhestvennaya Literatura, 1994.

Reeder, Roberta. Anna Akhmatova: Poet and Prophet. New York: St. Martin's Press, 1994.

Reisch, Alfred A. Hot Books in the Cold War: The CIA-Funded Secret Western Book Distribution Program Behind the Iron Curtain. Budapest: Central European University Press, 2013.

Richmond, Yale. Cultural Exchange & The Cold War. University Park: Pennsylvania State University Press, 2003.

Ruder, Cynthia. Making History for Stalin. The Story of the Belomor Canal. Gainesville: University Press of Florida, 1998.

Ruge, Gerd. Pasternak. Eine Bildbiographie. München: Kindler, 1958.

Rydell, Robert R. World of Fairs. Chicago: University of Chicago Press, 1993.

Sarnov, Benedikt. Stalin i pisateli (Stalin und die Schriftsteller). Moskau: Eksmo, 2008.

Saunders, Frances Stonor. The Cultural Cold War: The CIA and the World of Arts and Letters. New York: The New Press, 2001.

Schewe, Heinz. Pasternak privat. Hamburg: Hans Christians Verlag, 1974.

Schiff, Stacy. Vera (Mrs. Vladimir Nabokov): Portrait of a Marriage. New York: Random House, 1999.

Schmitt, Hans-Jürgen/Schramm, Godehard (Hg.). Sozialistische Realismuskonzeptionen. Dokumente zum 1. Allunionskongreß der Sowjetschriftsteller. Frankfurt: Suhrkamp, 1974.

Schweitzer, Renate. Freundschaft mit Boris Pasternak. München: Verlag Kurt Desch, 1963.

Semichastny, Vladimir. Bespokoynoe serdtse (Ruheloses Herz). Moskau: Vagrius, 2002.

Service, Robert. Stalin: A Biography. London: Macmillan, 2004.

Service, Robert. Trotsky. Cambridge, MA: The Belknap Press of Harvard University Press, 2009.

Shakespeare, William. Hamlet. Stuttgart: Reclam, 1969.

Shentalinsky, Vitaly. The KGB's Literary Archive. Übersetzt, gekürzt und mit Bemerkungen versehen von John Crowfoot. Mit einer Einleitung von Robert Conquest. London: The Harvill Press, 1995.

Shklovsky, Viktor. Zoo, or Letters Not About Love. Ithaca, NY: Cornell University Press, 1971.

Sieburg, Friedrich. Zur Literatur 1957–1963. München: Deutsche Verlags-Anstalt, 1981.

Smith, S. A. The Russian Revolution: A Very Short Introduction. Oxford: Oxford University Press, 2002.

Solschenizyn, Alexander. Die Eiche und das Kalb. Skizzen aus dem literarischen Leben. Darmstadt: Luchterhand, 1975.

Solzhenitsyn, Aleksandr. The Mortal Danger. How Misconceptions About Russia Imperil America. New York: HarperCollins, 1986.

Sosin, Gene. Sparks of Liberty: An Insider's Memoir of Radio Liberty. University Park: Pennsylvania State University Press, 1999.

Stern, Sydney Ladensohn. Gloria Steinem: Her Passions, Politics and Mystique. Secaucus, NJ: Birch Lane Press, 1997.

Strömberg, Kjell. Nobel Prize Library. New York: Alexis Gregory, 1971.

Svensén, Bo. The Swedish Academy and the Nobel Prize in Literature. Stockholm: Swedish Academy, 2011.

Taubman, William. Khrushchev: The Man and His Era. New York: W. W. Norton & Company, 2003.

Thomas, Evan. The Very Best Men: Four Who Dared: The Early Years of the CIA. New York: Touchstone, 1995.

Thorne, C. Thomas, Jr., David S. Patterson und Glenn W. LaFantasie (Hg.). Foreign Relations of the United States, 1945–1950: Emergence of the Intelligence Establishment. Washington, DC: U.S. State Department Office of the Historian / GPO, 1996.

Tolstoy, Ivan. Doktor Zhivago: novye fakty i nakhodki v Nobelevskom arkhive (Doktor Schiwago: Neue Tatsachen und Funde aus dem Nobel-Archiv). Prag: Human Rights Publishers, 2010.

Tolstoy, Ivan. Otmytyi roman Pasternaka, "Doctor Zhivago" mezhdu KGB i TsRU (Pasternaks gewaschener Roman: Doktor Schiwago zwischen KGB und CIA). Moskau: Vremya, 2009.

Trento, Joseph J. The Secret History of the CIA. New York: Basic Books, 2001.

Trotzki, Leo. Literatur und Revolution. Essen: Arbeiterpresse-Verlag, 1994. Zit. nach: https://books.google.de/books?id=3HM2t1baCoUC&pg=PA13&lpg=PA13&dq=leo+trotzki+literatur+und+revolution+klassenlose+kultur&source=bl&ots=9XowoZfinG&sig=tjMSRP12-_M7dT1xeC1s4DPDCyU&hl=de&sa=X&ved=0CDcQ6AEwBGoVChMIi62TwOn9xwIVQZxyChoyVg2H#v=onepage&q=leo%20trotzki%20literatur%20und%20revolution%20klassenlose%20kultur&f=false, Zugriff: 13.11.15.

Tsvetaeva, Marina. Art in the Light of Conscience: Eight Essays on Poetry. Übersetzt von Angela Livingstone. Northumberland, UK: Bloodaxe Books, 2010.

U.S. Senate. Final Report of the Select Committee to Study Governmental Operations with Respect to Intelligence Activities. Washington, DC: U.S. Government Printing Office, 1976.

U.S. Senate. Subcommittee to investigate the administration of the Internal Security Act, Committee on the Judiciary. Karlin Testimony. Washington, DC: U.S. Government Printing Office, 1969.

Urban, Joan Barth. Moscow and the Italian Communist Party: From Togliatti to Berlinguer. Ithaca, NY: Cornell University Press, 1986.

Vil'mont, Nikolai. O Borise Pasternake, vospominaniya i mysli (Über Boris Pasternak, Erinnerungen und Gedanken). Moskau: Sovetskii pisatel', 1989.

Vitale, Serena. Shklovsky: Witness to an Era. Champaign, IL: Dalkey Archive Press, 2012.

Vos, Chris. De Geheime Dienst: Verhalen over de BVD (Der geheime Dienst: Geschichten über den BVD). Amsterdam: Boom, 2005.

Voznesensky, Andrei. An Arrow in the Wall: Selected Poetry and Prose. New York: Henry Holt, 1978.

Wachtel, Andrew Baruch. An Obsession with History: Russian Writers Confront the Past. Stanford, CA: Stanford University Press, 1994.

Wald, Alan M. The New York Intellectuals: The Rise and Decline of the Anti-Stalinist Left from the 1930s to the 1980s. Chapel Hill: The University of North Carolina Press, 1987.

Werth, Alexander. Russia Under Khrushchev. New York: Hill and Wang, 1961.

Westerman, Frank. Engineers of the Soul: The Grandiose Propaganda of Stalin's Russia. New York: The Overlook Press, 2011.

Wilford, Hugh. The Mighty Wurlitzer: How the CIA Played America. Cambridge, MA: Harvard University Press, 2008.

Winks, Robin. Cloak & Gown. Scholars in the Secret War, 1939–1961. New York: William Morrow, 1987.

Wolff, Kurt. A Portrait in Essays and Letters. Herausgegeben von Michael Ermarth. Chicago: University of Chicago Press, 1991.

Yemelyanova, Irina. Legendy Potapovskogo pereulka (Legenden der Potapow-Straße). Moskau: Ellis Lak, 1997.

Yemelyanova, Irina. Pasternak i Ivinskaya: provoda pod tokom (Pasternak und Iwinskaja: ein direkter Draht). Moskau: Vagrius, 2006.

Yesipov, Valery. Shalamov. Moskau: Molodaya Gvardiya, 2012.

Yevtushenko, Yevgeni. Shestidesantnik, memuarnaya proza (Erinnerungen). Moskau: Ast Zebra, 2008.

Yevtushenko, Yevgeni. A Precocious Autobiography. London: Collins and Harvill Press, 1963.

Zubok, Vladislav. Zhivago's Children: The Last Russian Intelligentsia. Cambridge, MA: The Belknap Press of Harvard University Press, 2009.

Register

377

€ 24,95 M
€ 29,95 LP

Abbildungsnachweis

Boris Pasternak mit Büchern und Gemälden: ITAR-TASS
Pasternak und Kornei Tschukowski: ITAR-TASS
Anna Achmatowa und Pasternak: ITAR-TASS
Olga Iwinskaja im Mantel: Axel Springer AG, Berlin
Giangiacomo Feltrinelli: Archivio Giangiacomo Feltrinelli Editore
Alexei Surkow: ITAR-TASS
Felix Morrow: Meghan Morrow
Einband der gebundenen CIA-Ausgabe von Doktor Schiwago: Tim Gressie
Titelseite der gebundenen CIA-Ausgabe: Tim Gressie
Titelseite der kleinen Taschenbuchausgabe: CIA Museum Collection
Der Pavillon des Vatikans auf der Weltausstellung 1958: www.studioclaerhout.be/
    Gent/Belgium
Anders Österling: Kent Östlund / Scanpix Sweden / Sipa USA
Pasternak in der Nähe seines Hauses in der ländlichen Umgebung von Moskau:
    AP Photo / Harold K. Milks
Datscha in Peredelkino: AP Photo
Pasternak liest Telegramme mit seiner Frau Zinaida und Freundin Nina Tabidse:
    Bettman/Corbis
Olga Iwinskaja und ihre Tochter Irina mit Pasternak: Axel Springer AG, Berlin
Cartoon von Bill Mauldin: © Bill Mauldin, 1958. Courtesy of the Bill Mauldin Estate
    LLC
Titelseite der Washington Post: The Washington Post, Bettman/Corbis
Pasternaks Sarg wird herausgetragen: Bettman/Corbis
Begräbnis Pasternaks mit seiner Frau Zinaida und Olga Iwinskaja: Axel Springer AG,
    Berlin
*Boris Pasternak blickt aus dem Fenster des Arbeitszimmers im Obergeschoss seiner
    Datscha*: Bettman/Corbis

Trotz sorgfältiger Recherche ist es nicht immer möglich, die Inhaber von Urheber-
rechten zu ermitteln. Berechtigte Ansprüche werden selbstverständlich im Rahmen
der üblichen Vereinbarungen abgegolten.